2016版质量和环境管理体系审核关注点

郭庆华　主编

中国铁道出版社

2018年·北京

内 容 简 介

本书依据 GB/T 19001—2016/ISO 9001:2015 和 GB/T 24001—2016/ISO 14001:2015 标准,以及相关标准和规范编写。

本书基于组织(企业)质量和环境管理的应用需求,从审核的视角,针对质量管理体系和环境管理体系核心要求,逐条说明其审核关注点,同时,结合应用示例和图表对其进行详细解读,便于读者理解和应用。

本书内容包括第一部分 2016 版质量管理体系审核关注点、第二部分 2016 版环境管理体系审核关注点,以及附录部分。为便于组织进行管理体系整合,附录一"质量和环境管理体系　要求"充分考虑 GB/T 19001—2016/ISO 9001:2015 和 GB/T 24001—2016/ISO 14001:2015 标准的要求,便于组织建立和保持满足要求的一体化的质量和环境管理体系;附录二"过程方法在质量、环境和职业健康安全管理体系审核中的应用"系统讲解了过程方法在多体系审核过程中的应用。通过示例说明在审核过程中,依据 GB/T 19001—2016《质量管理体系　要求》、GB/T 24001—2016《环境管理体系　要求及使用指南》、GB/T 28001—2011《职业健康安全管理体系　要求》等国家标准对受审核方组织所建立的管理体系及其过程,如何应用过程方法进行审核策划和现场审核,旨为帮助审核员和内审员更加有效地应用过程方法,进一步提高其综合素质和审核能力。

本书适用于审核员和各类组织的内审员,可作为审核员和内审员的培训教材,也可作为理工科大学质量或环境工程管理专业的教学参考用书。

图书在版编目(CIP)数据

2016 版质量和环境管理体系审核关注点/郭庆华主编 .—北京:中国铁道出版社,2018. 1

ISBN 978-7-113-23684-7

Ⅰ.①2…　Ⅱ.①郭…　Ⅲ.①质量管理体系-国家标准-中国　Ⅳ.①F273. 2-65

中国版本图书馆 CIP 数据核字(2017)第 206739 号

书　　名:**2016 版质量和环境管理体系审核关注点**
作　　者:郭庆华　主编

责任编辑:黄　筱　　**编辑部电话**:(010)51873055
编辑助理:安　琪
封面设计:崔　欣
责任校对:苗　丹
责任印制:高春晓

出版发行:中国铁道出版社(100054,北京市西城区右安门西街 8 号)
网　　址:http://www.tdpress.com
印　　刷:三河市宏盛印务有限公司
版　　次:2018 年 1 月第 1 版　　2018 年 1 月第 1 次印刷
开　　本:880 mm×1 230 mm　1/16　印张:17.75　字数:500 千
书　　号:ISBN 978-7-113-23684-7
定　　价:86.00 元

编 委 会

前　言

国际标准化组织质量管理和质量保证技术委员会(ISO/TC 176)和环境管理技术委员会(ISO/TC 207)已于2015年9月15日正式发布了ISO 9000:2015、ISO 9001:2015和ISO 14001:2015标准,这是全球质量管理和环境管理界的一件大事。

2016年10月13日,国家质量监督检验检疫总局和国家标准化管理委员会正式批准等同采用ISO 14001:2015标准,发布了GB/T 24001—2016国家标准,并于同年12月30日正式批准等同采用ISO 9000和ISO 9001标准,发布了GB/T 19000—2016和GB/T 19001—2016国家标准。

为了适应组织面对日益多变的环境,以及相关方的诸多要求及其变化,2016版质量和环境管理体系标准均做了重大调整,以便各类组织适应变化的、动态的环境,通过有效和高效的过程控制,获得较好的质量和环境管理体系绩效与经营结果。

2015版ISO 9000族标准较2008版ISO 9000族标准变化较大。ISO 9000:2015标准将原八项质量管理原则,整合为七项质量管理原则,包括以顾客为关注焦点、领导作用、全员积极参与、过程方法、改进、循证决策、关系管理,并调整和丰富了内容。GB/T 19000—2016/ISO 9000:2015标准将术语和定义从2008版的84个扩容到138个,并对部分术语的定义进行了修订或重写。

GB/T 19001—2016/ISO 9001:2015标准按照ISO Directive附录SL所确定的高级结构将标准结构调整为十章,包括范围、规范性引用文件、术语和定义、组织环境、领导作用、策划、支持、运行、绩效评价、改进。其中,GB/T 19001—2016/ISO 9001:2015标准在4.1章节增加了"理解组织及其环境",在4.2章节增加了"理解相关方的需求和期望",在6.1章节增加了"应对风险和机遇的措施",在7.1.6章节增加了"组织的知识"等,以便组织采用基于风险的思维模式应对来自各方面的风险。

组织不仅需要满足顾客当前的需求和期望,更要关注顾客未来的需求和期望。在变革中求得生存,在质量创新过程中求得发展,通过有效和高效的质量管理体系和过程的运行,实现顾客所期待的产品和服务。

自2004版ISO 14001《环境管理体系　要求及使用指南》标准发布至今,世界环境状况发生了巨大变化,环境污染和生态破坏日益全球化。随着环境问题的日益严重,人类对环境问题严峻性的认识也在不断发展。目前全球主要面临的环境问题包括全球气候变化、臭氧层破坏和损耗、生物多样性减少、土地荒漠化、森林植被破坏、水资源危机和海洋资源破坏、酸雨污染等,这些问题严重地威胁着人类的生存和发展,成为世界各国关心的大问题。

GB/T 24001—2016/ISO 14001:2015标准按照ISO Directive附录SL所确定的高级结构将标准结构调整为十章,包括范围、规范性引用文件、术语和定义、组织环境、领导作用、策划、支持、运行、绩效评价、改进。其中,GB/T 24001—2016/ISO14001:2015标准在4.1章节增加了"理解组织及其环境",在4.2章节增加了"理解相关方的需求和期望",在6.1章节增加了"应对风险和机遇的措施",以便组织应用基于风险的思维模式应对来自各方面的风险。

GB/T 24001—2016/ISO 14001:2015标准共有术语和定义33个,其中将2004版中的20个术语去掉7个,保留13个,并对保留的13个术语和定义的大部分做了修改,同时新增加术语20个。

GB/T 24001—2016/ISO 14001:2015标准采用的环境管理的系统方法可向组织最高管理者提供信息,通过下列途径以帮助其获得长期成功,并为促进可持续发展创建可选方案:

——预防或减轻不利环境影响,以保护环境;

——减轻环境状况对组织的潜在不利影响;

——帮助组织履行合规义务;

——提升环境绩效;

——运用生命周期观点,控制或影响组织的产品和服务的设计、制造、交付、消费和处置的方式,能够防止环境影响被无意地转移到生命周期的其他阶段;

——实施环境友好的、且可巩固组织市场地位的可选方案,以获得财务和运营收益;

——与有关的相关方沟通环境信息。

GB/T 19001—2016/ISO 9001:2015和GB/T 24001—2016/ISO 14001:2015标准倡导使用系统的方法管理其过程。客观上说,任何组织的管理体系都是由其相互关联且客观存在的过程所组成,其环境因素和危险源均存在于组织实现其产品和服务的供应链过程或活动中,或其与过程网络有关的系统或区域之中。如果没有这些诸多过程的客观存在,则不可能实现组织的任何输出,包括产品和服务的符合性,以及环境影响和职业健康安全风险的改变。

有效地应用过程方法可以使组织在客观和真实地理解其所需过程的基础上,对其体系的过程之间相互关联和相互依赖的关系进行有效控制,以提高组织整体绩效,包括质量、环境和职业健康安全管理绩效。

如果脱离组织在供应链中的位置及其自身价值创造过程或其他相关过程,形而上学地进行质量因素、环境因素和危险源的控制,对其组织而言,就失去了其标准应用的本来意义。如果不彻底摒弃套着"模板"给企业咨询,照着"模板"去企业审核的陋习,其认证审核的道路也将会越走越窄,并最终为社会所不接受。若认证审核活动不能够有效促进受审核组织改善其预期输出结果和绩效,增强相关方满意,将彻底失去其认证的社会意义。

准确地理解和掌握质量和环境管理体系标准要求的内涵,是有效应用标准的基础,也是有效实施审核的基础。为使广大读者能够较好地理解和应用GB/T 19001—2016/ISO 9001:2015和GB/T 24001—2016/ISO 14001:2015标准,进而通过将标准要求融入组织的核心业务活动之中,提升组织的管理和经营绩效;以及在进行内部或外部审核时,使审核员和内审员能够准确把握审核要点,促进其提升审核能力和水平,我们编写了本书——《2016 版质量和环境管理体系审核关注点》。

本书基于组织(企业)质量和环境管理的应用需求,结合应用示例和使用图表的方式对质量管理体系和环境管理体系标准核心要求进行详细解读,通俗易懂,便于读者理解和应用。

同时,从审核的视角,针对质量管理体系和环境管理体系新版标准核心要求,逐条说明审核关注点,对提升审核员和内审员的审核能力和水平有较好指导作用。

在本书附录部分,为便于组织进行管理体系整合,给出了附录一"质量和环境管理体系要求"。该标准充分考虑 GB/T 19001—2016/ISO 9001:2015 和 GB/T 24001—2016/ISO 14001:2015 标准的要求,适用于组织建立和保持满足要求的一体化的质量和环境管理体系。

过程方法包括按照获证组织的管理方针和战略方向,对各过程及其相互作用进行系统的规定和管理,从而实现预期结果。组织可通过采用 PDCA 循环以及始终基于风险的思维对过程和整个管理体系进行管理,将质量、环境和职业健康安全管理体系的要求有机地融入其获证组织的核心业务过程中进行控制,旨在有效利用机遇并防止发生不良结果。

附录二"过程方法在质量、环境和职业健康安全管理体系审核中的应用"系统讲解了过程方法在多体系审核过程中的应用。通过示例说明在审核过程中,依据 GB/T 19001—2016《质量管理体系　要求》、GB/T 24001—2016《环境管理体系　要求及使用指南》、GB/T 28001—2011《职业健康安全管理体系　要求》等国家标准对受审核方组织所建立的管理体系及其所需过程,如何应用过程方法编制和进行审核策划,以及如何按照过程方法进行现场审核,旨为帮助审核员和内审员更加准确地理解和有效应用过程方法,并将过程方法与审核实践相结合,进一步提高审核人员的综合素质和审核能力。

本书由全国品牌管理专业人才和企业首席质量官培训教师、资深企业管理专家郭庆华主编。四川三峡认证有限公司钟劲松、北京大陆航星质量认证中心股份有限公司郑宇兵、兴原认证中心有限公司舒宝平、方圆标志认证集团江苏有限公司石小平、北京世标认证中心有限公司卫欣、长城(天津)质量保证中心王新娣、北京九千启运认证中心有限公司李凤伟、中国质量认证中心王春英和钱振兴、北京东方纵横认证中心有限公司秦翠萍、方圆认证集团山东认证中心张凤兰、浙江全品认证有限公司吴修山、德世爱普认证(上海)有限公司石云峰、北京科瑞玖仟企业管理顾问有限公司高燕和邹勇、杭州巨星科技股份有限公司郭念进等参与了本书的编写和研讨。

本书适用于审核员和各类组织的内审员,可作为审核员和内审员的培训教材,也可作为理工科大学质量或环境工程管理专业的教学参考用书。

在本书编写过程中得到北京科瑞玖仟企业管理顾问有限公司、四川三峡认证有限公司、北京大陆航星质量认证中心股份有限公司等有关单位的大力支持和热情帮助。在此,谨向上述单位和为本书编写提供帮助的老师表示衷心感谢。限于时间和作者的水平,有不当或错误之处,恳请广大读者批评指正。任何有关的批评和建议,请致信 bjkerui@ 163. com。

作　者

2017 年 7 月 15 日于北京

目　录

第一部分

2016版质量管理体系审核关注点

第一章 组织环境

📖4.1 理解组织及其环境

一、标准要求

组织应确定与其宗旨和战略方向相关并影响其实现质量管理体系预期结果的能力的各种外部和内部因素。

组织应对这些内部和外部因素的相关信息进行监视和评审。

注1:这些因素可能包括需要考虑的正面和负面要素或条件。

注2:考虑来自于国际、国内、地区或当地的各种法律法规、技术、竞争、市场、文化、社会和经济环境的因素,有助于理解外部环境。

注3:考虑与组织的价值观、文化、知识和绩效等有关的因素,有助于理解内部环境。

二、标准释义

1. 组织环境是指对组织建立和实现目标的方法有影响的内部和外部因素的组合。组织环境可以理解为组织所处的一组可能影响其生存和发展的客观条件,这组客观条件包括对组织实现预期结果的能力可能产生有利和不利影响的外部和内部环境中的相关因素的组合,如图1-1-1所示。

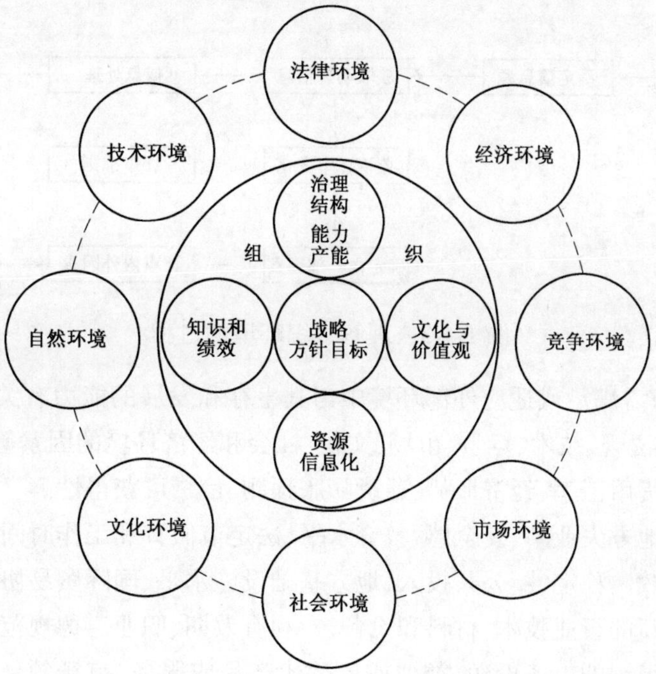

图1-1-1 组织内、外部环境

在理解组织环境过程中，重点需理解那些与组织的宗旨和战略方向有关的，且能够正面或负面地影响组织实现其质量管理体系预期结果的能力的各种内、外部因素，如图1-1-2所示。这些内、外部因素可能会发生变化，因此，需得到监视和评审。组织可按策划的时间间隔，或通过诸如管理评审等活动对其组织环境及其影响因素的动态变化进行监视和评审。

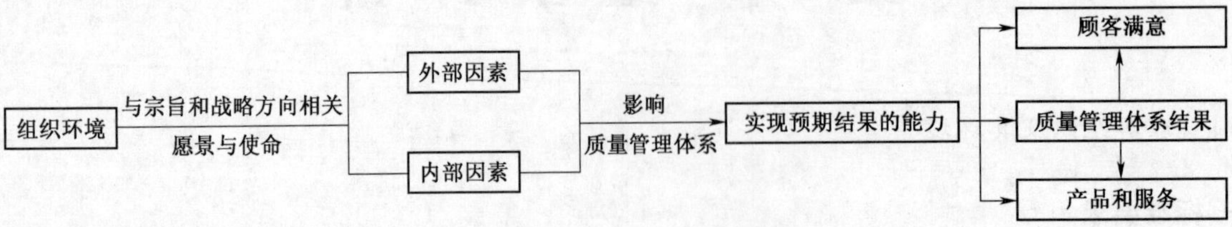

图1-1-2　组织内、外部因素分析

理解组织环境是一个过程。组织通常会建立和保持理解组织环境的过程，包括：

(1)界定内、外部因素的类别。不同组织对外部环境中影响其能力的相关因素的敏感度是不完全一样的，为便于后期的归口管理，可对外部环境中可能影响其能力的因素进行适当的分类。

(2)确定信息源。信息源不同，所获取的外部环境中影响其能力的因素的信息质量也不尽相同，因此，需识别较为权威或较为可信的信息源。

(3)获取信息。组织需建立获取权威可信信息的正确渠道，并主动获取相关影响其能力的因素的动态信息。

(4)信息处理。需对所获取的信息进行分类和处理，避免遗漏关键和重要的信息。

(5)对所获得的内、外部信息进行评审，梳理出与组织宗旨和战略方向有关，并影响实现质量管理体系预期结果的能力的内、外部因素。

(6)依据准则对所识别的内、外部因素进行评审，确定关键因素和其他需要应对的问题。

(7)对内、外部环境进行持续的监视和评审。

理解组织环境的过程如图1-1-3所示。

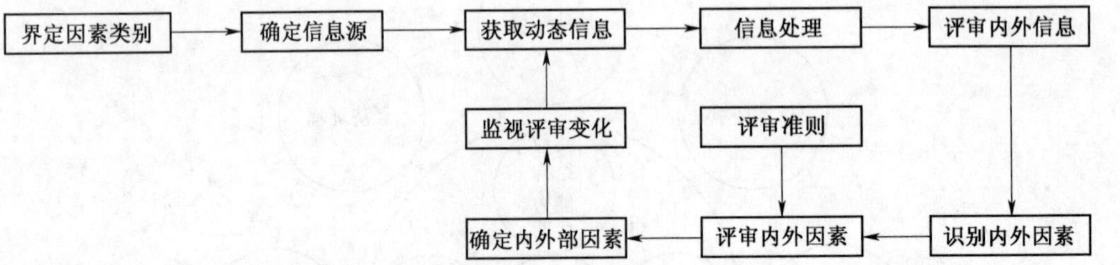

图1-1-3　理解组织环境的过程

2. 通常情况下，组织需满足或适应外部环境中与其生存和发展的能力有关的各种因素，诸如国际、国家、地区或当地的法律法规、技术、竞争、市场、文化、社会和经济环境的因素等，包括：

(1)经济因素，诸如货币汇率、经济形势、通货膨胀预测、信贷可获得性。

(2)社会因素，诸如地方失业率、安全感、教育水平、法定节假日和工作时间。

(3)政治因素，诸如政治稳定性、公共投入、地方基础设施水平、国际贸易协定。

(4)技术因素，诸如新的行业技术、材料和设备、专利有效期、职业道德规范。

(5)竞争因素，包括组织的市场份额、类似或者替代产品或服务、市场领导者趋势、顾客增长趋势、市场稳定性、供应链关系。

(6) 影响工作环境的法规因素，诸如工会规章，法律法规要求，包括环境法规和规范。

3. 组织内部环境对组织的目标和发展,以及实现质量管理体系预期结果的能力亦具有较大影响,诸如价值观、文化、知识和绩效等有关因素,包括:

(1)组织整个绩效,包括财务绩效。

(2)资源因素,包括基础设施,过程运作环境,组织的知识。

(3)人为因素,诸如人员能力,组织的文化与价值观,与工会的关系。

(4)运行因素,诸如过程、生产或服务提供能力、质量管理体系绩效、顾客评价。

(5)组织治理因素,诸如做出决策的规章制度(规则)和过程(流程)或组织架构或结构。

4. 理解组织及其环境是质量管理体系的关键要素和过程,其过程的输出也是其他要素或过程的重要输入,诸如为质量管理体系范围(见 GB/T 19001—2016/ISO 9001:2015 标准 4.3 条款)、质量管理体系及其过程(见 GB/T 19001—2016/ISO 9001:2015 标准 4.4 条款)、质量方针(见 GB/T 19001—2016/ISO 9001:2015 标准 5.2 条款)、策划(见 GB/T 19001—2016/ISO 9001:2015 标准第 6.1 条款)、质量目标(见 GB/T 19001—2016/ISO 9001:2015 标准 6.2 条款)、风险和机遇(见 GB/T 19001—2016/ISO 9001:2015 标准第 6.1.1 条款)、组织的知识(见 GB/T 19001—2016/ISO 9001:2015 标准第 7.1.6 条款)、管理评审输入(见 GB/T 19001—2016/ISO 9001:2015 标准 9.3.2 条款)等提供了必要的信息。

5. 组织所处的环境是动态的,组织必须时刻关注那些对影响其生存和发展,并影响其实现质量管理体系预期结果的内外部因素的信息变化,以及信息变化趋势。组织可选用优势、劣势、机会或威胁(SWOT)分析,或者选用政治、经济、社会、技术、法律、环境(PESTLE)分析进行其战略层面的环境影响分析。组织也可根据其规模及其运行的复杂程度,选用头脑风暴法或提出“如果……会……”的问题等较为简单的方法进行环境分析。

6. 为便于组织确定与其目标和战略方向相关并影响其实现质量管理体系预期结果的各种外部和内部因素,我们提供一种简单的表单,便于有关组织进行环境因素的识别、确认和分析,具体见表 1-1-1。

表 1-1-1　环境因素识别清单

影响因素	可能造成的影响	影响对象或区域	涉及过程和活动	影响程度

三、审核关注点

1. 审核员宜通过与受审核方相关部门或岗位人员沟通,了解其是否建立理解组织及其环境的过程或程序。

2. 审核员应基于自身对受审核方所在行业动态变化的了解,与其最高管理者沟通其所在组织的基本情况及其所确定的内、外部因素的适宜性和充分性。审核员不应接受其所确定的与其特征不符或无关联的内、外部因素。

3. 审核员需确认受审核方所确定的内、外部因素是否与其宗旨和战略方向有关,或是否会影响或导致受审核方的宗旨和战略方向因此而发生调整或变化,并同时影响实现其质量管理体系预期结果的能力。

4. 审核员需关注受审核方是否对所确定的内部和外部因素的动态信息进行适当的监视和评审,以及实施监视和评审的频次、时机和及时性。

5. 审核员需记录受审核方评审其内、外部因素的过程的信息,以及受审核方所确定的影响其能力的内、外部因素。

6. 审核员需结合对受审核方的后续审核所获得的信息对其所确定的内、外部因素的适宜性和充分定做出判断。

7. 审核员需注意影响其受审核方相关能力的内、外部因素并非是风险和机遇,但风险和机遇蕴藏在内、外部因素之中。

4.2　理解相关方的需求和期望

一、标准要求

由于相关方对组织稳定提供符合顾客要求及适用法律法规要求的产品和服务的能力具有影响或潜在影响,因此,组织应确定:

a)与质量管理体系有关的相关方;

b)与质量管理体系有关的相关方的要求。

组织应监视和评审这些相关方的信息及其相关要求。

二、标准释义

1. 相关方是指可影响决策或活动,受决策或活动所影响,或自认为受决策或活动所影响的个人或组织,如图1-1-4所示。

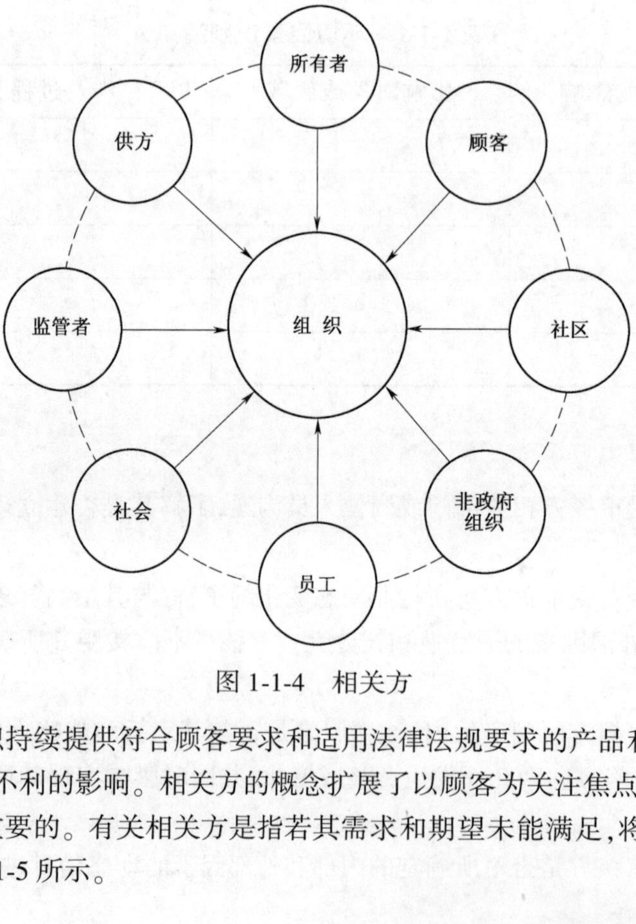

图1-1-4　相关方

相关方可能会对组织持续提供符合顾客要求和适用法律法规要求的产品和服务的能力产生影响或潜在影响,包括有利的和不利的影响。相关方的概念扩展了以顾客为关注焦点,考虑所有的与质量管理体系有关相关方是至关重要的。有关相关方是指若其需求和期望未能满足,将对组织的持续发展产生重大风险的各方,如图1-1-5所示。

组织的成功，依赖于赢得和保持有关相关方的支持。组织应确定向相关方提供何种必要的结果，包括信息以降低风险。一个组织可能存在若干相关方，但并非都与组织的质量管理体系有关。识别有关相关方是理解组织环境的过程的重要组成部分，如图 1-1-6 所示。

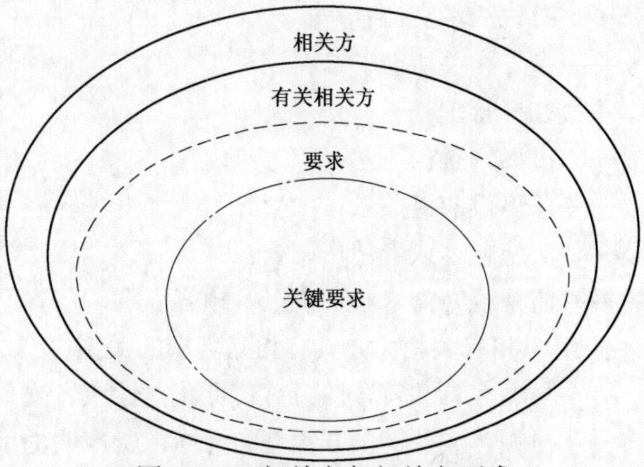

图 1-1-5　相关方与相关方要求

2. 有关相关方可能影响组织的工作，也可能被组织的工作所影响。

通常情况下，影响组织实现其质量管理体系预期结果的能力的相关方可能包括：

——顾客；

——最终用户或受益者；

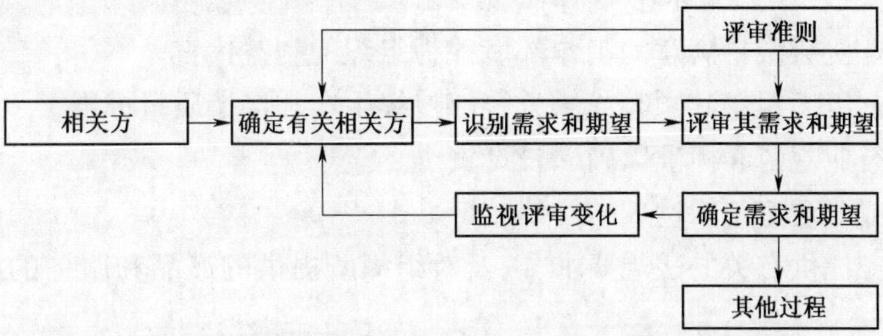

图 1-1-6　理解相关方的需求和期望的过程

——所有者或股东或受益人；

——组织内的员工或代表组织工作的其他人员；

——外部供方；

——银行或赞助商或放款人；

——工会；

——合作伙伴；

——监管者（地方的、地区的、州/省的、国家或者国际的）；

——授予特许者；

——母公司或子公司；

——竞争对手；

——相对立的社会群体；

——贸易和专业协会；

——地方社区团体；

——政府或类似政府机构；

——非政府组织；

——业主（如购物中心，工业园区）；

——本地相邻组织/当地的活动等。

为理解有关相关方的需求和期望，组织可以采取若干活动和方法，包括与负责该过程的相关人员一起工作或者使用他们允许的信息收集的方法，包括但不限于以下方面：

——评审接到的订单；

——与合规或者法务部门一起评审法规要求；

——游说或者交流；
——参加相关协会；
——杠杆管理；
——市场调查；
——评审供应链关系；
——实施顾客或者用户调查；
——监视顾客需求和期望以及顾客满意。

3. 组织和有关相关方具有相互需求的关系，例如：
——与顾客有关符合性，价格，可获得性或者交付的要求；
——与顾客或外部供方签订的合同中所声明的承诺或所产生的义务；
——行业规范和标准；
——董事会可能希望确保组织获得足够的盈利以回报股东的投资。
——监管机构希望组织的工作符合法律法规要求。
——组织希望行业协会维持满意的工作环境并为组织的利益代言。
——在供应链上的组织希望其顾客或供方能够持续生产和保持质量标准。
——建筑师使用行业规范和标准以确保设计安全。
——与社区团体或非政府组织达成的协议；
——与产品或服务提供有关的法规要求，以及对组织所提供的产品和服务的能力具有影响的法规要求；
——与有关相关方达成的谅解备忘录；
——许可，执照或者其他形式的授权；
——监管机构签署或发出的命令；
——条约，公约和议定书；
——与公共机构和顾客达成的协议；
——自愿性原则或者行为规范；
——自愿性标示或者环保承诺；
——合同项下所产生的义务；
——员工政策等。

组织也可以自愿地遵守社会责任（如ISO 26000），符合道德规范、反腐败和维护员工权益。

在策划质量管理体系时，组织宜考虑由上述活动所产生的信息。

4. 组织应视其资源状况和有关相关方的需求和期望对其能力的影响程度，确定需重点关注的有关相关方的需求和期望，这通常需要一个准则进行判定，并充分考虑以下内容。
——他们对组织的绩效或决策所可能产生的影响及其影响程度；
——他们产生风险和机会的能力；
——对市场可能的影响；
——影响组织的决策或活动的能力。

组织可将准则用于判定或确定有关相关方及其相关要求。

5. 组织在应用理解相关方的需求和期望过程中，重点是理解有关相关方的关键要求。相关方的数量比组织的规模更能反映组织的复杂性。正如GB/T 19001—2016/ISO 9001：2015标准4.1条款所述，此过程的输出成为风险评估（见GB/T 19001—2016/ISO 9001：2015标准6.1条款）的输入，宜将其形成文件。

因组织所提供的过程、产品和服务的差异，其有关相关方及其要求也会不同，并可能因为无法预见的环境或者对市场的有意反应而发生变化。

6. 理解相关方的需求和期望是质量管理体系的关键要素和过程，该过程的输出也是其他要素或过程的重要输入，诸如为质量管理体系范围（见 GB/T 19001—2016/ISO 9001:2015 标准 4.3 条款）、质量管理体系及其过程（见 GB/T 19001—2016/ISO 9001:2015 标准 4.4 条款）、质量方针（见 GB/T 19001—2016/ISO 9001:2015 标准 5.2 条款）、策划（见 GB/T 19001—2016/ISO 9001:2015 标准第 6.1 条款）、质量目标及其实现的策划（见 GB/T 19001—2016/ISO 9001:2015 标准 6.2 条款）、应对风险和机遇的措施（见 GB/T 19001—2016/ISO 9001:2015 标准第 6.1.1 条款）、组织的知识（见 GB/T 19001—2016/ISO 9001:2015 标准第 7.1.6 条款）、管理评审输入（见 GB/T 19001—2016/ISO 9001:2015 标准 9.3.2 条款）等提供了必要的信息基础。

7. 相关方可能会因为他们各自所处的环境，或受其环境变化因素的影响发生改变，包括有关相关方对组织的要求也可能发生变化。因此，组织需对与这些有关相关方及其要求的相关信息进行监视和评审。必要时，组织应及时作出响应。组织可通过诸如管理评审活动对其有关相关方要求的信息的变化进行监视和评审。

8. 为便于确定与质量管理体系有关的相关方和有关相关方的要求，我们提供一种简单的表单，便于相关组织识别、梳理和确定有关相关方和有关相关方的要求时参考，具体见表 1-1-2。

表 1-1-2　有关相关方及其要求清单

有关相关方	有关相关方的诉求	影响对象或区域	涉及过程和活动	重要程度

三、审核关注点

1. 审核员宜通过与受审核方相关部门或岗位人员沟通，了解其是否建立和保持理解相关方的需求和期望的过程或程序。

2. 审核员应通过与受审核方沟通和观察，并调阅相关资料，关注和辨识其是否存在已确定的与其特征不符或无关联的相关方，以及这些相关方的需求和期望的信息，关注其所确定结果的真实性。

3. 审核员需关注其受审核方所识别和确定有关相关方是否充分，且没有遗漏其重要的有关相关方及其需求和期望。

4. 审核员需通过与受审核方沟通和观察，了解其获取有关相关方需求和期望的渠道和方法。有关相关方的需求和期望可能涉及行政许可范围、授权代理范围、经营范围、建设范围等。

5. 审核员需关注受审核方是否对所确定的有关相关方及其需求和期望的动态信息进行适当的监视和评审，所实施的监视和评审活动的频次是否适宜和有效。

6. 审核员需沟通和记录其受审核方所确定的有关相关方的主要或核心诉求，并结合对 GB/T 19001—2016/ISO 9001:2015 标准 6.1.1 条款的审核查看其在确定风险和机遇过程中是否考虑了这些诉求中可能存在的风险或机遇。

4.3 确定质量管理体系范围

一、标准要求

组织应确定质量管理体系的边界和适用性,以确定其范围。

在确定范围时,组织应考虑:

a) 4.1 中提及的各种外部和内部因素;

b) 4.2 中提及的相关方的要求;

c) 组织的产品和服务。

如果本标准的全部要求适用于组织确定的质量管理体系范围,组织应实施本标准的全部要求。

组织的质量管理体系范围应作为成文信息,可获得并得到保持。该范围应描述所覆盖的产品和服务类型,如果组织确定本标准的某些要求不适用于其质量管理体系范围,应说明理由。

只有所确定的不适用的要求不影响组织确保其产品和服务合格的能力或责任,对增强顾客满意也不会产生影响时,方可声称符合本标准的要求。

二、标准释义

1. 在确定范围时,组织除应当考虑 4.1 中提及的各种外部和内部因素,4.2 中提及的相关方的要求,以及组织的产品和服务,同时还应考虑以下因素:

(1)组织的基础设施;

(2)组织不同的场所和活动;

(3)外部供方提供的产品和服务;

(4)组织的哪些过程和活动是由外部提供的;

(5)组织的宗旨和使命,以及战略方向;

(6)组织的知识。

2. 为了确定质量管理体系的范围,处理已收集信息的活动示例应该包括:

——对质量管理体系要求适用性的评定;

——任何不适用要求的理由,考虑不适用要求不应影响实现产品和服务符合性的能力或责任;

——基于已识别的对组织能力、顾客或其他相关方的影响,分析已收集的信息;

——确定所需的过程、产品和服务以确保产品和服务的符合性,以及顾客满意度的增强。

成文信息的范围应该包括以上所列出的活动的输出,并包括任何不适用要求的理由。

确定质量管理体系范围的过程,如图 1-1-7 所示。

组织的质量管理体系范围可以与 GB/T 19001—2016/ISO 9001:2015 标准的质量管理体认证范围不同。在某些情况下,其组织的质量管理体系认证范围可能小于其质量管理体系的范围,如图 1-1-8 所示。组织应注意质量认证范围与质量管理体系范围的区别。质量管理体系认证范围不允许超出营业许可范围,但质量管理体系范围可以超出其营业许可范围。

3. 根据组织的规定,质量管理体系范围可以是整个组织或是组织的一部分。

质量管理体系的范围可以是:

——某间办公室;

——某座工厂;

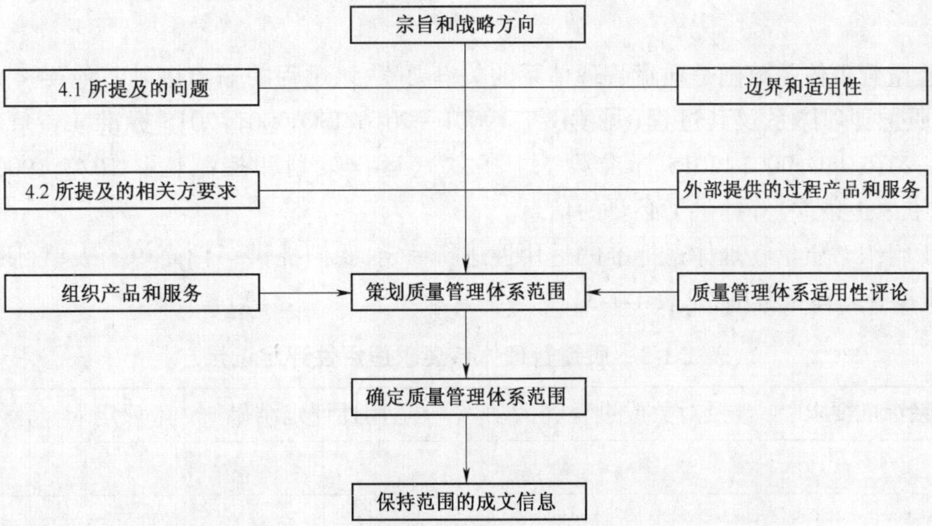

图 1-1-7　确定质量管理体系范围的过程

——采购部门；

——物流部门；

——连锁店；

——某家餐馆等。

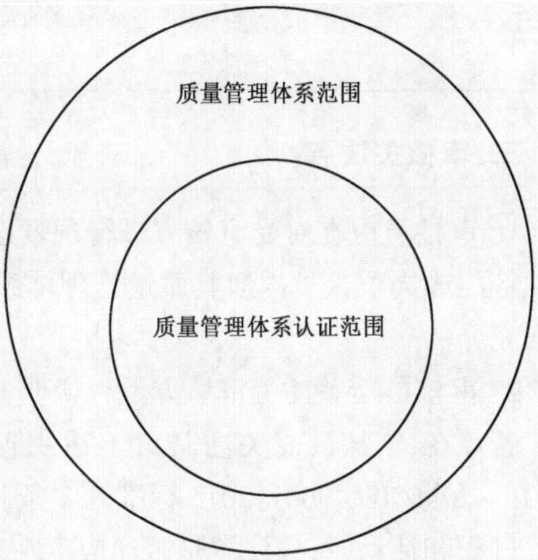

图 1-1-8　质量管理体系范围与认证范围的关系

组织的范围将影响有关相关方及其要求。

需要了解组织的界面，这个界面通常是与其顾客、内部顾客、供方和外部提供者所形成的。

4. GB/T 19001—2016/ISO 9001：2015 的要求是通用的，因此，根据组织的范围和所提供的产品和服务的不同将会有不同程度的应用。如果可以应用某项要求，该要求应被遵守。如果因为范围的界定，该项要求不适用，应阐明原因。这点与 ISO 9001：2008 的删减要求很类似，在 ISO 9001：2008 中，删减仅在第 7 章中适用。

当组织决策不采用 GB/T 19001—2016/ISO 9001：2015 标准 8.3 条款关于产品和服务的设计和开发时应特别慎重，因为与产品和服务有关的诸多详细要求均是由组织通过识别和依据相关法律法规、技术标准，以及顾客要求后进而转化为详细要求的。除非产品和服务的详细要求来自于顾客或其他有关相关方，否则，不允许不采用 GB/T 19001—2016/ISO 9001：2015 标准 8.3 条款的要求对产品和服务的设计和开发活动进行控制。作为要求不适用的例子：

——汉堡店不考虑设计，因为出售的食品是根据固定的配方生产的，也可以确定没有顾客财产。

——制作木质家具的公司可能对树的生长来源没有可追溯性的需求（例如，从树到家具），但不排除对生产过程的某项活动规定可追溯要求，或者对家具产品的分布规定可追溯性要求。

事实上，大多数组织仅在 GB/T 19001—2016/ISO 9001：2015 标准的第 7 章和第 8 章中能够发现极个别的不适用的要求，因为其他章节涉及通用的管理活动，从某种程度上讲，具有普适性。

5. 如何描述质量管理体系范围取决于组织，其范围的描述既要避免过于宽泛，也要避免过于受限，范围宜包括组织质量管理体系所覆盖的产品和服务的详细信息。成文信息的范围描述可以是记录信息的一种方法，但也可以包括在方针和其他文件中。当组织将范围中的一些过程和活动外包（如：电镀、喷漆、灭菌等)给外部供方时,组织应按照GB/T 19001—2016/ISO 9001:2015标准8.4条款的要求实施控制。

6. 确定质量管理体系范围是质量管理体系的关键要素,该过程的输出也是其他要素或过程的重要输入,诸如为质量管理体系及其过程(见GB/T 19001—2016/ISO 9001:2015标准4.4条款)、策划(见GB/T 19001—2016/ISO 9001:2015标准第6.1条款)、运行策划和控制(见GB/T 19001—2016/ISO 9001:2015标准8.1条款)等提供了必要的信息。

7. 为便于组织对质量管理体系标准的适用性进行评定,我们提供一种简单的表单,便于组织识别、评定和确定质量管理体系范围,见表1-1-3。

表1-1-3　质量管理体系要求适用性评定记录

质量管理体系标准要求	涉及对象或过程和活动	适用性评定结果	评定人	评定时间

三、审核关注点

1. 审核员应在对受审核方进行现场巡视、观察和查看其对标准适用性评价所获信息的基础上与其相关部门或岗位人员沟通其质量管理体系的范围,判断其所进行的有关标准适用性评价的结论是否合理和充分。

2. 审核员需关注受审核方是否说明其存有标准的某些条款要求不适用其质量管理体系范围的情况。若存在,审核员需关注其对不适用理由的描述是否充分。审核员需重点关注受审核方对GB/T 19001—2016/ISO 9001:2015标准8.3条款所进行的适用性评价,当受审核方可能不存在产品的设计和开发过程和活动时,应注意是否还应存在对服务的设计和开发过程的控制。

3. 审核员需关注当受审核方存在多场所的情景时,其有关场所是否被纳入其质量管理体系范围,并与其所申请的认证范围相一致。审核员需关注其质量认证范围是否在其营业许可范围之内。

4. 审核员需关注GB/T 19001—2016/ISO 9001:2015标准与GB/T 19001—2008/ISO 9001:2008标准所规定的质量管理体系输出的差异,包括产品和服务。生产型组织的输出以产品为主,但也输出服务。服务型组织的输出以服务为主,但也可能输出产品。因此,获证组织在界定其输出的产品和服务范围时,不宜遗漏或缩小所输出的产品和服务的任何一个方面。

5. 审核员应查看和记录受审核方的质量管理体系范围的成文信息,并作出是否可被接受的结论。

4.4　质量管理体系及其过程

一、标准要求

4.4.1　组织应按本标准的要求,建立、实施、保持和持续改进质量管理体系、包括所需过程及其相互作用。

组织应确定质量管理体系所需的过程及其在整个组织中的应用,且应:

a)确定这些过程所需的输入和期望的输出;

b) 确定这些过程的顺序和相互作用；

c) 确定和应用所需的准则和方法（包括监视、测量和相关绩效指标），以确保这些过程的有效运行和控制；

d) 确定这些过程所需的资源并确保其可获得；

e) 分配这些过程的职责和权限；

f) 按照 6.1 的要求应对风险和机遇；

g) 评价这些过程，实施所需的变更，以确保实现这些过程的预期结果；

h) 改进过程和质量管理体系。

4.4.2　在必要的范围和程度上，组织应：

a) 保持成文信息以支持过程运行；

b) 保留成文信息以确信其过程按策划进行。

二、标准释义

1. 质量管理体系是指组织建立质量方针和质量目标以及实现这些目标的过程的相互关联或相互作用的一组要素，且这组要素与客体（体系）的若干固有特性满足要求的程度有关。

质量管理体系是通过包括制定质量方针和质量目标，以及通过质量策划、质量保证、质量控制和质量改进实现这些质量目标等诸多过程所组成的系统。

2. GB/T 19001—2016/ISO 9001:2015 标准条款规定了组织建立质量管理体系和与之相关的活动的所有要求。在领导力的作用下，组织通过策划、运行、绩效评价，以及改进过程，实现其质量管理体系的预期输出或结果，如图 1-1-9 所示。

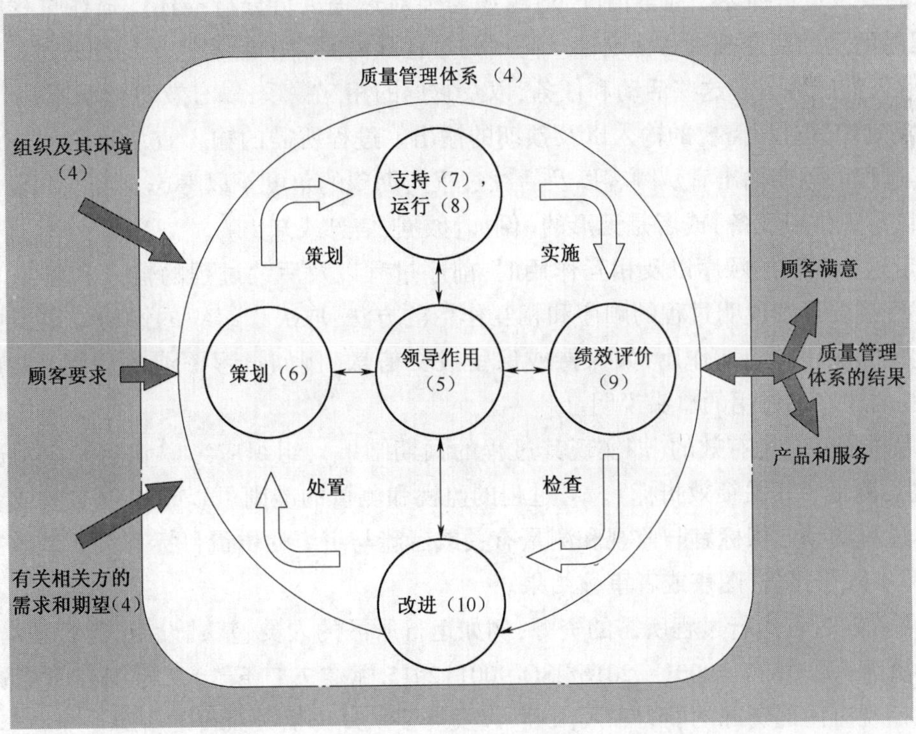

图 1-1-9　PDCA 在质量管理体系中的应用

3. 组织的所有活动都是通过过程来完成的，并实现过程的绩效。GB/T 19001—2016/ISO 9001:2015 标准 4.4.1 条款依据 PDCA 循环模式，规定了过程的设计、实施、检查和改进，是组织建立、实施、保持和持续改进质量管理体系的统领过程。

过程是指利用输入提供预期结果的相互关联或相互作用的一组活动。因此组织应对其业务活动事项进行梳理,应用过程方法去识别和确定质量管理体系所需的过程及其在整个组织中的应用。

单一过程各要素的相互作用如图 1-1-10 所示。每一过程均有特定的监视和测量检查点,以用于控制。这些检查点根据不同的风险有所不同。

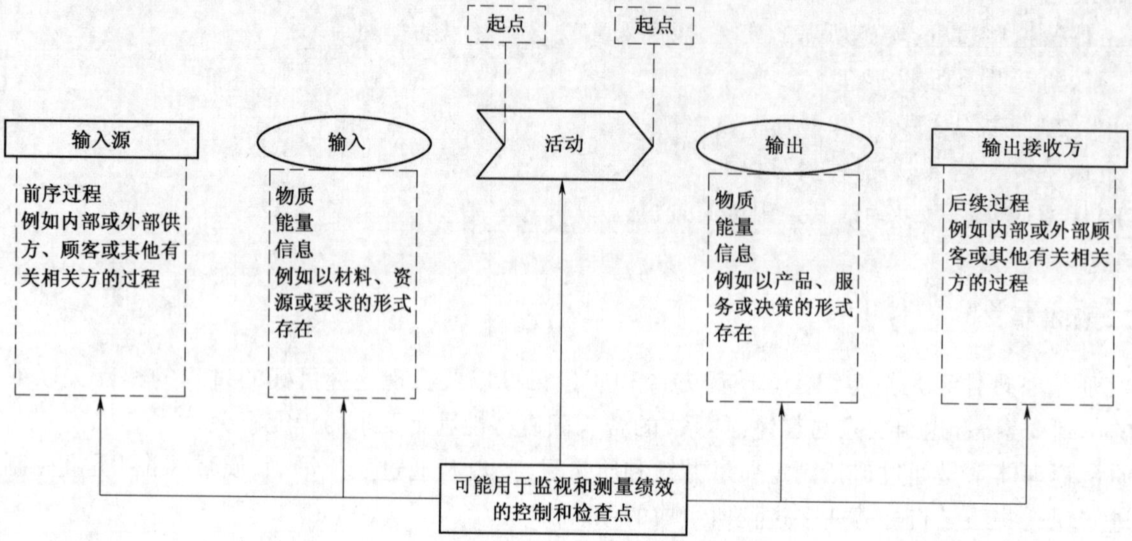

图 1-1-10　单一过程要素

组织应确保将其所需的质量管理体系过程中的活动按照 GB/T 19001—2016/ISO 9001:2015 标准 4.4.1a)到 h)的要求进行描述。通常情况下,组织需要对过程进行分析描述。描述过程的详细程度取决于组成过程的活动的复杂程度和稳定性。简单的过程只需要简单的解释。复杂的过程需要足够详细的解释,以确保人们能够了解这些活动和任务,以及它们的相互关系,以有效履行职责。

(1)组织需确定其过程需要的输入以及预期的输出。过程所需的输入宜从策划实施该过程所需的角度考虑。其过程的预期输出宜从顾客以及后续过程所期望的角度予以考虑。输入和输出可以是有形的(例如:材料、零配件或设备)或者是无形的(例如:数据、信息或知识)。

(2)在确定这些过程的顺序以及相互作用时,前序过程以及后续过程的输入和输出之间的联系宜得到考虑。是否需要详细说明过程的顺序和相互作用的方法,取决于组织的性质。组织可选用不同的方法来说明过程的顺序和相互作用,如保持或保留成文信息(例如过程图或流程图)或者更简单的方法,例如对过程的顺序和作用的口头说明。

(3)为确保过程运行是有效的(即实现其过程的预期结果),组织应考虑确定和应用过程的准则和方法(包括监视,测量和相关绩效指标)。对过程的监视和测量的准则可以是过程参数或者是产品和服务的规范。其过程的绩效指标宜与监视和测量有关或者能与组织的质量目标有关。绩效指标的其他适用方法包括,但不限于报告,图表或者审核结果。

(4)组织需确定过程运行过程所需的资源,例如运行所需的人员、基础设施、运行环境、组织知识以及监视和测量资源(见 GB/T 19001—2016/ISO 9001:2015 标准 7.1 条款)。组织在考虑资源的可获得性时需考虑包括现有内部资源的能力和局限性,以及需要从外部供方获得的资源。

(5)组织在确定其所需的过程及其活动后,紧接着应确定由谁来实施该过程的活动,为其质量管理体系所需过程分配职责和权限。职责和权限的分配宜保持成文信息,例如组织结构图,成文程序,实施方针以及工作描述或者口头指令等简单方法。

(6)组织需确保按照 GB/T 19001—2016/ISO 9001:2015 标准 6.1 条款的要求应对与所实施的过程有关的风险和机遇所需的任何措施。组织对过程的控制程度应与风险和机遇的大小或规模保持相适应。

(7)组织需考虑通过评审为监视和测量建立的准则而获取的绩效指标,进而分析和评价与其绩效指标有关的数据,需要时,实施变更,以确保这些过程持续地实现其预期结果。

(8)组织能够使用分析和评价的结果以确定必要的改进措施。改进可以在过程层面(例如:通过减少变差的方式来实施某一项活动)或者能够在质量管理体系层面进行(例如:通过减少与体系有关的文书工作,允许人员更关注管理过程)。

4. 过程绩效目标或指标,如:

——服务响应时间;

——服务中断趋势;

——生产效率;

——缺陷率;

——返工成本;

——保修成本等。

5. 组织应规定运行过程所需的成文信息的要求,并予以保持,以表明过程的输出是经过策划的。组织内的适当人员(例如过程负责人、过程输出负责人、过程控制人员)应评审何种信息可以用于该过程,以稳定地实施并实现预期的结果。在策划保持成文信息以支持过程的运行决策过程中,组织对于所使用的信息(例如:程序、作业指导书、视觉辅助、图纸、规范、指标、报告、KPI、会议纪要、样品、口头交流)需进行价值分析或评审,以确保能够支持过程的运行。在确定所需的成文信息的类型和程度时,组织需基于风险的思维评价其组织的需求,并考虑其规模、活动、产品和服务的类型、其过程的复杂程度、资源等以及不合格的潜在后果。

6. 组织可以采用图示方法规定过程,或采用文字方式,或两者结合的方式。实际上很多组织常用流程图和泳道图来表示过程和过程之间的相互关系,既简单清晰,又便于理解和执行。

7. 组织需保留成文信息,且需保持不被更改(除非授权的纠正),以证实符合性并确信过程已按照策划得以实施。这类成文信息通常与顾客要求、法规要求,以及组织自身的要求有关。

8. 质量管理体系及其过程是质量管理体系的核心要素,该过程的输出也是其他要素或过程的重要输入,诸如为组织的岗位、职责和权限(见 GB/T 19001—2016/ISO 9001:2015 标准 5.3 条款)、质量目标的建立和实施(见 GB/T 19001—2016/ISO 9001:2015 标准 6.2 条款)、变更的策划(见 GB/T 19001—2016/ISO 9001:2015 标准 6.3 条款)、资源(见 GB/T 19001—2016/ISO 9001:2015 标准 7.1 条款)、成文信息(见 GB/T 19001—2016/ISO 9001:2015 标准 7.5 条款)、运行策划和控制(见 GB/T 19001—2016/ISO 9001:2015 标准 8.1 条款)等提供了必要的信息。

9. 为便于组织对质量管理体系过程进行管理,我们提供一种简单的表单用于组织对过程进行梳理,见表 1-1-4。

表 1-1-4　过程清单

过程描述	过程输入	运行准则	过程输出	过程所有者	过程绩效指标	关联过程

三、审核关注点

1. 审核员可通过与受审核方相关部门或岗位人员沟通其质量管理体系过程结构,以及质量管理体系的特点。

2. 审核员需关注受审核方所确定的过程,以及过程顺序和相互作用的信息。审核员可通过查阅其过程清单、过程流程图、泳道图、作业指导书等成文信息或通过沟通获得相关的过程信息。

3. 审核员应通过调阅受审核方相关资料和交流的方式,关注其所识别和确定的实现质量管理体系预期输出的过程是否充分和适宜。

4. 审核员需通过调阅受审核方相关资料和交流的方式,关注其是否界定或分配了过程的职责和权限,包括是否规定了过程的绩效目标,如热处理过程的绩效目标。

5. 审核员应收集和记录其受审核方质量管理体系中所包含的价值创造过程和一般过程的基本信息,包括确保过程运行的适当的准则或成文信息的概要信息。

6. 在审核过程中,审核员至少应抽查受审核方所确认的2~3个过程,查看与所抽样的过程相关的信息,并形成审核记录。

第二章　领导作用

5.1　领导作用和承诺

5.1.1　总　　则

一、标准要求

最高管理者应通过以下方面,证实其对质量管理体系的领导作用和承诺:

a)对质量管理体系的有效性负责;

b)确保制定质量管理体系的质量方针和质量目标,并与组织环境相适应,与战略方向相一致;

c)确保质量管理体系要求融入组织的业务过程;

d)促进使用过程方法和基于风险的思维;

e)确保质量管理体系所需的资源是可获得的;

f)沟通有效的质量管理和符合质量管理体系要求的重要性;

g)确保质量管理体系实现其预期结果;

h)促进人员积极参与,指导和支持他们为质量管理体系的有效性作出贡献;

i)推动改进;

j)支持其他相关管理者在其职责范围内发挥领导作用。

注:本标准使用的"业务"一词可广义地理解为涉及组织存在目的的核心活动,无论是公有、私有、营利或非营利组织。

二、标准释义

1. 最高管理者是指在最高层指挥和控制组织的一个人或一组人。最高管理者在组织内有授权和提供资源的权力。如果质量管理体系的范围仅覆盖组织的一部分,在这种情况下,最高管理者是指组织的这部分的管理者和控制者。

2. 本条款有助于识别最高管理者亲自参与和指挥组织的活动,包括:

(1)率先垂范,最高领导者应对质量管理体系的有效性承担责任。最高管理者通过持续的绩效监视或测量以及定期开展管理评审活动,使质量管理体系持续保持适宜性和有效性,以实现组织的目标。

组织是质量安全的责任主体,最高管理者是这个责任主体的主要负责人和法定责任承担者。最高管理者基于风险的决策,决定和影响着质量管理体系的有效性。

最高管理者明显的支持和参与对于成功实施质量管理体系很重要。最高管理者率先垂范的作用能够影响和推动全体员工积极参与,也为外部各方有效参与质量管理体系提供保证。在小型组织中,最高管理者可能包括老板、合伙人以及几个关键人员,GB/T 19001—2016/ISO 9001:2015 要求这样的人员证明其对质量管理体系的承诺。

最高管理者可以不亲自采取所有的措施,例如可以委托其他人,但必须负责确保实施。最高管理者不得将质量管理体系的责任进行分配,并应对质量管理体系的有效性负责。

最高管理者应营造一种文化和环境,鼓励员工在各级领导的带领下(不需要形成正式的管理职位,如小组长)积极工作,实施管理体系的要求,实现质量管理体系的目标。许多管理体系要求是履行现行管理职责的活动。

(2)总体策划,最高领导者应确保在制定质量管理体系的质量方针和质量目标,考虑组织环境的内、外部因素和战略方向,以确保其与整个业务流程一致并支持整个业务流程。

质量方针和质量目标具有质量管理体系运行的导向作用,需要最高管理者确保其制定。

质量方针是组织关于质量的方针。质量方针应是组织针对其核心业务活动所确定的一组有关质量方面发展方向的集合。质量方针应确定组织核心业务活动的具体发展方向。泛泛的口号式的质量方针对组织而言,几乎不具有任何引领的作用。质量方针应与组织的总方针相一致,与组织的愿景和使命相一致,与组织的基础环境条件或产品和服务的质量水平相适宜,并为制定质量目标提供框架。

质量目标是组织在质量方面需要实现的结果。可以说质量方针是组织行进中所需的灯塔,质量目标是具体的行进要求,包括了相关职能、层级和过程的行进要求。

质量方针和质量目标可在最高管理层的例行会议期间得到制定或者评审,如战略规划会议或者管理评审会议。

(3)分析研究,确保组织内质量管理体系过程与其他职能过程的接口(如财务、设计、试验、顾客支持等),以确保质量管理体系要求融入组织的业务过程。

最高管理者负责确保将质量管理体系要求与组织的业务过程相整合。组织应在充分理解质量管理体系要求的基础上,对各项业务活动进行评审和分析,寻找差距和不足,进而将质量管理体系要求镶嵌在业务经营活动之中,彻底根治"两张皮"的现象。确保质量管理体系要求与业务过程整合的例子是最高管理者确保组织的业务过程考虑了质量管理体系的要求。不要将组织的业务过程与质量管理体系过程相分离。

(4)积极培育,促进使用过程方法和基于风险的思维,确保在部门和职能之间存在有效的联系,用系统方法评定和预防风险,以实现输入和输出在过程和运行间的有效流动。

在实现其预期结果的过程中,通过过程方法系统地理解和管理相互关联的过程有助于提高组织的有效性和效率。过程方法使组织能够对体系中相互关联和相互依赖的过程进行有效控制,旨在以一种系统的方法实现输入和输出之间的有效运动以及应对风险和机遇时的协作以增强组织整体绩效。

基于风险的思维使得组织能确定可能导致其过程和质量管理体系偏离预期结果的各种因素,采取预防控制,最大限度地降低不利影响,并最大限度地利用出现的机遇。因此,作为组织的最高管理者应促进在整个组织内针对所有的活动使用过程方法和基于风险的思维。最高管理者有责任增强人员过程方法的意识。最高管理者理解如何使用过程方法实现结果非常重要,这可以通过实施GB/T 19001—2016/ISO 9001:2015标准4.4.1条款关于质量管理体系及其过程的要求来实现。

增强过程方法意识的例子是可以通过管理证明他们在工作中使用了过程方法,鼓励雇员将过程方法融入组织的文化,例如通过员工会议和培训了解相关信息。

质量管理体系和过程的运行活动可能存在不同的风险,作为最高管理者同样有责任引导员工基于风险的思维实施对过程和活动的管理,避免或减少风险对质量管理体系和过程的不利影响。质量管理体系的一个重要作用就是控制组织形成产品或提供服务过程中已被识别的风险或潜在风险。

(5)统筹谋划,确保获得质量管理体系所需的资源。资源是质量管理体系运行所需的基础条件。每个组织的资源都是有限的,因此,最高管理者应识别组织自有资源和自有资源的约束,开发可利用的外部资源,以便确保获得质量管理体系所需的资源。

组织应当监视当前的或预计的工作量以及进度计划,以确保在需要时,提供充分的资源。资源通常包括人员、基础设施、运行环境、监视和测量资源、组织的知识,以及资金和信息等。

(6)适时沟通,通过内部网络信息会议、电子邮件、个人讨论、组织内部局域网等,经常沟通质量管理体系的价值和收益,以及对其要求的遵守,进而沟通有效的质量管理和符合质量管理体系要求的重要性。

沟通是信息的传递、处理和反馈活动的集合,也是融洽组织成员之间,以及组织与相关方情感关系的一种重要措施。最高管理者应确保在质量管理体系中构建沟通机制,通过沟通实现有效地传递组织的战略意图,认识有效的质量管理和符合质量管理体系要求的重要性,提升组织质量管理体系运行的效率和有效性。组织可结合事实证据,沟通在客户保持(保留/维系)、市场份额增加、成本减少等领域改进收益的价值(见GB/T 19001—2016/ISO 9001:2015标准7.4条款)。

(7)监督协调,监视质量管理体系的输出,当未实现预期结果时,并确保采取纠正措施的职责和权限已分配到相关人员或群体,以确保实现质量管理体系的预期结果。

最高管理者应证明确保组织实现预期结果的领导作用和承诺。预期结果是组织需要证明其提供满足顾客和法律法规要求的产品和服务,目的是通过有效实施质量管理体系,包括持续改进过程,确保提供合格产品和服务来增强顾客满意。组织可以采取不同的方法确保实现其预期目的。一些方法可以是监视质量目标的结果和内、外部因素的变化。最高管理者可以通过在管理评审中实现,也可以通过其他会议,或其他的目标评审,如果组织没有达到预期结果,可以采取纠正措施、提供资源已实现目标。

(8)努力引导,促使、指导和支持员工努力提高质量管理体系的有效性。员工只有在理解质量管理体系要求和过程运行准则的基础上,通过知识的不断丰富和应用,通过质量目标的引导和认真履行职责,才能为提升质量管理体系的有效性做出贡献。因此,作为组织的最高管理者应通过具体行动促使、指导和支持员工努力提高质量管理体系的有效性。这些行动可包括:

①分配适当的职责和权限至岗位;

②规定与岗位和过程有关的质量目标;

③提供员工获取知识的途径和知识;

④提供培训促使员工理解要求和提升能力;

⑤规定适当的绩效要求;

⑥监视绩效;

⑦沟通绩效;

⑧督促员工制定个人提升计划,并实施。

(9)倡导创新,推动改进。最高管理者应促使在组织内部构建创新机制,营造创新氛围,建立创新制度,组建创新小组,推动组织的创新和改进。

最高管理者需确保源自内部审核(见GB/T 19001—2016/ISO 9001:2015标准9.2条款)或其他评定和管理评审(见GB/T 19001—2016/ISO 9001:2015标准9.3条款)的信息和建议在组织内相关方得到沟通,其有助于证实改进的价值和收益。

(10)实现组织的质量方针和质量目标,需要组织内部各级管理者的积极推动和参与,作为组织的最高管理者应进行合理和充分的授权,并向其他管理者(如:财务,设计、试验,顾客支持)提供辅导和帮助,解惑答疑,以帮助和支持其他管理者高效和有效地履行其相关领域的职责。

3. 领导作用和承诺的总则部分是质量管理体系的关键要素,该要素的输出也是其他要素或过程的重要输入,诸如为组织的岗位、职责和权限(见GB/T 19001—2016/ISO 9001:2015标准5.3条款)、方针(见GB/T 19001—2016/ISO 9001:2015标准5.2条款)、质量目标的建立和实施(见GB/T 19001—2016/ISO 9001:2015标准6.2条款)、质量管理体系及其过程(见GB/T 19001—2016/ISO 9001:2015标准4.4

条款)、应对风险和机遇的措施(见 GB/T 19001—2016/ISO 9001:2015 标准 6. 1. 1 条款)、资源(见 GB/T 19001—2016/ISO 9001:2015 标准 7. 1 条款)、沟通(见 GB/T 19001—2016/ISO 9001:2015 标准 7. 4 条款)、意识(见 GB/T 19001—2016/ISO 9001:2015 标准 7. 3 条款)、改进(见 GB/T 19001—2016/ISO 9001:2015 标准 10. 1 条款)等提供了必要的信息。

三、审核关注点

1. 审核员应与受审核方最高管理者沟通其在设定组织的使命、愿景和价值观,如何考虑组织所处的环境、相关方的需求和期望以及业务目标。

2. 审核员应与受审核方最高管理者沟通其在质量管理体系的建立、实施、保持和持续改进其有效性方面率先垂范的典型事例,包括主持的相关会议、参与的主要活动,以及改进的决策,包括有关资源的决策。

3. 审核员需通过索阅受审核方的质量方针和质量目标,关注其是否适合于受审核方的实际状况,并与其战略方向保持一致。

4. 审核员可通过抽查受审核方典型文档或作业指导书的方式,关注其质量管理体系标准要求是否被融入其对业务活动的控制要求和方法之中。

5. 审核员可通过查看或沟通受审核方的过程流程图,以及过程运行准则,关注其应用过程方法的广度和深度,以及是否在过程运行准则,包括作业指导书中规定了风险控制的方法。

6. 审核员可通过与受审核方最高管理者沟通,了解其资源配置情况,以及所配置资源的先进程度或充分性的信息。

7. 审核员应与受审核方最高管理者交流其沟通机制的建设情况,并关注其采取何种方式对质量管理和符合质量管理体系的重要性进行沟通,以及沟通的有效性。

8. 审核员需了解受审核方对体系和过程运行的监视机制的建立和保持情况,包括不合格输出控制以及纠正措施的实施情况,进而关注受审核方如何确保质量管理体系实现预期结果。

9. 审核员需通过与受审核方最高管理者交流,了解其企业文化,包括质量文化和创新文化的建设情况,以及如何通过质量文化机制促进人员积极参与,指导和支持他们为质量管理体系的有效性作出贡献;如何通过创新文化的机制推动改进,包括合理化建议、创新、QC 小组、A3 报告等。

10. 审核员可通过与其他管理者交流,了解其如何发挥所负责区域的领导作用,包括参与相关决策和活动的信息。

11. 审核员可通过对 GB/T 19001/ISO 9001 标准其他条款审核所获得的信息表明最高管理者领导者作用与承诺的程度,诸如 5. 2、5. 3、6. 1. 1、6. 2. 1、7. 1、7. 3、7. 4、9. 1. 1、9. 3、10. 1 等要素实施的符合性和有效性。

5. 1. 2 以顾客为关注焦点

一、标准要求

最高管理者应通过确保以下方面,证实其以顾客为关注焦点的领导作用和承诺:

a)确定、理解并持续地满足顾客要求以及适用的法律法规要求;

b)确定和应对风险和机遇,这些风险和机遇可能影响产品和服务合格以及增强顾客满意的能力;

c)始终致力于增强顾客满意。

二、标准释义

1. 顾客是指能够或实际接受为其提供的,或按其要求提供的产品或服务的个人或组织。质量管理体系的主要关注点是满足顾客要求并努力超越顾客的期望。组织只有赢得顾客和其他有关相关方的信任才能获得持续成功。

2. 组织应建立过程并通过顾客沟通,确定其直接顾客和间接顾客(这些顾客接受组织所提供的价值),了解并获得其顾客需求,关注对于组织自身和顾客来说哪些是重要的,包括与产品和服务相关的法律法规要求。

最高管理者应为持续以顾客为关注焦点,包括满足顾客要求和增强顾客满意为关注焦点方面提供明显的证据。

组织需识别、确定和控制适用于其产品和服务的法律法规要求,并将其相关要求应用于产品和服务。

3. 最高管理者应在组织内通过市场/顾客调查、市场趋势分析,以及统计和预测信息、顾客满意/感受监视结果、标杆分析,或通过应用质量管理工具分析得到的结果或从行业协会获得信息等,了解顾客现在和未来的需求和期望。

4. 为实现以顾客为关注焦点,组织通常需要开展下述行动:

——识别市场机会;

——在确定顾客要求和与顾客达成共识时与顾客进行双向沟通;

——将组织目标和顾客的需求和期望联系起来,必要时,制定或者改变质量方针;

——在整个组织内沟通顾客的需求和期望;

——策划、设计、生产、交付其产品和提供服务以满足顾客的需求和期望;

——对于能够影响顾客满意的相关方的需求和期望,进行确定并采取措施;

——分析顾客满意监视结果并采取适当的措施;

——确定和应对那些能够影响产品和服务的符合性以及顾客满意的风险和机遇;

——积极管理顾客关系以获得持续成功。

最高管理者需确定顾客要求已经明确,并提供实现顾客要求所需的资源,或通过制定或者改变其行为规范以及资源分配满足顾客要求。

5. 组织应定期识别和更新来自于组织外部环境,包括相关方及组织内部条件中可能的影响其能力的因素,以便确定和应对能够影响产品和服务的符合性,以及增强顾客满意能力的风险和机遇。

最高管理者必须确保适用的应对风险和机遇的措施得到实施,预期结果得到实现,否则,应继续进行策划—实施—检查—改进(PDCA 方法),通过确保职责得到分配以实施进一步改进活动,直至顾客的需求和期望得以实现。

6. 组织应通过测量顾客满意,寻找改善顾客满意的机遇,通过制定和实施顾客满意改善计划,或对与顾客有关的过程及组织的运行进行更改,包括对资源的分配,始终致力于增强顾客满意。

7. 以顾客为关注焦点是质量管理体系的重要要素,该要素的输出也是其他要素或过程的重要输入,诸如为制定质量方针(见 GB/T 19001—2016/ISO 9001:2015 标准 5.2.1 条款)、质量目标的建立和实施(见 GB/T 19001—2016/ISO 9001:2015 标准 6.2 条款)、沟通(见 GB/T 19001—2016/ISO 9001:2015 标准 7.4 条款)、产品和服务要求(见 GB/T 19001—2016/ISO 9001:2015 标准 8.2 条款)、设计和开发输入(见 GB/T 19001—2016/ISO 9001:2015 标准 8.3.3 条款)、顾客满意(见 GB/T 19001—2016/ISO 9001:2015 标准 9.1.2 条款)、管理评审输入(见 GB/T 19001—2016/ISO 9001:2015 标准 9.3.2 条款)等提供了必要的信息。

三、审核关注点

1. 审核员需通过与受审核方相关部门或岗位人员沟通,了解其通过何种途径和方法获得有关顾客的需求和期望的信息,以及顾客的需求和期望的变化的信息。

2. 审核员需通过与受审核方相关部门或岗位人员沟通和调阅相关资料,关注其针对所识别和确定的来自于有关顾客的需求和期望的变化的风险和机遇及所采取的应对措施包括哪些?这些措施对于提升或增强其顾客满意是否起到积极作用。

3. 审核员应注意引导受审核方将以顾客为关注焦点的基本原则落到实处,避免形式化,因此,审核员应注重客观证据的收集,诸如市场调查报告、销售分析报告、顾客需求趋势预测分析等。如果受审核方不能采取通过市场调查、分析或预测顾客的需求和期望及其变化,则很难将以顾客为关注焦点的原则落实到具体行动上。

4. 审核员需通过调阅相关资料和沟通的方式,关注受审核方所确定的适用于其产品和服务,包括适用于其质量管理体系范围内的通用的和专门的法律法规要求是否适宜和充分。

5. 顾客是获证组织与质量管理体系有关的重要的相关方,其需求和期望,包括其变化可能蕴藏着风险和机遇,审核员可结合对GB/T 19001—2016/ISO 9001:2015标准6.1.1条款的审核,查看其应对风险和机遇的措施是否有效。

5.2 方针

5.2.1 制定质量方针

一、标准要求

> 最高管理者应制定、实施和保持质量方针。质量方针应:
> a)适应组织的宗旨和环境并支持其战略方向;
> b)为建立质量目标提供框架;
> c)包括满足适用要求的承诺;
> d)包括持续改进质量管理体系的承诺。

二、标准释义

1. 方针是指由组织的最高管理者正式发布的组织的意图和方向,而质量方针是组织关于质量的方针。最高管理者应制定、实施和保持质量方针,作为指导组织改进核心业务活动绩效的一种工具和方法。质量方针应是组织的整体方针的一部分,并与战略相一致,支持其战略方向。质量方针是组织为实现其战略方向而在其质量方面所形成的一个聚焦点。

2. 质量方针宜与组织的愿景和使命相联系。质量方针包含组织的意图和与质量相关活动的方向。愿景是指由组织的最高管理者发布的组织的未来志向。使命是指由组织最高管理者发布的组织存在的目的。

3. 最高管理者可运用质量管理原则制定质量方针,如陈述组织按照以顾客为关注焦点、过程方法、全员参与等方向和意图进行发展。

4. 为制定质量方针,最高管理者需考虑以下内容:

——对组织的环境有一个清楚的理解,包括其管理体系状态和相关方的需求和期望;

——基于组织使命、愿景、指导方针和核心价值观的战略方向；
——组织成功所需的未来的改进的层次和类型；
——预期或者期望的顾客满意程度；
——相关方的需求和期望；
——实现策划结果所需的资源；
——相关方的潜在贡献；
——质量方针应与组织状况和条件相适应，并能够支持其战略方向。

5. 质量方针通常是组织建立质量目标的框架，因此，质量方针应能够确定和说明组织的核心或主要业务活动的方向，应是组织的一组关键和主要业务活动方向的集合。质量目标应满足和支撑质量方针所确定的框架内容。质量目标应可追溯到质量方针，因此，质量方针应提供一个清晰的框架，用于建立、展开和评审质量目标。

6. 质量方针的内容应与组织的目的相一致，并考虑组织的内、外部环境因素。为了满足要求，质量方针的陈述需要清楚地反映满足适用要求的承诺以及持续改进质量管理体系的承诺，如图 1-2-1 所示。

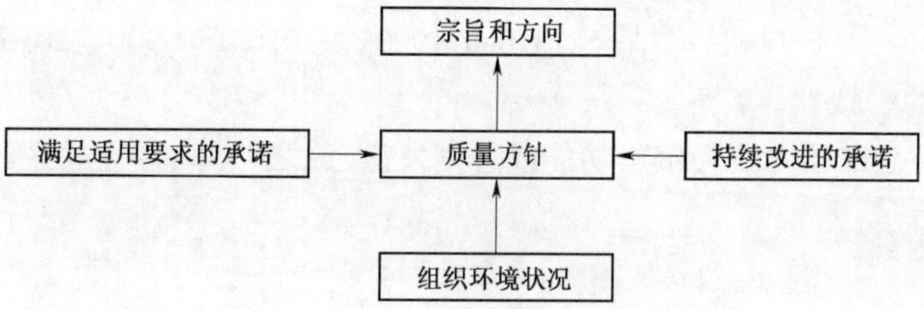

图 1-2-1　质量方针结构

7. 质量方针所确定的方向、内容和结构应成为建立质量目标内容的逻辑基础。例如，按照制定质量方针的方向列表列出制定质量目标的列表，见表 1-2-1。

表 1-2-1　质量方针与质量目标关系表

质量方针	方向 1	方向 2	方向 3	方向 4	方向 5	…
质量目标	目标 1	目标 2	目标 3	目标 4	目标 5	…
业务活动	业务活动 1	业务活动 2	业务活动 3	业务活动 4	业务活动 5	…

8. 最高管理者在制定质量方针中通过以下必须实施的活动，确定：
——组织的宗旨和环境（见 GB/T 19001—2016/ISO 9001:2015 标准第 4 章），适用时，以及组织使命，愿景，指导原则和价值观之间的任何不一致或不协调；
——由质量方针所建立质量目标的边界或者框架；
——证实质量目标得以实现程度所采用何种准则；
——如何证实满足要求（如评审、验证、确认等）的承诺；
——可证实组织持续改进的承诺所采用的绩效测量和分析。

9. 当质量方针期望包含满足适用要求的承诺时，尤其是法律法规要求，最有效的质量管理体系也不能保证任何时间点都合格。在这种情况下，不能认为只要发现质量管理体系的结果存在不合格之处，以及存在针对缺陷采取了纠正措施，就出现了不合格情况。

10. 最高管理者需要经常评审组织的质量方针，以确定是否仍然持续适合组织的宗旨及宗旨的变化。在评审时应考虑质量方针是否仍然适合组织的内、外部因素，包括战略方向，或是否仍然符合组织的目的。例如，如果组织扩大了其范围，为了增加市场份额，范围包括了产品设计，应评审质量方针是否反映了这些变化。可以在管理评审中执行对质量方针的评审。

11. 制定质量方针是质量管理体系的重要要素，该要素的输出也是其他要素或过程的重要输入，诸如为质量目标的建立和实施（见 GB/T 19001—2016/ISO 9001:2015 标准 6.2 条款）、意识（见 GB/T 19001—2016/ISO 9001:2015 标准 7.3 条款）、沟通（见 GB/T 19001—2016/ISO 9001:2015 标准 7.4 条款）等提供了必要的信息。

三、审核关注点

1. 质量方针规定了在界定的质量管理体系范围内，组织与质量有关的战略方向。在审核过程中，审核员应注意通过与最高管理者沟通，了解受审核方的宗旨和战略方向，通过调阅相关资料和沟通，关注并判断其质量方针是否能够引导核心业务活动的发展并最终实现组织的宗旨和战略方向。

2. 审核员应在充分了解受审核方主要业务活动、产品和服务，以及质量目标的基础上对受审核方所确定的质量方针的适宜性和引领性做出判断。

3. 从某种程度上说，质量方针应是质量目标的标杆。同时，质量方针应构建质量目标的框架，质量目标应与质量方针保持一致。审核员应结合对 GB/T 19001—2016/ISO 9001:2015 标准 6.2.1 条款的审核，进而关注他们之间的一致性。

4. 审核员不宜接受受审核方缺失聚焦功能或过度发散，放之四海而皆准的质量方针。

5.2.2 沟通质量方针

一、标准要求

质量方针应：

a)可获得并保持成文信息；

b)在组织内得到沟通、理解和应用；

c)适宜时，可为有关相关方所获取。

二、标准释义

1. 组织应保持质量方针的成文信息。质量方针可以包含在组织的一个成文信息中，也可以包含在几个成文信息中，或是作为其他成文信息的一部分。质量方针的成文信息如同其他的成文信息一样，可以是不同的形式，并由各种媒介承载。质量方针成文信息的一个例子，是组织所有者签署的质量方针的拷贝件。另一种方法是在会议上宣布质量方针，并保留会议记录。

2. 质量方针的制定和控制应符合成文信息（见 GB/T 19001—2016/ISO 9001:2015 标准 7.5 条款）的要求，并按照 GB/T 19001—2016/ISO 9001:2015 标准 7.4 条款的要求采用公告栏、屏幕保护程序、网络或会议等方式沟通质量方针。质量方针也应可以被其他相关方所获得。

3. 质量方针的主要意图是告知全体员工所在组织的发展方向以及符合相关要求和改进的承诺。这就是组织坚持不懈努力确保质量方针在整个组织中应用的原因。质量方针的成文信息应作为全体员工意识到此要求的重要性的证据。

4. 确定是否向相关方沟通质量方针，应采用基于风险的分析方法，以确保适用性。如果组织决定向某些对组织有益的或组织所需的相关方沟通其质量方针，应策划并实施相应的沟通活动。例如社区，作为这些相关方参与质量管理体系的基础，以使组织获得长期的持续成功。

5. 沟通质量方针是质量管理体系的重要要素，该要素的输出也是其他要素或过程的重要输入，诸如为质量目标的建立和实施（见 GB/T 19001—2016/ISO 9001:2015 标准 6.2 条款）、意识（见 GB/T 19001—2016/ISO 9001:2015 标准 7.3 条款）、沟通（见 GB/T 19001—2016/ISO 9001:2015 标准 7.4 条款）、设计和开发输入（见 GB/T 19001—2016/ISO 9001:2015 标准 8.3.3 条款）、提供给外部供方的信息（见 GB/T 19001—2016/ISO 9001:2015 标准 8.4.3 条款）等提供了必要的信息。

三、审核关注点

1. 审核员应索阅和记录其受审核方的质量方针的成文信息的相关内容，并与受审核方沟通采取何种措施进行内部沟通，并采取何种措施确保相关方可获取。

2. 在审核过程中，审核员可采取适当的分层抽样，了解受审核方的人员是否理解质量方针的战略意图。

5.3　组织的岗位、职责和权限

一、标准要求

最高管理者应确保组织内相关岗位的职责、权限得到分配、沟通和理解。

最高管理者应分配职责和权限，以：

a）确保质量管理体系符合本标准的要求；

b）确保各过程获得其预期输出；

c）报告质量管理体系的绩效以及改进机会（见 10.1），特别是向最高管理者报告；

d）确保在整个组织中推动以顾客为关注焦点；

e）确保在策划和实施质量管理体系变更时保持其完整性。

二、标准释义

1. 为了确保质量管理体系的有效运行，最高管理者应确定组织的质量管理体系架构和适应于运行控制需要的岗位结构或岗位，其目的是为了确保质量管理体系的有效性并实现其预期结果。组织是指为实现其目标而具有其自身职能及职责、权限和相互关系的个人或一组人。

2. 最高管理者应在组织内分配实施和实现质量管理体系要求的活动与相关岗位，并通过有效的沟通确保组织内的人员知道他们被期望做什么（职责），允许他们做什么（权限），谁对此负责，以及职责和权限之间的关系是什么。

职责和权限可以分配给一个人或多人。获得职责和权限的一个人或多人应能够在所分配的区域或过程中做出决策和实现更改。在具有相互关系的岗位之间的职责和权限的描述应清晰，不能模棱两可。组织需确保每个岗位的人员知道其职责权限的终点和另一个人的起点。必须强调的是：尽管职责和权限可以分配给组织内的相关人员，但质量管理体系的整体职责和责任仍然由最高管理者来承担。

3. 最高管理者应负责基于以下信息考虑将相关职责和权限分派给履行这些任务的具体岗位：

——已确定的过程和组织结构图（过程流程图有时可能和组织机构图不一致）；

——过程的职责和权限；

——人员的能力，为了确保分配的职责和必要能力之间的一致性；

——可用的资源，主要考虑人力资源，同时也要考虑其他对职责分配产生影响的其他资源；

——组织方针、内部规定、工作描述、作业指导书等为了确保分配的职责和相关成文信息之间的一致性；

——法律法规要求，职业道德规范，以及所需的能力或资格，以确保相关要求和职责分配能得到满足；

——通过绩效目标和评价结果，确保适宜的人员履行对满足预期绩效水平的承诺。

当组织同时采用其他的管理体系时，应确保多个管理体系之间的职责分配的一致性。

4. 为了有效地运作质量管理体系，最高管理者应向履行相关职能或任务的岗位分配和沟通职责和权限，目的是实现以下的内容，这对于组织确保职责和权限的平衡至关重要。

(1)将标准规定的活动要求分配至具体部门或岗位，确保质量管理体系符合 GB/T 19001—2016/ISO 9001:2015 标准的要求，例如：内部审核员或者管理评审。

最高管理者要实现确保质量管理体系符合 GB/T 19001—2016/ISO 9001:2015 标准的要求，首先就要识别质量管理体系的具体要求包括哪些，并把这些要求恰当地分配给相关的部门或岗位。通常可以通过矩阵图和岗位说明书的方式对实现这些要求的职责进行分配。

(2)通过建立过程绩效目标，对目标的达成进行监督，进而确保各过程获得其预期输出。这些措施可以分配给多位具有不同职责的人员，例如：监视质量目标，确定过程是否实现预期结果或进行内部审核。

最高管理者为确保各过程获得其预期输出，就必须在分配职责和工作的同时，通过对过程的所有者的岗位工作目标的量化，以及强化对岗位职责绩效的监督机制，实现各过程的预期输出。

(3)授权和分派报告质量管理体系的绩效及改进机会(见 GB/T 19001—2016/ISO 9001:2015 标准 9.3 条款)的职责至具体岗位，特别是向最高管理者报告。最高管理者可将报告的职责分配给某一人，而其他人员可以负责报告有关质量管理体系的具体过程。

(4)将确保在整个组织推动以顾客为关注焦点的工作分配至某一适合的岗位牵头负责，该职责通常分配给负责与顾客沟通并确保解决任何问题的人员。这个人员通常是从事顾客服务或者质量功能的一部分。

组织依存于顾客，顾客的需求和期望就是组织内每位员工的努力方向，作为最高管理者应授权相关岗位的人员通过 GB/T 19001—2016/ISO 9001:2015 标准 7.4 条款关于沟通的机制，和将以顾客为关注焦点纳入 GB/T 19001—2016/ISO 9001:2015 标准 7.3 条款关于意识的培养，确保在整个组织推动以顾客为关注焦点。

(5)基于风险的思维，最高管理者应组织对质量管理体系的变更进行策划，确定变更目的和变更可能带来的风险，然后有计划地实施变更，并对变更可能导致的职责和权限的变化进行分配或重新分配，以确保在策划和实施质量管理体系变更时保持其完整性。例如：当组织实施新的企业资源规划(ERP)系统，或决定将设计和开发过程外包时，或因新的市场机会而产生增长时，或因组织重组、兼并或者收购时，保持其质量管理体系的完整性，该职责通常分配给负责确保整个质量管理体系能得到保持的人员，并且具备能力以确保更改是非计划内且无需考虑其潜在影响。

标准并未要求规定以上方面的组织级别。重要的是他们的权限能够在组织中得到事实上的承认。当不能持续实现以上方面的目的时，应分析根本原因。

5. 本条款没有保持成文信息的要求，组织可以选择合适的方法规定、分配和沟通职责和权限。例如：

——保持成文信息的岗位描述、作业指导书、工作指令、职责陈述、组织机构图、质量手册、程序等；

——识别进一步的培训需求；

——口头指令；

——受场地、生产设备限制而使用的技术手段；

——对加工信息流和对获取数据的限制或限定的必要的控制；

——有关信息的处理规定等。

组织应对照策划结果对实际绩效评价结果进行分析、工作描述和支持性成文信息的编制/修改。

6. 组织对职责和权限的描述不必详尽复杂，重要的是这种描述应清晰地反映实际情况和具有灵活性。如果组织需要职责和权限的细节，可以进行岗位描述或采用简单的组织结构图。另外，职责和权限的描述也可以出现在组织的过程文件中或程序文件中，或是适用于组织的其他方法，使相关人员理解并沟通职责和权限。

7. 在小型组织中，仅有少数人承担本条款要求的任务，经常需要相互替代彼此的职责和权限，例如在假期中，管理者离开工厂，或是出现意外情况、生病等。因此，在某些组织中采用A、B岗的设置是有必要的。

8. 建立组织的岗位、职责和权限是质量管理体系的重要要素，该要素或过程的输出也是其他要素或过程的重要输入，诸如为质量管理体系及其过程（见GB/T 19001—2016/ISO 9001:2015标准4.4条款）、人员（见GB/T 19001—2016/ISO 9001:2015标准7.1.2条款）、能力（见GB/T 19001—2016/ISO 9001:2015标准7.2条款）、变更的策划（见GB/T 19001—2016/ISO 9001:2015标准6.3条款）、以顾客为关注焦点（见GB/T 19001—2016/ISO 9001:2015标准5.1.2条款）、内部审核（见GB/T 19001—2016/ISO 9001:2015标准9.2条款）、不合格和纠正措施（见GB/T 19001—2016/ISO 9001:2015标准10.2条款）等提供了必要的信息。

三、审核关注点

1. 审核员应通过与受审核方最高管理者沟通，了解其如何对组织内不同角色或岗位的职责和权限进行分配，以及如何针对变化进行重新分配的信息。

2. 审核员可通过索阅受审核方的组织结构图、作业程序或岗位说明书（存在时）或沟通观察的方式抽查其实现GB/T 19001/ISO 9001质量管理体系标准要求的职责和权限是否已得到分派，可查看诸如实现6.1.1、6.1.2、6.2、8.2、8.3等要素要求的活动的职责和权限的分派信息。

3. 审核员应通过沟通和调阅资料的方式，关注受审核方相关部门或区域活动接口处的职责和权限的分派情况。审核员可结合对其有关过程的后续审核，调查其职责和权限分配适宜性的情况，以及对过程的所有者的岗位工作目标的量化和监督信息。

4. 审核员应记录所获得的信息，包括谁向最高管理者报告质量管理体系的绩效及改进的机会的人员的信息，并依据所获得客观证据，判断受审核方的职责和权限分配的是否适宜，是否存在重复分配职责和权限的情况，是否存在遗漏职责和权限的分配。

5. 审核员不宜苛求受审核方必须提供所保持的岗位、职责和权限的成文信息。针对特定组织，其口头所进行的职责和权限的分派也应该被接受，但应关注和查证分派者和被分派者对职责和权限理解和执行的一致性。

第三章　策　　划

6.1　应对风险和机遇的措施

一、标准要求

6.1.1　在策划质量管理体系时,组织应考虑到4.1所提及的因素和4.2所提及的要求,并确定需要应对的风险和机遇,以:

a)确保质量管理体系能够实现其预期结果;

b)增强有利影响;

c)预防或减少不利影响;

d)实现改进。

6.1.2　组织应策划:

a)应对这些风险和机遇的措施;

b)如何:

1)在质量管理体系过程中整合并实施这些措施(见4.4);

2)评价这些措施的有效性。

应对措施应与风险和机遇对产品和服务符合性的潜在影响相适应。

注1:应对风险可选择规避风险,为寻求机遇承担风险,消除风险源,改变风险的可能性或后果、分担风险,或通过信息充分的决策而保留风险。

注2:机遇可能会导致采用新实践,推出新产品,开辟新市场,赢得新顾客,建立合作伙伴关系、利用新技术和其他可行之处,以应对组织或其顾客的需求。

二、标准释义

1. 风险是指不确定性的影响,其影响是指偏离预期,可以是正面的或负面的。而不确定性是一种对某个事件,甚至是局部的结果或可能性缺乏理解或知识的信息的状态。通常,风险表现为潜在事件和后果或两者组合。风险以某个事件的后果组合(包括情况的变化)及其发生的有关可能性的词语来表述。"风险"一词有时仅在有负面结果的可能性时使用。

2. 组织需要策划并建立适合其所提供的产品和服务的类型的质量管理体系。在策划质量管理体系时,应着重考虑组织环境中影响其能力的因素和有关相关方的要求和需求,这是策划质量管理体系需要考虑的关键因素。质量管理体系策划应是战略层面上的策划,最高管理者基于所考虑的结果用以确定组织的目的和未来3~5年的战略方向,并在此基础上制定质量方针和质量管理体系范围,进而策划所需的质量管理体系,以及实现质量管理体系预期输出所需的过程。

策划的目的是预测未来的情景和结果,以预防出现非预期的影响。类似的,也可以通过策划发现潜在的优势。策划也包括如何合并活动,并纳入管理体系,通过目标设置(见GB/T 19001—2016/ISO 9001:2015标准6.2条款)、运行策划和控制(见GB/T 19001—2016/ISO 9001:2015标准8.1条款),或管理体系其他的具体条款，如资源提供（见 GB/T 19001—2016/ISO 9001:2015 标准 7.1 条款）、能力（见 GB/T 19001—2016/ISO 9001:2015 标准 7.2 条款）。

组织也应策划评价所采取措施的有效性，包括监视、测量技术（见 GB/T 19001—2016/ISO 9001:2015 标准 9.1 条款）、内审（见 GB/T 19001—2016/ISO 9001:2015 标准 9.2 条款）或管理评审（见 GB/T 19001—2016/ISO 9001:2015 标准 9.3 条款）。

在进行质量管理体系策划活动中，通常包括风险评估，即通过考虑 GB/T 19001—2016/ISO 9001:2015 标准 4.1 条款所描述的因素和 GB/T 19001—2016/ISO 9001:2015 标准 4.2 条款所提及的要求，确定需要应对的风险和机遇。质量管理体系策划过程，如图 1-3-1 所示。

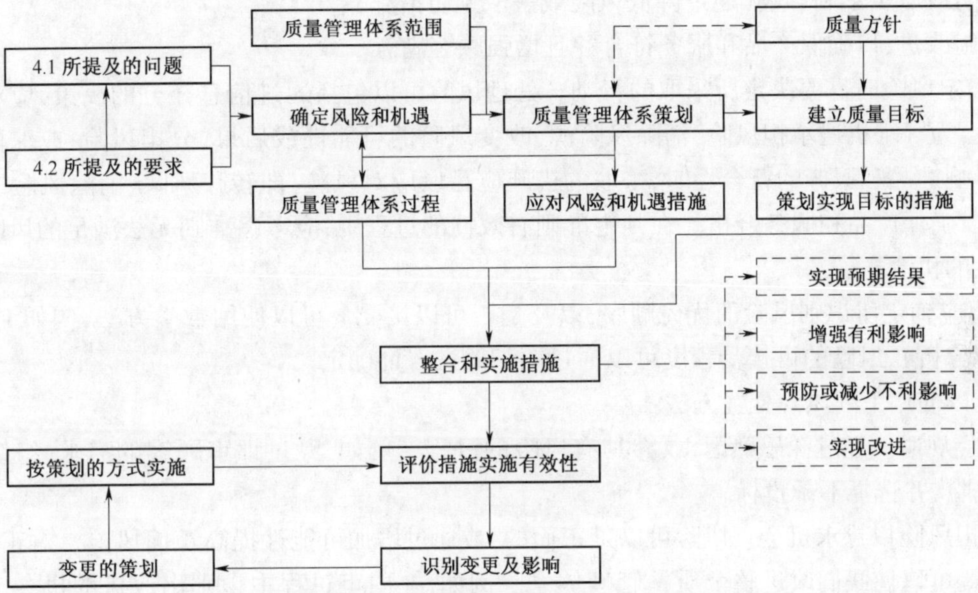

图 1-3-1　质量管理体系策划过程

3. 建立质量管理体系的目的是为取得期望结果，增强有利影响，避免或减少不利影响。不同的产品和服务的类型以及业务的性质，其风险可能存在差异。

例如一个销售办公用品的公司，提供一系列现成的产品。有一个商店提供销售服务。产品是从零售商采购，在商店销售。产品本身是低风险的，但存在的风险可能是产品的及时提供、产品的品种范围、缺乏重复顾客等等。如果期望保持竞争力和持续增长市场份额，需要确定竞争对手在做什么，是否存在可替换的供应商，销售模式是否从实体店变成在线网络销售等。

最高管理者应评审这种分析的结果，并确定增长的战略方向，并按照符合战略方向的需要策划质量管理体系。向患者提供医疗服务的医疗中心可能存在很多相关方，建立质量管理体系时需要考虑更复杂的因素，包括应关注患者安全，足够的技术力量，以及保险索赔等。

GB/T 19001—2016/ISO 9001:2015 标准并没有要求使用规范的风险管理方法，但需要考虑风险因素。风险评估的范围和程度取决于业务的类型和性质。ISO/IEC 31010 提供了有关风险评估技术的信息。但这并不是组织评估风险和机会的最好方法。

通常在进行风险评估时，还要考虑组织的过程和运作的复杂程度，以及组织的性质、规模、可获得的资源等。例如，组织可以使用：

——战略层次工具诸如优势、劣势、机遇和威胁分析（SWOT）；

——政治、经济、社会、技术、法律的环境分析（PESTLE）；

——波特五力模型分析；

——头脑风暴技术或口头分析那些工作或项目中影响持续竞争力的因素；

——ISO 31000《风险管理—原则与实施指南》中描述的规范的风险管理方法，FMEA 失效模式与影响分析方法或其他方法，如医疗器械行业的失效模式、影响和危害性分析（FMEACA），食品行业中的危害分析和临界控制点（HACCP）；

——预防措施程序，这是实施 ISO 9001:2015 要求的有效途径。

使用何种方式和工具来识别质量管理体系的风险和机遇由组织自己确定。

组织在确定其风险和机遇时需重点关注：

（1）给予质量管理体系能实现其预期结果的信心；

（2）增强有力的影响并创造新的可能（通过改进活动的效率，开发或引用新的技术等）；

（3）预防或减少不利影响（通过降低风险或采取预防措施）；

（4）实施改进，以确保产品和服务符合并且增强顾客满意。

4. 在确定风险时需要决定所采取的行动。处理风险可以包括通过信息充分的决策，应对风险可选择规避风险，为寻求机遇承担风险，消除风险源，改变风险的可能性或后果、分担风险，或保留风险。当风险可能影响产品和服务的符合性时，采取的措施应足以应对风险，即转移风险、消除风险或改变可能性和结果，以确保产品和服务合格。在判定准则有效性的过程中，应考虑准则无法满足的风险以及改进过程有效性的机会。

5. 组织应确定所识别风险的优先顺序，以及是否可以接受。可以使用数学方法，例如 FMEA（失效模式与故障分析），风险的可接受程度可以通过向相关方咨询确定。

组织可以使用下列风险处置方法：

（1）风险规避。经过深思熟虑，放弃具有风险的过程。例如，经过评审顾客的需求，组织识别出不可接受的风险，并选择不予投标。

（2）承担风险以寻求机会。风险可以是正面的，或通过增加可能性提高正面风险。对正面风险（即机会）的处置可以使我们改进整个质量管理体系。例如，在内审过程中识别出改进的机会。最高管理者可以按照产生的后果，将这些机会排出优先顺序，以增强把握机会的可能性。或在投资回报未知的地方投资新的资本设备来开办生产线，示例：应对机遇的措施可包括采用新的技术，寻找新的客户和寻找新的市场。

（3）消除风险源。确定并消除风险原因。通常，为了消除风险源，过程可能发生很大变化。例如，为了消除在电子设备装配过程中连接器插错的风险，需要对每个类型设计独特形状的连接器和插销，或通过使用成文信息来帮助组织中经验较少的人员。

（4）改变发展趋势。组织应通过减少负面风险和增加正面风险来处理风险。例如，由于材料的非均质化带来的制造过程的不合格风险，可以通过购买更均质化的材料来减少这种负面风险。

（5）改变后果。可以通过减少负面风险和增加正面风险改变后果。例如，汽车轮胎爆胎是一个负面风险，可以通过设计自更换系统改变风险的后果。

（6）分担风险。将风险的责任转移到其他相关方。例如，旅行社通过给旅行者购买保险，转移航班取消的风险，或当生产水平未知时，通过与客户合作以便于原材料的提前采购。

（7）通过理性决定保留风险。如果负面风险的结果不是很严重，或者没有划算的措施处置风险，组织可以决定保留风险。保留风险的措施包括告知相关方，并监视风险，以及发现风险是否达到了不可接受的程度。例如，在飞行区域存在恶劣天气的飞行风险。清除风险源，改变结果很重要。因此，航空当局监视此风险，如果发生变化，立即通知所有相关方。

（8）通过评价市场需求，可以识别机遇，例如提供新产品或新服务或者采用新技术来开发新的体系，如为顾客或者供应链提供在线服务。通过分析质量管理体系过程的绩效，则可识别减少浪费或改进结果及绩效的机遇。组织应该策划措施以应对其风险并能利用的机遇。

6. GB/T 19001—2016/ISO 9001:2015 标准并未要求保持风险处置的成文信息,这是一种方法,一种思路。风险评估可能是主观的,因此,最好至少有来自组织 3 个不同领域的管理人员(或管理团队)作出最终一致的决定。

7. 组织应针对所确定的风险,在进行过程的设计时,将风险的控制措施镶嵌到相关的过程和运行准则之中,对风险予以控制。针对所识别的机遇,策划和确定可能会导致采用新实践、推出新产品、开辟新市场、赢得新客户、建立合作伙伴关系、利用新技术以及能够解决组织或其顾客需求的其他有利的可能性。组织应评价应对风险和机遇所采取的具体措施的控制效果和有效性。

8. 有许多措施可供组织采取用来应对风险,对质量管理体系而言,其典型的控制手段包括如下示例:

——修改旧目标,制定新的目标;

——对过程、产品和服务进行检验、监视和测量;

——校准;

——产品和服务设计,以及过程设计;

——纠正措施,尤其是确保这些纠正措施能扩展到组织其他相关领域;

——规定的方法和作业指导书;

——培训和使用具备能力的人员。

组织应对风险和机遇的措施都应与其对于产品和服务符合性的潜在影响相适应。

9. 应对风险和机遇的措施是质量管理体系的重要要素,该要素或过程的输出也是其他要素或过程的重要输入,诸如为质量管理体系及其过程(见 GB/T 19001—2016/ISO 9001:2015 标准 4.4 条款)、以顾客为关注焦点(见 GB/T 19001—2016/ISO 9001:2015 标准 5.1.2 条款)、质量目标的建立和实施(见 GB/T 19001—2016/ISO 9001:2015 标准 6.2 条款)、运行策划和控制(见 GB/T 19001—2016/ISO 9001:2015 标准 8.1 条款)、分析和评价(见 GB/T 19001—2016/ISO 9001:2015 标准 9.1.3 条款)、管理评审输入(见 GB/T 19001—2016/ISO 9001:2015 标准 9.3.2 条款)、不合格和纠正措施(见 GB/T 19001—2016/ISO 9001:2015 标准 10.2 条款)等提供了必要的信息。

10. 为便于组织梳理和确定风险和机遇,我们提供一种简单的表单给组织参考选用,见表 1-3-1。

表 1-3-1　风险和机遇控制清单

风险和机遇	影响范围	重要度	应对措施和方法	控制目标	评价方法

三、审核关注点

1. 审核员应通过与受审核方最高管理者沟通和交流,关注其如何对质量管理体系进行策划,关注其在策划质量管理体系时考虑了哪些因素,关注其质量管理体系策划的输出内容是否完整和适宜。

2. 审核员需关注受审核方所确定的风险和机遇的信息。但审核员不宜引导受审核方过度解读风险。过度解读风险,本身也是一种风险。

3. 审核员不宜独立地安排对受审核方的风险和机遇的审核,而应将其作为“综合条款”,贯穿在整个审核过程中。

4. 审核员与受审核方最高管理者沟通和交流其为确定风险和机遇,采用了哪些输入?这些输入是否包括诸如以下方面的内容:

(1)内、外部因素的分析;

(2)组织的战略方向;

(3)与组织质量管理体系有关的相关方,及与质量管理体系有关的相关方的要求;

(4)组织的质量管理体系的范围;

(5)组织的过程。

5. 审核员需关注受审核方是如何确定其风险和机遇。审核员可通过查看以下成文信息获得审核的客观证据,例如:

(1)会议纪要;

(2)SWOT 分析;

(3)有关顾客反馈的报告;

(4)头脑风暴活动;

(5)竞争对手分析;

(6)有关战略策划、设计和开发、营销、生产和服务提供、纠正措施等若干过程的策划、分析和评价活动;

(7)管理评审;

(8)组织确定的适用或所需的风险确定或评价表等。

6. 审核员需注意受审核方所确定的风险和机遇的形式可以具有多样性,而并非仅是“风险和机遇清单”。

7. 审核员应结合自身对受审核方所在行业状况的了解,判定所确定的需要应对的风险和机遇是否适宜和充分,以及所确定的应对风险和机遇的措施的策划和实施情况。

8. 审核员需关注受审核方是否将应对风险和机遇的措施与其质量管理体系过程进行了整合,以及这些措施对风险和机遇控制的有效性,并记录与有效性有关的信息。

6.2　质量目标及其实现的策划

一、标准要求

> 6.2.1　组织应针对相关职能、层次和质量管理体系所需的过程建立质量目标。
>
> 质量目标应:
>
> a)与质量方针保持一致;
>
> b)可测量;
>
> c)考虑适用的要求;
>
> d)与产品和服务合格以及增强顾客满意相关;
>
> e)予以监视;
>
> f)予以沟通;
>
> g)适时更新。
>
> 组织应保持有关质量目标的成文信息。
>
> 6.2.2　策划如何实现质量目标时,组织应确定:
>
> a)要做什么;

b)需要什么资源；

c)由谁负责；

d)何时完成；

e)如何评价结果。

二、标准释义

1. 适用时,组织应针对相关职能、层次和质量管理体系所需的过程建立质量目标,以确保组织的战略方向及其质量方针的有效展开。例如:可针对运行层次、采购职能或设计和开发过程建立质量目标和实现质量目标的措施。

质量目标是组织在质量方面需要实现的结果,是组织确保质量方针能够落地,并为质量方针提供支撑的手段和措施。因此,在建立质量目标过程中不能偏离质量方针所确定的框架。质量目标应与质量方针保持一致。

在建立质量目标时,组织应将质量方针作为输入。例如:如果组织在其质量方针中有"超越顾客期望"的表述,则就应在其质量目标中具有有关准时交付或与顾客投诉有关的质量目标。组织所确定的质量目标不应模糊不清,并且对组织和顾客而言是重要的。与此同时,组织还需要对所建立的质量目标进行沟通,确保组织控制下的人员能够意识到他们如何发挥作用来实现质量目标。

2. 组织根据 GB/T 19001—2016/ISO 9001:2015 标准 4.3 和 4.4 条款的要求识别了质量管理体系的范围和过程,就应按 GB/T 19001—2016/ISO 9001:2015 标准 5.2 的要求进一步确定和完善其质量方针。

为了落实质量方针,最高管理者需要依据质量方针建立实现组织追求的清晰的目标。这并不需要最高管理者亲自制定,但这是他们的责任。

3. 组织可以根据风险的识别的结果和优先顺序建立质量目标。策划的风险处理措施是实施并实现质量目标的关键。建立质量目标应考虑质量方针所规定的方向。

4. 组织在建立质量目标过程中,需要考虑到适用的要求,并与提供合格产品和服务以及增强顾客满意相关。组织所建立的质量目标应符合实际,并与获得的结果相关,如:

——满足产品和服务的(顾客、法律法规等)要求;

——满足策划的时间进度;

——识别改进的机会;

——识别新的市场机会。

5. GB/T 19001—2016/ISO 9001:2015 标准要求组织在适当部门和层级(如人力资源、生产、销售)建立相关的质量目标(如过程绩效、持续改进),包括建立质量管理体系所需的过程的质量目标。组织在建立质量目标过程中应把握好过程、职能和组织层面的质量目标之间的相互关系,以及他们与质量方针之间的逻辑关系,如图 1-3-2 所示。

6. 组织应对影响质量目标实现的因素进行系统分析。如组织可以制定按时交货率 100% 的目标。然而,为了实现这个目标,必须设置更多日常要求的具体目标,如图 1-3-3 所示,并确定实现目标的具体任务。

7. 组织在建立质量目标时,应符合符合 SMART 原则:

(1) 具体(Specific),即质量目标应具体,不能笼统。

(2) 可测量(Measurable),即质量目标应是数量化或者行为化的,验证这些目标的数据或者信息是可以获得的。例如:规定要求实现的某一时间或者确定的数量。

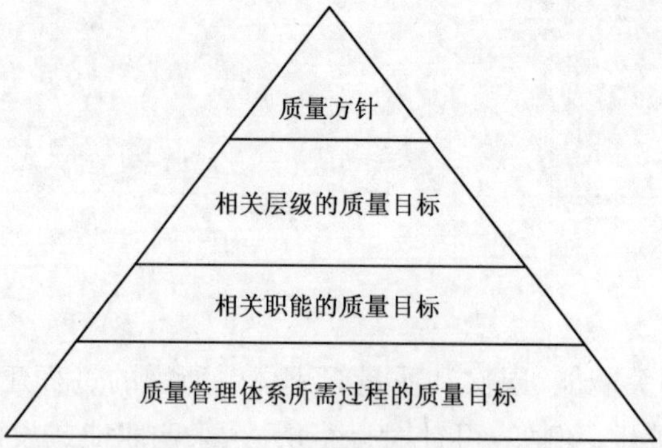

图 1-3-2 质量目标结构关系

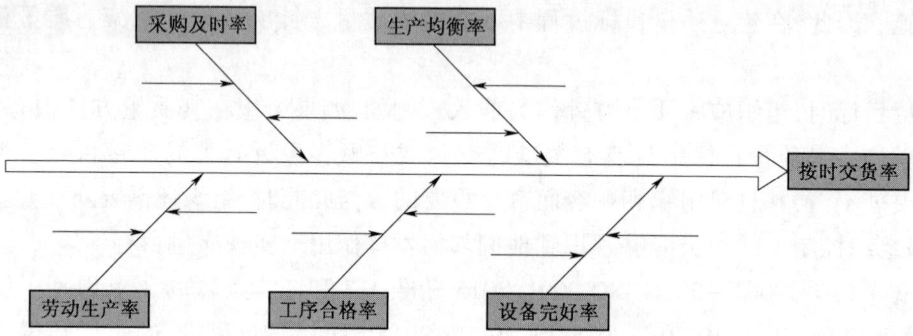

图 1-3-3 质量目标影响因素分析

(3) 可实现(Attainable),即质量目标在付出努力的情况下可以实现,避免设立过高或过低的目标。

(4) 相关性(Relevant),即质量目标或指标应与相关的职能、层级和过程的质量活动相关联,与产品和服务合格以及增强顾客满意相关。例如规定产品需要的功能和性能,比如按时按量按质交付(OTIF)或规定服务水平协议。

(5) 时限(Time-bound),即明确质量目标达成结果的特定期限。

8. 质量目标应基于分析产品和服务或其过程的现状,具有改进结果的趋势,并且可测量。对质量目标的测量不仅可采用定量的方法,也可以采用定性的方法(例如:服务的绩效水平)。

在服务提供界面上或生产线上,目标可以非常简单和直接,例如:一家提供公交服务的运输公司可以设定公交车正点率的目标。

在生产现场,目标可以是不合格率。

在美发厅,当所有员工都在忙碌时,可以有人迎接新来的顾客。目标可以是"顾客进入美发厅1分钟内,其要求能够被关注"。

在组织的较高层面,目标可以更复杂一些。例如,发廊老板可以制定更高的目标,有足够的员工满足高峰期的要求。这需要进行策划、雇佣临时员工,并进行培训等等。

9. 组织需要仔细考虑所设置的目标和实现目标的时间表。记住目标应是可测量的。如果目标简单的设置为"做得到更好",这个不能认为是目标。组织需要能够检查是否实现了目标,如果没有实现,应该做些什么。

组织不应将法律法规以及标准或制度所规定的基本要求作为目标,这些都是组织相关部门或人员日常必须做到的基本要求,好比每个人起床要穿衣出门工作一样,总不能将穿衣后出门作为目标吧!因此,个别获证组织将文件发放成功率,供方评价率、订单合同评审率作为质量目标显然是不合适的。

10. 组织应考虑建立一种机制,在建立、发布、实施和更新质量目标过程中,与质量目标所涉及范围的员工进行充分沟通,并对质量目标的达成过程进行监督,及时协调实现目标过程中出现的问题。

例如:通过会议将与活动有关的质量目标通知给相关人员,或通知制造生产人员有关预期减少的废品数量,或通过书面规定外包服务供方的有关准时交付服务的质量目标。

组织应对质量目标进行适时更新。组织需对实现质量目标的能力具有影响的潜在或者实际的更改得到考虑,并采取必要的措施,确保新的因素或要求得到应对。

11. 组织应保持质量目标及其评审质量目标的成文信息,不仅是为了实现其证实,更主要的是为了实现沟通和理解的一致性。

12. 组织应确定实现目标的措施(What)和相应的时间进度(When)。另外,根据相应的职责权限(见GB/T 19001—2016/ISO 9001:2015标准5.3条款),指定实施措施的责任人(Who)。根据所需资源,提供预算、特定技能、技术或设施(见GB/T 19001—2016/ISO 9001:2015标准7.1条款)。最后,根据监视、测量、分析和改进的要求(见GB/T 19001—2016/ISO 9001:2015标准9.1条款)确定总体结果的评价机制,并按照管理评审(见GB/T 19001—2016/ISO 9001:2015标准9.3条款)的要求报告。

13. 质量目标及其实现的策划是质量管理体系的关键要素,是质量管理体系的魂和动力源,该要素或过程的输出也是其他要素或过程的重要输入,诸如为质量管理体系及其过程(见GB/T 19001—2016/ISO 9001:2015标准4.4条款)、意识(见GB/T 19001—2016/ISO 9001:2015标准7.3条款)、沟通(见GB/T 19001—2016/ISO 9001:2015标准7.4条款)、资源(见GB/T 19001—2016/ISO 9001:2015标准7.1条款)、监视、测量、分析和评价(见GB/T 19001—2016/ISO 9001:2015标准9.1条款)、管理评审输入(见GB/T 19001—2016/ISO 9001:2015标准9.3.2条款)等提供了必要的信息。

14. 适用时,组织可制定质量目标的管理措施或实施方案,见表1-3-2。

表1-3-2　质量目标实施方案

质量目标						
步　骤	活动内容和要求	阶段目标	资源需求	责任者	完成时间	评价结果

注:需要时,组织可在表中充实有关评价人和评价时间等信息。

三、审核关注点

1. 审核员应通过与受审核方相关部门或岗位人员沟通、观察和调阅资料,关注其所建立的质量目标是否考虑了其主要业务活动,以及与主要业务活动的发展方向相一致。

2. 审核员应将受审核方所确定的质量方针作为判定质量目标适宜性的准则,关注其所建立的质量目标是否能够充分支持其质量方针,并与质量方针保持一致。

3. 在审核GB/T 19001/ISO 9001标准6.2.1条款时,审核员须注意并非需要在所有的职能部门均抽查质量目标,但应在与实施质量目标的措施相关联的部门审核质量目标的分解情况。

4. 审核员应在确认受审核方所确定的质量管理体系所需的过程充分、合理和适宜的基础上,关注其所建立的过程质量目标是否适宜。审核员需注意受审核方为了实现对过程的约束,确保其实现预期输出,针对某一具体过程可能需要建立若干个质量目标,包括指标。

5. 审核员应在相关职能或相关层级索阅所保持的质量目标的成文信息，关注质量目标是否可被测量，可结合GB/T 19001—2016/ISO 9001:2015标准9.1.1条款审核，了解受审核方测量质量目标的方法是否合理，并记录索阅和沟通交流过程中所获得的信息作为审核的客观证据。

6. 审核员应关注受审核方是否针对每项质量目标均制定了实现其目标的措施方案，措施方案是否可行且有效。

7. 当受审核方不能提供独立的单项实现质量目标的措施，审核员应进一步了解其实现质量目标的措施是否被融入受审核方既有的业务过程之中，是否有效，是否得到监视或测量。

6.3 变更的策划

一、标准要求

当组织确定需要对质量管理体系进行变更时，变更应按所策划的方式实施(见4.4)。

组织应考虑：

a)变更目的及其潜在后果；

b)质量管理体系的完整性；

c)资源的可获得性；

d)职责和权限的分配和再分配。

二、标准释义

1. 变更是组织发展过程中的必然，但需预防变更之中和变更之后可能存在的不利影响，并确保变更以受控的方式得以引入和实施。

许多日常事务中的变更会影响到质量管理体系运行的有效性。在某些情况下，变更也可能会导致返工、不合格品隔离、取消或延迟服务。

监视此类事件能帮助识别改进的趋势或者机会，以降低此类事件发生的可能性或者频率。

面对变更，组织应尽量减小变更对产品和服务符合性的影响并确保质量管理体系的完整性。

2. 本条款控制的目的，不是用于识别变更的需求，而是控制变更的影响。组织应用"基于风险的思维"有助于在策划质量管理体系的变更时，识别必要的措施，以避免或减少变更的风险。

对于变化需求的识别可以发生在很多情况下。变化的需求可能来自外部因素，例如，基于顾客反馈的产品或服务的变化，新材料的提供者，顾客界面的新IT系统；或者是内部因素，例如，过程或产品出现了问题，内部的主动改进(见GB/T 19001—2016/ISO 9001:2015标准第10章)带来了变化。

当产品或服务的交付出现问题，或是质量管理体系的过程出现问题，需要进行变更，也就是应对变化。这对于服务提供或产品交付来说，也许是太迟了，但识别出问题并进行分析，以确定所需要的变更，预防再次发生或采取行动缓解问题(见GB/T 19001—2016/ISO 9001:2015标准8.5.6，8.7和10.2)。分析和明确趋势对于策划变更是非常重要的。

3. 组织应该确定并策划影响质量管理体系的变更，避免随意的变更。组织需要识别在质量管理体系运行过程中可能发生几种形式的变化，以及产品和服务符合性的影响。

组织应该评定那些影响组织稳定地提供满足顾客及其他要求或其目标的能力的变更，以增强顾客满意。组织需对所有已确定的变更需求进行充分策划，并在可控的前提下，有系统地实施变更活动。组织应基于以下考虑来策划质量管理体系的变更：

——组织环境；

——有关相关方的需求和期望,及其中任何变更;

——监视、测量、分析和评价结果,包括所识别的趋势和反馈;

——对已识别的风险和机遇的评审。

4. 变更需求可以通过多种不同的方式予以确定,例如作为管理评审的一部分内容、源自审核结果、对不符合的评审、投诉分析、过程绩效分析、环境变化或顾客及其他相关方需求的变化。变更可包括新的生产线从一个地方转移到另一个地方,改变加工方法以改进不合格输出的趋势,对某项服务或某个过程采用新的软件体系,转向在线订购等。此类变更对质量管理体系的影响应该得到组织的评定,并采取必要的措施以防止不利影响。这些影响从应用项目管理方法或建立绩效到新系统在投入使用前的确认试验各不相同。组织需对获得新的产品生产线或提供新的服务的其他变更采取更积极的策划。

5. 当策划针对质量管理体系的变更时,组织应关注相关风险(见 GB/T 19001—2016/ISO 9001:2015 标准 6.1 条款),并充分考虑以下方面:

(1) 变更的具体目的及其潜在后果的影响程度;

(2) 变更是否会影响到质量管理体系的完整性,如何避免和控制其影响;

(3) 资源的可获得性,包括从外部供方获得资源的可能性;

(4) 职责和权限的分配和再分配。

6. 策划以及要求的措施的层次会因变更的潜在影响不同而存在差异,示例:

——引入新的订单处理软件,组织可以策划绩效测试和确认,并同时运行新旧两套系统,在全面采用之前,以确保新的系统能按预期运行;

——决定在新的地方建立新的办事处来提供服务时,组织可以选择采用正式的项目管理技术。

对于任何变更,组织应该考虑资源的可获得性,以及职责的分配或者再分配,这可以通过向团队派遣人员来管理变更,或者通过延迟更改直到合适的资源可获得。

在实施变更时,组织也应该考虑变更对当前质量管理体系范围的影响。

7. 变更的策划是质量管理体系的重要要素,该要素或过程的输出也是其他要素或过程的重要输入,诸如为质量管理体系及其过程(见 GB/T 19001—2016/ISO 9001:2015 标准 4.4 条款)、组织的岗位、职责和权限(见 GB/T 19001—2016/ISO 9001:2015 标准 5.3 条款)、应对风险和机遇的措施(见 GB/T 19001—2016/ISO 9001:2015 标准 6.1 条款)、资源(见 GB/T 19001—2016/ISO 9001:2015 标准 7.1 条款)、沟通(见 GB/T 19001—2016/ISO 9001:2015 标准 7.4 条款)、运行策划和控制(见 GB/T 19001—2016/ISO 9001:2015 标准 8.1 条款)、管理评审输入(见 GB/T 19001—2016/ISO 9001:2015 标准 9.3.2 条款)等提供了必要的信息。

8. 需要时,组织可编制一份变更信息清单,见表 1-3-3。

表 1-3-3　变更信息清单

变更内容	变更目的	潜在风险	所需资源	影响范围	应对变更措施	职责变化

三、审核关注点

1. 审核员宜与受审核方最高管理者通过面谈交流的方式,了解其组织近期的变化的信息,包括产品和服务的结构、生产规模、组织架构、岗位人员的调整、设备设施的更新改造等。

2. 审核员应注意收集受审核方有关变更的线索,这些线索可能来自纠正措施的实施结果、管理评审的输出、顾客沟通,以及改进项目的实施结果等。

3. 审核员宜基于所收集的受审核方实施变更信息,追踪其对于变更的策划和实施的状况的信息。

4. 审核员应通过调阅资料和沟通,重点关注受审核方是否对变更可能带来的风险和机遇进行了评审,并确定了应对风险和机遇的措施。

5. 审核员需通过沟通和观察,关注受审核方所采取的变更可能导致资源和职责的变化或调整的情况。

第四章　支　持

7.1 资　源

7.1.1 总　则

一、标准要求

组织应确定并提供所需的资源,以建立、实施、保持和持续改进质量管理体系。

组织应考虑:

a)现有内部资源的能力和局限;

b)需要从外部供方获得的资源。

二、标准释义

1. 资源是组织的过程和质量管理体系运行所需的必要基础条件,是不可或缺的。在确定所需的资源时,组织应该考虑当前内部资源的能力,例如现有材料、人员的可获得性及能力、机器设备、信息化建设和设施,如图 1-4-1 所示。

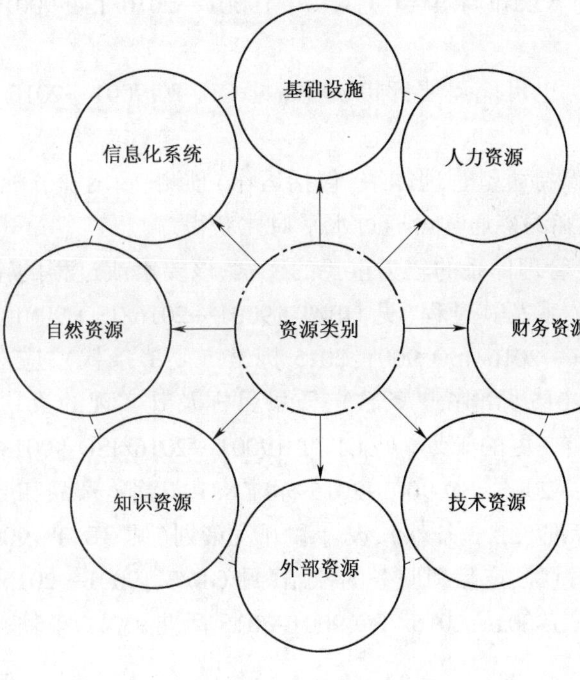

图 1-4-1　资源类别

2. 本条款的意图是确认组织具有保持和改进质量管理体系(见 GB/T 19001—2016/ISO 9001:2015

标准第10章)和按照顾客要求,包括产品和服务要求进行运作的所需资源。

如果组织没有所需的资源或所需的资源不充分,组织应确定如何获取资源,包括如何获得外部供方的资源。对外部提供过程、产品和服务的控制,在GB/T 19001—2016/ISO 9001:2015标准8.4条款中进行了规定。

3. 在确定资源期间,组织应基于风险的思维,分析提供这些资源的成本和收益。组织宜对所需的资源做出决策,包括那些需要通过外包获得的资源,以及采取的必要措施以确保所需的资源得以提供。这适用于GB/T 19001—2016/ISO 9001:2015标准7.1条款中所有子条款。资源不仅包括人力资源,还包括财务、设施设备等。例如:

——开发新过程或新的工作方法;

——获得附加设备,可以通过租赁或购买;

——通过签订合同,从外部供方获得资源和技术。

组织的资源管理过程,如图1-4-2所示。

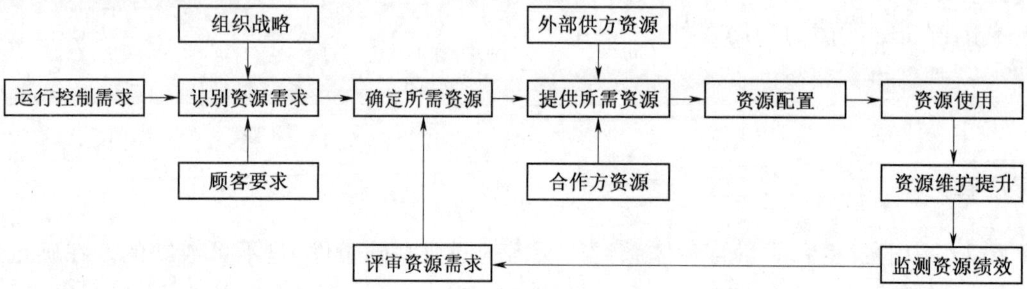

图1-4-2　资源管理过程

4. 组织应定期评审资源的需求和局限性(见GB/T 19001—2016/ISO 9001:2015标准9.3.1条款)。可以在管理评审时进行。

当进行投标或签订合同时,也可能需要评审资源(见GB/T 19001—2016/ISO 9001:2015标准8.2条款)的适宜性和充分性。

5. 组织应为建立、实施和保持质量管理体系(包括运作)预测、确定和分配所需的资源。

组织现有内部资源的能力和约束通常可通过水平对比获得。

6. 资源的总则部分是质量管理体系的较为重要的要素,该要素或过程的输出也是其他要素或过程的重要输入,诸如为质量管理体系及其过程(见GB/T 19001—2016/ISO 9001:2015标准4.4条款)、领导作用和承诺(见GB/T 19001—2016/ISO 9001:2015标准5.1.1条款)、应对风险和机遇的措施(见GB/T 19001—2016/ISO 9001:2015标准6.1条款)、质量目标及其实现的策划(见GB/T 19001—2016/ISO 9001:2015标准6.2条款)、变更的策划(见GB/T 19001—2016/ISO 9001:2015标准6.3条款)、运行策划和控制(见GB/T 19001—2016/ISO 9001:2015标准8.1条款)、产品和服务要求的评审(见GB/T 19001—2016/ISO 9001:2015标准8.2.3条款)、设计和开发策划(见GB/T 19001—2016/ISO 9001:2015标准8.3.2条款)、外部提供的过程、产品和服务的控制(见GB/T 19001—2016/ISO 9001:2015标准8.4条款)、管理评审输入(见GB/T 19001—2016/ISO 9001:2015标准9.3.2条款)等提供了必要的信息。

三、审核关注点

1. 审核员应与受审核方最高管理者沟通其用于质量管理体系建立、实施、保持和改进所需的资源类别和资源现状,包括其资源优势和劣势。审核员宜关注受审核方通过标杆对比所获得资源水平状况的信息(存在时)。

2. 审核员需通过与受审核方最高管理者沟通,关注其通过何种途径确定所需的资源,以及通过何种途径提供所需的资源。

3. 审核员应基于自身对行业状况的了解和通过现场观察的结果,关注并记录受审核方既有资源的先进程度和资源管理的成熟度。

4. 审核员应了解受审核方所使用的外部资源的状况,关注其对外部方所提供的资源的控制,包括对外部方提供的人员和基础设施等的控制。

5. 审核员需了解受审核方是否定期对所拥有的资源以及资源管理的绩效进行评审,并记录评审的结果的信息。

7.1.2　人　　员

一、标准要求

组织应确定并配备所需要的人员,以有效实施质量管理体系,并运行和控制其过程。

二、标准释义

1. 为建立、实施和保持质量管理体系,以及运行和控制其过程的需要,组织应预测、确定和配备所需的人力资源,以便更有效实施质量管理体系。

组织应该确定质量管理体系有效实施以及过程运行和控制所需的人员数量,并考虑所需人员的经验、当前工作量以及承担质量管理体系中相关职能和岗位的能力(例如:运行活动、审核、检验、试验、投诉调查)。本条款要求的关键词是"确定"和"配备"。

2. 组织应根据实现产品和服务符合性的复杂程度和规模,通过对组织结构和岗位结构进行必要的岗位结构分析,需要时,形成岗位结构表。进而,组织需对各岗位实现过程预期输出的需要,识别和确定每个不同岗位所需的人员的基本能力,包括知识和经验的需求,需要时,形成岗位能力需求信息。岗位能力需求的确定过程如图1-4-3所示。

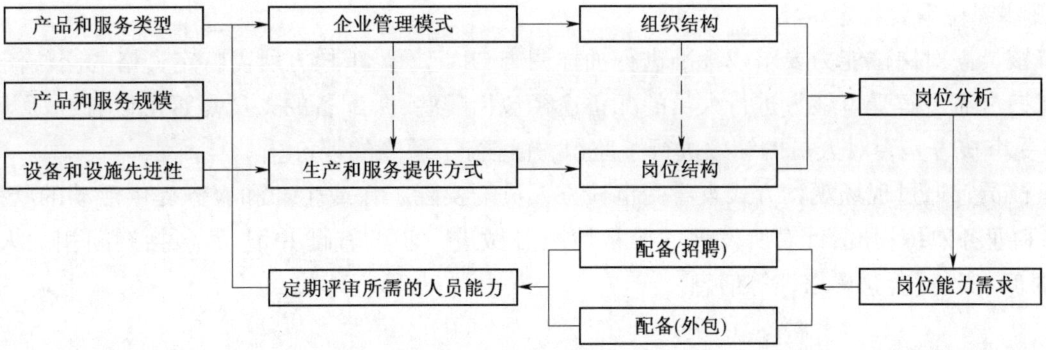

图1-4-3　岗位能力需求的确定

3. 组织可通过内部招聘或外部招聘的方式配备有效实施质量管理体系并运行和控制其过程所需的人员。

为了实现组织制定的目标而聘用组织外部的人员或者将此服务外包给外部供方。如果是这样,组织应该考虑诸如任何附加的培训、服务水平协议的订立或对提供服务的组织进行审核等因素,以确保实现必要的绩效,此时应充分考虑对其能力的要求(见GB/T 19001—2016/ISO 9001:2015标准7.2条款)。

4. 组织应定期评审所需人员的能力和需求的变化。可以在管理评审时进行。当进行投标或签订合同时,也可能需要评审人员能力的适宜性和充分性。

5. 人员是质量管理体系中较为重要的要素,该要素或过程的输出也是其他要素或过程的重要输入,诸如为质量管理体系及其过程(见GB/T 19001—2016/ISO 9001:2015标准4.4条款)、组织的岗位、职责和权限(见GB/T 19001—2016/ISO 9001:2015标准5.3条款)、质量目标及其实现的策划(见GB/T 19001—2016/ISO 9001:2015标准6.2条款)、能力(见GB/T 19001—2016/ISO 9001:2015标准7.2条款)、意识(见GB/T 19001—2016/ISO 9001:2015标准7.3条款)、外部提供的过程、产品和服务的控制(见GB/T 19001—2016/ISO 9001:2015标准8.4条款)、生产和服务提供的控制(见GB/T 19001—2016/ISO 9001:2015标准8.5.1条款)等提供了必要的信息。

6. 需要时,组织可制订一份岗位需求结构表,以方便管理,见表1-4-1。

表1-4-1 岗位需求结构表

岗位名称	数量	岗位能力需求					备注
		教育	培训	技能	经验	其他	

三、审核关注点

1. 审核员需与受审核方的人力资源部门或岗位人员沟通其既有人员状况及人力资源发展规划方向,关注受审核方的岗位设置或岗位结构分析结果的信息,了解受审核方从事现有岗位工作的人员的充分性,以及受审核方如何确定所需的人员的信息。

2. 审核员需收集和记录受审核方已设置了哪些岗位,是否规定了已设置岗位所需能力的要求或标准,以及哪些岗位需要特定资格。

3. 审核员需对岗位能力要求或标准进行抽样调查,并记录受审核方所需特定资格的岗位信息。

4. 审核员需了解受审核方进行人员的配备途径包括哪些,所配备的人员是否可以胜任所规定的工作?了解受审核方是否对人员的绩效进行了监视,并进行了适当的评价。

5. 审核员宜通过现场观察方式查看受审核方人员的实际工作或生产和服务提供活动的状态,包括精神状态和业务熟练程度,针对所发现的异常情况可做进一步的查证并记录,包括询问相关人员的年龄、入职时间、资格、所获得培训等信息。

7.1.3 基础设施

一、标准要求

> 组织应确定、提供并维护所需的基础设施,以运行过程,并获得合格产品和服务。
>
> 注:基础设施可包括:
>
> a)建筑物和相关设施;

b) 设备,包括硬件和软件;

c) 运输资源;

d) 信息和通讯技术。

二、标准释义

1. 基础设施对于获得和实现产品和服务的符合性具有重大影响。组织需策划确定、提供、保持和维护其满足既有过程运行所必要的基础设施,以实现其目标,并策划对未来预期所需的基础设施,以及对既有基础设施的更新要求。

与"确定""提供""维护" 等措施有关的三个不同活动可由组织的不同过程或职能来实施。例如:负责某项过程的人员可能确定特定的基础设施要求,采购过程将获得并提供那些所需的基础设施,而且需要建立活动来维护其基础设施(例如设备维护、内务管理或者信息技术更新、信息通信系统定期测试或对设施设备的定期检查与保养等)。

基础设施是指组织运行所必需的设施、设备和服务的体系。基础设施的管理过程如图 1-4-4 所示。

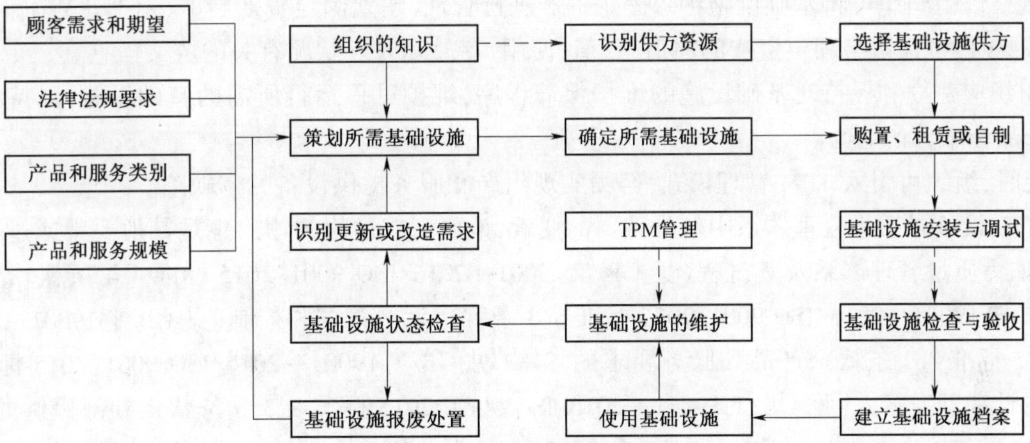

图 1-4-4　基础设施管理过程

2. 基础设施对组织实现产品和服务合格具有关键性的影响。对基础设施的需求可根据顾客要求和法律法规要求,以及组织的知识来确定有效运行其过程并实现其预期结果所需的基础设施。

因组织所提供的产品和服务的类型不同,故其对基础设施的需求可能存在较大差异。

对传统的生产和装配过程的组织而言,基础设施可包括制造、包装、配送、运输以及 IT 系统的应用等所需的设施。例如:

(1) 建筑物(如厂房或服务场所)和相关水、电提供设施,以及相关服务设施;

(2) 设备(如生产设备、包装设备、加工中心等),包括硬件和软件;

(3) 运输资源,包括配送车辆或输送管道或其他运输设施等;

(4) 信息化和通讯技术。

对于服务组织而言,基础设施可包括信息技术系统,办公室及相关专家。例如交付保健服务或咨询服务、网上采购或存款时所用的网络系统以及核心办公室。

基础设施的其他示例包括:

——装瓶公司为防止污染所用的防护设备;

——对于医院而言,适当的空调以及清洁的治疗空间环境;

——处理顾客信用卡业务的信息通讯技术；

——工厂中控制噪声声级的资源，以便操作者能够监视过程运行中所产生的异音。

3. 在确定必要的基础设施时，组织应该考虑为提供合格的产品和服务，需要哪些设施、设备、计算机软件、服务和(或)运输。

组织需要考虑实现产品和服务固有特性的难易程度和效率，确定所需的基础设施类别或基础设施的种类，以及先进程度。如基础设施的可靠性、单位时间的生产效率等。

组织在确定所需的基础设施时，应考虑其易维修性。

在确定对基础设施的需求时，组织可通过开展差距分析来检查现有基础设施，并识别和确定新的需求以及需要的措施，例如通过制定设备保养计划，策划更换现有基础设施，定期测试信息化和通讯系统，或定期检查基础设施及设备状况。

4. 组织应考虑如何提供、管理和保持适用于各种要求的工作场所和过程设备。通常需要足够的替换件以维护设备。

基础设施的提供途径通常包括外购、定制、自制、租赁等方式。

组织在外购、定制或租赁基础设施之前，应对提供基础设施的外部供方的能力进行必要的考察和评价，选择适宜的外部供方。

5. 规模以上组织可将基础设施纳入固定资产进行管理，建立固定资产台账，定期盘查，确保账卡物相符。必要时，可保留与固定资产的原值、残值、使用、存放和完好状况有关的成文信息。

6. 组织应建立和保持对基础设施的维护保养程序，维护过程运行所需的基础设施，以持续保持获得合格产品和服务的能力。

必要时，组织可引入TPM管理模式，努力实现生产和服务提供设备的零缺陷。

7. 基础设施是质量管理体系中较为重要的要素，该要素或过程的输出也是其他要素或过程的重要输入，诸如为质量管理体系及其过程(见GB/T 19001—2016/ISO 9001:2015标准4.4条款)、变更的策划(见GB/T 19001—2016/ISO 9001:2015标准6.3条款)、运行策划和控制(见GB/T 19001—2016/ISO 9001:2015标准8.1条款)、产品和服务要求的评审(见GB/T 19001—2016/ISO 9001:2015标准8.2.3条款)、设计和开发输入(见GB/T 19001—2016/ISO 9001:2015标准8.3.3条款)、外部提供的过程、产品和服务(见GB/T 19001—2016/ISO 9001:2015标准8.4条款)、生产和服务提供的控制(见GB/T 19001—2016/ISO 9001:2015标准8.5.1条款)等提供了必要的信息。

8. 需要时，为便于对基础设施的管理，组织可保留一份基础设施的清单，见表1-4-2。

表1-4-2　基础设施清单

编号	名称	规格型号	数量	开始使用时间	分布位置	先进性	维护状态	使用人

三、审核关注点

1. 审核员需与受审核方基础设施牵头管理部门沟通其所选用的基础设施，包括服务设施的类别(注：某些组织可能会有较细的分工，如设置信息中心分管局域网或信息化通信系统)，以及既有基础设施对实现产品和服务符合性的影响程度，包括既有基础设施的优势和劣势，或在同行业所处的水平。

2. 审核员需关注受审核方近期基础设施变化的信息,包括新增或技改或租赁的基础设施,以及导致变化的原因,包括可能来自有关相关方的要求以及应对风险和机遇措施的需要。

3. 在获知受审核方存有新增或技改或租赁的基础设施的信息后,审核员需关注受审核方是如何确定所需的基础设施,以及通过何种途径提供所需的基础设施。

4. 审核员需关注受审核方所确定的提供所需基础设施的过程的适宜性和控制的有效性,以确保所提供的基础设施满足所需的要求。

5. 审核员需现场观察受审核方基础设施的维护状况,查看诸如服务设施或活动场所或生产设备是否适宜和完好,查看其附件是否齐全,滑油是否在规定的油位,以及软件或信息化通信系统的易使用性等。可行时,审核员宜了解其设备效率或其故障率等。

6. 审核员宜通过现场巡视和观察的方式,关注受审核方是否存有使用报废或行政监管机构禁止使用的设备或设施的情况。审核员不宜将对基础设施的审核仅停留在对其维护和维修资料的审查。

7. 当受审核方所使用的设备或设施涉及法定强制检查要求时,审核员需关注其是否按法定要求实施了特定的检查,并现场查验和记录相关的检查报告和标志信息。

7.1.4 过程运行环境

一、标准要求

> 组织应确定、提供并维护所需的环境,以运行过程,并获得合格产品和服务。
>
> 注:适宜的过程运行环境可能是人为因素与物理因素的结合,例如:
>
> a)社会因素(如非歧视,安定,非对抗);
>
> b)心理因素(如减压、预防过度疲劳、稳定情绪);
>
> c)物理因素(如温度、热量、湿度、照明、空气流通、卫生、噪声)。
>
> 由于所提供的产品和服务不同,这些因素可能存在显著差异。

二、标准释义

1. 组织需确定并提供其运行过程所需的环境,以便提供合格的产品和服务。运行过程所需的环境是指过程运行时与其所处空间有关的一组条件,适当的运行过程的环境可以是人为因素和物理因素的组合,例如:

(1)社会因素(如无种族和性别歧视,社会群体和个体之间和谐稳定,没有对抗事件发生);

(2)心理因素(如通过适当的活动舒缓紧张情绪、合理均衡安排作业预防职业倦怠、保证情绪稳定);

(3)物理因素(如对温度、热量、湿度、照明、空气流通、卫生、噪声等进行适当控制,使其在适宜的范围内)。

2. 由于不同组织所提供产品和服务的类型不同,这些因素可能存在显著差异。

在某些情况下,过程运行环境仅需要应对诸如温度、光照、卫生、通风、噪声等物理因素。

在其他条件下,洁净度等物理因素对于计算机芯片制造等需要清洁空间环境是一个关键因素。

某些组织可能需要考虑其他因素,包括社会和心理因素,例如:鼓励所创建的学前教育学习环境充分考虑人为因素;在适宜的环境中提供调解服务,以避免对抗;充足的睡眠以防止事故,如通过限制飞行员的飞行时间或者限制那些从事货运和流通服务人员的驾驶时间。

过程运行环境通常是与可能影响产品和服务的符合性相关的环境,组织应界定好需要控制的运行环境的边界。工作环境可以是办公室环境,明亮、无噪声、空气质量好,也可以是车间的生产环境,但车间现场环境应考虑职业健康安全因素和其他特定条件。

3. 组织在确定过程运行所需的环境时,需要考虑的问题可能包括:

——在工作场所有适宜的温度、湿度、光线、噪声、振动等的控制吗?

——有适宜的顾客等待区域和设施吗(适合服务业)?

——保持清洁卫生了吗(如食品、饮料和制药公司)?

——是否有防静电装置(例如生产电子组件的公司或化工产品公司)?

——还有哪些人为因素和物理环境会影响产品和服务合格的要求?

当然,组织可以选择更宽泛的条件确定过程运行环境,关注那些直接影响组织符合产品和服务要求的能力的因素。一个极端的例子是临近高炉的控温检测室,因为需要精确测量温度。另一个极端的例子是考虑与生产产品和提供服务相关的人因工效学。例如,因为难以长时间集中精力或重复工作引起风险,需要替换操作人员。

4. 组织应按照满足获得合格产品和服务的要求,通过安装和使用必要的设备设施提供所确定的运行环境。必要时,组织应完善其人文环境,包括质量文化。

5. 组织一旦确定所需的运行环境,则应对过程运行环境进行适当的维护和必要的控制。组织应对影响产品和服务的符合性的运行环境参数进行监控,发现不适宜时,及时进行维护,以保持运行环境的能力。

6. 过程运行环境是质量管理体系中较为重要的要素,该要素或过程的输出也是其他要素或过程的重要输入,诸如为质量管理体系及其过程(见 GB/T 19001—2016/ISO 9001:2015 标准 4.4 条款)、运行策划和控制(见 GB/T 19001—2016/ISO 9001:2015 标准 8.1 条款)、生产和服务提供的控制(见 GB/T 19001—2016/ISO 9001:2015 标准 8.5.1 条款)等提供了必要的信息。

7.针对精密产品的生产和仓储环境,可能需要定期监控相关影响产品质量水平的因素的变化,以便及时采取相应的措施,这里给出一种表单,供相关组织参考选用,见表 1-4-3。

表 1-4-3 环境参数监测记录

监测时间	温度(℃)	湿度(%rh)	降尘量	监测人	备 注

三、审核关注点

1. 审核员需结合受审核方所在行业的特点,收集与受审核方过程运行环境相关的行业规范或标准。

2. 审核员宜在巡视过程运行环境的基础上,与受审核方相关的责任部门或岗位人员沟通和交流其所确定的既有过程运行环境的依据,索阅或沟通相关规定是否充分和合理。

3. 审核员宜与受审核方相关人员沟通,关注其近期在改善过程运行环境方面做了哪些努力?取得哪些成效,包括相关人员或顾客对过程运行环境的适应与满意程度。

4. 当受审核方过程运行环境由自然因素决定或在较大程度上受其影响时,审核员需关注其受审核方是否建立相应的预案以应对过程运行环境的影响因素的变化，防止其对产品和服务提供过程和输出产生不利影响。

5. 审核员现场巡视时，宜关注受审核方用于保持过程运行环境所配备的设备和设施是否处于正常运行状态，是否满足其实现产品和服务符合性的需要，并有利于员工职业健康安全的需要。

6. 审核员宜了解受审核方的生产和服务提供的策划安排，关注其人员是否存在倒班作业或超负荷连续工作的情况。

7.1.5 监视和测量资源

7.1.5.1 总　　则

一、标准要求

当利用监视或测量来验证产品和服务符合要求时，组织应确定并提供所需的资源，以确保结果有效和可靠。

组织应确保所提供的资源：

a)适合所开展的监视和测量活动的特定类型；

b)得到维护，以确保持续适合其用途。

组织应保留适当的成文信息，作为监视和测量资源适合其用途的证据。

二、标准释义

1. 组织需识别并提供适宜的监视和测量资源，以确保在评价组织的过程输出结果包括产品和服务，其监视和测量结果有效和可靠。

监视和测量资源是指为实现监视和测量过程所必需的人员、监视和测量仪器、软件、测量标准、标准物质或辅助设备或它们的组合。

监视和测量所需的资源会因组织所提供的产品和服务类型，以及所建立的质量管理体系的过程和活动不同，而存在巨大的差异。

在某些情况下，简单的检验或者监视已足以确定其产品和服务的质量状态，但在其他情况下就需要进行测量，这就需要组织配备和使用经过验证或校准或既验证又校准的测量设备。但在有些场合，监视和测量资源可能是一张表单。

2. 理解监视和测量的概念是重要的。"监视"是指在一段时间内(使用监视设备)进行观察和监督的活动，而"测量"是使用测量设备确定量值的活动。

监视隐含了进行密切观察、监督和检查以确定一个过程、一件产品、一项服务或活动的定性或者定量的状态。通过简单的检查就可以确保数量正确或者订单完整。测量仪表显示某项事情是正确的，通过监听顾客和呼叫中心(您的呼叫可能由于质量目的而被监听)或在服务提供过程中通过提问，比如一个服务员问顾客是否还需要其他东西，对所提供的服务是否满意。

测量需要考虑通过使用适宜的测量资源，来确定数量、大小或尺寸，这可以包括使用经过校准或验证过并可以溯源到国家或国际测量基准的设备。对服务而言，可以包括采用知名的、经确认过的服务反馈模型，例如社会服务模型。

3. 组织需要考虑对于确定产品和服务的符合性时实施监视和测量的重要性。

在确定的监视和测量重要性时以保证输出结果有效时，组织应该确定需要监视和测量其过程、产品和服务的项目，进而确定所需的监视和测量资源，以确保其需求的适宜性。

组织需要依据运行策划和控制的输出所规定的监视、测量活动或任务要求确定适当的监视或测量资源,包括监视和测量设备,并确保所提供的监视和测量资源适合于特定类型的监视和测量活动。组织通过应用该条款为检查工作所用的设备提供信任。

组织可建立和保持监视和测量资源过程,如图1-4-5所示。

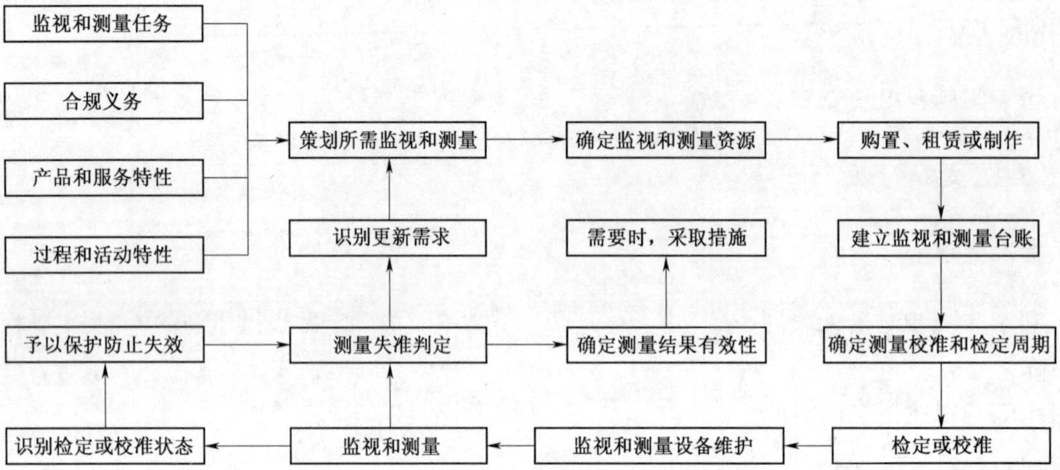

图1-4-5 监视和测量资源过程

4. 组织应确定所需要测量资源的测量精度。测量设备的精度取决于测量的允差。测量设备的精度应高于被测件所需的精度。但并不要求测量设备的精度达到不必要的精度。组织也应考虑使用测量设备的人员的技能与培训。例如,汽车零部件的测量精确度要求是0.1 mm,裁缝要求的测量精确度是1 mm,道路的测量精确度可能是10 mm。另一个例子是使用塞规。

5. 监视和测量资源是有区别的。测量资源(例如卷尺)将产生一个量值,而监视资源(例如调查问卷)可能产生一个非量化的结果。测量资源(设备)可以进行校准或/和检定,监视资源可以被确认,但可能不能进行校准。对于服务组织(例如学校、营销组织、咨询机构、律师事务所、旅行社等),典型的监视方法可以包括使用调查问卷、检查表、电话或网络调查等。在监视资源使用前应进行确认活动,以确保获得特定目标。

6. 测量可以是针对有形产品或针对无形产品或服务,如顾客满意程度的测量。例如,如果组织的检查方法是目视观察,则不需要监视或测量设备。在某些情况下需要由专家来对产品或服务进行评定,例如由厨师来评定餐馆,由社会工作者来评定寄养服务,或者由医疗专家来评定保健护理服务。

7. 组织应确保监视和测量资源得到适当的维护,以确保其持续适用其用途。

8. 组织应确保可获得成文信息以证明符合选择的监视和测量资源的目的。这可以包括有关多长时间检查一次的计划表概要或者证明溯源到国家标准或者采用的任何替代的基准。

组织应保留作为监视和测量资源适合其用途的证据的成文信息。

9. 监视和测量资源是质量管理体系中较为重要的要素,该要素或过程的输出也是其他要素或过程的重要输入,诸如为质量管理体系及其过程(见GB/T 19001—2016/ISO 9001:2015标准4.4条款)、运行策划和控制(见GB/T 19001—2016/ISO 9001:2015标准8.1条款)、设计和开发控制(见GB/T 19001—2016/ISO 9001:2015标准8.3.4条款)、生产和服务提供的控制(见GB/T 19001—2016/ISO 9001:2015标准8.5.1条款)、产品和服务的放行(见GB/T 19001—2016/ISO 9001:2015标准8.2.3条款)、监视、测量、分析和评价(见GB/T 19001—2016/ISO 9001:2015标准9.1条款)等提供了必要的信息。

10. 需要时,组织可保持一份监视和测量资源清单,见表1-4-4。

表 1-4-4　监视和测量资源清单

监视和测量资源名称	出厂编号	规格型号	精确度	应用或分布范围或对象	生产厂家

三、审核关注点

1. 审核员需与受审核方相关部门或岗位人员沟通其在验证产品和服务符合性时，分别规定了哪些监视任务及所需的监视资源和(或)测量任务及所需的测量资源。针对不同行业，其监视和测量资源可包括人员感官、模具或样板、标准溶液、标准样品、测试软件，以及具有监视和测量功能的各种表单等。

2. 审核员需关注受审核方确定所需监视和测量资源的过程是否合理，所确定的监视和测量资源是适宜和充分的，以避免其监视和测量资源能力过剩或能力不足。

3. 审核员需与受审核方通过沟通，关注其所确定的提供所需监视和测量资源的途径是否合理和受控。

4. 审核员需关注受审核方所配备的监视和测量资源是否满足或适合其所开展的监视和测量活动的特定类型，避免发生使用精度较低的测量资源测量精度较高的产品特性。

5. 审核员需在生产和服务提供现场进行适当的抽样，观察其对监视和测量资源的维护状态，查看其适用性。

6. 审核员应查看并适当记录受审核方所配备的监视和测量资源的类别、规格和型号，以及精密度。

7.1.5.2　测量溯源

一、标准要求

当要求溯源时，或组织认为测量溯源是信任测量结果有效的基础时，测量设备应：

a)对照能溯源到国际或国家标准的测量标准，按照规定的时间间隔或在使用前进行校准和(或)检定。当不存在上述标准时，应保留作为校准或验证依据的成文信息；

b)予以识别，以确定其状态；

c)予以保护，防止由于调整、损坏或衰减所导致的校准状态和随后的测量结果的失效。

当发现测量设备不符合预期用途时，组织应确定以往测量结果的有效性是否受到不利影响，必要时应采取适当的措施。

二、标准释义

1. 测量溯源是指通过一条具有规定不确定度的不间断的比较链，使测量结果或测量标准的值能够与规定的参考标准(通常是国家计量基准或国际计量基准)联系起来的活动。

测量系统可包括软件和设备及其装置，诸如燃油泵、用于控制过程参数的控制信号的组合。在这种情况下，整个测量系统都须适用于测量目的。实现测量溯源是信任测量结果有效的前提。

2. 如使用测量设备用于验证与顾客要求的符合性并对测量结果的有效性提供信任时，组织应该考虑如何验证和(或)校准、控制、封存、使用及维护其所需的准确度。

如果使用的测量设备仅用于指示目的，则不需要进行校准。关键点是：不要自动校准所有的测量设备。当进行比对时，设备与参考标准达到所需的一致程度，无需调整，就可以视为检定(验证)。

3. 校准是测量仪器与参考标准进行比较的过程，以确定精确度，并判断是否满足测量要求。组织应按照规定的程序和周期(每月或每年)、使用基础(每次使用前校准或数次使用后校准)进行校准，或发生了影响校准结果的意外之后进行校准。

4. 组织应确定所使用的参考标准。参考标准可以随测量设备一起提供。例如，喷漆测厚仪通常提供一套厚度标准。另一方面，获得适宜的参考标准，可能需要购买或使用校准实验室。

5. 必要时，组织应对参考标准进行确认，并溯源到适用的国家标准或国际标准。确保测量设备有效运作并给出可靠结果，组织应：

——确保测量设备妥善保存、周期校准，需要时进行调整；

——保留成文信息，表明测量设备的校准可溯源到国家或国际标准；

——确保可以识别测量设备的校准标识和可用标识(如测量仪器的标签)。

6. 小公司面临的选择是校准设备，或是请其他外部供方机构进行测量。如果决定自行校准，则需要有所使用的各种测量设备的校准程序。

7. 如果确定选择外部供方，除应符合GB/T 19001—2016/ISO 9001:2015标准8.4条款的要求，还应考虑下列各点：

——理想情况下，组织应选择获得认可资格的实验室提供校准服务；

——组织应出具表明测量不确定度的校准证书(还有一种方法是表明仪器的测量精确度)；

——证书应表明校准能够溯源到国家或国际标准。

8. 如果可能的话，对于相似的测量设备，可以将精确度最高的设备送去校准，然后将这台设备作为其他设备的校准基础。例如，一个经校准的高精度的数字温度计可以作为其他低精度的温度测量设备的参考标准。

9. 校准是一种昂贵的服务。对于小型组织，是需要考虑校准费用的。应明白过程控制的测量设备的检查是为了满足目的，而校准测量仪器是为了确保检查结果的正确。

10. 在某些组织中，员工使用个人的测量设备(例如卷尺、千分尺和游标卡尺等)是习惯做法。在这种情况下，当使用这些测量设备检验产品并放行时，组织有责任确保对这些测量设备进行校准。解决的办法是禁止使用这些测量设备，或对个人测量设备进行校准。应要求员工同意校准这些测量设备。

11. 组织应当考虑测量设备在确定产品和服务符合性时的风险和严重度，制定测量设备校准计划以及对其进行维护检查。校准有效期取决于多种因素：测量设备的类型、使用情况、重要程度，是用于控制过程还是验证产品合格等。

组织应保留测量设备的校准记录，以表明：

——测量设备的末次校准时间、校准者、校准程序、可接受的准则、结果、可接受性以及对测量设备适用性的影响(校准状态)；

——下次校准日期。

12. 测试软件可用于评定产品合格。软件应保持稳定，并防止老化。应注意软件升级、防病毒或非预期的程序错误。通常对于组织来说，有必要进行全面的软件确认，尤其是对小型组织。因此，组织应谨慎选择软件的提供方。测试软件需要某种确认形式以确保可以满足测量要求，并需要再确认，以确保持续满足测量要求。一种方法是用一组已知故障和缺陷的产品进行检查，以识别软件是否准确可靠。另一种是一次次用已知的数据组和结果进行测试，以确认测试是否与输出匹配。组织应记录确认软件所使用的方法。测试软件应有某种写保护的安全措施，对硬件的校准调节，应有封印，以防止疏忽调节。

13. 组织应考虑规定如何正确使用监视和测量资源的措施，在使用和存放过程中对监视和测量资源予以保护，防止可能使校准状态和随后的测量结果失效的调整、损坏或劣化。对于用于校准目的的标准测量设备和参考标准（有固定量值的，如量块、砝码、标准电阻等。在给定组织或给定区域内指定用于校准或检定同类量的其他测量标准的测量标准。在我国，这类标准称计量标准。JJF1001—2011）尤为重要。

14. 如果发现测量设备不符合预期用途，应该考虑对测量要求一致性的潜在影响，并采取必要的措施。组织应考虑对已放行的产品和服务的符合性进行重新评审。评审的结果可以从无需采取任何措施或者到需要召回产品均有可能，这取决于对产品和服务的符合性可能带来的风险或潜在风险。

15. 组织可根据需要制定测量设备或仪器的校准计划，这里给出了相关的表样，供参考选用，见表1-4-5。

表1-4-5　测试器具校准计划

测试器具名称	规格型号	出厂编号	精密度	使用者	校准周期	下次校准时间	备注

三、审核关注点

1. 审核员应通过与受审核方相关部门或岗位人员沟通，关注其是否已经区分和确定哪些测量设备已被纳入法定检定范围，包括对用于生产和服务提供过程各阶段的产品和服务放行时所使用的测量设备。

2. 审核员需通过与受审核方沟通和索阅相关资料，关注其用于测量设备自校的程序、方式和方法是否合理，并现场查看其自校条件是否满足相关校准规程的要求。

3. 审核员需注意并了解受审核方是否需要将其用于内部产品和服务放行目的的测量设备升级为定期的法定检定，这宜取决于受审核方对自身风险控制的考虑，但应始终表明其测量设备的量值能够溯源并已经被溯源。

4. 审核员需关注受审核方对应用于测量目的的其他测量资源，包括人员感官、模具或样板、标准溶液或样品、测试软件或系统，以及具有监视和测量功能的各种表单等的定期检查和确认的信息。

5. 审核员应与受审核方沟通，关注其是否规定了测量设备的校准或检定计划，并涵盖了所有需要定期校准或检定的测量设备。

6. 审核员在受审核方进行现场审核过程中，应适当通过分类抽样（2~5件）的方式调查测量设备的定期检定或校准的情况，并记录以下信息：

（1）检定或校准证书编号；

（2）测量设备名称；

（3）测量设备出厂编号；

（4）检定或校准时间；

（5）检定有效期等。

7. 审核员应在生产和服务提供活动场所，抽查相关人员所使用的测量设备是否在规定的检定或校准周期范围内，检定或校准状态的标识是否完好，并便于识别，是否存在随意调整或损坏的情况。

8. 审核员应通过与受审核方沟通，或通过对GB/T 19001—2016/ISO 9001:2015标准8.2.1和8.7，以及10.2.1条款的审核过程中获得其测量设备偏离检定或校准状态时，关注其受审核方是否已确定以往测量结果的有效性，以及应对不利影响所采取的措施的信息。

7.1.6　组织的知识

一、标准要求

组织应确定必要的知识，以运行过程，并获得合格产品和服务。

这些知识应予以保持，并能在所需的范围内得到。

为应对不断变化的需求和发展趋势，组织应审视现有的知识，确定如何获取或接触更多必要的知识和知识更新。

注1：组织的知识是组织特有的知识，通常从其经验中获得，是为实现组织目标所使用和共享的信息。

注2：组织的知识可基于：

a）内部来源（如知识产权、从经验获得的知识、从失败和成功项目汲取的经验和教训、获取和分享未成文的知识和经验，以及过程、产品和服务的改进结果）；

b）外部来源（如标准、学术交流、专业会议，从顾客或外部供方收集的知识）。

二、标准释义

1. 本条款的目的是保护组织认为其过程运作以及实现产品和服务符合性所必需的知识，并鼓励根据不断变化的需求和趋势，获取必要的知识。因为知识已逐渐成为组织获得竞争优势的关键因素。

知识是指与质量管理体系和运行过程，以及实现产品和服务符合性有关的物质和精神概念探索的结果总和。知识是组织或个人通过学习、实践或探索所获得的认识、判断或技能，它是人类在实践中认识客观世界（包括人类自身）的成果，它包括事实、信息的描述或在教育和实践中获得的技能，它可以是关于理论的，也可以是关于实践的。简言之，知识是指有意义或有价值的信息。

通常情况下，组织可建立和保持知识管理过程，如图1-4-6所示，并进而对知识、知识创新过程和知识的应用活动进行规划和管理。

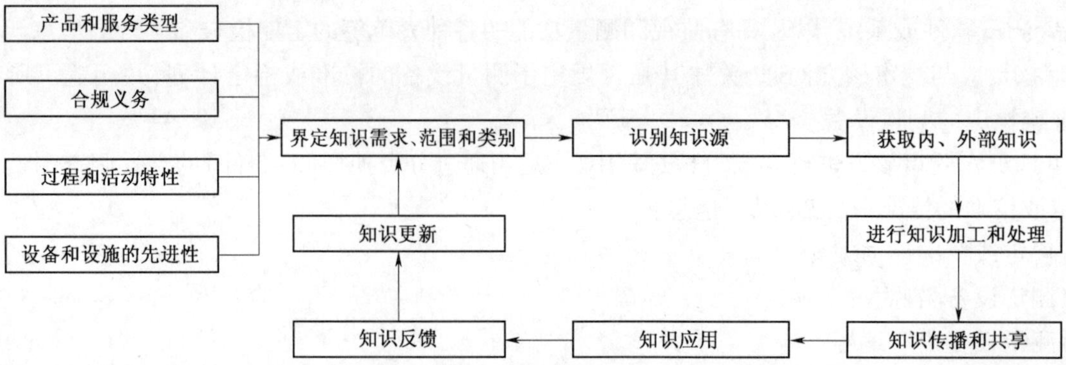

图1-4-6　知识管理过程

2. 组织需确定和保持其运行过程和实现产品与服务符合性所需的知识，包括与产品和服务研发、品牌管理、销售网络、信息通信技术、专利技术、业务流程、专业技能等有关的知识,并根据不断变化的需求和趋势,鼓励获取必要的知识。

最高管理者应评定如何识别和保护组织现有的知识,这些知识通常与组织的竞争力有关,如产品核心部件的技术要求、生产工艺、专利信息等。

组织应该考虑如何确定并管理那些能满足当前和未来需求的组织的知识。组织的知识是组织特有的知识。可以从组织的集体经验或组织人员的个人经验中获取,这些知识用于或能用于实现组织的质量目标或其预期的结果。获取并共享这些经验和知识能产生协同或整合效应,从而创造新的组织的知识或对组织的知识予以更新。

最高管理者也应考虑从组织的内部和外部资源(如学术机构和专业机构)中,如何获得所需的知识以满足组织当前和未来的需求。人员及其经验是组织的知识的基础。

3. 在确定和保持组织的知识时,组织应该考虑:

——从失效、未遂状况和成功中吸取经验和教训;

——从组织员工中获得的知识;

——组织中的非文字的知识(不言而喻的);

——从顾客、供方以及合作伙伴处收集并获得知识;

——获取存在于组织内部的知识和经验,包括显性的和隐性的知识,例如通过指导、继任规划;

——与竞争对手或标杆进行比较;

——内联网、图书馆、研讨会、通信等;

——与相关方共享组织的知识,以确保组织的可持续性;

——确保有效沟通信息内容(尤其是在供应链和生产链的每个接口上);

——管理数据和记录。

组织需根据改进的结果来更新必要的组织的知识。

4. 通常情况下,组织需对知识进行管理,包括:

(1)界定知识的范围;

(2)识别知识源;

(3)开发或者获取知识;

(4)对知识进行加工和处理;

(5)知识的传播和应用,以及保护组织的知识;

(6)知识反馈;

(7)知识更新等。

复杂的组织可能选择实施正式的知识管理体系,但一般的组织可选择更为简单的方法,例如保持有关设计决策的日志,或有关已开发试验的化合物性质和性能的日志。

5. 在创造、积累、分享和应用知识的同时,组织应采取适当的措施维护好组织所拥有的知识,强化内部知识的安全保密措施,保护知识产权,避免因人才的流失或流动,合作伙伴或外部供方的变更等因素导致知识的流失与损失。

6. 组织的知识是质量管理体系中较为重要的要素,该要素或过程的输出也是其他要素或过程的重要输入,诸如为确定质量管理体系范围(见GB/T 19001—2016/ISO 9001:2015标准4.3条款)、质量管理体系及其过程(见GB/T 19001—2016/ISO 9001:2015标准4.4条款)、应对风险和机遇的措施(见GB/T 19001—2016/ISO 9001:2015标准6.1条款)、资源(见GB/T 19001—2016/ISO 9001:2015标准7.1.1条款)、能力(见GB/T 19001—2016/ISO 9001:2015标准7.2条款)、沟通(见GB/T 19001—2016/ISO 9001:2015标准7.4条款)、产品和服务要求的确定(见GB/T 19001—2016/ISO 9001:2015标准

8.2.2条款)、改进(见GB/T 19001—2016/ISO 9001:2015标准10.1条款)等提供了必要的信息。

三、审核关注点

1. 审核员应与受审核方相关部门或岗位人员沟通和交流其已确定的与质量管理体系有关的,包括与产品和服务提供有关的知识概要。

2. 审核员需与受审核方进一步沟通,关注其如何确定和已确定的所需的知识范围和知识类别。

3. 审核员宜通过与受审核方沟通和交流,了解其有关知识需求的确定、知识获取与更新,知识提炼与处理,知识贮存、传播与分享,以及知识应用平台的建设情况,并了解其是否已建立和保持知识管理过程或程序。

4. 审核员需通过观察和沟通,关注受审核方获取知识的途径和方法,以及实现知识共享和实施知识更新的具体措施包括哪些?

5. 审核员可通过沟通,关注受审核方近期所获得新的知识的情况,并了解其通过何种途径获取这些知识,以及将这些知识应用在哪些方面的信息,并形成审核记录。

6. 审核员可通过查看或沟通受审核方近期的培训信息,包括其组织相关人员进行有关标准或作业程序的学习,关注其知识共享的有效性。

7. 审核员宜索阅受审核方近期所采取的纠正措施的信息,进而关注其是否已将采取纠正措施所取得的成果纳入或更新相关的作业程序或之中。

8. 审核员宜通过与受审核方相关职能部门或岗位人员交流,了解其知识型组织的建设情况,以及近期举办的知识讲座或一点课程。

9. 审核员需关注受审核方为防止知识流失所采取的保护知识的措施包括哪些?

7.2 能　　力

一、标准要求

组织应:

a)确定在其控制下工作的人员所需具备的能力,这些人员从事的工作影响质量管理体系绩效和有效性;

b)基于适当的教育、培训或经验,确保这些人员是胜任的;

c)适用时,采取措施以获得所需的能力,并评价措施的有效性;

d)保留适当的成文信息,作为人员能力的证据。

注:适用措施可包括对在职人员进行培训、辅导或重新分配工作,或者聘用、外包胜任的人员。

二、标准释义

1. 组织应确定在其控制下,且其工作或活动能够影响产品和服务的符合性或影响顾客满意的人员所需的能力,并能确保他们(例如:经理、现有员工、临时工、分包商和外包方的人员)在工作或实施活动时是能够胜任的。能力是指应用知识和技能实现预期结果的本领,经证实的能力有时是指资格。特定的工作(如内审、焊接、无损检测等)可能需要特定的能力或需要某种资质或资格。该条款规定了两个重要的方面:检查能力和培训。其人员能力改善过程,如图1-4-7所示。

2. 组织应基于既有产品和服务的生产和服务提供过程,以及质量管理体系运行的需要,并适当考虑组织发展的需要,规定在组织控制范围内的人员所需具备能力,包括教育、培训和经验。

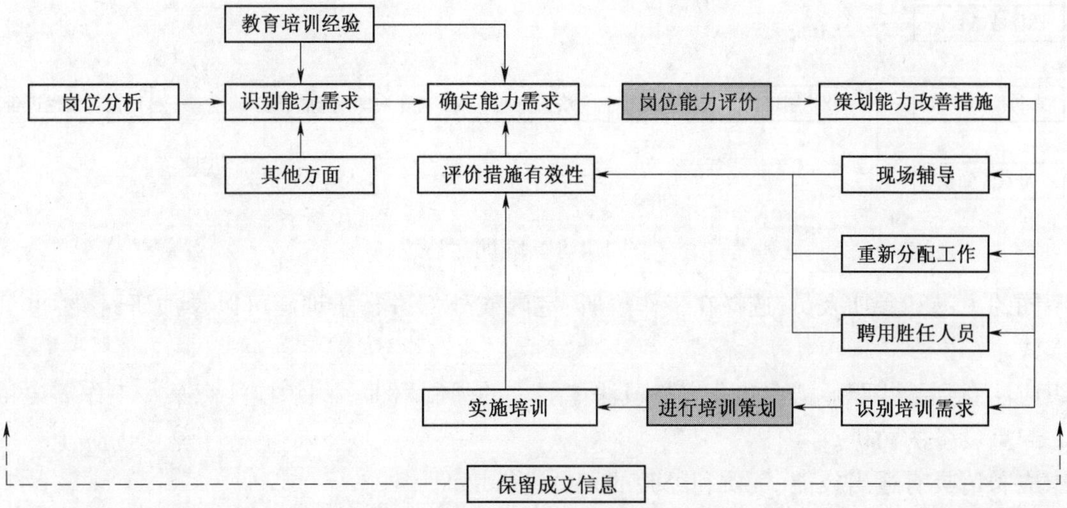

图1-4-7　能力改善过程

组织可通过活动或工作职位(岗位)分析来确定人员的能力要求。在正确或安全完成某项工作任务之前可能需要一定的能力水平(例如:内部审核、焊接或非破坏性试验)。具备完成某项任务的资格对某些人员来说是必要的(例如:叉车或卡车驾驶,或调查)。

组织可以通过制定工作描述或通过在工作分析时进行工作评价中识别和规定人员能力。

组织控制范围内的人员可能是组织内部的人员,也可能是来自组织外部的人员。

组织规定其人员的能力要求可以通过多种方式进行,包括:

——规定的服务水平协议;

——规定的绩效准则;

——对规定的要求及接收准则的认识;

——对不合格输出以及缺陷的认识;

——由组织运作的过程和控制所需的知识。

3. 组织应定期评定满足现有和预期的活动所需的员工技能和资质。

组织可通过评审人员是否经过适当的教育,培训或是否具有适当的经验进行人员能力的确认,包括进行工作面试,评审简历,观察,查看有关培训的成文信息或文凭。

组织对人员的能力评价还可通过其他多种方式实施,包括:

——经理或主管对执行任务和运行过程的人员的定期评价;

——以服务绩效要求进行标杆对比;

——评价过程运行情况如何的定期反馈会议。

当处于组织控制下工作的人员来自于外部供方时,可能需要附加的控制和监视手段,诸如对外部提供过程进行审核、对产品和服务进行检验,或签订合同以及规定能力要求的服务水平协议。组织负责依据确保产品和服务符合要求的重要程度的不同,确定需要采取的不同措施。

4. 组织可以选择通过培训,或招聘有能力的人员,或签订固定期限的合同来获得组织所需的能力。如果组织选择培训自己的员工,能力评定应考虑培训和经验。组织可以通过人员的工作分配、管理评审、纠正措施、风险评估和内审来识别是否缺乏培训。按照运作的要求考虑所需的技能和资格,也能表明是否需要附加的培训。策划培训是有用的,并分阶段进行。可以是培训,熟悉,进一步培训,再熟悉,如图1-4-8所示。

5. 质量技术方面的培训,尤其是内审培训,对于组织有效和高效地开展质量管理很重要。组织可

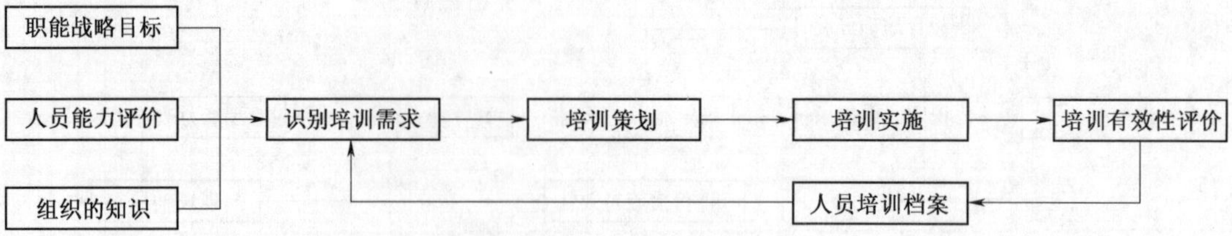

图 1-4-8 培训过程

以根据不同的主题和参加人员，选择在工作场所、室内或外部进行培训。可以参加研讨会，也可以采取外包的形式。

组织应注意到某些职业需要执业资格或法律要求的强制培训。组织应注意某些工作需要特定的资质，例如，起重设备的司机。

组织应聘请具有适当技能、资质和经验的人员进行培训。

组织应保留成文信息以表明使用了具有资质的人员进行培训以达到培训目的。在某些行业，培训课程还需要经相关监管机构认可。

6. 组织需要评价培训的效果，并保留培训记录，例如签到表。或是询问受训人员是否获得了从事本职工作的能力。可以采用各种方法进行评价，例如直接观察员工的工作情况，或评定其工作结果。

7. 组织需要保留员工能力符合要求的证据。如文凭、许可证件、简历，以及员工的培训记录和培训结果的记录。这些记录表明培训项目成功实施，以及员工能力水平。

8. 组织应保留员工的正式的教育证明或培训证书，表明员工可以胜任本职工作。如果没有正式的学历证明，可以留下员工能够按照程序规定，操作某种机器，进行过程运作的证据。后续教育和培训的有效性可以经过一段时间后进行再评价，以确认保持了已获得的能力。

9. 当员工接受了正规的教育（例如：大学程度），其大学文凭或证书仅能用于证实他们已经获得完成他们自己工作所需的部分或者全部知识，但是他们未必就能有效地应用所获得知识去实现组织目标或个人职业发展目标。因此，组织需要开发更多的职业培训方式（例如：护理或实习机修工）来提高人员应用知识和技能的能力。

10. 能力是质量管理体系中较为重要的要素，该要素或过程的输出也是其他要素或过程的重要输入，诸如为组织的岗位、职责和权限（见 GB/T 19001—2016/ISO 9001：2015 标准 5.3 条款）、意识（见 GB/T 19001—2016/ISO 9001：2015 标准 7.3 条款）、外部提供的过程、产品和服务（见 GB/T 19001—2016/ISO 9001：2015 标准 8.4 条款）、生产和服务提供的控制（见 GB/T 19001—2016/ISO 9001：2015 标准 8.5.1 条款）、产品和服务的放行（见 GB/T 19001—2016/ISO 9001：2015 标准 8.6 条款）、内部审核（见 GB/T 19001—2016/ISO 9001：2015 标准 9.2 条款）、改进（见 GB/T 19001—2016/ISO 9001：2015 标准 10.1 条款）等提供了必要的信息。

三、审核关注点

1. 审核员宜与受审核方相关负责部门或岗位人员沟通其是否构建和保持人员能力管理的流程或程序，以及其如何实施对所控制的人员的能力的管理，了解其人员的基本结构和人员能力概况。

2. 审核员宜通过索阅受审核方提供的人员职位说明书、程序或作业指导书等获得其对人员能力的规定。

3. 审核员需通过与受审核方沟通、交流和查看相关资料，特别关注其对既有人员是否满足规定能力的评审过程和评审的结果，并形成审核记录。

4. 在审核过程中，审核员应通过观察和适当抽样调查的方式，关注受审核方从事质量管理，包括内审员、产品研发和工艺技术、生产和服务提供、特种岗位作业，以及从事产品和服务放行等人员实际能力是否满足规定要求。

5. 审核员应通过与受审核方沟通和交流，关注其是否确定了与质量管理体系和提升人员能力相关的培训需求，查看培训方案和培训实施的相关记录。

6. 审核员应关注并记录受审核方针对部分人员存在的能力差距所采取的除培训外的其他措施，以及对这些措施实施有效性评价的信息。

7.3 意　识

一、标准要求

组织应确保在其控制下工作的人员知晓：

a) 质量方针；

b) 相关的质量目标；

c) 他们对质量管理体系有效性的贡献，包括改进绩效的益处；

d) 不符合质量管理体系要求的后果。

二、标准释义

1. 意识是指员工通过接受来自外部信息刺激而形成的一种具有自觉性的思维。这种思维可以驱动员工自觉地认识和实现质量要求。组织应确保其控制范围内的相关工作人员知晓：

(1) 质量方针所明确的质量方向；

(2) 相关的质量目标，以及实现质量目标的措施；

(3) 他们对质量管理体系有效性的贡献，包括改进绩效的益处；

(4) 不符合质量管理体系要求的后果。

组织控制下的相关工作人员可能包括组织现有人员、临时人员以及外部供方（如合同方、提供外包服务）的人员，或来自其他相关方的人员。

在组织控制下开展工作的人员应该具备能够证实其对于质量方针，进而对相关的质量目标，以及如何实现这些目标作出贡献的知识和意识。作为证实的一部分，包括其工作人员对可接受的产品和服务，与不合格的产品和服务的知识和理解，以及当产品和服务不能满足规定或约定的规范或要求时，知道采取哪些适当的措施。

当在组织控制下的人员理解其职责和权限，以及实施相关的措施如何为实现组织的质量目标作出贡献时，则形成了意识。许多组织通过培训和沟通培育意识，包括质量意识。

2. 在组织控制下工作的人员应能通过区分在日常工作中哪些是可接受的，哪些是不可接受的，以及当过程、产品和服务不能满足约定的规范或要求时，通过采取适当的措施来证实其意识。这些人员应理解如果质量管理体系出现不合格（例如：返工、返修、顾客不满意、法律后果）时会有何后果。因人员实施的工作不同，创造意识的措施也可能存在差异。

组织应确保在其控制下的人员理解他们通过实施可实现合格输出的工作或生产或服务提供过程。如何为质量管理体系有效性作出贡献，以及哪些活动有助于顾客满意。

3. 组织可采用多种方式来强化在其控制下工作的人员的意识来满足标准要求，例如：

——通过可接受或者不可接受的结果或产品图片的展览展示来解释期望是什么；

——提供相应的培训；

——沟通明确的产品和服务的要求；

——设计出仅可以提供合格产品和服务的过程；

——设计出能明显地隔离不合格产品和服务的过程；

——明确地沟通如何处理投诉，以及一旦出现严重的不合格趋势时如何进行内部升级处置的步骤。

各种类型的沟通对于确保提升工作人员意识是重要的，包括举行定期的评审会议、顾客及供方会议，以收集反馈并确保该反馈让相关方知道。

4. 在小型组织中，通常比较容易使员工意识到自己的作用以及所从事的活动如何影响产品质量。例如，面对面的信息沟通、小组会议或内部审核等，甚至可以通过培训（针对临时员工、兼职员工和全职员工）来增强意识，包括以下内容：

——组织的性质；

——健康、安全和环境法律法规；

——质量方针、质量目标和其他内部政策；

——新员工的岗位职责；

——相关的程序和指令。

大型组织可以采取不同的方法增强相关意识。

5. 增强质量方针和相关质量目标的意识并不是意味着背诵、记住，而是员工必须意识到关键的质量承诺以及为达到这些承诺所应履行的自身的职责。组织可通过构建质量文化和形成质量价值观，采取多种方式对员工进行质量意识培育，使他们能够对改善质量管理体系有效性做出成绩和贡献，包括改进质量绩效给组织和个人带来的益处。组织应促进所有员工基于风险的思维，使每一位员工都清楚偏离与各自岗位质量活动有关的质量管理体系要求的后果。

6. 意识是质量管理体系中较为重要的要素，是组织文化作用的结果，该要素或过程的输出也是其他要素或过程的重要输入，诸如为理解组织及其环境（见 GB/T 19001—2016/ISO 9001:2015 标准 4.1 条款）、组织的岗位、职责和权限（见 GB/T 19001—2016/ISO 9001:2015 标准 5.3 条款）、改进（见 GB/T 19001—2016/ISO 9001:2015 标准 10.1 条款）等提供了必要的信息。

三、审核关注点

1. 意识的提升来源于文化的熏陶和不间断的培训。审核员可通过与受审核方责任职能部门或岗位人员交流，了解其为提升人员的质量意识，采取了哪些措施或举办了哪些活动。

2. 在进行现场审核过程中，审核员可通过与被审核人员的交流和沟通，了解其有关质量意识，诸如请受审核人员解读质量方针和相关的质量目标，以及他们对质量管理体系有效性的贡献，包括改进绩效的益处等。

7.4 沟　　通

一、标准要求

组织应确定与质量管理体系相关的内部和外部沟通，包括：

a）沟通什么；

b）何时沟通；

c）与谁沟通；

d）如何沟通；

e）谁来沟通。

二、标准释义

1. 沟通是组织与员工之间,组织与相关方之间,以及员工与员工之间思想与感情的传递和反馈的过程,以求对事物的理解达成一致和感情的通畅。

沟通的价值在于可以有效和高效地解决问题。

沟通是质量管理体系能否有效运行的一个重要因素。很多情境下,不仅需要进行内部沟通,还需要进行外部沟通。组织需要沟通的内容针对于内部、外部而言可能是不相同的。例如:组织可能与其内部人员沟通有关质量管理体系的状态,与其外部供方沟通有关订单的条款和条件。

为实现沟通,应保持组织的信息畅通,沟通过程如图 1-4-9 所示。

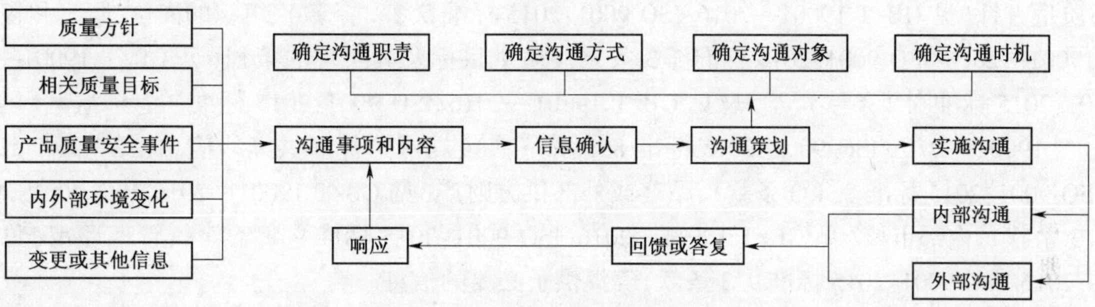

图 1-4-9　沟通过程

2. 组织需确定需要与其进行沟通的内部和外部相关方。以确保其质量管理体系的有效进行。这可能包括组织内各个层次的相关人员以及有关相关方(例如:顾客、用于提供产品和服务的外部供方或监管机构)。组织应确定与质量管理相关的内部和外部沟通的需求,包括:

(1) 沟通什么,明确需要沟通的具体事项和内容;

(2) 何时沟通,规定在何时沟通最为合适;

(3) 与谁沟通,明确沟通的范围和沟通的对象;

(4) 如何沟通,明确沟通的途径和方式,可以是区域网、电子邮件或面谈交流;

(5) 谁负责沟通,针对不同的事项,确定沟通的具体担当者或职责。

重要的是沟通时必须注意所沟通的信息应清楚,并与接收方相关,能够被其理解,而且据此采取必要的措施。例如在供应和生产链的每个接口中,组织应该识别需要与其交流的各有关方,以确保质量管理体系的有效运行。

沟通对象包括组织内各个层次的人员、顾客、外部供方,以及用于提供产品和服务的外部各有关方。不同的接收者可能需要不同的沟通方法。外部相关方可能更需要更正式的沟通诸如报告、规范、发票或者服务水平协议。

沟通时机的选择对沟通效果具有影响,甚至具有较大影响。

3. 有效的内部沟通过程对组织的质量管理体系非常重要。相反的,质量管理体系中出现的很多问题,其原因都是沟通不畅。也就是说,为了使组织的质量管理体系有效运作,良好沟通是关键。

最高管理者应建立适合于组织内各级人员实施良好沟通的机制。内部沟通可以采用一些非正式的方法诸如定期部门会议、简报会、电子邮件或者内部局域网。内部沟通也可以采用诸如书面报告、工作规范等更正式的方法,这取决于信息的性质以及需要沟通的问题的重要程度。

组织需要确定其需要传递的内容以及需要这些信息的对象,以确定最有效的沟通方法和进度。组织还应该确定由谁来实施沟通或提供信息。这样取决于沟通的性质及组织与谁沟通。例如:最高管理者可与组织内的人员沟通，采购过程负责人可能与外部供方进行沟通。

4. 为确保有效沟通，组织应为沟通过程提供具备能力的人员，以：

——传递或接收并据此采取行动；

——在彼此间建立信任；

——传递顾客满意以及过程绩效等的重要性；

——识别改进的机会。

5. 组织应确保所有与沟通内容有关的信息清晰、易于理解，并能够使相关人员获得。

质量管理体系的有效性可以通过管理评审来确定，并进行适当沟通。

沟通方法可以包括信息牌、举行会议后通过电子媒体进行信息发布（如：电子邮件）。

6. 沟通是质量管理体系中重要要素，该要素或过程的输出也是其他要素或过程的重要输入，诸如为沟通质量方针（见 GB/T 19001—2016/ISO 9001:2015 标准 5.2.2 条款）、组织的岗位、职责和权限（见 GB/T 19001—2016/ISO 9001:2015 标准 5.3 条款）、质量目标及其实现的策划（见 GB/T 19001—2016/ISO 9001:2015 标准 6.2 条款）、意识（见 GB/T 19001—2016/ISO 9001:2015 标准 7.3 条款）、顾客沟通（见 GB/T 19001—2016/ISO 9001:2015 标准 8.2.1 条款）、提供给外部供方的信息（见 GB/T 19001—2016/ISO 9001:2015 标准 8.4.3 条款）、顾客或外部供方财产（见 GB/T 19001—2016/ISO 9001:2015 标准 8.5.3 条款）、内部审核（见 GB/T 19001—2016/ISO 9001:2015 标准 9.2 条款）、管理评审（见 GB/T 19001—2016/ISO 9001:2015 标准 9.3 条款）等提供了必要的信息。

7. 组织通常需要梳理出应该沟通具体事项，利用表 1-4-6 所提供的表单也许是一个比较有用的工具。

表 1-4-6 沟通事项清单

沟通事项	沟通内容	沟通目的	沟通时机	沟通范围或对象	沟通方式	责任者

三、审核关注点

1. 审核员宜与受审核方相关部门或岗位人员交流其是否建立和保持用于内部与外部沟通的过程和程序。

2. 审核员需注意沟通是过程运行中的主要活动，对沟通的审核宜结合对有关过程的审核合并进行。

3. 审核员在对受审核方有关过程运行的审核时，宜关注其用于内部和外部沟通的方式是否适合和有效。

4. 审核员宜通过询问被审核人员对质量方针的理解，包括相关的质量目标，关注沟通的有效性。

5. 沟通与质量管理体系多个要素存在交集，审核员可结合对受审核方应用 GB/T 19001/ISO 9001 标准 5.1、5.2、5.3、6.1、6.2、7.3、8.1、8.2、8.3、8.4、8.6、9.1.1、9.2、9.3、10.2 等条款的审核进一步获得有关沟通的客观证据。

6. 审核员应关注受审核方是否将有关产品和服务要求与有关相关方进行沟通，并记录沟通信息。

7. 当有要求时,审核员需关注受审核方是否按照监管机构的要求定期上传特定产品的质量安全监测数据。

8. 针对规模以上组织,审核员可通过查看其所公布的社会责任报告获得其与外部沟通产品和服务的质量安全绩效的相关信息。

9. 审核员宜关注受审核方与质量管理体系的其他有关相关方沟通的有效性。

7.5 成文信息

7.5.1 总 则

一、标准要求

组织的质量管理体系应包括:

a)本标准要求的成文信息;

b)组织所确定的、为确保质量管理体系有效性所需的成文信息。

注:对于不同组织,质量管理体系成文信息的多少与详略程度可以不同,取决于:

a)组织的规模,以及活动、过程、产品和服务的类型;

b)过程及其相互作用的复杂程度;

c)人员的能力。

二、标准释义

1. 成文信息是指组织需要控制和保持的信息及其载体,可以任何格式和载体存在,并可来自任何来源,既可能来自组织内部,也可能来自组织外部,包括来自有关的相关方。在此之前,成文信息被称作形成文件的程序和记录。

迄今为止,许多已采用GB/T 19001—2016/ISO 9001:2015标准的组织已经编制了与质量管理体系有关的书面程序、过程描述、手册和记录,将其转变为成文信息并非去改变这些,而是它反映了许多组织使用电子方式来记录数据和信息的更多发展趋势和实践,这些数据和信息能为组织的管理体系运行和质量管理管理体系提供支持。

2. ISO 9001:2008中所述的"程序文件(形成文件的程序,用于规定、控制或支持一个过程的文件)的要求",现在表达为"保持成文信息"。ISO 9001:2008所述的"记录的要求",现在表达为"保留成文信息"。

3. 组织的质量管理体系应包括:

(1)GB/T 19001—2016/ISO 9001:2015标准要求的成文信息;

(2)组织确定的为确保质量管理体系有效性所需的成文信息。

组织确定的为确保质量管理体系有效性所需的成文信息可包括:

——管理体系,包括相关过程;

——指导组织运作或为组织运行产生的信息(一组文件);

——获得结果实现的证据(记录)。

4. 成文信息的多少与详略程度会因不同组织的运行与过程的规模和复杂程度及其相互作用、产品和服务的类型、法律法规要求、相关人员能力等的不同而存在较大差异。

例如,与一个有特定顾客要求、并需要把外来的成文信息整合到体系内的汽车零部件生产商相比,一个小的面包房需要的成文信息会更简单,也更没有那么广泛。是否需要成文信息(程序文件)完全取决于组织自己的思考，重要的一点是员工应获得从事工作所需的信息。

成文信息的详略程度在很大程度上与所采用的方法、所需的技能、所接受的培训和所要求的监督程度有关。

组织应避免过于详细的成文信息对活动造成过度的控制。人员足够的能力可以降低所需成文信息的详略程度，但组织应为每个员工提供其正确工作所需的成文信息。同时，应确保提供所需的培训。

在微小企业，大多数成文信息可能是一页纸。成文信息应清楚准确地反映实际情况。例如，不需要有正式的文件规定如何开门，简单地在门上粘贴“推”或“拉”即可。

5. 通常情况下，组织需要保持和保留的成文信息至少包括：

——组织的质量管理体系范围应作为成文信息，可获得并得到保持（见GB/T 19001—2016/ISO 9001:2015标准4.3条款）；

——在必要的范围和程度上，组织应：保持成文信息以支持过程运行；保留成文信息以确信其过程按策划进行（见GB/T 19001—2016/ISO 9001:2015标准4.4.2条款）；

——质量方针应可获取并保持成文信息（见GB/T 19001—2016/ISO 9001:2015标准5.2.2条款）；

——组织应保持有关质量目标的成文信息（见GB/T 19001—2016/ISO 9001:2015标准6.2.1条款）；

——组织应保留适当的成文信息，作为监视和测量资源适合其用途的证据（见GB/T 19001—2016/ISO 9001:2015标准7.1.5.1条款）；

——应保留作为校准或验证依据的成文信息（见GB/T 19001—2016/ISO 9001:2015标准7.1.5.2条款）；

——保留适当的成文信息，作为人员能力的证据（见GB/T 19001—2016/ISO 9001:2015标准7.2条款）；

——在必要的范围和程度上，确定并保持、保留成文信息，以确信过程已经按策划进行，证实产品和服务符合要求（见GB/T 19001—2016/ISO 9001:2015标准8.1条款）；

——适用时，组织应保留与下列方面有关的成文信息：评审结果；产品和服务的新要求（见GB/T 19001—2016/ISO 9001:2015标准8.2.3.2条款）；

——组织应保留有关设计和开发输入的成文信息（见GB/T 19001—2016/ISO 9001:2015标准8.3.3条款）；

——保留这些（评审、验证和确认）活动的成文信息（见GB/T 19001—2016/ISO 9001:2015标准8.3.4条款）；

——组织应保留有关设计和开发输出的成文信息（见GB/T 19001—2016/ISO 9001:2015标准8.3.5条款）；

——组织应保留设计和开发更改、评审结果、更改的授权、为防止不利影响而采取的措施的成文信息（见GB/T 19001—2016/ISO 9001:2015标准8.3.6条款）；

——对于这些活动和由评价引发的任何必要的措施，组织应保留成文信息（见GB/T 19001—2016/ISO 9001:2015标准8.4.1条款）；

——当有可追溯要求时，组织应控制输出的唯一性标识，并应保留所需的成文信息以实现可追溯（见GB/T 19001—2016/ISO 9001:2015标准8.5.2条款）；

——若顾客或外部供方的财产发生丢失、损坏或发现不适用情况，组织应向顾客或外部供方报告，并保留所发生情况的成文信息（见GB/T 19001—2016/ISO 9001:2015标准8.5.3条款）；

——组织应保留成文信息，包括有关更改评审的结果、授权进行更改的人员以及根据评审所采取的必要措施（见GB/T 19001—2016/ISO 9001:2015标准8.5.6条款）；

——组织应保留有关产品和服务放行的成文信息。成文信息应包括：符合接收准则的证据；可追溯到授权放行人员的信息（见 GB/T 19001—2016/ISO 9001：2015 标准 8.6 条款）；

——组织应保留下列成文信息：描述不合格；描述所采取的措施；描述获得的让步；识别处置不合格的授权（见 GB/T 19001—2016/ISO 9001：2015 标准 8.7.2 条款）；

——组织应保留适当的成文信息，以作为结果的证据（见 GB/T 19001—2016/ISO 9001：2015 标准 9.1.1 条款）；

——组织应保留成文信息，作为实施审核方案以及审核结果的证据（见 GB/T 19001—2016/ISO 9001：2015 标准 9.2.2 条款）；

——组织应保留成文信息，作为管理评审结果的证据（见 GB/T 19001—2016/ISO 9001：2015 标准 9.3.3 条款）；

——组织应保留成文信息，作为下列事项的证据：不合格的性质以及随后所采取的措施；纠正措施的结果（见 GB/T 19001—2016/ISO 9001：2015 标准 10.2.2 条款）。

6. 在建立、实施和保持质量管理体系过程中，组织如果不经慎重考虑，就将其他组织的文件纳入自己的质量管理体系中，是非常不明智的，并可能导致体系无法正常运行。

7. 成文信息是质量管理体系中的重要要素，该要素或过程的输出也是其他要素或过程的重要输入，诸如为质量管理体系范围（见 GB/T 19001—2016/ISO 9001：2015 标准 4.3 条款）、质量管理体系及其过程（见 GB/T 19001—2016/ISO 9001：2015 标准 4.4 条款）、沟通质量方针（见 GB/T 19001—2016/ISO 9001：2015 标准 5.2.2 条款）、质量目标及其实现的策划（见 GB/T 19001—2016/ISO 9001：2015 标准 6.2 条款）、监视和测量资源（见 GB/T 19001—2016/ISO 9001：2015 标准 7.1.5 条款）、能力（见 GB/T 19001—2016/ISO 9001：2015 标准 7.2 条款）、运行的策划和控制（见 GB/T 19001—2016/ISO 9001：2015 标准 8.1 条款）、产品和服务要求的评审（见 GB/T 19001—2016/ISO 9001：2015 标准 8.2.3 条款）、产品和服务的设计和开发（见 GB/T 19001—2016/ISO 9001：2015 标准 8.3 条款）、外部提供的过程、产品和服务的控制（见 GB/T 19001—2016/ISO 9001：2015 标准 8.4 条款）、生产和服务提供（见 GB/T 19001—2016/ISO 9001：2015 标准 8.5 条款）、产品和服务放行（见 GB/T 19001—2016/ISO 9001：2015 标准 8.6 条款）、不合格输出的控制（见 GB/T 19001—2016/ISO 9001：2015 标准 8.7 条款）、监视、测量、分析和评价（见 GB/T 19001—2016/ISO 9001：2015 标准 9.1 条款）、内部审核（见 GB/T 19001—2016/ISO 9001：2015 标准 9.2 条款）、管理评审（见 GB/T 19001—2016/ISO 9001：2015 标准 9.3 条款）、不合格和纠正措施（见 GB/T 19001—2016/ISO 9001：2015 标准 10.2 条款）等提供了必要的信息。

8. 为便于组织对既有的成文信息进行梳理，这里给出一个表单，供相关组织选用，见表 1-4-7。

表 1-4-7 成文信息清单

序号	标题	编号	适用范围	创建时间	作者	负责部门	备注

三、审核关注点

1. 审核员宜与受审核方相关责任部门或岗位人员沟通，了解其是否建立和保持针对成文信息管理的过程或程序。

2. 审核员宜与受审核方主管部门或人员沟通，存在时，可查看其所建立和保持的文件和记录清单，关注其所保持和保留的成文信息是否满足GB/T 19001/ISO 9001标准的要求。

3. 在对受审核方审核时，审核员可通过索阅其所保持的成文信息，关注其内容和形式是否与其规模和实际业务活动，以及管理的复杂程度相适宜，且充分。

4. 审核员可通过对受审核方采用标准其他要素的审核获取有关成文信息进一步的信息，综合判断其成文信息的结构、数量和内容的适宜性、充分性和有效性。

7.5.2 创建与更新

一、标准要求

在创建与更新成文信息时，组织应确保适当的：

a）标识和说明（如：标题、日期、作者、索引编号）；

b）形式（如：语言、软件版本、图表）和载体（如：纸质的、电子的）；

c）评审和批准，以保持适宜性和充分性。

二、标准释义

1. 在创建和更新成文信息时，组织应该确定适当的标识、格式、载体，以及如何评审和批准这些成文信息。组织应控制来自内部（例如流程图、程序文件、指令、接收准则、其他参考材料）和外部（例如法律法规、标准、规范）成文信息。

组织在创建和更新成文信息时，应对其进行必要的和适当的标识和说明，包括成文信息的标题、日期、作者，或索引编号（以上两种或两种以上方法的组合）等，以便防止混淆。

2.“成文信息”包括不同类型的文件，可以有不同的形式和各种载体。这可能根据不同组织运行的过程和体系的不同而存在差异，可以使用电子文档的方式创建和更新所需的必要信息，包括修订许可和批准。一些组织可能更愿意运行一个硬拷贝系统，并以书面方式规定来发布、评审和控制文件的职责。

电子化文件的存储和传播是一种通用的方法。成文信息可以各种形式承载在各种载体上，如书面文件，电子数据存储，视频、磁带、图片，或是社会媒介（互联网，博客，脸书等）。

组织可以自行选择成文信息的格式和媒介、识别方式。实体媒介可包括白色书写板、石头、塑料、陶瓷、金属等。

电子媒介可以定期更新或根据要求更新。传统的纸质文件和现代的电子文件的控制程度和类型可能存在差异。内外部文件的控制也可能存在差异。

3. 不同的成文信息可以经不同的授权人员批准。组织可建立评审和批准其成文信息的方法，例如：由具有权限的并可识别的人员来批准成文信息。在一些组织内，签字批准的方式变得少见了（例如法律文件），仅在书面文件上表明批准。

对于电子化的文件，使用密码控制，并结合批准日期，也是一种表明批准的方式。

成文信息的控制是基于使用正确的信息，并经批准。这也表明其适用的工作文件已备妥（通常是最新发布的）。

作为某些活动的结果而生成的成文信息是表明这个时间点的存在状态，称之为记录。

4. 对来自外部的成文信息的控制应是确保相关人员能够得到所需的文件，并知晓是正确版本。在发布、移除、销毁和更新其成文信息之前，应经适当的被授权人员批准，以确保符合预期的使用目的。

5. 标准要求成文信息是现行有效的，但没有规定如何做。组织应避免复杂的更新和检索。采用简单实用的方法，避免不必要的官僚手段，以减少成本。比较好的方法是定期评审质量管理体系文件并进行更新。可以结合内审完成。对于具体工作或程序所需的文件，可以在开始工作前进行评审，正如了解产品或过程的授权人员批准、评审文件一样。

成文信息的更新与 GB/T 19001—2016/ISO 9001：2015 标准 6.3 条款关于变更的策划和 GB/T 19001—2016/ISO 9001：2015 标准 8.5.6 条款关于更改的控制直接相关。

6. 为便于大家理解标准要求，在这里整理出对成文信息进行控制的过程的示意图，提供大家参考，如图 1-4-10 所示。

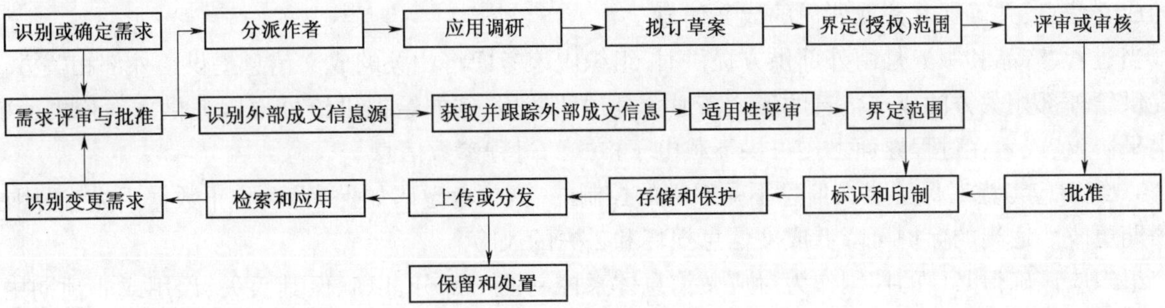

图 1-4-10　成文信息控制过程

三、审核关注点

1. 审核员可通过抽查的方式观察受审核方所保持或保留的成文信息是否便于识别，其用于识别和说明的信息是否完整，并易于区分。

2. 在审核过程中，审核员宜通过抽样的方式，索阅和记录受审核方创建成文化信息的评审和批准的信息，并作为审核证据予以保留。

7.5.3　成文信息的控制

一、标准要求

7.5.3.1　应控制质量管理体系和本标准所要求的成文信息，以确保：

a) 在需要的场合和时机，均可获得并适用；

b) 予以妥善保护（如防止泄密、不当使用或缺失）。

7.5.3.2　为控制成文信息，适用时，组织应进行下列活动：

a) 分发、访问、检索和使用；

b) 存储和防护，包括保持可读性；

c) 更改控制（如版本控制）；

d) 保留和处置。

对于组织确定的策划和运行质量管理体系所必需的来自外部的成文信息，组织应进行适当识别，并予以控制。

对所保留的，作为符合性证据的成文信息应予以保护，防止非预期的更改。

注：对成文信息的“访问”可能意味着仅允许查阅、或者意味着允许查阅并授权修改。

二、标准释义

1. 组织应确保无论何时何处需要适宜载体的成文信息(如检索或提供证实的需要),均可获得并适用,并对其予以充分的保护(如防止泄密、不当使用或缺失)。

组织应该考虑为确保成文信息按照控制级别得到适当控制,并考虑采用何种载体。

控制可包括可获得性、分发和保护,例如防止丢失、误用和非预期更改。

2. 组织应依据成文信息的内容涉及的范围在分发前界定其适用的范围或岗位,包括向关联方提供的。需要时,应确定成文信息的使用、访问和检索的权限。

当根据需要确定质量管理体系需要哪些成文信息后,组织需向相关区域、部门、过程所有者提供所需的成文信息,并确保其获取所需的成文信息。

当过程、产品和服务是由外部供方提供时,组织应该考虑将相关的成文信息提供给外部相关方。组织提供给外部相关方的成文信息的形式需适合其预期使用,例如给提供给外部服务供方一份书面的服务水平协议,或者在过程界面上传可供下载电子格式的过程参数信息。

3. 组织应考虑对保护成文信息不受损害的控制的需要,考虑诸如保密性、防止数据丢失、误用或者非预期更改。适当的保护可降低成文信息损坏和丢失的风险。

组织应该确保必要的控制作为对成文信息体系控制的一部分,以确保其丢失、误用或非预期更改。这可以通过多种方式来进行,包括仅供阅览的电子化体系以及规定不同访问等级许可、密码保护或登陆身份识别。控制的程度可因可获得成文信息的地方不同而存在差异,例如对外部各方增加访问限制,也应该考虑信息安全问题和数据备份。

4. 使用电子化手段可以有效控制成文信息。如果在组织的内联网上存储数据,应保护信息非预期改变或删除。值得注意的是,电子化数据很容易生成,也很容易被误删除。如果使用混合媒介承载同样的成文信息,应确保控制,确定备份。如果储存电子文档,注意更新软件,避免不能读出在旧版本上储存的信息。可以保存旧软件以读取旧记录,或是将这些记录更新至新软件上。保存纸质和电子文档。做备份也是记录管理的一部分。

5. 当建立了控制成文信息的分发和访问系统后,组织则应考虑随着时间的推移,如何对信息进行储存、保持和处置。

成文信息可随着组织对其质量管理体系的发展而进行更改和发展(见 GB/T 19001—2016/ISO 9001:2015 标准 6.3 条款和第 10 章)。

组织需要考虑如何对以往的成文信息的保持、储存和检索的方式,以便供后续或将来使用。

组织需要确定适宜的方法用于识别现行和作废的成文信息的方式,包括采用版本控制,以确保仅可使用现行的成文信息,例如通过更改状态和作废状态进行识别。

6. 组织对成文信息的控制包括分发、访问、收回、使用、贮存和保护、更改控制、保留和处置。这同样适用于对组织所确定的对于质量管理体系的策划和运行所必需的外来的成文信息的控制。

7. 如果组织确定来源于外部的成文信息对于质量管理体系的策划和运行是必需的,则需要与其他成文信息一样得到适当的识别和控制,这包括来自顾客的图纸、规定的试验方法、抽样计划、标准或校准(方法)。此时,组织应特别关注对敏感数据的控制(例如个人或者财务信息)。

8. 标准要求保留成文信息,意味着保持记录。重要的一点是组织不能被无用的东西所束缚。组织应确定哪些是组织需要的记录,哪些是标准要求的记录。哪些是需要保存的业务记录和质量记录。组织应确定记录保留的期限和地点及如何销毁记录。

在某些情况下,记录的保留期限应符合法律法规的要求、财务的要求、可能的产品责任声明的要求或是顾客的要求。对作废成文信息的贮存可能比较重要,组织应采用适宜的方式予以保存,并能确保得到防护和确保信息的可读性,如,当生产多年后需要进行投诉调查,就需要历史的生产数据。

对成文信息的保留可能是一个法律要求、合同要求或者由组织自己确定(根据产品和服务的寿命)的要求。在进行处置时,应注意防止机密信息的外泄。

9. 管理提供结果的证据的成文信息(记录),除了作为符合要求的证据之外,还有助于进行根本原因分析以发现问题的原因或进行趋势分析。

当需保留成文信息用作符合性证据时,组织应当对其采取保护并防止对其非预期的修改的措施,组织可仅允许对这些成文信息进行受控访问,适用时,仅批准代表组织工作的相关人员访问或者限制电子访问如"只读"。

10. 质量管理体系所需的成文信息可以与其他管理体系的相关成文信息进行整合。

三、审核关注点

1. 审核员宜通过与受审核方责任部门或岗位人员沟通,了解其是否建立和保持成文信息的控制过程和程序。

2. 审核员在受审核方责任部门或岗位审核时,宜关注其是否确定了成文信息的分布要求,了解并记录其分发情况。

3. 审核员可在受审核方生产和服务提供现场追踪成文信息的获取和使用的信息,抽查成文信息的状态,包括易读性,进而关注其生产和服务提供现场所使用的成文信息是否符合其规定要求。

4. 审核员应关注受审核方对所获取的来自外部组织的成文信息的管理情况,以及对所保存的已作废的成文信息的标识情况,关注其对有关成文信息的保留和处置是否符合要求。

5. 审核员应关注受审核方对电子化成文信息的控制,诸如如何防止丢失,损毁,未经授权的访问,随意复制,以及未经授权的非预期更改等。

6. 审核员在审核受审核方的外部供方提供的过程、产品和服务的控制时(见 GB/T 19001—2016/ISO 9001:2015 标准 8. 4. 3 条款)应关注其如何将成文信息传递给外部供方,并确保其适用。

7. 审核员可通过巡查或抽查的方式,关注受审核方成文信息储存的场所或媒介如档案室、局域网、纸质记录和文档、照片、菲林片、图纸、光盘、影像、移动电脑等储存媒介或者区域的防护措施是否适宜和有效,包括对其所保留的作为符合性证据的成文信息防护的适宜性和有效性。

8. 审核员需关注受审核方所确定保留的成文信息的保存期限是否满足适用法规和有关相关方的要求。

第五章　运　　行

8.1　运行的策划和控制

一、标准要求

为满足产品和服务提供的要求，并实施第 6 章所确定的措施，组织应通过以下措施对所需的过程（见 4.4）进行策划、实施和控制：

a) 确定产品和服务的要求；

b) 建立下列内容的准则：

1) 过程；

2) 产品和服务的接收；

c) 确定所需的资源以使产品和服务符合要求；

d) 按照准则实施过程控制；

e) 在必要的范围和程度上，确定并保持、保留成文信息，以：

1) 确信过程已经按策划进行；

2) 证实产品和服务符合要求。

策划的输出应适合于组织的运行。

组织应控制策划的变更，评审非预期变更的结果，必要时，采取措施减轻不利影响。

组织应确保外包过程受控（见 8.4）。

二、标准释义

1. 组织应策划、实施并控制生产和服务提供所需的过程，包括任何由外部供方提供的过程。在进行运行的策划和控制时，组织应考虑其在策划（见 GB/T 19001—2016/ISO 9001:2015 标准第6 章）期间所确定的应对风险和机遇，以及实现目标，包括应对变更等的措施。这是组织在进行运行策划和控制，并建立过程准则以及产品和服务的接收准则的重要输入。运行策划与控制过程，如图 1-5-1 所示。

2. 在确定产品和服务要求时，组织不仅需要考虑顾客要求和适用的法律法规要求，也应考虑其战略要求，以及有关相关方的要求。组织通过运用 GB/T 19001—2016/ISO 9001:2015 标准 4.2、8.2 和 8.3 条款的输出，进而确定其产品和服务的要求。

3. 基于实现产品和服务要求的需要，并实施基于 GB/T 19001—2016/ISO 9001:2015 标准 6.1 条款所确定的应对风险和机遇的措施，实施生产和服务提供过程运行的策划和设计，规定生产和服务提供过程所需的运行准则（包括产品生产工艺或服务提供规范），以及产品和服务的接受准则（包括产品和服务验收规范或检验标准等）。组织可以参照 GB/T 19001—2016/ISO 9001:2015 标准 8.3 条款的要求实施生产和服务提供过程运行的策划和设计，但这并非是 GB/T 19001—2016/ISO 9001:2015 标准的强制要求。

通常，实施产品实现和服务提供过程运行策划的内容取决于产品和服务的性质是：

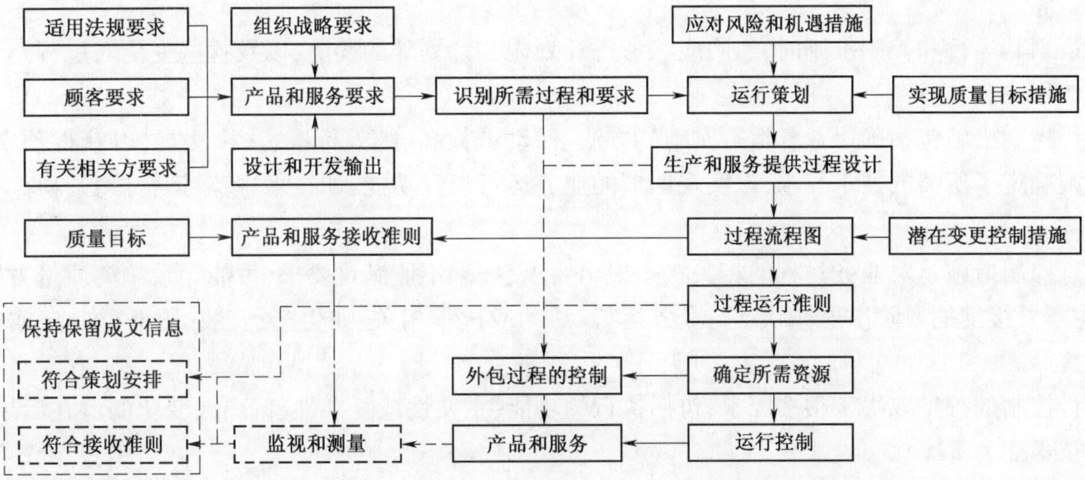

图 1-5-1　运行策划与控制过程

——重复的；

——项目导向的；

——创新的；

——或上述结合的。

对于例行工作和提供较高重复性的产品和服务，利用组织的通用文件就可完成策划，或直接引用相关文件就可以满足策划要求，尤其是与质量目标相关的文件。如果采取这种方法，组织需要按照策划的间隔或过程发生变更后评审所有的文件，以确保持续适用。

如果组织提供的是非常规的产品和服务，则可能需要针对每个新订单或项目分别进行策划，需要时，制定产品和服务项目的质量计划或项目实施计划，如施工组织设计等。

组织在为生产和服务提供过程建立控制准则，以及产品和服务的接收准则时，应考虑：

——风险和机遇；

——质量目标；

——产品和服务要求。

组织应将所建立的过程运行准则，以及产品和服务的接收准则，运用到 GB/T 19001—2016/ISO 9001:2015 标准 8.5 和 8.6 条款所规定的活动中。通过应用运行准则对生产和服务提供过程进行控制，确保产品和服务的符合性，并按所规定的产品和服务接收准则，在生产和服务提供的适当阶段实施策划的安排，以验证产品和服务的要求已被满足。

4. 组织对自有资源状况应有充分了解，当发现既有资源不足时，组织宜根据生产和服务提供的性质以及复杂程度，进一步确定所需的资源类型和数量，同时，识别所需的外部资源，并在需要时考虑将过程或部分过程外包。当策划产品和服务提供过程的运行和控制时，如果外包过程与其质量管理体系过程相关，则外包过程必须处于组织的控制之下（见 GB/T 19001—2016/ISO 9001:2015 标准 8.4 条款）。该条款的输出构成了 GB/T 19001—2016/ISO 9001:2015 标准 7.1 条款的输入。

5. 组织应识别和确定运作和控制过程所需的具体措施，以便运用有效的控制：

——确认已经满足准则；

——确保预期的输入，以及产品和服务得到交付；

——识别所需改进的地方。

运行的策划和控制过程的输出是支持生产和服务提供过程运行准则。这些输出将用作组织内运行的输入或顾客或者外部供方可能需要使用,故应以适宜的方式和载体予以保存并提供给那些需要者使用。

在策划其运行和控制准则时,组织应该考虑计划内和计划外的变更,以及这些变更对过程运作所产生的影响程度。

运行控制措施包括确保业务运行实施的方法、活动或设备、绩效标准、法律法规,以获得预期结果。这些措施确定了所需的技术要求,以实现期望的业务运行最佳功能,如技术规范、运行参数、协商一致的服务水准。

运行控制措施是对业务过程的相关状态提出要求,如果不能满足要求,可能导致偏离质量方针和目标,产生不可接受的风险。这些状态与业务运行、活动或过程相关,如生产、安装、服务、维修,或针对供方或零售商。

运行控制的程度取决于很多因素,包括执行的功能、重要性或复杂性、偏离或变化的潜在后果、可以使用的技术能力等。

运行策划输出的文件宜按照GB/T 19001—2016/ISO 9001:2015标准7.5条款的要求进行控制。运行策划过程的输出可以是一份质量计划,或一份施工方案或施工组织设计,或一份生产作业计划,或一系列的计划,如产品和服务检验确认计划、产品和服务开发和交付计划、在GB/T 19001—2016/ISO 9001:2015标准8.5条款中需实施的服务提供计划等。

6. 组织应策划满足产品和服务提供所需的所有活动,如:

——考虑顾客要求(见GB/T 19001—2016/ISO 9001:2015标准8.2条款);

——做预算,购买机器,实施生产和服务提供策划,制定工作指令;

——评审设计计划;

——确定需要保留的成文信息(如最终检测报告)。

所有这些策划信息应作为成文信息予以保存,其内容和详略程度应确保组织顺利完成过程运行(见GB/T 19001—2016/ISO 9001:2015标准8.1 e条款)。

7. 虽然如何记录策划的结果由组织决定,然而,为了有效、高效和持续地策划和控制运行,通常需要一份正式的质量计划。对于复杂的活动,需要更详细的计划。

在质量计划中需要列出:运行,验证阶段和需要满足的验证准则,生成的记录,以及需要的资源配置等。

ISO 10005给出了有关质量计划的指南,ISO 31000给出了风险管理指南,也可以参考ISO 10014(质量管理实现财务和经济效益指南)。

8. 相对于制造业,服务组织在进行运行策划时应考虑更多的内容。服务是在供方和顾客在接触面上至少需要完成一项活动的结果,因此,针对服务提供的运行策划和控制应考虑顾客在场时的风险和机会:

——安全风险是关键顾客要求;

——机会是可以获得顾客的实时反馈,以改进服务。

因为服务是无形的,所以在某些情况下,难以制定其服务提供过程的接收准则,因此,组织应关注对非预期变化的处置(见GB/T 19001—2016/ISO 9001:2015标准8.5.6条款)。

与制造业不同,在服务提供给顾客之前,不能验证服务的输出。因此,组织应强调对服务提供过程能力的确认(见GB/T 19001—2016/ISO 9001:2015标准8.5.1 g条款)。

在某些情况下,如运输服务和物流领域,当组织需要进行服务的设计和开发时,意味着直接确定和策划服务提供过程。在这种情况下,GB/T 19001—2016/ISO 9001:2015标准8.1和8.3条款是重合的,如果需要更详细的要求,则可执行GB/T 19001—2016/ISO 9001:2015标准8.3条款。

9. 产品和服务的潜在变化可以发生在很多方面，如生产方面，原材料和外部供方的变化、信息系统的变化、现有顾客需求的变化。

当识别出产品和服务的变化时，组织应评定潜在的风险和对顾客要求的影响。如果对顾客的要求有所影响，组织应告知顾客潜在的变化。针对批准的变化，组织应评审和更新相应的质量计划，以反映所需的变化。如果运行控制不当，需要采取措施应对导致的非预期影响。

10. 运行策划和控制是质量管理体系中的核心要素，该要素或过程的输出也是其他要素或过程的重要输入，诸如为质量管理体系及其过程（见 GB/T 19001—2016/ISO 9001：2015 标准 4.4 条款）、质量目标及其实现的策划（见 GB/T 19001—2016/ISO 9001：2015 标准 6.2 条款）、变更的策划（见 GB/T 19001—2016/ISO 9001：2015 标准 6.3 条款）、资源（见 GB/T 19001—2016/ISO 9001：2015 标准 7.1 条款）、外部提供的过程、产品和服务的控制（见 GB/T 19001—2016/ISO 9001：2015 标准 8.4 条款）、生产和服务提供（见 GB/T 19001—2016/ISO 9001：2015 标准 8.5 条款）、产品和服务放行（见 GB/T 19001—2016/ISO 9001：2015 标准 8.6 条款）等提供了必要的信息。

三、审核关注点

1. 审核员需通过与受审核方相关部门或岗位人员沟通和查阅资料，关注其所确定的产品和服务，相关的产品和服务标准，记录产品和服务的品名、规格和（或）型号，以及相关的产品和服务标准名称及编号。

2. 当产品和服务来自于受审核方设计和开发的输出时，审核员应跟踪其标准备案或公示的信息，并予以记录。

3. 当受审核方所提供的产品和服务属于非标时，审核员应跟踪核查相关合同或技术协议。

4. 审核员需通过与受审核方相关部门或岗位人员沟通和交流，关注其所确定的实现产品和服务所需的过程是否充分和合理。存在时，审核员可查看其工艺路线图或服务提供流程图等，进而了解其重要过程或关键控制点的信息。

5. 审核员应通过交流或索阅文档的方式，关注受审核方所提供的为实现产品和服务所确定的运行准则，包括工艺规程、作业指导书、服务提供规范等是否适宜、充分和有效。

6. 审核员应向受审核方索阅所确定的产品和服务接收准则，包括进货检验、过程检验和成品检验规范，关注其是否充分和有效，并符合相关法规或标准的要求。

7. 审核员应通过沟通和观察，关注受审核方为实现产品和服务的符合性所配置的资源是否充分和适宜，包括人员、基础设施、运行环境、监视和测量资源等。

8. 审核员需通过沟通和后续审核，关注受审核方对生产和服务提供过程的策划安排，诸如项目质量计划、生产作业计划或生产计划、服务提供计划或服务计划等是否合理。

9. 审核员需通过沟通和后续审核，关注受审核方策划用于证实产品和服务符合要求的成文信息是否充分。

10. 审核员需通过与受审核方沟通，了解其是否存在外包过程，并记录有关外包的信息。

11. 审核员需通过与受审核方沟通，关注其是否存在对策划进行变更的情况，存在时，审核员需跟踪对策划的变更的风险的控制情况。

8.2　产品和服务的要求

8.2.1　顾客沟通

一、标准要求

与顾客沟通的内容应包括：

a) 提供有关产品和服务的信息；

b) 处理问询、合同或订单，包括更改；

c) 获取有关产品和服务的顾客反馈，包括顾客投诉；

d) 处置和控制顾客财产；

e) 关系重大时，制定应急措施的特定要求。

二、标准释义

1. 组织应确保在确定产品和服务的要求时与顾客之间能通过有效的沟通进行清楚地交流。

顾客沟通是组织与顾客之间就与顾客所关注的与产品和服务特性有关信息的传递和反馈的过程，以求对组织所提供产品和服务要求的理解达成一致和感情的通畅，沟通的价值在于可以有效和高效地解决产品和服务中存在的质量问题，而且还可以进一步融洽顾客关系。

与顾客沟通的充分性，不但可以拓展顾客群，还可以增加顾客满意。

顾客沟通过程及活动可以使顾客理解组织能够并且愿意为其提供什么，而且使组织能理解或确认顾客的需求和期望。顾客沟通过程，如图 1-5-2 所示。

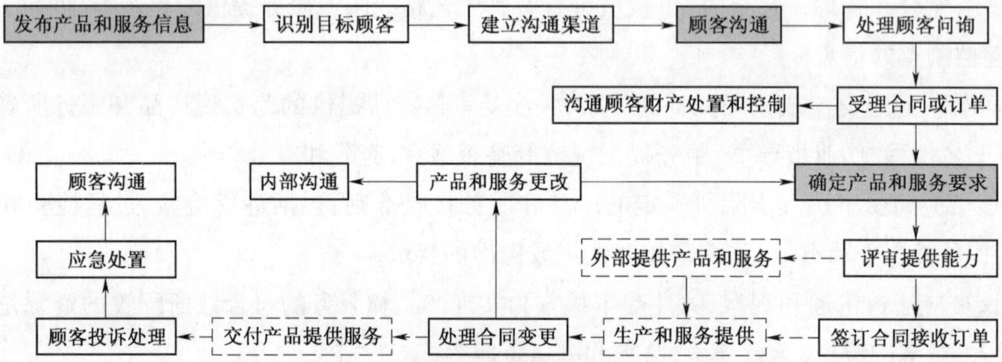

图 1-5-2　顾客沟通过程

2. 组织与顾客之间需沟通拟提供的产品和服务的细节，以便顾客知道能为其提供什么，这些信息可通过宣传单页、各种媒介或广告、展会、网站、电话或者其他适当的方式进行沟通，包括与潜在顾客和竞争对手的顾客进行沟通。

3. 组织应建立与顾客沟通的界面，告知顾客如何联系组织并提问或订购产品和服务，以及组织如何通知顾客可能发生的相关变更。

4. 组织需建立和保持适当的沟通方式，以便从顾客处获取有关问题、顾虑、投诉、与正面或者负面的反馈有关的信息。

与顾客沟通的方法包括但不局限于：直接发邮件或打电话、在线调查、顾客支持渠道、面对面会议。针对既有顾客，组织应主动或接收其对所使用的产品和服务的反馈，建立顾客投诉处理流程，高效和有效地处理顾客抱怨或投诉，减少顾客流失。

5. 适用时，组织应确保顾客知道组织是如何管理和控制顾客财产的，并按 GB/T 19001—2016/ISO 9001：2015 标准 8.5.3 条款的规定控制和处置顾客财产。

6. 如果出现紧急情况，组织需确保积极主动地与顾客沟通有关可能的问题和可以采取的应急措施，要考虑的问题是那些会对满足顾客要求产生负面或不利的影响（例如：自然灾害、天气、劳动争议、原材料短缺或缺乏备用外部供方等）的问题。

7. 顾客沟通是质量管理体系的主要要素，该要素或过程的输出也是其他要素或过程的重要输入，诸如为质量目标及其实现的策划（见 GB/T 19001—2016/ISO 9001：2015 标准 6.2 条款）、变更的策划（见 GB/T 19001—2016/ISO 9001：2015 标准 6.3 条款）、资源（见 GB/T 19001—2016/ISO 9001：2015 标准 7.1 条款）、产品和服务要求的确定（见 GB/T 19001—2016/ISO 9001：2015 标准 8.2.2 条款）、产品和服务要求的评审（见 GB/T 19001—2016/ISO 9001：2015 标准 8.2.3 条款）、产品和服务要求的更改（见 GB/T 19001—2016/ISO 9001：2015 标准 8.2.4 条款）、设计和开发输入（见 GB/T 19001—2016/ISO 9001：2015 标准 8.3.3 条款）、顾客或外部供方财产（见 GB/T 19001—2016/ISO 9001：2015 标准 8.4 条款）、交付后活动（见 GB/T 19001—2016/ISO 9001：2015 标准 8.5.5 条款）、顾客满意（见 GB/T 19001—2016/ISO 9001：2015 标准 9.1.2 条款）等提供了必要的信息。

三、审核关注点

1. 审核员需通过与受审核方相关部门或岗位人员沟通，关注其通过何种形式或渠道发布其产品和服务信息的，并了解其是否建立和保持了顾客沟通过程和程序。

2. 审核员应通过与受审核方相关部门或岗位人员沟通，关注其是否已按照 GB/T 19001—2016/ISO 9001：2015 标准 5.3 条款的规定分配了相关职责和权限，以保证其能够及时受理顾客的问询、合同或订单的签订，以及其变更的受理。审核员需了解并沟通其近期已经发生的合同或订单变更的信息。

3. 审核员宜通过与受审核方相关部门或岗位人员沟通，关注其是否建立和保持顾客投诉处理流程或程序。审核员可通过查看受审核方的顾客投诉记录等相关信息，了解其如何受理顾客投诉或接纳或获取顾客有关产品和服务的建议或反馈。

4. 当存在顾客财产时，审核员需关注受审核方是否已做到事前与顾客进行了沟通，包括处置和控制顾客财产的方式。

5. 审核员应与受审核方相关人员沟通，了解其出现紧急情况时，如何确保与顾客进行磋商有关可能的问题和可以采取的应急措施。

8.2.2　产品和服务要求的确定

一、标准要求

> 在确定向顾客提供的产品和服务的要求时，组织应确保：
>
> a）产品和服务的要求得到规定，包括：
>
> 1）适用的法律法规要求；
>
> 2）组织认为的必要要求。
>
> b）提供的产品和服务能够满足所声明的要求。

二、标准释义

1. 产品和服务要求是指与产品和服务相关的明示的、通常隐含的或必须履行的需求或期望。产品和服务要求可由不同的相关方或由组织自己提出。为实现较高的顾客满意,组织可能有必要满足顾客既没有明示,也不是通常隐含或必须履行的需求和期望。

产品和服务要求的确定的过程,如图1-5-3所示。

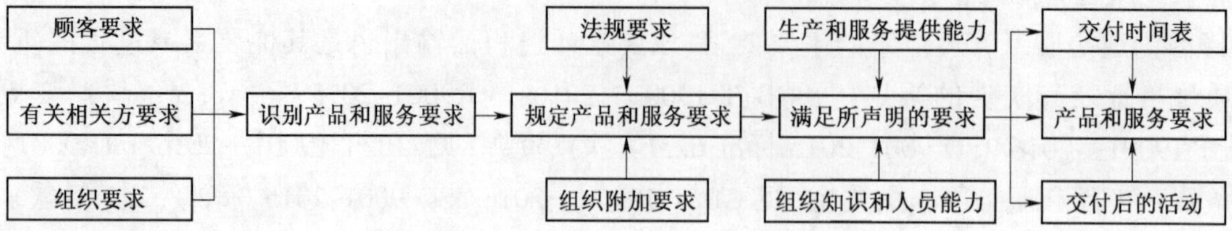

图1-5-3 确定产品和服务要求过程

2. 组织需完整地识别和确认与产品和服务有关的要求,作为规定产品和服务特性的基础。

成功的组织需要确定顾客要求和市场需求。这些内容根据组织的性质和所提供的产品和服务的类型,存在差异。例如,文具商店可提供现成的产品供顾客重复购买。市场行情是与本区域的其他供应商具有竞争关系,文具商店需要考虑如何保持现有顾客,并吸引新顾客。

特定顾客的订单需要进行更严格的市场调查,并与顾客进行多次沟通,以确定产品和服务要求,如医疗器材的制造。

3. 组织在规定产品和服务要求时,可以考虑这些通用要求:

——产品或服务的作用是什么;

——顾客的需求和期望;

——相关法律和法规要求;

——与质量方针和质量目标一致的组织认为必要的要求(例如:要求为在组织内可追溯的零件进行了编号或文件命名)。

组织需确保其所提供产品和服务能够满足所声明的要求。声明是由组织做出的有关产品和服务以及能提供给顾客的产品和服务的特点和特性的特定的承诺。例如:网络服务提供商可在其网站上做出下载速度的声明,笔记本电脑的制造商可以在其用户手册中做出电池寿命的声明,轿车制造商可以在广告中做出燃油经济性的声明,保险公司可以表明其提供24小时的理赔服务。

4. 适用时,组织应在产品和服务提供之前、之中和之后的各阶段识别和确定影响顾客满意的产品和服务要求。在进入下一个过程之前,应确定所有的相关要求,并被组织和顾客所理解。这个过程的输出将作为设计和开发过程、生产和服务提供过程的重要输入。这些要求可以包括:交货时间表、付款条件、未详细说明的顾客期望,以及交付后活动等。

5. 组织应考虑相应的风险(见GB/T 19001—2016/ISO 9001:2015标准6.1条款),在这个阶段产生的缺陷可能严重影响产品和服务的质量。

组织需要考虑以下方面引起的风险:

——与顾客沟通的全面性、及时性和有效性;

——要求的完整性、正确性和清楚性,包括法律法规要求;

——组织满足这些要求的能力,包括正常使用产品和服务时出现意外的处理能力。

6. 简单地说,组织应考虑与确定与要求相关的机会,包括以下方面:

——组织的产品和服务与竞争者产生区别的可能性；

——新的市场定位；

——增大市场份额等。

7. 根据组织的规模和复杂程度，所确定的风险和机会，成本分析，作为组织进行以下决定的基础：

——用于确定要求的工具；

——策划和记录确定其要求的过程的成文信息；

——参与人员的能力；

——提供的财务资源；

——要求的确定过程的时间表；

——与其他过程的关系；

——相关方的参与；

——检查和验证等。

8. 产品和服务的要求，可以由顾客规定，也可不由顾客规定。无论如何，组织应确保满足这些要求。当顾客没有以文字形式表达其要求时，组织应确保清楚地理解顾客的真实需求，并向顾客确认这些需求。

虽然本条款没有要求组织保留成文信息，但作为确认的证据，需要时应能够提供。

9. 当确定是否可以满足产品和服务要求时，组织应该考虑和检查这些因素：

——可用的资源，包括现有的设备能力；

——零部件或原材料的可获得性；

——支付条件；

——产能和产量；

——组织的知识；

——过程确认（如产品试验或测试、服务演示）；

——产品是否能在顾客要求的日期交付；

——未规定的顾客期望或交付后活动；

——是否需要考虑外部提供过程（见 GB/T 19001—2016/ISO 9001:2015 标准 8.4 条款）。

10. 产品和服务要求的确定是质量管理体系的重要要素，该要素或过程的输出也是其他要素或过程的重要输入，诸如为产品和服务要求的评审（见 GB/T 19001—2016/ISO 9001:2015 标准 8.2.3 条款）、产品和服务要求的更改（见 GB/T 19001—2016/ISO 9001:2015 标准 8.2.4 条款）等提供了必要的信息。

11. 组织对其向顾客所提供产品和服务的要求，应能够满足组织其所声明的要求，否则，就可能导致其质量信用的降低。若组织的产品和服务项目较多，为便于管理，可列表表述，见表 1-5-1。

表 1-5-1　产品和服务清单

产品和服务项目	规格型号	标准代号	发布时间	适用领域和范围	销售占比

三、审核关注点

1. 审核员宜与受审核方相关部门或岗位人员沟通，关注其通过何种途径确定既有产品和服务，了解其适用于既有产品和服务的法律法规包括哪些？了解受审核方是否已规定其产品和服务的附加要求。

2. 适用时，审核员应向受审核方索阅并核验与产品和服务有关的强制性认证证书、生产许可证或型式试验报告等，并形成审核记录。

3. 审核员可通过向受审核方索阅并抽查2~3份近期的合同或订单，关注其提供给顾客的产品和服务要求是否明确，是否满足合规义务和其自身的附加要求，诸如产品和服务的质量标准、交货时间、交付后活动的约定等信息。

4. 审核员可通过抽查受审核方所提供的出库或交付记录或来自顾客反馈的信息并与对应的合同或订单要求进行核对，关注其是否具备履行合同或订单的能力，以确保所其提供的产品和服务能够满足其所声明的要求。

8.2.3 产品和服务要求的评审

一、标准要求

8.2.3.1 组织应确保有能力向顾客提供满足要求的产品和服务。在承诺向顾客提供产品和服务之前，组织应对如下各项要求进行评审：

a）顾客规定的要求，包括对交付及交付后活动的要求；

b）顾客虽然没有明示，但规定的用途或已知的预期用途所必需的要求；

c）组织规定的要求；

d）适用于产品和服务的法律法规要求；

e）与以前表述不一致的合同或订单要求。

组织应确保与以前规定不一致的合同或订单要求已得到解决。

若顾客没有提供成文的要求，组织在接受顾客要求前应对顾客要求进行确认。

注：在某些情况下，如网上销售，对每一个订单进行正式的评审可能是不实际的，作为替代方法，可评审有关的产品信息，如产品目录。

8.2.3.2 适用时，组织应保留与下列方面有关的成文信息：

a）评审结果；

b）产品和服务的新要求。

二、标准释义

1. 组织应评审其对顾客做出的承诺，并有能力满足这些承诺。评审能使组织减少在运行和交付过程中的风险。

为确保顾客满意，其产品和服务的要求应涉及整个生命周期。

组织需要评审顾客订单或合同的全部内容，以确保能够理解和满足，也要考虑组织内、外部环境的分析结果，考虑与顾客满意有关的相关方的需求和期望。例如，对于功能相同的两种产品或服务，顾客倾向于使用环境影响较小的产品或服务。在这种情况下，关注社区和监管机构的需求和期望是确保顾客满意的基本条件。

2. 组织实施与产品和服务要求的评审时机应是在承诺向顾客提供产品和服务之前，评审的内容应涵盖：

(1)顾客规定的要求,包括对交付及交付后活动,如运输、用户培训、现场安装、保修、维修、顾客支持;

(2)顾客虽然没有明示,但规定的用途或已知预期用途所必需的要求,即产品和服务要求应该能够满足顾客期望(如一间宾馆的房间期望是干净的并能提供基本的设施,期望其员工都是有礼貌的且乐于提供帮助;瓶装水应该是可以安全饮用的);

(3)组织规定的要求,即组织为超越顾客期望,增强顾客满意或者符合其内部方针而选择满足的其他附加要求;

(4)是否考虑并满足了与产品和服务有关的适用法律和法规要求;

(5)与先前表述存在差异或不一致的合同或订单的要求,是否已对合同或者订单做出变更。

评审的结果能够说明组织利用既有能力,或考虑可能利用的外部供方的能力满足上述各项要求的程度。

在实施正式评审之前,如果存在与顾客以前表述的要求,包括合同或订单表述内容不一致时,组织需要与顾客沟通并解决这些差异。

如果顾客未能提供他们成文信息的要求,例如仅通过电话或者口头指令订购,则组织在提供产品和服务之前需要与顾客确认这些要求(如餐厅中订购食品的订单可以通过向顾客重复)。

3. 当组织已经确定了产品和服务的要求后,顾客的要求有可能发生变化,或是组织的内外部环境发生了变化,在这种情况下,组织应及时识别对过程的影响,并更新相关过程。以:

——确保过程的完整性;

——避免误解;

——确认其能力能够满足规定的要求,包括变更的新要求;

——确保产品和服务合格, 以及顾客满意。

4. 可以采用许多方法进行要求的评审,取决于:

——组织的复杂程度;

——行业特性;

——与产品和服务相关的关键点和风险;

——法律法规要求;

——相关方的参与;

——内外部文化因素;

——与顾客的接口和相关技术(如,网络交易的评审可能需要关注出价阶段);

——过程的重复性等。

5. 在复杂的情况下,评审可能意味着:

——使用详细的检查表;

——需要时,组织所有相关部门参加评审;

——顾客参加评审;

——其他相关方参加评审等。

在简单情况下,可以很快地完成评审,或是自动完成评审,确认结果的证据可以是在订单或合同上签字,或类似形式。

6. 组织应确保所保留的成文信息足以证明其与顾客的最终协议是一致的,并且表明要求能够得到满足:

(1)评审的结果可以以任何适宜的载体予以保留,如餐馆可以保留详述顾客想食用食物的书面或者电子订单,而在一个复杂的建筑项目可以保留一份详细的可行性分析报告;

(2)如果评审识别出了需要增加或者更改的要求，成文信息应该予以更新或者增加，以确保能获取新的要求(例如：更改订单或者解决误解的一段电子邮件谈话应该得到保留)。

7. 组织可以自行决定如何进行评审以及留下何种记录，只要能够证明决定是正当的。所保留的评审结果的成文信息，可包括产品和服务要求的变化，或针对产品和服务的新要求。

组织所需成文信息的详细程度应考虑其内、外部因素，包括：过程的复杂程度和相关风险；顾客和其他相关方的期望，适用时，包括向内外部相关方提供所需的证据。

8. 产品和服务要求的评审是质量管理体系的重要要素，该要素或过程的输出也是其他要素或过程的重要输入，诸如为运行策划和控制(见 GB/T 19001—2016/ISO 9001:2015 标准 8.1 条款)、设计和开发输入(见 GB/T 19001—2016/ISO 9001:2015 标准 8.3.3 条款)、质量目标及其实现的策划(见 GB/T 19001—2016/ISO 9001:2015 标准 6.2 条款)、变更的策划(见 GB/T 19001—2016/ISO 9001:2015 标准 6.3 条款)、资源(见 GB/T 19001—2016/ISO 9001:2015 标准 7.1 条款)等提供了必要的信息。

9. 作为资料，与产品和服务要求的评审有关的成文信息能为新的或现有的客户未来类似协议提供了一个基础。作为参考，这里给出一种格式，也许对一些组织而言是有用的，见表 1-5-2。

表 1-5-2　产品和服务要求评审表

顾客名称		
顾客要求	产品和服务项目	
	规格型号	
	数　量	
	包装要求	
	交付时间和地点	
	其他要求	
是否存在产品和服务的新要求：		
其他需评审事项		
评审时间		
评审记录		
评审结果		
参与评审人员		
记录人：	确认人：	

三、审核关注点

1. 审核员宜与受审核方相关部门或岗位人员沟通,了解其是否建立和保持产品和服务要求的评审过程和程序,以及近期所签订的合同或接收订单的概况。

2. 审核员可通过抽样调查的方式,抽查受审核方已经签订的合同或订单,或投标文件,关注其合同或订单,或投标的具体项目和时间,进而追踪与产品和服务要求的评审信息。审核员可进一步通过抽查特定合同或订单的产品和服务的具体交付(如交付时间),查看其是否满足评审时所承诺的要求。

3. 在审核过程中,审核员需关注受审核方实施与产品和服务要求的评审的时间是否在签订合同或接受订单或参加投标之前,并关注其针对口头或电话订单进行评审的适宜性。

4. 审核员需查看受审核方所签订的合同或订单,关注其评审的项目或内容是否与所抽样的合同或订单或招标文件所规定的内容相一致,并能说明满足其要求的理由。

5. 存在时,审核员需关注受审核方对合同或订单变更之前所进行的评审活动,查看并记录相关的评审信息。

8.2.4 产品和服务要求的更改

一、标准要求

> 若产品和服务要求发生更改,组织应确保相关的成文信息得到修改,并确保相关人员知道已更改的要求。

二、标准释义

1. 在过程运行中,包括在生产和服务提供过程中,可能发生产品和服务要求的变更,为避免或减少这种变更可能给组织带来的风险或损失,组织可能需要及时对过程运行准则或产品和服务接受准则进行修改或变更等,包括对资源的分配进行调整或重新分配资源等。

2. 为确保相关人员知道要求的更改,组织应该选择适宜的沟通方法并保留适当的成文信息,诸如用于沟通的电子邮件、会议纪要或者修改过的订单。组织宜对其受影响的人员是否已经确切了解和理解变更的内容进行确认。

3. 产品和服务要求的更改是质量管理体系的主要要素,该要素或过程的输出也是其他要素或过程的重要输入,诸如为运行的策划和控制(见GB/T 19001—2016/ISO 9001:2015标准8.1条款)、设计和开发更改(见GB/T 19001—2016/ISO 9001:2015标准8.3.6条款)、外部提供的过程、产品和服务的控制(见GB/T 19001—2016/ISO 9001:2015标准8.4条款)、更改控制(见GB/T 19001—2016/ISO 9001:2015标准8.5.6条款)等提供了必要的信息。

三、审核关注点

1. 审核员根据已经获得受审核方的合同或订单变更的信息内容及其影响范围,追踪其变更信息传递的方式和有效性,必要时,审核员可向其相关人员核实。

2. 审核员需查看与合同或订单变更相关的成文信息的更改是否符合GB/T 19001—2016/ISO 9001:2015标准7.5条款的要求。

8.3 产品和服务的设计和开发

8.3.1 总　则

一、标准要求

组织应建立、实施和保持适当的设计和开发过程,以确保后续的产品和服务的提供。

二、标准释义

1. 设计和开发过程

产品和服务的设计和开发是包括了运用产品和服务的理念或要求的一组过程,这些理念或要求可以来源于顾客、终端用户、监管者、组织或其他相关方。

设计和开发是指将对客体的要求转化为对其更详细的要求的一组过程。

产品和服务的设计和开发是指将与产品和服务有关的要求(诸如法定要求和规范要求,以及顾客明示或隐含的要求)转换为对其更详细的产品和(或)服务特性的一组过程(产品或服务的与众不同的特点)。

产品和服务特性通常包括,但不限于以下方面:

(1)物理的(如:机械的、电的、化学的或生物学的)特性;

(2)感官的(如:嗅觉、触觉、味觉、视觉、听觉)特性;

(3)行为的(如:礼貌、诚实、正直)特性;

(4)时间的(如:准时性、可靠性、可用性、连续性)特性;

(5)人因工效的(如:生理的特性或有关人身安全的)特性;

(6)功能的(如:飞机的最高速度)特性等。

形成设计和开发输入的要求,通常是研究的结果。与形成设计和开发输出要求相比较,可以更概括性地表达为更普通的含意。通常,这些要求由表述特性的术语来规定。对理念和要求进行处理以设计和开发能够最终规定产品和服务特性的更为详细的要求。

如果一个组织仅仅使用由顾客和终端用户提供的理念和要求,而不增加更多的细节,则就没有设计和开发活动。

大多数组织需要设计和开发由外部相关方提供的理念或要求,以便理解将采取何种措施来确保提供顾客所需的产品和服务,包括对采购、生产和服务提供,或者交付后活动的要求。因此,组织需建立、实施和保持一个设计和开发过程,以确保其产品和服务满足要求,以及哪些可以确定产品和服务的特性。

在确定质量管理体系的范围(见GB/T 19001—2016/ISO 9001:2015标准4.3条款)时,由于此范围确定了应用GB/T 19001—2016/ISO 9001:2015标准8.3的要求,组织需考虑其组织环境包括有关相关方的要求。

某些组织可能需要考虑设计和开发的所有要求,而另一些组织经与顾客沟通,可能需考虑部分要求,比如设计和开发更改。例如:一个制造系列自行车的组织,需要考虑新产品或修改产品的设计和开发要求。对于能准确地按照顾客要求来制造产品的组织,只要顾客修改设计或者沟通产品更改,就需要考虑设计和开发。

同样地,特许经营的咖啡店和一家独立的能自己对产品、装修和营销做出决策的咖啡店相比,可能需要满足更少的设计和开发要求。在某些情况下，根据质量管理体系范围，顾客或法规要求或最佳经营实践，组织可能决定将设计喝咖啡的要求运用于其运行过程。

设计和开发要求对产品和服务两者都适用。

组织应识别、评审和确定产品和服务的设计和开发需求。产品和服务的设计和开发的需求通常来自以下方面：

(1)顾客要求；

(2)组织的战略意图；

(3)市场情报和调查；

(4)服务报告；

(5)顾客反馈；

(6)新的或修改过的法定要求；

(7)过程变更；

(8)新技术；

(9)供方。

设计和开发过程，如图 1-5-4 所示。

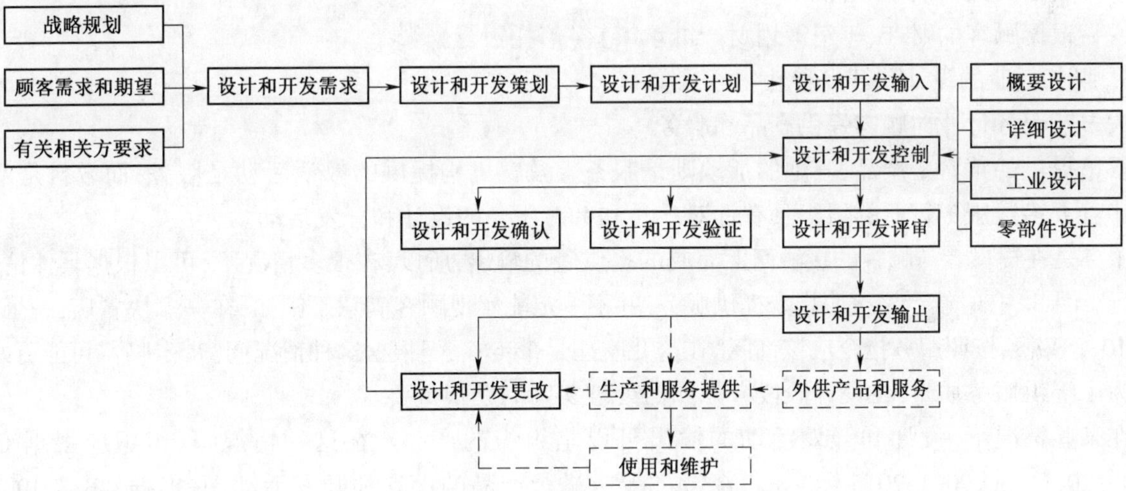

图 1-5-4　设计和开发过程

2. 设计和开发的对象

GB/T 19001—2016/ISO 9001:2015 标准 8.3 条款所规定的设计和开发的对象为产品和服务。

在制造活动中，可将产品和服务设计和开发的要求应用于生产过程的设计和开发，但需注意这并非是 GB/T 19001—2016/ISO 9001:2015 标准 8.3 条款的强制需求。对服务而言，设计和开发输出可以给出提供服务的具体方法。例如，在建造房屋时，顾客可能规定了房子的高度，房间布置，或使用的材料或颜色要求。建筑师会将这些要求纳入建筑或施工规范、施工过程阶段以及其他需实际考虑的事项之中。同样地，学生、未来的雇主以及整个社会(顾客以及相关方)对新的大学课程都会有要求，大学就需要把这些基本的一组要求开发到课程的具体计划中，并考虑知识、资源和适宜的技术或教学方法的应用。

组织应明确其产品和服务的对象和内容。例如，对于个人计算机制造商，其产品就是计算机，这就是设计和开发的对象。另一方面，如果组织是从计算机制作商采购组件进行装配，其设计开发的对象将是组件的装配方法，因为这个组织提供给顾客的是装配好的计算机。

当组织确定设计和开发的对象时，应着重考虑顾客从产品和服务中所获得的价值。

3. 设计和开发活动

确定了设计和开发的对象之后,接下来需要识别符合要求的活动。

如果组织仅根据顾客要求的信息就可以开始生产和服务提供过程,就不存在设计和开发活动。在这种情况下,组织需要分析现有状态,以免忽略了真正需要做的工作。例如,在房屋建筑行业,顾客要求可能是多种多样的,如楼层的数量,卫生间的数量,起居室的大小,墙壁的颜色以及所用的材料等等。组织建造一个房子仅需要这些信息吗? 当具备资质的建筑师按照建筑法规制定了详细计划,将识别需要什么材料、多少天、多少建造工人等等。然后才能开始建造房子。因此,可以说,设计和开发活动是确定如何实现要求的方法。

4. 服务行业的设计和开发

在服务行业,"设计"这个词是个不被人们所熟悉或相对陌生的概念。适当地控制其服务的设计和开发活动对于保持和改进服务质量是很重要的。例如,在医疗服务行业,实现患者的要求可能只是"治愈我的病"。当医疗服务包括应用适当的技术和资源提供咨询时,则需要进行设计和开发活动。以下是服务行业的设计和开发例子:

——为讲师制定指南(教育机构);

——策划顾客服务手册(餐厅、饭店等);

——制定房间清洁程序(酒店);

——根据顾客的财产、年纪策划财产继承事宜(信托银行)等。

5. 服务行业的设计和开发特性

大多数服务行业向顾客提供产品和服务。

餐馆提供的菜肴是产品,其他的活动则是服务。教育机构提供的教学活动是服务,而教材是产品。这意味着大多数服务行业的组织具有针对产品和针对服务的设计和开发活动。

服务是在提供者与顾客的接触面上完成的提供者的输出,所以,在很多情况下,可以根据具体情形灵活进行。因此,有时候严格按照指令提供服务,并不一定能实现顾客满意。例如,在一家快餐店,一个顾客要买10个汉堡,按照服务指令应该询问"在这儿吃还是带走?",但根据这种情况问"带走吗?"可能更好。

为了提供服务质量,在设计阶段考虑如何处理实际问题很重要。

在某些情况下,设计和开发活动的输出可以是组织的产品。在这种情况下,组织应根据GB/T 19001—2016/ISO 9001:2015标准8.3条款的要求进行产品的设计和开发活动,并根据GB/T 19001—2016/ISO 9001:2015标准8.5条款的要求控制这些活动。

6. 设计和开发适用范围

设计和开发是制定产品和服务规范的组织的整体活动,是规定达到要求的方法。

在服务行业,规定服务过程、确定岗位职责以及安排岗位人员等等都属于设计和开发活动。

一些组织可能没有产品和服务的设计开发项目,但需要更改以前的设计和开发结果,以满足不同的顾客要求。例如:顾客要求裁缝在以前的衣服上增加一片织物;一家小商店有气动离合器的规范,顾客要求予以更改,以适合定制离合器的要求;设计和开发并提供给顾客有关管理股票组合的财务咨询组织、某家自己开发课程的教育组织等均存在设计和开发活动。

也许一些组织不存在设计和开发活动,例如"组织的产品和服务的详细要求已经确定",这种情况出现在提供传统工艺的组织中。另一个例子是"组织的产品和服务的详细要求已经由顾客或其他相关方确定",如OEM(贴牌生产)。还有一些组织所输出的产品是其若干年以前所开发的,其后也没有再次进行和开发更改的需求。

7. 产品和服务的设计和开发是质量管理体系中的关键要素,该要素或过程的输出也是其他要素或过程的重要输入,诸如为确定质量管理体系范围(见GB/T 19001—2016/ISO 9001:2015标准4.3条款)、质量目标及其实现的策划(见 GB/T 19001—2016/ISO 9001:2015 标准 6.2 条款)、资源(见 GB/T 19001—2016/ISO 9001:2015 标准 7.1 条款)、能力(见 GB/T 19001—2016/ISO 9001:2015 标准 7.2 条款)、沟通(见 GB/T 19001—2016/ISO 9001:2015 标准 7.4 条款)、产品和服务要求的确定(见 GB/T 19001—2016/ISO 9001:2015 标准 8.2.2 条款)、运行策划和控制(见 GB/T 19001—2016/ISO 9001:2015 标准 8.1 条款)、外部提供的过程、产品和服务的控制(见 GB/T 19001—2016/ISO 9001:2015 标准 8.4 条款)、生产和服务提供(见 GB/T 19001—2016/ISO 9001:2015 标准 8.5 条款)、产品和服务放行(见 GB/T 19001—2016/ISO 9001:2015 标准 8.6 条款)等提供了必要的信息。

三、审核关注点

1. 审核员宜通过与受审核方相关部门或岗位人员沟通和查阅资料,关注其是否已建立、实施和保持适当的设计和开发过程及程序。

2. 审核员需通过与受审核方沟通和交流,了解其产品和服务的设计和开发的对象和范围。针对生产型组织,除需关注其产品的设计和开发外,还应关注其与交付和交付后活动有关的服务的设计和开发。针对服务型组织,除需关注其服务的设计和开发外,还应关注其相关产品的设计和开发。

3. 审核员宜与受审核方相关部门或岗位人员沟通,了解其近期所开展的产品和服务的设计和开发项目的总体概况。

4. 审核员宜与受审核方相关部门或岗位人员沟通,了解其产品和服务的设计和开发需求来源,以及受审核方是否对满足其需求的能力实施评审的信息,包括对启动产品和服务的设计和开发项目的风险评估和应对措施。

5. 适用时,审核员宜了解其受审核方已完成的设计和开发项目、正在策划的设计和开发项目,以及正在实施的设计和开发项目的具体情况,以便在后续审核中选择适宜的样本,从而能够审核其产品和服务的设计和开发的所有阶段。

8.3.2　设计和开发策划

一、标准要求

在确定设计和开发的各个阶段和控制时,组织应考虑:

a)设计和开发活动的性质、持续时间和复杂程度;

b)所需的过程阶段,包括适用的设计和开发评审;

c)所需的设计和开发验证、确认活动;

d)设计和开发过程涉及的职责和权限;

e)产品和服务的设计和开发所需的内部、外部资源;

f)设计和开发过程参与人员之间接口的控制需求;

g)顾客及使用者参与设计和开发过程的需求;

h)对后续产品和服务提供的要求;

i)顾客和其他有关相关方所期望的对设计和开发过程的控制水平;

j)证实已经满足设计和开发要求所需的成文信息。

二、标准释义

1. 设计和开发策划是指组织致力于制定产品和服务的设计和开发目标,并规定必要的设计和开发步骤与活动，及相关资源以实现其设计和开发目标的过程。

实施设计和开发策划的输出是为创建特定项目的任务和活动制定有关的计划。这个计划应该包括可能对策划的活动绩效、所需资源、分工和职责的明确规定等产生影响的限制和风险细节。

2. 在实施设计和开发策划时，组织需考虑设计和开发活动的性质、持续时间和复杂程度。

针对新的产品和服务进行全新设计和开发，或是针对已有的产品和服务进行设计和开发的更改，其设计和开发活动的性质有所不同。设计和开发活动的持续时间取决于顾客要求的交付时间。

3. 组织在进行设计和开发策划时，需统筹考虑实现特定项目的设计和开发的目标所必要的阶段，应考虑包括适用的设计和开发评审（例如：初步设计或详细设计时的评审）以及验证（如是否将所有尺寸在技术图纸上标注出来，并确保所标注的尺寸是正确的）和确认（可包括试生产或服务测试）。

设计和开发的复杂程度取决于零部件的数量或所用的材料（化学品、金属、木质、塑料等）。

在大多数情况下，产品和服务的设计和开发过程具体划分为几个阶段，取决于其拟设计和开发的产品和服务的项目的复杂程度（规模或细节或者预期的持续时间以及服务范围等物理因素）。例如确定产品的组成组件、使用的验证技术、确定所需的材料、确定设计计划、制作试件等等。

4. 规定设计和开发的评审，确保输出满足输入要求，以及最终产品和服务满足规定使用要求或预期用途要求所需的验证和确认活动。

作为要求的一部分，组织也应策划如何进行设计和开发的评审、验证和确认活动，并保留成文信息。虽然设计和开发评审、验证、确认的目的有所不同，也可以考虑合并进行。

设计和开发评审是指对产品和服务的设计和开发所有适用阶段的各项活动实现所规定目标的适宜性、充分性或有效性的确定。

设计和开发验证是通过提供客观证据对规定要求已得到满足的认定。

设计和开发确认是指通过提供客观证据对特定的预期用途或应用要求已得到满足的认定。

设计和开发验证和确认所需的客观证据可以是检验结果或其他形式的确定结果，如：变换方法进行计算或文件评审。

在很多情况下，同样的活动可以实现这三种要求，例如，样机测试和测试结果的评价就可以满足这三种要求。

图1-5-5表明了设计和开发评审、验证、确认之间的关系。

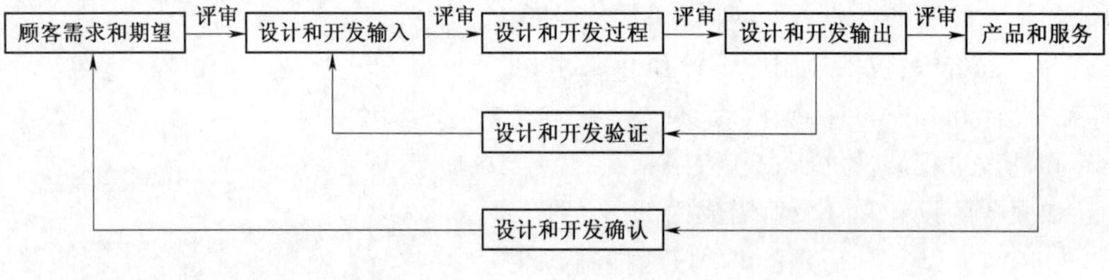

图1-5-5　设计和开发评审、验证和确认关系

组织可以在设计和开发的任何阶段进行评审。对于相对简单的设计和开发，一次评审就足够了。对于复杂的设计和开发，可能需要若干次评审。对于软件的设计和开发，需要频繁地进行多次评审，包括与顾客商讨。对于简单的采暖通风空调系统，可能仅需要一次评审，并作为设计和开发的一部分完成。

在确定设计和开发评审次数时，组织应考虑：

（1）设计和开发是否存在明显、自然的阶段划分？

（2）如果存在错误，但在后面的阶段才能检测出来，会出现什么后果？

(3)需要采取什么措施？设计和开发的时间进度是什么？

5. 组织应分配和确定与设计和开发过程有关的职责与权限，明确需要做什么和谁来做。组织应确定针对具体的产品和服务的设计和开发阶段的活动内容，明确谁去做，向其分配具体的设计和开发的职责和权限。

6. 组织应确定产品和服务的设计和开发所需的内部和外部资源，包括组织的知识、各领域的设计人才、能力要求、各种设计软件、设计和开发用电子设备、技术、型式试验设备、顾客或供方支持、临时工、提供技术信息的规范或标准等。这些资源可能来自于组织内部，也可能来自组织外部。

7. 坚持必要的沟通，提高设计和开发效率和质量。

在策划阶段，组织需考虑规定参与设计和开发过程的各方之间的沟通。在确定沟通方式时，组织要考虑参与的人员数量以及共享信息最有效的方式。

在大型组织中，可能有很多人员和部门参与设计和开发过程，因此，控制关系和沟通非常重要。

可能大多数小型组织不会遇到这种情形。但是，即使一个人承担设计和开发，也存在与其他部门的关系和沟通，包括与顾客、生产人员、采购人员、监管机构，以及外部供方的沟通等，通过沟通来确保拟设计和开发的产品和服务可制造和原料的可获得。

沟通的方式包括会议、通信或信息的传递与反馈。

8. 应考虑满足后续产品和服务提供的要求。组织在进行设计和开发策划时，应考虑为满足后续产品和服务提供的需要所应该输出的信息内容，诸如材料采购标准、生产过程中所使用的工卡模具、标准件清单，以及有关产品的包装和防护要求等。为了实现后续产品和服务提供，组织还应按照GB/T 19001—2016/ISO 9001:2015标准8.1条款的要求建立过程的运行准则，包括所需的作业指导书、工艺规程，以及服务提供规范等。

9. 关注顾客和其他相关方期望的设计和开发过程的控制水平，组织需考虑如果要使相同产品和服务重复获得订单，需要实现怎样的设计和开发控制水平，并进一步改善什么。

组织在进行产品和服务的设计和开发策划时，应考虑到设计和开发过程中顾客和用户可能的参与(例如顾客调研或消费者监视)，以及由顾客或其他相关方对过程实施的预期控制水平(例如对医疗器械或飞机的安全检查)。

在顾客或者终端用户没有确定明示的控制要求的地方，组织应该确定哪些控制是必需的，同时要考虑产品和服务的性质。

当组织内部资源不足时，可以寻找适宜的外部资源，或将设计和开发的部分过程外包。

10. 在实施设计和开发策划时，组织需确认宜保留哪些可证实满足其设计和开发要求，以及在评审、验证和确认阶段适当执行过程的客观证据，例如：项目计划、会议纪要、完成的措施项目、试验报告、评审或验证的记录、图纸、作业指导书，或过程流程图等。

需要保留客观证据以证明适时进行了设计和开发的评审、验证和确认。

如果设计和开发要求已得到满足并且过程能够适当地实施(如果设计和开发活动产生了非预期的输出，详述这些活动的成文信息能帮助识别原因。当设计和开发过程是成功的，得到的产品和服务基本达到预期，成文信息会对未来活动提供信息，以确保一致性)，保留的成文信息则可作为组织的知识，成为未来的良好示例。

组织需要确定设计和开发的关键点，如果在相关部门沟通这些关键点。设计和开发的记录很重要，可以表明进行过程和评审结论。

11. 随着设计和开发活动的进展，有可能需要更改策划。对于类似的设计和开发，策划的进展步骤也是一个重要的反馈信息。

简单产品和服务的设计和开发的策划不需要很复杂，可能是简单的流程图，表明进行的步骤即可。

12. 设计和开发策划是质量管理体系的重要要素，该要素或过程的输出也是其他要素或过程的重要输入，诸如为资源（见 GB/T 19001—2016/ISO 9001：2015 标准 7.1 条款）、能力（见 GB/T 19001—2016/ISO 9001：2015 标准 7.2 条款）、沟通（见 GB/T 19001—2016/ISO 9001：2015 标准 7.4 条款）、设计和开发输入（见 GB/T 19001—2016/ISO 9001：2015 标准 8.3.3 条款）、设计和开发控制（见 GB/T 19001—2016/ISO 9001：2015 标准 8.3.4 条款）、设计和开发输出（见 GB/T 19001—2016/ISO 9001：2015 标准 8.3.5 条款）等提供了必要的信息。

13. 表 1-5-3 对一些组织而言，可能是一个规范设计和开发策划输出的有效工具，可供参考。

表 1-5-3　产品和服务项目设计和开发计划

设计和开发项目						
设计和开发目标				设计和开发周期		
设计和开发安排						
设计和开发阶段	阶段内容和要求	输出文档	绩效目标	所需资源	完成时间	担当者
备注：						
编制：		审批：		时间：		

三、审核关注点

1. 审核员宜通过与受审核方相关部门或岗位人员沟通和交流，关注其近期所开展的产品和服务的设计和开发项目，包括设计和开发更改活动的信息。

2. 审核员宜通过与受审核方沟通，了解其是否建立和保持设计和开发策划的过程或程序。

3. 在对受审核方特定项目的设计和开发策划审核时，审核员需关注、收集和记录以下信息：

（1）有关设计和开发项目的性质，复杂程度和所需的设计和开发周期；

（2）所确定主要里程碑和时间表，包括具体设计和开发阶段的划分和完成时间；

（3）设计和开发职责的分配，包括不同的设计和开发阶段的职责和权限；

（4）资源的配置，包括需要哪些资源和能力；

（5）是否存在将设计和开发的某些过程外包；

（6）是否充分考虑和体现了顾客要求，包括有关相关方的要求；

（7）在哪几个阶段规定了设计和开发评审、验证和确认活动，是否明确了评审、验证和确认活动的具体方式，包括顾客和使用者参与评审、验证或确认的要求；

（8）承担设计和开发活动不同小组之间的接口规定，包括识别和管理。

4. 需要时，审核员可通过与受审核方相关人员交流，包括项目负责人、设计人员、验证人员（校准、审查、核定），进一步查证其职责、权限是否明确，是否具备相应的能力。

5. 审核员需通过与受审核方沟通和查阅相关策划文件，关注其是否充分考虑到为实现后续的生产和服务提供过程所需的设计和开发不同阶段的输出要求。

6. 审核员需关注受审核方针对特定的设计和开发项目，是否考虑和规定了证实已经满足设计和开发要求所需的成文信息的要求。

7. 审核员需通过与受审核方相关部门或岗位人员沟通和观察,关注其设计和开发计划的实施和有效性是否得到监视。

8. 审核员需过查阅受审核方的资料、沟通及观察,关注其设计和开发计划是否随着特定项目的设计和开发活动的进展,对设计和开发策划进行必要的调整或更新。必要时,审核员需关注其是否已将变更后的设计和开发计划传达至所有相关职能或人员。

8.3.3 设计和开发输入

一、标准要求

> 组织应针对所设计和开发的具体类型的产品和服务,确定必需的要求。组织应考虑:
>
> a)功能和性能要求;
>
> b)来源于以前类似设计和开发活动的信息;
>
> c)法律法规要求;
>
> d)组织承诺实施的标准或行业规范;
>
> e)由产品和服务性质所导致的潜在的失效后果。
>
> 针对设计和开发的目的,输入应是充分和适宜的,且应完整、清楚。
>
> 相互矛盾的设计和开发输入应得到解决。
>
> 组织应保留有关设计和开发输入的成文信息。

二、标准释义

1. 设计和开发策划的主要活动内容之一是确定特定产品和服务项目的设计和开发输入。在很多情况下,设计和开发输入的充分性和输入的质量水平严重制约或影响着设计和开发的输出质量。

设计和开发输入的要求应清楚、完整并与所确定的产品和服务的特性的要求相一致,包括:

(1)由顾客、市场需求或组织确定的功能(产品在使用条件下的作用)和性能(产品达到功能应具备的特性)要求,例如:一台设备必要的寿命周期,或提供定量光照的台灯,或提供定量时间的服务,或能以安全的方式运行一台机器,或道路上的交通流量;

(2)源自以往类似设计和开发的信息,可用于增强有效性并能使组织培养良好实践或者避免错误的项目文件、图纸、规范,或经验教训,以及产品和服务设计与开发守则等;

(3)与产品或服务(如安全法,食品卫生法)或与产品生产和服务提供(例如:对最终产品中部分化学品的搬运,运输或其他交付机制,提供卫生服务时需戴手套,对于餐厅的卫生要求)直接相关的法律法规要求;

(4)组织自愿承诺实施的标准或者行业规范(例如行业规范、健康和安全标准);

(5)因产品和服务的性质导致失效的潜在影响。产品和服务失效可能大到给顾客带来生命危险(例如在一事件中对道路安全策划不佳导致事故),小到可能导致丧失顾客满意的问题(油墨不稳定导致织物褪色或者掉色)之间变动。

2. 设计和开发的输入主要考虑的是顾客要求,这些要求可能没有清晰地陈述。了解顾客未表述的期望非常重要,可能是设计和开发的关键点。评审可能导致考虑附加的信息。例如:

——生产和服务提供的信息;

——维修和检查的信息;

——有关供方的信息；

——设计准则(包括包装)；

——技术准则。

3. 组织应检查这些输入是否存在矛盾之处。当设计和开发输入要求存在矛盾或难于应对或难于实现的地方,组织应该实施活动来解决这些问题。例如确定是优先增强性能还是环境友好。

4. 组织应保留有关设计输入的成文信息,如文件、记录或其他客观证据,用于以后的验证活动。组织可保留一份与设计和开发输入信息有关的清单,便于组织识别设计和开发输入的充分性。

5. 设计和开发输入是质量管理体系的关键要素,该要素或过程的输出也是其他要素或过程的重要输入,诸如为设计和开发控制(见 GB/T 19001—2016/ISO 9001:2015 标准 8.3.4 条款)、设计和开发输出(见 GB/T 19001—2016/ISO 9001:2015 标准 8.3.5 条款)等提供了必要的信息。

6. 在这里,我们给出一个参考表单,供相关组织选用,见表 1-5-4。

表 1-5-4 设计和开发输入清单

产品和服务项目			
设计和开发输入信息			
功能和性能要求：			
标准和规范：			
适用法律法规：			
类似设计和开发：			
失效模式分析：			
设计和开发规范：			
生产和服务提供条件：			
其他方面：			
评审意见：			
项目负责人：	评审人员：	审批：	时间：

三、审核关注点

1. 审核员需通过向受审核方索阅其特定项目的设计和开发输入的成文信息,关注其针对产品和服务的特定项目的使用场所、功能和性能要求的规定是否清晰,是否充分考虑满足顾客的要求和期望,查证其输入是否充分和有效。

2. 审核员需通过调阅受审核方的相关资料和交流,关注受审核方针对特定产品和服务项目有关功能和性能方面的更多细节性的要求是否充分,诸如产品耗能、免维护、色彩和艺术性,以增加产品和服务的魅力质量。

3. 审核员需通过查阅受审核方特定项目的设计和开发输入文档信息资料的方式，关注其是否识别和确定了与产品和服务的特定项目有关的适用的法律和法规要求，以及国家标准、行业标准或其他先进标准或规范的要求，而非泛泛地提及这些要求。

4. 在审核过程中，审核员需通过查阅受审核方特定项目的产品和服务的设计和开发输入的文档信息，关注其设计和开发输入是否包含与产品和服务的潜在的失效模式分析结果。

5. 审核员需通过查阅受审核方设计和开发输入相关文档信息的方式，关注其在确定特定项目的设计和开发输入时，是否识别和确定与产品和服务有关的财务、环境和职业健康安全等因素。

6. 在审核过程中，如果发现受审核方针对特定项目的产品和服务的设计和开发的某些相关输入未能得到充分考虑，审核员宜评价其受审核方由此导致的风险及其影响，包括可能对顾客满意所产生的影响。

7. 审核员需通过查阅受审核方文档信息的方式，关注其所保留有关设计和开发输入的成文信息是否充分和有效。

8.3.4 设计和开发控制

一、标准要求

组织应对设计和开发过程进行控制，以确保：

a) 规定拟获得的结果；

b) 实施评审活动，以评价设计和开发的结果满足要求的能力；

c) 实施验证活动，以确保设计和开发输出满足输入的要求；

d) 实施确认活动，以确保形成的产品和服务能够满足规定的使用要求或预期用途；

e) 针对评审、验证和确认过程中确定的问题采取必要措施；

f) 保留这些活动的成文信息。

注：设计和开发的评审、验证和确认具有不同的目的。根据组织的产品和服务的具体情况，可单独或以任意组合的方式进行。

二、标准释义

1. 实施设计和开发控制的目的是为确保组织的产品和服务的设计和开发活动的输出满足其设计和开发的输入要求提供保证。在确定设计和开发输入之后，组织就应根据设计和开发策划的安排实施设计和开发活动，并实施控制以确保过程有效。

组织应按照 GB/T 19001—2016/ISO 9001：2015 标准 8.3.2 条款所确定的设计和开发策划的要求，实施设计和开发及其控制活动。组织应通过开展评审、验证和确认等活动，以确保清晰规定了过程的最终输出，并确保对设计和开发过程质量的控制起重要作用的设计评审、验证和确认活动得到有效实施。

设计和开发的评审、验证和确认具有不同的目的。组织可根据其产品和服务的设计和开发控制的具体情况，可以单独或以任意组合的方式进行。

2. 通常，追求产品和服务的性能，但却时常会偏离用户的真正要求，如用户友好等。因此，组织实施对设计和开发的控制很重要，所有参加设计和开发活动的人员应知道并充分理解顾客以及终端用户的要求以及预期最终输出。例如在策划增强产品性能过程中，需要考虑偏离这些要求诸如有违易用性的因素。

3. 组织应通过正式检查设计和开发策划阶段,以及设计和开发过程各个阶段的输出是否适当,以确认他们满足输入要求。设计和开发评审是对所策划的设计和开发阶段以及每个阶段的输出的正式检查,以确是否能够满足输入的要求,以及其他要求,并识别问题,找到解决问题的方案,这点至关重要。

除了设计和开发人员本身,评审可能也包括其他人员。评审人员可能包括组织内部和外部,如顾客、供方等。未参与设计和开发过程的其他特定阶段的人员可以参与对其评审,包括那些参与产品生产和服务的人员,相关的顾客、终端用户和外部供方的人员。

如果评审发现了问题,组织需要确定所采取的措施,以解决问题。其措施的实施效果应是下次评审的内容之一。复杂的设计和开发可能需要正式的会议评审,并保留其会议纪要作为评审的证实。简单的设计和开发仅需进行简单的评审,其评审的记录可包括在计划中用符号标出评审已由评审者实施、签字或更新。这里给出设计和开发评审的格式,供相关组织参考,见表1-5-5。

表1-5-5　设计和开发评审记录

<table>
<tr><td>产品和服务项目</td><td colspan="3"></td><td>规格型号(类别)</td><td></td></tr>
<tr><td>评审对象</td><td></td><td>评审方式</td><td></td><td>评审时间</td><td></td></tr>
<tr><td colspan="6">评审内容:</td></tr>
<tr><td colspan="6">评审结果:</td></tr>
<tr><td colspan="6">措施意见:</td></tr>
<tr><td colspan="6">参加评审人员:</td></tr>
<tr><td colspan="6">记录人:　　　　　　审批:</td></tr>
</table>

4. 实施验证检查,以确保满足在设计和开发过程初期识别的所有要求。对于大型项目而言,这一过程可以分配到每个阶段或关键阶段结束时实施验证。验证活动可以包括:

——变换方式进行计算;

——将新设计与已证实的类似设计进行比较;

——进行试验和演示;

——发布前检查设计阶段文件。

组织应确定验证方法的适用性和有效性。有时,监管机构会规定验证方法。如果验证表明输出不能满足输入的规定,组织需要采取措施。该措施的有效性将是下阶段评审的内容之一。如果顾客订单中有所规定,验证过程应由顾客参与。

设计和开发的策划应确定所使用的验证方法,包括执行人,如何验证以及所需保留的成文信息。这里给出设计和开发验证的格式,供相关组织参考,见表 1-5-6。

表 1-5-6　设计和开发验证记录

产品和服务项目			规格型号(类别)		
验证对象		验证方式		验证时间	
验证内容：					
验证结果：					
措施意见：					
验证人员：					
记录人：	审批：				

5. 通过实施确认检查,提供对特定的预期用途或应用要求已得到满足的认定的客观证据,以确保最终的产品和服务在预期使用或应用环境下能够符合顾客或终端用户的要求。

设计和开发的确认方法宜作为设计和开发策划过程的一部分而予以规定,尽管在设计和开发实现期间这些可能会予以修改。确认方法可能包括：

——营销试用;

——运行测试或试验;

——预期用户条件下的模拟和测试或试验;

——局部模拟测试(如试验一幢建筑抗震能力);

——提供反馈的终端用户测试(如软件项目)。

评审、验证和确认可能在一个过程中得以完成。如果验证发生在评审过程中,或者验证和确认同时完成,则无需重复这些活动。如果确认表明最终的产品和服务不能满足规定的要求,组织需要采取措施。则该措施的有效性将是下阶段评审的内容之一,包括对已经的输出进行必要的修改,并再次进行评审、验证和确认，直至满足设计和开发目标。

确认可以包括采用市场体验或运行测试。确认是设计和开发过程的最后阶段，也是避免产生不可接受的产品和服务而造成财务损失的重要机会。验证和确认的结果应反馈至每个设计和开发阶段，并推动改进产品和服务，甚至更新换代产品和服务。

对于很多产品和服务而言，确认可以是一个相对简单的过程。例如，对于新的办公家具的设计和开发，可以通过样品测试进行确认，包括对初始成品（样品）采用试销售的方式进行设计和开发确认。

在很多情况下，设计和开发确认可能很复杂，例如，用于电力或电子系统的产品或者元件可能必须符合由其他系统的设计组织制定的若干个性能要求，在这种情况下，设计和开发确认仅可以从这些系统的设计组织，或产品或元件的用户处，获得有关产品或元件的信息（最好是正式的试验结果）。

当确认不能在交付前或实施前进行时，组织宜确保这些活动尽快得到实施。例如：当一个复杂的机器进行装车试验时，组织需将有关要求传达给用户，由用户通过装车试验进行设计和开发的确认。

对于其他类型的设计和开发，在实际情况发生之前，很难实现全部性能的确认。极端的例子是建筑物的抗震性。而地震或许是百年难一遇的。在某些情况下，评审、验证和确认可以一起进行。

在某些复杂的情况下，组织将需要寻求与有关相关方，就如何进行设计和开发确认及如何沟通和分享结果达成协议。在这种情况下，为了以这种形式完成设计和开发确认，提供宜包含在组织的设计和开发策划中。

在某些情况下，产品和服务就是设计和开发本身，确认是复杂的，例如设计人员的输出或设计咨询。在这种情况下，如果顾客接受了草图、模型或最终产品和服务的虚拟再现，即证明符合要求，这也是确认。顾客进行确认，并将结果反馈给设计人员，也是可以接受的。这里给出设计和开发确认的格式，供相关组织参考，见表1-5-7。

表1-5-7　设计和开发确认记录

<table>
<tr><td>产品和服务项目</td><td colspan="2"></td><td>规格型号(类别)</td><td colspan="2"></td></tr>
<tr><td>确认方式</td><td colspan="3"></td><td>确认时间</td><td></td></tr>
<tr><td colspan="6">确认项目和要求：</td></tr>
<tr><td colspan="6">确认结果：</td></tr>
<tr><td colspan="6">措施意见：</td></tr>
<tr><td colspan="6">确认人员：</td></tr>
<tr><td colspan="6">记录人：　　　　审批：</td></tr>
</table>

6. 组织应该保留评审、验证和确认活动中的成文信息，作为设计和开发活动已按策划的安排实施的证据。

7. 设计和开发控制是质量管理体系的关键要素，该要素或过程的输出也是其他要素或过程的重要输入，诸如为确定设计和开发输出（见 GB/T 19001—2016/ISO 9001:2015 标准 8.3.5 条款）等提供了必要的信息。

三、审核关注点

1. 审核员可通过与受审核方参与特定项目的产品和服务的设计和开发人员沟通或交流，关注他们是否清晰知道所从事的设计和开发活动拟获得的结果，或已经获得的结果包括哪些。

2. 审核员需关注受审核方是否已按照设计和开发策划的安排开展的设计和开发的评审、验证和确认活动。审核员可通过查看受审核方有关评审、验证和确认活动的信息，并结合自身所掌握的专业知识，判断其受审核方所实施的设计和开发评审、验证和确认活动是否合理、充分和有效。

3. 审核员宜通过查阅资料和沟通的方式，验证受审核方是否按照设计和开发策划的安排在整个设计和开发过程的适当阶段进行了设计和开发评审，包括：

(1)评审是否由与各个阶段有关的职能部门代表或人员参与，且以一种系统地方式进行；

(2)评审时，所有最初的以及新的输入是否已经考虑在内；

(3)最初的输出是否仍旧相关或者已修改的输出是否予以了标识；

(4)已经修改的输入是否经过评审并得到有关授权人员的批准；

(5)输出是否证实了设计和开发的产品和服务的适宜性、充分性和有效性；

(6)相关的设计和开发目标是否已实现；

(7)所保留的设计和开发评审记录是否充分。

4. 审核员宜通过查阅资料、沟通和观察的方式，对受审核方设计和开发验证的活动实施审核，以获得以下方面的证据：

(1)在设计和开发期间，所策划的验证得到实施；

(2)已完成的设计或开发可以接受且结果与最初的要求时一致的，且能追溯到最初的要求；

(3)已完成的设计和开发是按照事件、输入、输出、接口、逻辑流程等正确的顺序进行实施的结果；

(4)设计和开发提供安全性，可靠性以及符合设计和开发输入的其他要求；

(5)有证据证实当措施完成时，已经记录了验证结果以及进一步的措施。

适用时，审核员宜确定只有经验证过的设计和开发输出才可以提交后续阶段。

5. 在对受审核方设计和开发确认进行审核时，审核员宜关注：

(1)已经按照策划的安排进行了确认；

(2)有记录证实已经进行了确认；

(3)确认表明最终产品或服务能满足规定的使用要求或预期用途的要求；

(4)如可行，确认宜在交付或者实施前已经进行；

(5)对确认不能满足要求的，是否进行了原因分析，采取了必要措施，并保留了相应的记录。

审核员宜关注受审核方提交给顾客的设计和开发输出是否经过确认并满足预期要求或使用要求。

6. 审核员需关注受审核方针对评审、验证和确认过程中确定的问题采取了哪些必要措施，且这些措施是否有效。

8.3.5 设计和开发输出

一、标准要求

组织应确保设计和开发输出：

a)满足输入的要求；

b)满足后续产品和服务提供过程的需要；

c)包含或引用监视和测量的要求，适当时，包括接收准则；

d)规定产品和服务特性，这些特性对于预期目的、安全和正常提供是必需的。

组织应保留有关设计和开发输出的成文信息。

二、标准释义

1. 设计和开发的输出因设计和开发过程的性质，以及所要求的产品和服务不同而存在差异。

设计和开发输出将成为后续产品生产和服务提供过程的关键输入。

设计和开发输出应为提供预期产品和服务所需的所有过程(包括采购、生产和交付后的活动)提供必要的信息。

2. 组织应确保设计和开发的输出结果满足预期要求，这些输出应该：

(1)说明将如何满足输入要求(见 GB/T 19001—2016/ISO 9001:2015 标准 8.3.3 条款的 a 至 e)；

(2)考虑到由谁将在何种环境条件下使用每个输出，确保对于产品和服务提供的后续过程是充分的，并确保所需的过程能够实施；

(3)提供有关监视和测量要求的明确信息，包括产品和服务的接收准则，任何由外部提供的过程、产品和服务，以及产品和服务的放行等细节；

(4)给出对于实现预期目的、保证安全和正确提供(使用)产品和服务所必需的产品和服务特性的重要信息，以确保产品生产或者服务提供能以安全和适宜的方式进行，以及详细描述产品或服务如何使用(例如有关药品服用、食物储存或者如何清洁产品等的说明)的文档或成文信息。

在某些情况下，设计和开发输出可能就是组织的产品，例如：建筑设计师、产品设计工程师、平面设计师的设计和开发活动。此时，这些组织可能需要统筹考虑如何同时满足 GB/T 19001—2016/ISO 9001:2015 标准的 8.1、8.3 和 8.5.1 条款的需求。

3. 设计和开发的输出形式可以是：

——工程的设计和开发输出通常包括建造计划、图纸，以及技术计算(如强度、抗震)的算式；

——产品的设计和开发输出可能包括图纸、产品规范(包括防护的细节)、材料规范、测试或试验要求、过程规范或技术条件、有关必要的生产设备的细节；

——服装的设计和开发输出是草图和材料使用的说明书；

——艺术品设计和开发输出是用于展示的详细布置图；

——食品或餐饮的设计和开发输出可以是菜单、食谱或配方、烹调方法、服务手册；

——广告公司的设计和开发输出可以是市场营销的方案或计划。

4. 相对于产品和服务的主体部分，还应考虑对于产品和服务提供的后续过程是充分的，相关的设计和开发的输出可能是：

——产品的保存，如包装标准；

——采购规范，或采购产品和服务的特性要求；

——生产过程所使用的设备和工艺方法；

——或服务提供规范等。

5. 针对某一产品和服务项目的设计和开发输出可能需要规定在生产和服务提供过程，以及产品和服务交付过程中所需的监视和测量要求或产品和服务的接收准则。

6. 在决定输出的形式时，组织应考虑使用的人员以及使用的环境。例如，监管机构要求特定的格式，需要与之相符。

7. 组织应保留有关设计和开发输出或结果的成文信息，包括产品和服务清单、产品图样、计算书、产品和服务的接收准则、采购标准、产品安全使用说明书等。

如在建筑行业，可以是计划、图纸、强度计算表；在服务行业，可能是各种手册；在制造行业，可能是样机。

8. 设计和开发输出是质量管理体系的关键要素，该要素或过程的输出也是其他要素或过程的重要输入，诸如为确定质量管理体系范围（见 GB/T 19001—2016/ISO 9001:2015 标准 4.3 条款）、沟通（见 GB/T 19001—2016/ISO 9001:2015 标准 7.4 条款）、产品和服务要求的确定（见 GB/T 19001—2016/ISO 9001:2015 标准 8.2.2 条款）、运行策划和控制（见 GB/T 19001—2016/ISO 9001:2015 标准 8.1 条款）、外部提供的过程、产品和服务的控制（见 GB/T 19001—2016/ISO 9001:2015 标准 8.4 条款）、生产和服务提供（见 GB/T 19001—2016/ISO 9001:2015 标准 8.5 条款）、产品和服务放行（见 GB/T 19001—2016/ISO 9001:2015 标准 8.6 条款）等提供了必要的信息。

9. 通常情况下，组织可能需保留一份产品和服务项目的设计和开发输出清单，其参考格式见表 1-5-8。

表 1-5-8　设计和开发输出清单

产品和服务项目			规格型号(类别)		
设计和开发输出信息					
标题	编号	主题内容	创建时间	数量	作者
编制：		审批：	时间：		

三、审核关注点

1. 审核员需通过与受审核方相关部门或岗位人员沟通、交流和查阅资料的方式，关注其针对特定项目的产品和服务的设计和开发的输出的内容，并做好审核记录。

2. 审核员需通过核查受审核方相关资料的方式，关注其针对特定项目的产品和服务的设计和开发输出是否满足其输入的要求，并关注其期间所进行的评审和验证的有效性。

3. 审核员宜从抽样选择的产品和服务的设计和开发项目中获取受审核方有关针对输出的确认证据，关注其设计和开发输出是否已经得到确认。

4. 审核员需通过查看受审核方设计和开发输出文档资料和交流的方式，关注其特定项目的产品和服务的设计和开发输出对于后续的产品生产和服务提供、产品和服务的监视和测量，以及包装、交付、使用和维护活动的信息是否充分。

5. 审核员需查看并记录受审核方所保留有关设计和开发输出的成文信息是否完整，并按照GB/T 19001—2016/ISO 9001:2015标准8.5.2条款的要求进行了标识。

8.3.6 设计和开发更改

一、标准要求

组织应对产品和服务设计和开发期间以及后续所做的更改进行适当的识别、评审和控制，以确保这些更改对满足要求不会产生不利影响。

组织应保留下列方面的成文信息：

a）设计和开发变更；

b）评审的结果；

c）更改的授权；

d）为防止不利影响而采取的措施。

二、标准释义

1. 组织应识别、评审和控制在产品和服务的设计和开发期间，以及后续所做的变更。

组织应该把如何实施与其他过程或相关方（如顾客或外部供方）的互动视为设计和开发过程的一部分，并在识别设计和开发更改时予以考虑。

2. 更改的发生可能源自质量管理体系中的任何活动，也可能发生在任何阶段，包括：

——在设计和开发过程的设计期间；

——设计和开发输出批准和放行后，生产和服务提供过程之前；

——试验（强度试验、可靠性试验等）后发现的技术问题；

——供方提供的产品出现的问题；

——作为监视顾客满意和外部供方绩效的结果。

3. 在下一个设计和开发过程开始之后出现的更改：

——顾客改变了要求；

——法律法规发生了新的变化；

——制造过程改变；

——制造出现问题；

——来自市场的抱怨；

——市场要求改进产品和服务（尤其是服务行业）；

——培训位置的变化；

——售货员数量的减小等。

4. 设计更改也需按照GB/T 19001—2016/ISO 9001:2015标准8.3.2至8.3.5条款的要求进行控制。对于已交付的产品和服务，组织应关注设计和开发更改的影响，包括对其他组件的影响。

5. 组织应该保留有关设计和开发更改的成文信息，这可包括对已交付的组成部分或产品和服务的更改影响的评价结果。

评审、验证和确认过程可能产生详细描述设计和开发变更的成文信息。

成文信息也可以详述对受影响的后续过程（例如采购、产品生产或服务提供）采取的措施，以及如何沟通这措施。

组织所保留的成文信息的内容需包括：

（1）设计和开发变更，包括变更理由和变更可能影响的范围；

（2）评审的结果，包括是否批准变更，或对哪些内容实施变更，如何和由谁实施变更等；

（3）变更的授权，包括授权何人批准变更，或有权作出变更决定的关联机构，如顾客或监管机构；

（4）为防止不利影响所采取的措施，包括对变更可能带来的风险或影响的具体控制措施要求等。

6. 在软件行业，也可要求与顾客一起评审设计和开发更改。在其他情况下，这种控制可能很复杂，例如，在软件设计中，可能包括配置管理。

7. 设计和开发的更改是质量管理体系的主要要素，该要素或过程的输出也是其他要素或过程的重要输入，诸如为沟通（见 GB/T 19001—2016/ISO 9001：2015 标准 7.4 条款）、运行的策划和控制（见 GB/T 19001—2016/ISO 9001：2015 标准 8.1 条款）、产品和服务要求的更改（见 GB/T 19001—2016/ISO 9001：2015 标准 8.2.4 条款）、外部提供的过程、产品和服务的控制（见 GB/T 19001—2016/ISO 9001：2015 标准 8.4 条款）、更改控制（见 GB/T 19001—2016/ISO 9001：2015 标准 8.5.6 条款）等提供了必要的信息。

三、审核关注点

1. 审核员需通过与受审核方相关部门或岗位人员沟通和交流，了解其在审核周期内是否存在设计和开发更改的情况。

2. 审核员需通过观察、交流和沟通的方式，关注受审核方有关设计和开发更改的来源及要求是否得到适当的识别和沟通。

3. 当存在设计和开发更改活动时，审核员需追踪受审核方更改的理由，以及对更改的影响的评审意见，关注其对已交付产品和服务的更改的影响是否予以了评价。

4. 针对较为复杂的更改，审核员还应关注受审核方对更改是否进行了策划，并查看和记录更改过程中所进行的评审、验证或确认的相关信息。

5. 审核员需通过调阅资料和沟通的方式，关注受审核方在更改实施前是否进行了适当的批准（这可能包括法定批准或顾客批准）。

6. 存在时，审核员需查看受审核方所保留的与更改有关的成文信息，包括有关的必要附加措施。审核员需关注其内容是否完整和有效。

8.4 外部提供的过程、产品和服务的控制

8.4.1 总 则

一、标准要求

> 组织应确保外部提供的过程、产品和服务符合要求。
>
> 在下列情况下，组织应确定对外部提供的过程、产品和服务实施的控制：
>
> a）外部供方的产品和服务将构成组织自身的产品和服务的一部分；
>
> b）外部供方代表组织直接将产品和服务提供给顾客；
>
> c）组织决定由外部供方提供过程或部分过程。
>
> 组织应基于外部供方按照要求提供过程、产品和服务的能力，确定并实施外部供方的评价、选择、绩效监视以及再评价的准则。对于这些活动和由评价引发的任何必要的措施，组织应保留成文信息。

二、标准释义

1. 外部供方是指组织以外能够向组织提供过程、产品或服务的外部组织，诸如制造商、批发商、产品或服务的零售商或商贩。外部供方还可能包括母公司、合作伙伴，以及顾客。

外部提供的过程、产品和服务，包括组织不直接控制的或由外部供方提供的任何过程、产品和服务。

组织应采取必要的措施确保外部供方所提供的过程、产品和服务符合要求（例如：通过实施到货检验或对外包方的服务进行监督）。

2. 对外部提供的过程、产品和服务的控制应关注所有形式的外部提供，无论是从供方购买的，或通过下属公司安排的，或通过外包实现的。

组织对于GB/T 19001—2016/ISO 9001：2015标准8.4条款，应宽泛地理解为有关外部供方的能力使用的要求，而不仅仅是对采购的要求。

外部供方在向组织提供过程、产品和服务的同时，其外部供方需与组织发生接触。在接触过程中，由外部供方向组织输出服务，且该服务可能对组织具有影响或较大影响。因此，组织需对外部供方向组织输出服务的能力予以考虑并控制。

3. 组织应识别和确定所有外部提供的形式，包括：

（1）外部提供的哪些材料、配件或者服务构成最终产品或服务的一部分，或对于产品或服务提供具有关键作用。

例如：由外部供方提供的食材，以制作菜肴；由外部供方提供的零件，以制造电子产品；由外部供方提供的工具，用于维修设备；由外部供方提供的打印纸，用于打印文件等。

（2）组织可将某个过程或功能分包给外部供方。

组织需清楚内部哪些过程与外部提供过程发生相互作用，以及这些由外部提供的过程对运行绩效产生的影响。

此时，外包过程不是组织的最终运作过程，而是组织的中间运作过程。例如，将一部分制造过程外包给供方，将接待处外包给一个呼叫中心，医疗机构将样品检验外包给一个实验室。

（3）由外部供方提供的产品和服务，代表组织直接交付给顾客。在这种情况下，外包方将最终产品直接交付给组织的顾客，负责最终运作，如喷漆、包装、交付等。

外部供方提供过程、产品和服务的典型三种型式，如图1-5-6所示。

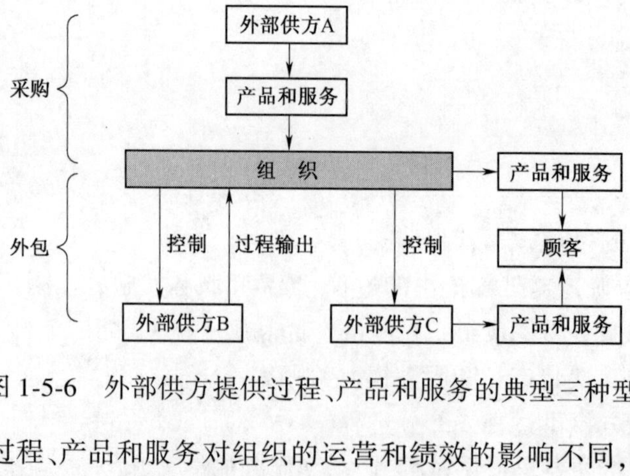

图1-5-6　外部供方提供过程、产品和服务的典型三种型式

4. 由于外部提供的过程、产品和服务对组织的运营和绩效的影响不同，组织宜对每个外部方确定不同的要求和具体控制措施。例如组织可能要求：

（1）通过检验或试验来验证原材料符合技术规范。

(2)合作公司提供的维保活动由具有使用规定安全设备所需特定能力的人员来实施。

(3)关联公司(例如:提供装配用零部件的兄弟工厂)实施验证。

5. 组织应考虑建立和保持管理外部供方的过程,该过程应考虑诸如外部供方评价、选择、绩效监视以及重新评价准则等活动,评价准则应基于对其外部供方确定其特定要求。

对于提供相同过程、产品和服务的不同外部供方而言,其控制的方式和程度也会因其能力的差异而不同。这一过程的实施能使组织对外部供方的当前能力有一个清楚的理解并识别其与其需求之间的差距,以便组织建立一个长期的外部供方资源开发计划来解决这些问题。

在母公司或顾客强制使用特定的外部供方的情况下,也需要建立其准则并需要对其外部供方的绩效进行监视。

组织对外部供方的控制过程,如图1-5-7所示。

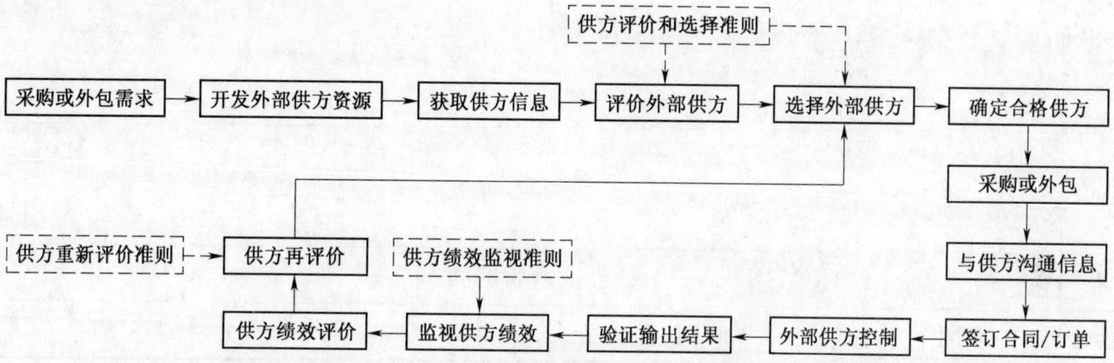

图1-5-7 对外部供方的控制过程

6. 组织应识别所需要外包的部分,以及其对产品和服务的影响。

当组织确定使用某个具体的外部供方时,在确定选择准则时,宜基于风险的思维,提出下列问题:

——可靠性如何;

——是否能够提供组织所需要的过程、产品和服务;

——外部供方是否具备所需的资源(如设备和人员);

——提出的交货时间和价格是否可以接受;

——是否具有质量管理体系;

——以前是否成功使用过该外部供方;

——是否具有良好的声誉;

——是否具有良好的信誉。

7. 组织应当实施所确定的外部供方的评价、选择、绩效监视以及再评价的准则。

当购买具有专利和品牌的产品和服务时,通常来源是分销、批发或零售。在这种情况下,供方选择准则和相关记录是最为简要的。组织可以先买来试用,然后评审,以建立产品和服务的接收准则或外部供方绩效。

通常情况下,组织需保留对特定外部供方的评价和选择的成文信息,包括外部供方评价记录和合格外部供方清单。

这里给出相关的表格式样,提供相关组织参考,见表1-5-9和表1-5-10。

8. 组织应定期监视和再次评审外部供方的绩效,以确保其持续满足选择准则或再次评价的准则。对外部供方绩效的监视程度和频度取决于其所提供的产品和服务对组织的产品和服务质量的影响程度。例如,在印刷组织中,纸张质量非常关键,应对造纸厂的绩效进行严密监视,以确保印刷质量达到预期水平;而对于旅行社,则不必对纸张质量做采购控制,可以在商店中购买纸张。

表 1-5-9　外部供方评价记录

供方名称		拟提供项目	
供方地址			
联系方式			
评价准则			
供方现状			
评价结论			
评价人		评价时间	
审批意见	审批：	时间：	

表 1-5-10　合格外部供方名录

供方名称	供方地址	提供过程、产品和服务	评价时间	备注

9. 组织按照规定的准则实施外部供方的评价、选择、绩效监视以及再评价活动和由评价引发的任何必要的措施，均应保留所需的成文信息。

10. 外部提供的过程、产品和服务的控制的总则部分是质量管理体系的关键要素，该要素或过程的输出也是其他要素或过程的重要输入，诸如为确定质量管理体系范围（见 GB/T 19001—2016/ISO 9001：2015 标准 4.3 条款）、控制类型和程度（见 GB/T 19001—2016/ISO 9001：2015 标准 8.4.2 条款）、提供给外部供方的信息（见 GB/T 19001—2016/ISO 9001：2015 标准 8.4.3 条款）、沟通（见 GB/T 19001—2016/ISO 9001：2015 标准 7.4 条款）、运行策划和控制（见 GB/T 19001—2016/ISO 9001：2015 标准 8.1 条款)、产品和服务放行(见 GB/T 19001—2016/ISO 9001:2015 标准 8.6 条款)等提供了必要的信息。

三、审核关注点

1. 审核员宜与受审核方相关部门或岗位人员沟通,了解其是否已建立和保持对外部供方提供过程、产品和服务的控制过程或程序。

2. 审核员需与受审核方沟通,了解其所采购的产品和服务分别包括哪些,以及所需的外包过程的信息。

3. 审核员可从受审核方所确定的外部供方名录中按照类别分别各抽取 2~3 家外部供方,关注并记录其所确定的外部供方评价、选择、绩效监视以及再评价的准则是否合理和充分。

4. 审核员需通过调阅资料和沟通的方式,关注受审核方所确定的外部供方评价、选择、绩效监视和再评价的准则是否涉及其相关的资质及能力要求,包括其持续稳定提供过程、产品和服务的能力。

5. 审核员需通过查看相关资料的方式追溯所抽样的外部供方(注意:审核员不宜随意更换样本),关注受审核方是否按照已确定的外部供方的选择、评价、绩效监视和再评价的准则的规定实施相应的选择、评价、绩效监视或再评价活动,并做好审核记录。

6. 审核员需关注受审核方所保留与选择、评价、绩效监视和再评价活动有关的,以及由评价引发的任何必要的措施的成文信息是否完整和有效。

7. 审核员对受审核方的外部供方相关内容的审核,除应关注对其提供实际货物的供方,还应关注对其提供服务的供方。由于不同的外部供方所提供产品、服务和过程对受审核方提供给顾客的产品和服务质量影响不尽相同,审核员宜关注受审核方对外部供方实施差异化管理的适宜性和有效性。

8.4.2　控制类型和程度

一、标准要求

组织应确保外部提供的过程、产品和服务不会对组织稳定地向顾客交付合格产品和服务的能力产生不利影响。

组织应:

a)确保外部提供的过程保持在其质量管理体系的控制之中;

b)规定对外部供方的控制及其输出结果的控制;

c)考虑:

1)外部提供的过程、产品和服务对组织稳定地满足顾客要求和适用的法律法规要求的能力的潜在影响;

2)由外部供方实施控制的有效性。

d)确定必要的验证或其他活动,以确保外部提供的过程、产品和服务满足要求。

二、标准释义

1. 组织应确保外部提供的过程、产品和服务不会对组织稳定地向顾客交付合格产品和服务的能力产生不利影响,包括潜在影响。

组织对外部供方控制的类型和程度取决于外部供方所提供的过程、产品或服务对组织提供给顾客的产品和服务的满足要求的符合性所产生的潜在影响的程度。

示例:针对印刷厂而言,纸张的质量比较关键。但对于一家旅行社而言可使用普通的商业文具,对相关文具纸张的采购质量可能没有特殊的要求。作为印刷组织需要严密监视其纸张的供方绩效,以确保其自身的印刷产品的质量保持在预期水平。

2. 组织应该确定对外部供方或由外部供方实施哪些具体的控制。这些控制旨在确保产品或服务的提供能按照策划的安排实施并且所提供的产品或服务能符合要求。控制的示例,包括,但不限于:

(1)对于一个外包的呼叫中心,拨打电话人员的资格,以及在交接班开始时的信息通讯系统的设置;

(2)对于提供的产品,由有资格的检验员进行的进货检验或在组织的实验室对样品进行的试验;

(3)对于酒店浴室或者办公室的保洁服务,用于验证所有的策划活动是否已完成的一份检查表。

可以考虑的控制活动包括:接收检验、分析证明书、第二方审核、试验、统计数据和绩效指标评价。其控制类型可能是加严控制、正常控制和放宽控制。

在确定对外部供方和外部供方提供的过程、产品和服务的控制类型和程度时:

一是需要考虑外部提供的产品和服务、过程对组织满足顾客要求和法律法规要求能力的潜在影响。如对于食品添加剂,如果保存不当,牛奶和糖的损坏对食品的质量影响很大,但牛奶比糖的影响更大一些,因此,牛奶需要更严格的控制。对外包过程的控制程度和类型也是同样的。但当外包过程处于组织的运作过程中时,对外包过程的控制程度应与组织其他过程的控制程度水平相当。

二是对外部供方控制的有效性的感知。

对外部供方实施控制的程度和类型,如图1-5-8所示。

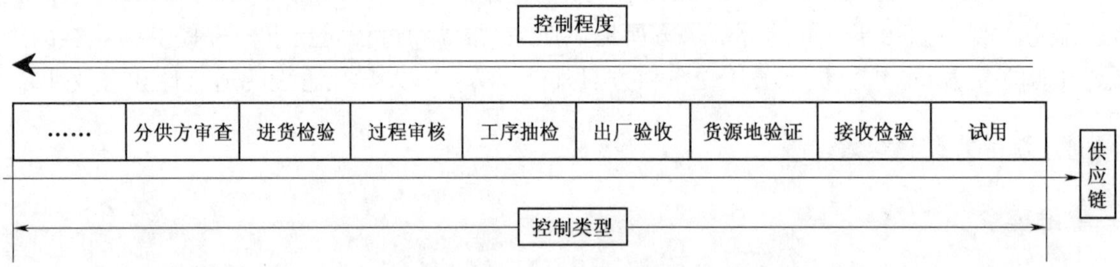

图1-5-8 对外部供方控制程度和类型

3. 组织可以通过以下方法感知对外部供方控制的有效性:

——评价外部供方所提供的产品和服务的绩效(对采购产品的进货或接收检验、检查保洁服务后的情况);

——通过评价外部供方的运作环境(检查生产线上设备和工具的维修状况、检查生产线上的关键控制点、检查人员工作态度、技能);

——组织是否能够获得订单中的产品和服务;

——大多数组织有某种形式的监视和测量,可以是对所订购的产品和服务的简单检查,或是对外部供方的情况检查等。

基于以上考虑,组织确定对外部提供产品和服务的验证活动。

4. 组织应确保外部提供的过程保持在其质量管理体系的控制之中。组织所选择的外包过程应是组织质量管理体系以及运行过程所需的过程或部分过程。

5. 组织确定对外部供方提供的过程、产品和服务的监视和测量的程度也是取决于接收产品和服务的性质。

例如对于现成物品,仅是检查订购的数量。雇员应在交付凭证上签字。在其他情况下,也可选择对样品进行检测。另外,也可以检查外部供方提供的测试结果或分析证书。

如果组织将较为复杂的过程进行外包,例如设计和开发过程或运输过程等,组织宜将可能需要的监视过程和活动,以及职责和要求在订单或合同上注明。

6. 控制类型和程度是质量管理体系的主要要素，该要素或过程的输出也是其他要素或过程的重要输入，诸如为提供给外部供方的信息（见 GB/T 19001—2016/ISO 9001:2015 标准 8.4.3 条款）、沟通（见 GB/T 19001—2016/ISO 9001:2015 标准 7.4 条款）、运行策划和控制（见 GB/T 19001—2016/ISO 9001:2015 标准 8.1 条款）、产品和服务放行（见 GB/T 19001—2016/ISO 9001:2015 标准 8.6 条款）、不合格输出的控制（见 GB/T 19001—2016/ISO 9001:2015 标准 8.7 条款）、监视、测量、分析和评价（见 GB/T 19001—2016/ISO 9001:2015 标准 9.1 条款）等提供了必要的信息。

三、审核关注点

1. 审核员宜与受审核方相关部门或岗位人员沟通，了解其是否建立和保持对外部供方控制的程序，包括对外部供方的控制类型和程度的相关内容。

2. 审核员需抽查受审核方的外部供方，包括关键供方、重要供方或一般供方，关注其对不同性质的外部供方分别采取何种控制措施来确保其提供的过程、产品和服务不会对受审核方稳定地向顾客交付合格产品和服务的能力产生不利影响。

3. 审核员需通过观察和查阅相关资料的方式，关注其对外部供方所采取的控制，以及对外部供方输出结果的控制的有效性，审核员需获取受审核方对外部供方控制的客观证据；

4. 审核员宜采用分层抽样的方式，关注并记录受审核方所确定必要的验证或其他活动的信息，以判断其控制的有效性。

8.4.3　提供给外部供方的信息

一、标准要求

组织应确保在与外部供方沟通之前所确定的要求是充分和适宜的。

组织应与外部供方沟通以下要求：

a）需提供的过程、产品和服务；

b）对下列内容的批准：

　　1）产品和服务；

　　2）方法、过程和设备；

　　3）产品和服务的放行。

c）能力，包括所要求的人员资格；

d）外部供方与组织的互动；

e）组织使用的对外部供方绩效的控制和监视；

f）组织或其顾客拟在外部供方现场实施的验证或确认活动。

二、标准释义

1. 组织应确保在与外部供方沟通之前所确定的与外部供方所提供的过程、产品和服务有关的要求的信息是充分的。

组织需明确与外部供方沟通组织所需的且能保证外部供方所提供的过程、服务或产品对其自身运行或顾客满意不会产生负面影响的要求和控制手段。

与外部供方所提供的过程、产品和服务有关的要求的信息详略程度，可能取决于外部供方所提供的过程、产品和服务对组织稳定地向顾客交付合格产品和服务的能力产生的潜在影响的风险程度。

2. 组织应该确保其所需的要求的信息完整和清楚，并能应对可能潜在的歧义或者混乱，且双方经协商均接受所要求的内容。

为了获得组织所需要的过程、产品和服务，往往需要组织保留书面的或电子化的订购指令。应注意，通过电话订购往往会引起误解，组织应确保外部供方正确理解了电话订单，并应保留订单记录，以确认其获得了订单的要求。这部分的信息包括外部提供产品和服务的控制要求。具体细节如下：

(1)提供的产品和服务，或代表组织运作的过程。

(2)产品和服务、方法、过程或设备的批准或放行。

这部分的信息是必不可少的，可能包括图纸、明细或模型数量、交付日期和地点，也可能包括包装、标识、分析证书或试验结果。

当然，信息的详细程度满足需要即可，不必要的过多信息可能引起误解，导致不正确的交付。组织在向外部供方提交书面订单之前应进行检查和确认。

在小型组织中，通常由具有购买需求的人员进行检查，判断采购信息是否足够。可以简单的包括阅读订单并签字。

3. 在外包情况下，信息可能包括外部供方的设备维护情况，制造过程的要求描述等：

(1)人员能力包括所需的资质。例如焊接过程所需的人员能力和资质、律师的资格，以及在餐饮店或食堂的后厨工作的厨师的厨师证和健康证等。

(2)他们与组织质量管理体系的相互关系。例如，外包是制造过程的一部分，如装配过程、检测过程等。组织应告知外部供方，这些过程在组织的质量管理体系的位置，以及这些过程的前后过程是什么，所需的输入和输出，所需的控制等。

4. 组织应与外部供方沟通对外部供方绩效控制和监视的规定或要求，以便组织正常开展对外部供方的绩效的控制和监视。所获得的有关外部供方绩效的控制和监视信息，被组织用于评价。

5. 组织应与外部供方沟通或其顾客对外部供方现场的验证活动。这可能取决于产品的大小或服务的性质，或预期的交付时间的限制。

对于订购的产品和服务，如果需要在外部供方的现场进行监视和测量，这些安排应在订单中描述。如果顾客希望在外部供方的现场检查产品，需要在与顾客的合同和与外部供方的订单中说明。无论顾客是否要求这样做，组织都应负责和确保来自外部供方的产品和服务符合顾客要求。组织不能因其顾客在外部供方现场或在组织内对外部供方所提供的产品实施了验证而免除或减轻组织向顾客交付合格产品和服务的责任。

6. 组织根据不同的产品和服务类型所确定的与外部供方有关的信息在正式提交给外部供方之前应获得评审，以确保信息的适宜性、充分性和正确性。

组织可以根据约定要求或市场需求建立方针、手册、网站、公告、合同、采购单和类似内容。

7. 提供给外部供方的信息是质量管理体系的主要要素，该要素或过程的输出也是其他要素或过程的重要输入，诸如为沟通(见GB/T 19001—2016/ISO 9001:2015标准7.4条款)、产品和服务放行(见GB/T 19001—2016/ISO 9001:2015标准8.6条款)、监视、测量、分析和评价(见GB/T 19001—2016/ISO 9001:2015标准9.1条款)等提供了必要的信息。

三、审核关注点

1. 审核员宜与受审核方相关部门或岗位人员沟通，了解其是否建立和保持与外部供方的沟通机制或程序，是否建立和保持有关采购合同的管理过程、程序或规范。

2. 审核员需通过与受审核方相关部门或岗位人员沟通，了解其在与外部供方正式签订合同或接受订单之前,采取何种措施(诸如会签、评审或审批等)来确保所确定的要求是充分和适宜的。

3. 在审核过程中,审核员宜基于沟通所获得的信息,从受审核方近期所签订的采购合同中采取分层抽样的方式抽取至少 3 份样本,当存在外包时,需包含外包合同或订单的信息,关注其所提供给外部供方的信息的充分性和适宜性,包括其是否满足设计和开发输出的采购规范或要求的信息。

4. 当存在外包时,审核员需关注受审核方与其外部供方所签订的外包合同的内容是否包括对影响外包的过程能力的因素的要求,诸如人、机、料、法、环、测等特定要求。

5. 审核员需通过调阅相关资料和沟通的方式,关注受审核方是否按照 GB/T 19001—2016/ISO 9001:2015 标准 7.4 条款的要求与外部供方建立和保持定期信息交流的机制。

6. 审核员需通过调阅相关资料和沟通的方式,关注当存在需要定期到受审核方的外部供方现场审核或在其货源地现场实施的验证或确认活动时,是否在合同或订单中予以明确。

8.5　生产和服务提供

8.5.1　生产和服务提供的控制

一、标准要求

组织应在受控条件下进行生产和服务提供。

适用时,受控条件应包括:

a)可获得成文信息,以规定以下内容:

1)拟生产的产品、提供的服务或进行的活动的特性;

2)拟获得的结果。

b)可获得和使用适宜的监视和测量资源;

c)在适当阶段实施监视和测量活动,以验证是否符合过程或输出的控制准则以及产品和服务的接收准则;

d)为过程的运行使用适宜的基础设施,并保持适宜的环境;

e)配备胜任的人员,包括所要求的资格;

f)若输出结果不能由后续的监视或测量加以验证,应对生产和服务提供过程实现策划结果的能力进行确认,并定期再确认;

g)采取措施防止人为错误;

h)实施放行、交付和交付后的活动。

二、标准释义

1. 组织应设置用于控制产品生产和服务提供的条件,以确保能满足 GB/T 19001—2016/ISO 9001:2015 标准 8.1 条款所确定的过程运行准则。

组织应按照 GB/T 19001—2016/ISO 9001:2015 标准 4.4 条款所确定的生产和服务提供过程,按照 GB/T 19001—2016/ISO 9001:2015 标准 6.1 条款所确定的应对风险和机遇的具体措施,以及 GB/T 19001—2016/ISO 9001:2015 标准 8.1 条款所策划的过程运行准则的规定进行生产和服务提供过程的控制,并满足 GB/T 19001—2016/ISO 9001:2015 标准 8.1 条款所策划过程运行准则的规定。

在确定需要控制的内容,包括交付后活动的要求时(例如:安装、保修或投诉处理),组织应该考虑生产和服务的整个周期。

组织在设置控制条件时，以下所有适用的因素都应该得到考虑：

——人员（如能力等其他人为因素）；

——资源（例如所需的材料、设备、时间）；

——方法（例如活动、关键控制点、程序）。

2. 相关人员在从事生产和服务提供之前应获得规定或描述拟生产的产品和（或）所提供的服务或所实施的活动的特性的成文信息，以及生产和服务提供的输出拟达到的结果的成文信息。

组织所提供的成文信息应便于参与活动或过程的人员所理解。必要时，组织应对从事生产和服务提供活动的人员进行培训，以便他们能够准确理解成文信息的规定内容和要求。

在许多组织中，这些成文信息可能是内部订单、图纸、生产计划、作业指导书、服务规范、服务绩效准则以及操作指令等。

组织参与生产和服务过程的相关人员需清楚地理解这些规范和工作指令。

成文信息的详细程度与操作者的能力相关，但标准并未要求组织的成文信息要包含具备能力的操作者所应知道的所有详细信息，如通常没有必要向经过培训的叉车司机详细描述如何驾驶叉车，但作业指导书可能需要详细描述堆垛的要求、搬运限制，以及对叉车的日常维护。

3. 在实施生产和服务提供活动之前，组织应为生产和服务提供过程配备并使之获得和使用适宜的基础设施和运行环境，以及所需的监视和测量资源，例如：非破坏性试验的检验员资格或医学实习生的执业资格。

4. 从事生产和服务提供的人员应按照策划的安排在适当的阶段实施监视和测量活动，以验证是否符合过程或过程输出的控制，以及产品和服务的接收符合准则的规定。

过程的控制应包括对过程状况和过程输出的监视。例如，面包师应监视炉温和烘焙面包的颜色。

为了有助于监视过程，可以通过绘制的温度图表表明可接受的炉温范围，或用图片表明面包的颜色和形状。

在服务行业，控制可能与组织所用的监视和测量方式有关。例如，在一个客服中心，可以将接电话作为可监视的绩效。

对于特定情形使用规定版本回答，以确保回答符合组织的服务手册。

5. 组织应为生产和服务提供过程配备具有所需能力的合适人员，尤其需要考虑特殊岗位从业人员所需的资格或法定资格。

6. 根据其运行的性质，组织可能存在具有那些输出不能被随后监视和测量加以验证的过程，包括由顾客直接参与的服务提供过程。

组织需对这些过程满足策划的能力进行确认，以降低或减少其过程输出的风险。

确认是通过提供能够满足规定预期使用要求或预期用途的要求的客观证据的一个证实过程。

如果组织没有对这些过程确定确认过程，就会增加出现不合格产品和服务或者顾客投诉的风险。

需要确认的过程包括：

——依赖运行信息系统和人员来运行过程的银行业务；

——与顾客发生直接相互作用的服务活动；

——应急响应，例如：飞机在水面上降落的紧急措施；

——工厂热处理中的熔炉温度变差会降低产品性能或寿命。

例如水泥预制板的浇筑。浇筑后不能立刻知道预制板的预期稳定的质量特性。为了达到所需的强度，需要精确控制黏结剂、水泥和水等的数量；控制混合过程，需要经培训的人员进行浇筑。几周之后才能达到预期强度，浇筑的样件在28天之后才能测试。这就是一个需经确认的特殊过程，应严格控制，以确保 28 天后获得的样件的测量结果能够满足强度要求，而不必测量所有的预制板。

再例如焊接，目前的测试技术尚不能获得焊缝强度的信息。焊接工人应经过培训，并且有资质，按照焊接程序进行操作，以确保焊接强度。实际上，测试焊接强度需要损坏焊接的样件。这就是有资质的操作者执行经确认的过程的示例。

对于很多服务行业，服务提供是即时发生的，可能无法在服务提供前检验。一个典型的例子是一个小型的旅行社提供旅行安排、机票或火车时间的咨询。提供的信息是否正确，顾客只有在旅行完成后才能发现。通常情况下，凡是由顾客直接参与的服务提供过程，其过程能力均应事先得到确认。

当某些过程输出不能被验证时，组织应在策划的阶段采用适当的方法确认产品和服务是按照规范交付的。如果仅当顾客抱怨时才能发现不合格，需要制定纠正措施，重新确认过程并重新培训人员。

组织需定期对其过程持续满足策划的能力按适宜的时间间隔进行再确定。

组织也应确定需要提供哪些交付后活动。比如维修和担保活动，可以在合同中注明。组织应按照规范的规定进行交付和交付后活动的实施。

7. 组织在过程、设施、设备和工具的规划和设计时应使用合适的防错方法，积极开发和应用防错系统，防止操作者在生产和服务提供过程中，因操作不当发生错误，同时防止因侥幸、懒惰、浮躁、投机取巧和偷工减料等不良心理而产生的不良后果，从而消除各种因缺陷导致的质量损失。

例如：限制加班时间，实施适当的措施以提升适宜的工作环境，提供适当的培训和作业指导书，自动化过程和控制，关键信息要求输入两遍，可以避免提供不合格的工装的设施，避免人员注意力分散（例如：个人电子设备），工作轮换，以及在提交前完成信息等。

8. 组织应在放行或交付前对产品和服务进行确认其是否满足要求，否则，不应放行或交付产品和服务，如最终检验。

组织应规定对产品和服务交付后活动的控制方式和控制准则，以及控制方法，并实施之，如维护保养等措施。

示例：只有对电极进行定期的维护，点焊设备才会持续产生良好的焊缝。需要时，组织对过程的控制可包括产品整个寿命周期中的适当过程及活动。

9. 生产和服务提供的控制是质量管理体系的关键要素，该要素或过程的输出也是其他要素或过程的重要输入，诸如为标识和可追溯性（见 GB/T 19001—2016/ISO 9001：2015 标准 8.5.2 条款）、供方或外部供方的财产（见 GB/T 19001—2016/ISO 9001：2015 标准 8.5.3 条款）、防护（见 GB/T 19001—2016/ISO 9001：2015 标准 8.5.4 条款）、产品和服务放行（见 GB/T 19001—2016/ISO 9001：2015 标准 8.6 条款）、不合格输出的控制（见 GB/T 19001—2016/ISO 9001：2015 标准 8.7 条款）、监视、测量、分析和评价（见 GB/T 19001—2016/ISO 9001：2015 标准 9.1 条款）等提供了必要的信息。

10. 为便于大家对生产和服务提供过程的理解，这里给出一张示意图，如图 1-5-9 所示。

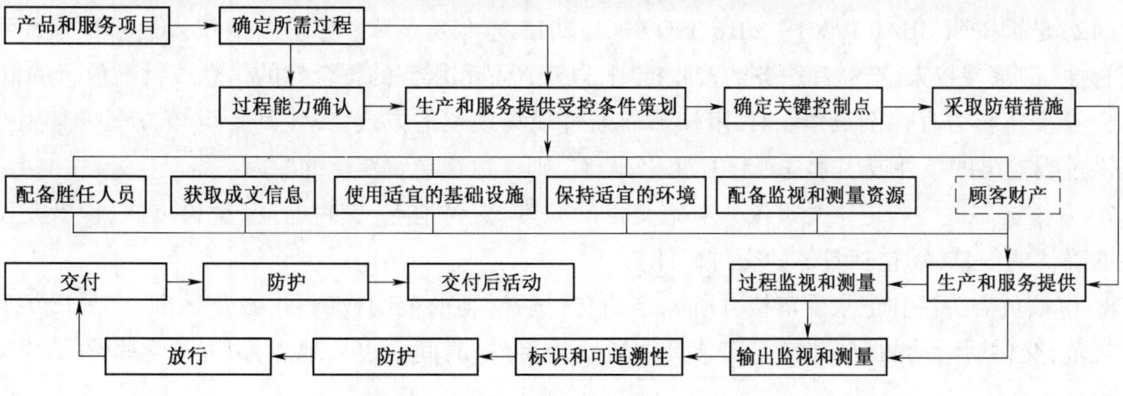

图 1-5-9　生产和服务提供过程

三、审核关注点

1. 审核员需通过与受审核方相关部门或岗位人员沟通，了解其可能影响其特定生产和服务提供过程能力，以及输出结果的受控条件至少包括哪些？

2. 审核员需通过与受审核方相关部门或岗位人员沟通和现场观察，了解其为实现特定产品和服务项目的生产和服务提供过程中是否存在需要确认其能力的特殊过程，以及受审核方所确定的关键过程。

3. 当存在特殊过程时，审核员需审查和记录受审核方是否对影响其过程实现策划的结果的能力的相关因素进行了识别和分析，并对过程能力进行确认。审核员宜根据受审核方所识别的特殊过程，关注其用于确认特殊过程的能力的准则，以及对特殊过程的能力实施确认和再确认的客观证据。

4. 审核员需关注受审核方对特殊过程实现策划的结果的能力的确认活动和确认结果是否合理、充分和有效，并记录相关信息作为审核证据。

5. 审核员需现场查看并记录受审核方实现特定产品和服务项目的生产和服务提供过程，包括关键过程和特殊过程的受控状态（当审核时间充分时，也应适当关注一般过程的受控状态），所形成的审核记录的信息至少包括：

（1）生产或服务提供过程的描述（区域或地点或生产或服务提供过程的名称）；

（2）拟生产的产品（包括零部件的名称、规格和型号）或拟提供的服务项目；

（3）接受审核人员的姓名以及资格情况；

（4）相关的产品或服务标准，可包括产品和服务的接收准则，以及工艺规程、服务提供规范或作业指导书等（需记录标题或名称和编号）；

（5）所使用的生产装备或服务提供设施（需记录其名称、规格和型号），以及其完好程度或保养状态；

（6）生产运作环境或服务提供环境的实际状态的描述，包括每天的工作量的描述；

（7）适用时，所需的监视和测量资源（可包括名称、出厂编号、检定或校准有效期，以及标识状况）；

（8）生产和服务提供人员作业活动的熟练程度，包括其活动与相关工艺规程、服务提供规范或作业指导书的要求的符合性，以及相关人员的能力和资格。

（9）生产或服务提供记录，包括对生产或服务提供的作业参数的监视和测量结果，查看其是否符合过程或输出的控制准则；

（10）对过程输出的自检、互检或专检的记录，查看其监视和测量的结果是否符合产品和服务的接收准则；

（11）所审核的生产和服务提供过程是否存在的可能的人为错误，若存在，其防范措施是什么？是否合理和有效？

（12）是否按照 GB/T 19001—2016/ISO 9001:2015 标准 8.6 条款要求由授权人员验证产品和服务的符合性（记录授权人、产品和服务的接收准则，以及产品和服务的符合性的信息或批准放行的信息）；

6. 当受审核方存在倒班作业时，审核员需通过现场观察的方式，关注其受审核方影响其生产和服务提供过程输出的条件或因素是否存有变化，若有，则应追踪导致变化的原因。

7. 审核员需关注和记录受审核方实施交付的职责、交付地点、交付时间、交付方式，以及对交付符合性的确认的信息（需包括具体的交付事件）。

8. 审核员需关注和记录受审核方所确定的交付后活动的范围或项目，服务标准、交付后活动服务提供规范，交付后活动的符合性（需记录具体活动的事件、时间、人员、地点，以及顾客验收结果或满意度）。

8.5.2 标识和可追溯性

一、标准要求

需要时，组织应采用适当的方法识别输出，以确保产品和服务合格。

组织应在生产和服务提供的整个过程中按照监视和测量要求识别输出状态。

若有可追溯要求时，组织应控制输出的唯一性标识，并应保留所需的成文信息以实现可追溯。

二、标准释义

1. 通过实施标识和可追溯性，以便组织能够确定在生产和服务提供过程中可能受潜在不合格输出影响的过程、产品和服务。

组织应根据产品或服务的性质使用不同的方法标识输出。标识和可追溯性是通用要求，对质量管理体系所需过程具有较为广泛的适用性，而不仅仅局限于适用其生产和服务提供过程。

在质量管理体系中许多过程的输出均可能会影响到产品和服务的符合性，诸如采购过程、外包过程、设计和开发过程、生产和服务提供过程、销售过程、交付过程等，组织均需考虑采用适当的方法识别这些过程的输出。

标识的方法宜考虑：

——输出需要识别的原因，例如：法律法规的要求（如在航天工业或食品行业）；

——在过程的哪个或者哪些阶段应该进行标识及如何标识；

——标识和可追溯性的原因存在差异。

示例：在服装行业，同一缸号的材料会作为同一批次进行处理。

在提供快递服务时，为保持交付承诺和计划，需要能持续追踪对已经接收和送达的物品。

在制造业，可能需要确保所有原料是无铅的或零部件能追溯至原产地。

在某些行业，标识和可追溯性可能是法规或合同中规定的要求。

示例：在压力容器制造中，通常对需要在制造阶段全过程记录并通过标识追溯给定材料，以便最终零部件能追溯到最初的原材料。

当组织需要识别过程的输出，应规定所用的标识方法和需保留的成文信息。

标识方法会因输出的性质而异，例如：

——可使用编码、标题或这些组合用于识别合同或采购订单；

——在产品上采用零件编号或永久标记或标签；

——命名电子成文信息的文件系统；

——表明正在提供服务的指示牌，例如在宾馆中清洁。

在软件行业，可以是开发的程序代码。零件编号、施工号码、条形码、操作人员或服务人员姓名、色码、软件包的修订状态和版本号都是标识的例子。在软件开发中，用版本号标识软件。

产品状态就是现行情况，在服务行业，就是服务阶段，以下是一些产品和服务状态的例子：

在酒店，每个客房在客人离开后需要清洁，客房的状态从“未准备好”到“就绪”，确认后由客房服务员通常用电话通知前台；维修汽车时，在检查表中，每项操作由“待完成”到“已完成”，并用记号标出，表明每项完成的操作；对于制造产品的检验，检验员标识“合格”和“不合格”区域，并将检验后的产品放到各自所属的区域；对于接听服务，状态可以是“已接听”，当回答结束时，状态为“已应答”。

2. 组织应在产品和服务提供的整个过程中按照监视和测量要求识别输出状态。

监视和测量的状态通常包括：

(1)已监视(测量)其输出满足要求；

(2)已监视(测量)其输出不满足要求；

(3)已监视(测量)其输出是否满足要求尚需进一步确认；

(4)输出尚未得到监视(测量)。

为便于识别过程输出的监视和测量状态，组织可根据输出的特点，选用或采用标识、符号、印记、区域、标牌、成文信息等方式进行识别。

3. 若要求可追溯，组织应控制输出的唯一性标识，且应保留实现追溯性所需的成文信息，并可获得。

可追溯性是知道产品或其组件的来源或产品的分布信息，例如一旦需要召回产品时，需要这些成文信息。

可追溯性可以使用批次号、标签、条形码、序列号、分析证书等实现。

在服务行业，可以通过提供具体服务的人员实现。如客服中心的接听电话人员，酒店中清洁客房的人员。

可追溯性可以通过标识产品和服务的成文信息实现，包括利用所保留的产品和服务的检验和试验记录。

在服务行业中，可以用人员佩戴的徽章如“实习生”或“姓名及职位”标识实现可追溯性要求。

在某些行业，法律法规或合同规定了标识和可追溯性的要求。

例如，压力容器制造，通常要求记录并可追溯材料及各个生产阶段。这样，最终的产品可以追溯到原材料，或当发现测量设备未校准(见GB/T 19001—2016/ISO 9001:2015标准7.1.5条款)，可使用所保留的可追溯性的成文信息对相关过程、产品和服务的不合格进行调查，或将可追溯性信息作为法律法规要求的结果(如：对医院中某些受控药品的监管)。

4. 标识和可追溯性是质量管理体系的主要要素，该要素或过程的输出也是其他要素或过程的重要输入，诸如为监视和测量资源(见GB/T 19001—2016/ISO 9001:2015标准7.1.5条款)、产品和服务的要求(见GB/T 19001—2016/ISO 9001:2015标准8.2条款)、设计和开发输出(见GB/T 19001—2016/ISO 9001:2015标准8.3.5条款)、提供给外部供方的信息(见GB/T 19001—2016/ISO 9001:2015标准8.4.3条款)、生产和服务提供过程的控制(见GB/T 19001—2016/ISO 9001:2015标准8.5.1条款)、供方或外部供方的财产(见GB/T 19001—2016/ISO 9001:2015标准8.5.3条款)、产品和服务放行(见GB/T 19001—2016/ISO 9001:2015标准8.6条款)、不合格输出的控制(见GB/T 19001—2016/ISO 9001:2015标准8.7条款)等提供了必要的信息。

三、审核关注点

1. 审核员宜与受审核方相关部门或岗位人员沟通，了解其是否建立和保持标识和可追溯性的程序，以及在何处应用标识和可追溯性。

2. 在审核过程中，审核员需通过对存在输出结果的标识状态的观察，关注受审核方针对过程输出所进行的标识以及标识的有效性，并记录相关信息作为审核证据。

3. 审核员在审核受审核方实施GB/T 19001—2016/ISO 9001:2015标准8.4.2、8.5.1和8.6条款所规定的活动时，需关注受审核方是否按照监视和测量要求识别输出状态，并记录相关信息作为审核证据。

4. 审核员需与受审核方沟通其需要对哪些活动实现可追溯性，诸如采购过程是否需要追溯原材料的来源，生产和服务提供过程是否需要追溯受控条件，销售活动是否需要追溯产品和服务的分布范围等。审核员需对受审核方规定有可追溯性要求的场所进行抽样审核，并记录相关信息作为审核证据。

8.5.3　顾客或外部供方的财产

一、标准要求

> 组织应爱护在组织控制下或组织使用的顾客或外部供方的财产。
>
> 对组织使用的或构成产品和服务一部分的顾客和外部供方财产，组织应予以识别、验证、保护和防护。
>
> 若顾客或外部供方的财产发生丢失、损坏或发现不适用情况，组织应向顾客或外部供方报告，并保留所发生情况的成文信息。
>
> 注：顾客或外部供方的财产可能包括材料、零部件、工具和设备以及场所、知识产权和个人资料。

二、标准释义

1. 顾客财产是指其为组织产品生产或服务提供所纳入或所使用的财产。外部供方财产是其有目的提供给组织使用的财产（例如：用于包装的设备或个人信息）。

财产实际控制者或所有者应该得到清楚地识别和确定，包括其外部供方提供的财产。组织应告知其内部相关人员爱护在组织控制下或供组织使用的顾客或外部供方的财产。

组织应确保所有权不属于组织所有但却处在组织的控制之下的财产得到保护。

组织在控制或使用顾客或外部供方的财产期间，应对其进行妥善管理，其内容包括识别、验证、保护、维护和报告等，如图1-5-10所示。

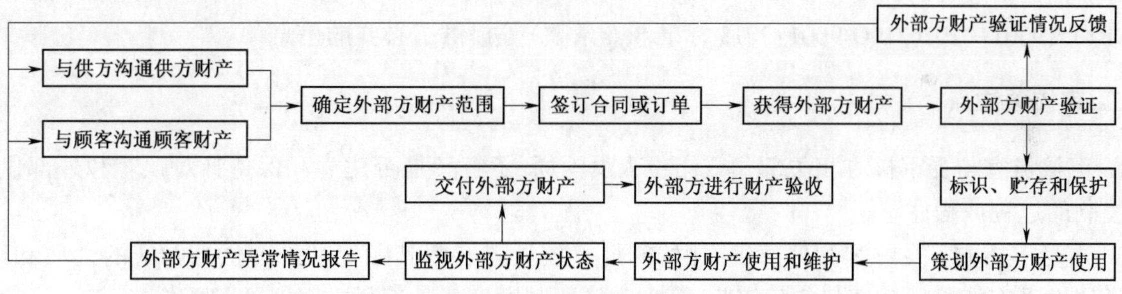

图1-5-10　外部方财产的控制

2. 为满足生产和服务提供的需要，在签单合同或接受订单之前，组织应按照GB/T 19001—2016/ISO 9001:2015标准8.2.1或8.4.3条款的要求与顾客或外部供方共同界定其顾客或外部供方提供财产的范围、用途、规模大小或数量等。

3. 顾客和外部供方提供给组织的财产，可以是有形的或者无形的，包括用于生产产品和提供服务的材料、设备和工具、场地、知识产权或个人资料，例如：

——用于测量的仪器；

——用于维修服务的车辆；

——组装在印刷电路板上的组件；

——成品的专用包装；

——待修理的家电（如洗衣机）；

——提供给信用卡公司的个人财务数据；

——医院里患者的病历；

——交给设计咨询公司的顾客规范；

——用在产品上的原材料(顾客提供的原材料)；

——外部供方安装在组织内使用的设备,但没有购买。

4. 适用时,顾客或外部供方的财产应得到清楚地识别。这可通过在产品上标识或通过将顾客或外部供方的财产放置在隔离区域或限制对知识产权的访问(实现)。

5. 当组织接管顾客或外部供方财产之时,对其财产的验证是很重要的(例如状态或者外观状况,个人数据的准确度),这个验证应当定期进行。

组织应验证顾客或外部供方是否按照约定提供用于生产和服务提供所需的财产,根据财产的类型采取措施予以妥善保护和防护。

GB/T 19001—2016/ISO 9001:2015标准7.5.3条款有关对来自外部的成文信息的控制的要求适用于对顾客或外部供方所提供的知识产权或个人信息的控制。

组织可采取的保护顾客财产或个人资料的措施,包括:

——将顾客知识产权储存在特定位置或文件中,包括图纸、专利信息、绩效和销售额;

——使用密码对计算机文件进行保护;

——程序要求顾客在项目结束时删除规范和数据;

——限制访问特定的已经培训的个人的信息。

6. 当发现顾客或外部供方财产发生丢失、损坏或发现不适用情况或者不能使用时,组织应按照事先的约定向顾客或外部供方报告,并保留相关成文信息。

7. 顾客或外部供方的财产是质量管理体系的主要要素,该要素或过程的输出也是其他要素或过程的重要输入,诸如为资源(见GB/T 19001—2016/ISO 9001:2015标准7.1条款)、沟通(见GB/T 19001—2016/ISO 9001:2015标准7.4条款)、成文信息(见GB/T 19001—2016/ISO 9001:2015标准7.5条款)、生产和服务提供过程的控制(见GB/T 19001—2016/ISO 9001:2015标准8.5.1条款)、产品和服务放行(见GB/T 19001—2016/ISO 9001:2015标准8.6条款)等提供了必要的信息。

三、审核关注点

1. 审核员宜与受审核方相关部门或岗位人员沟通,了解其是否建立和保持针对顾客和外部供方的财产控制的过程或程序。

2. 当受审核方存在顾客和外部供方财产时,审核员需了解其顾客和外部供方财产的性质和用途,以及具体由受审核方哪个部门负责接收、管理和使用其顾客或外部供方财产的相关信息。

3. 审核员需通过现场观察和审查受审核方在接收顾客或外部供方财产时对其进行验证的信息,关注有关验证的信息,当验证发现存在不适宜时,是否及时与外部方进行反馈。

4. 审核员需现场观察受审核方对顾客或外部供方所提供的财产是否进行了标识和管理,包括贮存和防护。

5. 审核员需与受审核方沟通其顾客或外部供方所提供的财产的使用情况,当发现不适宜时,应跟踪受审核方相关部门或岗位是否及时与其顾客或外部供方进行报告,以及后续的处置信息。

8.5.4 防　护

一、标准要求

> 组织应在生产和服务提供期间对输出进行必要的防护,以确保符合要求。
>
> 注:防护可包括标识、处置、污染控制、包装、储存、传输或运输以及保护。

二、标准释义

1. 组织应在生产和服务提供过程中对输出进行必要防护,以确保符合要求。

本条款是否适用,取决于组织的性质。

组织应该确定可能出现的劣化或降级以及影响产品或服务的符合性的那些输出,并实施适当的防护方法。例如:

(1)标识,对产品和服务状态进行防护性或警示性标识。

(2)处置,对输出结果进行稳妥地装卸、搬运或转运。

(3)污染控制,对输出产品采取防污染的措施,如对半成品采取隔离防护,尤其是食品加工过程中所采取预防污染的控制。

(4)包装,这取决于输出的性质,需要时,应对输出的产品进行包装,防止产品在转运过程中受到损害。

(5)储存,根据输出结果的特性,规定适宜的储存方式,防止输出发生变异,诸如输出的是电子信息时,应防止磁化或丢失。

在成品仓库中,储存或养护的方法可以确保产品在贮存、搬运或运输等特殊时期或者过程中的完整性、可识别性以及安全,采取防止锈蚀、霉变、或丢失。

(6)传输或运输,针对软件或信息的传输,应防止在传输过程中失密、失窃、丢失、损坏。

针对硬件或流程性材料在运输过程中,应采取防止雨淋、损坏、丢失或被盗的措施。

当输出可以是提供银行交易的证据信息时,可通过实物方式或(和)电子方式予以防护。

(7)保护,应采取适当措施对所有过程的输出进行防护和保护。

2. 有关搬运、储存、包装和交付等活动的安排应适度形成成文信息予以保留。组织应确定如何控制这些过程,以确保不影响产品的符合性。

3. 如果组织的产品是易碎、无菌、静电敏感或是危险品,那么,对这些产品的防护就至关重要。例如油罐车运输、用于检验的医疗样品等。

对温湿度敏感的材料要注意储存方式并满足储存条件。

防护过程可在适当程度上形成成文信息。

组织有必要根据运行的性质,确定将会成为最终产品一部分的零部件的防护方法(如制造或装配)或对服务提供非常关键的设备或信息(例如技术支持所需的数据,交付给客户的家用电脑)采取必要的防护措施。

4. 在服务行业,防护的需求可包括:

——餐馆将食物保持在适当的温度,直至可以上菜;

——信息通讯技术公司通过对定期备份和病毒防护来确保对数据完整性的防护;

——保持疫苗的保质期和储存条件;

——确保教学考试卷不被泄露;

——医院里"洁净的"手术室。

5. 在制造行业的最终产品仓库,防护方法能通过控制温度、失效日期、静电放电、灰尘、包装等事项,用于确保特定阶段或过程输出的完整性、标识或安全性。

组织可能有必要基于运行的性质,来确定对可包括其最终产品(例如:对于制造业或装配)的任何部分或者零件的防护方法,或对于服务提供非常关键的设备或信息的防护方法(例如:技术支持所需的数据)。

有很多地方搬运问题能影响产品或服务的质量。

组织在以下地方可以发现部分示例：

——大多数以铜为基础的金属(例如：红铜、黄铜和青铜)易受指纹的腐蚀；

——液体运输罐车在装满不同液体前需要进行清洗或做去污处理；

——为防止污染，医学样本需要采用特殊的装置搬运。

各个行业之间的储存要求都存在差异。储存条件的示例包括：食物冷藏，磁性媒体储存在非磁性环境中(例如：录像带、录音磁带以及计算机磁盘)。

6. 防护是质量管理体系的主要要素，该要素或过程的输出也是其他要素或过程的重要输入，诸如为监视和测量资源(见GB/T 19001—2016/ISO 9001:2015标准7.1.5条款)、成文信息(见GB/T 19001—2016/ISO 9001:2015标准7.5条款)、设计和开发输出(见GB/T 19001—2016/ISO 9001:2015标准8.3.5条款)、生产和服务提供过程的控制(见GB/T 19001—2016/ISO 9001:2015标准8.5.1条款)等提供了必要的信息。

三、审核关注点

1. 审核员宜与受审核方相关部门或岗位人员沟通有关防护的策划，了解其是否界定了防护的范围并建立和保持了适宜的程序或规范。

2. 审核员需通过对受审核方生产和服务提供的作业现场的访问和观察，关注其对所有输出的防护情况。

3. 审核员需通过对运行作业活动的观察，关注受审核方对生产和服务提供过程各阶段的输出所采取的防护措施是否适宜和有效，包括标识、包装、仓储、污染预防、交付、运输、处置，直至交付至目的地各过程输出的防护。

4. 审核员需通过现场观察，关注受审核方对软件所采取的防护措施的适宜性。针对化工或食品等行业，审核员还应关注其受审核方是否满足相关法律法规的特定防护要求。

5. 针对服务业，审核员宜关注受审核方所确定和实施其服务提供过程所需防护措施的适宜性和有效性。

6. 适用时，审核员可通过观察和核查受审核方有关文档资料信息的方式，诸如核查仓库物资盘存、生产和服务提供过程的防护失效成本、运输损耗、客户退赔折价、超额运费、交付绩效等对其防护有效性予以验证。

8.5.5 交付后的活动

一、标准要求

组织应满足与产品和服务相关的交付后活动的要求。

在确定所要求的交付后的活动的覆盖范围和程度时，组织应考虑：

a)法律法规要求；

b)与产品和服务相关的潜在不良的后果；

c)产品和服务的性质、使用和预期寿命；

d)顾客要求；

e)顾客反馈。

注：交付后活动可包括保证条款所规定的措施、合同义务(如维护服务等)、附加服务(如回收或最终处置等)。

二、标准释义

1. 组织应确保在产品或服务交付后履行相关的要求，同时认识到交付并非是组织产品和服务责任的结束。

组织应通过实施交付后的活动来满足与产品和服务相关的交付后活动的要求。

许多组织会在合同上规定将产品销售后组织应提供交付后活动的服务范围和具体内容及要求，如安装等。

交付后活动与相关条款之间的关系，如图 1-5-11 所示。

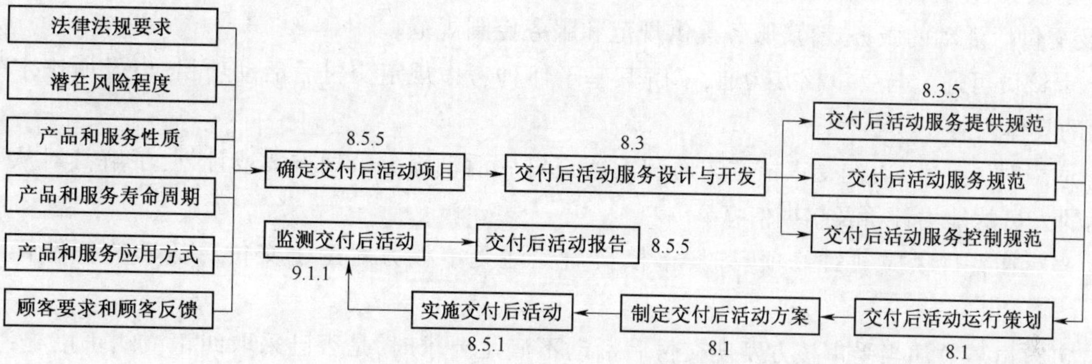

图 1-5-11　交付后活动关系

2. 当确定交付后活动时，组织不仅应该考虑已知的要求（如法律或者顾客要求），还应考虑产品或服务不能按照预期进行的可能性以及需要采取的进一步措施。

如果组织不考虑潜在的或者实际的交付后活动，就会增加顾客不满意或者失去潜在机会的风险。

交付后活动示例包括：

——与客户接触来确认是否对产品或服务满意；

——现场设备安装以及顾客的旧设备处理；

——诸如保修或技术支持等合同安排；

——顾客访问与产品或服务有关的在线信息的访问，如航班状态等常态问题解答；

——产品鉴定；

——计算机零售商通过电话提供技术支持。

3. 对于交付后活动，组织应关注：

——服务程序的通用条款；

——策划服务活动；

——所需的人员和培训要求；

——备件管理；

——服务指令的制定；

——服务活动的记录。

在某些行业，组织应考虑产品和服务的预期寿命。

4. 当组织提供交付后服务时，如果发出的产品和提供的服务出现不合格，应采取纠正措施，以识别失效的原因。但值得注意的是，如果承诺维修服务，产品不能实现预期功能也是一种形式的不合格，组织应保留成文信息，以表明组织采取了措施，对过程进行了控制。

5. 组织可按照法规要求，并考虑产品寿命周期中产品的可靠性，设置必要的服务网点，用于实施交付后的产品维修技术服务，为产品在使用或消费过程中对顾客进行指导，帮助提高产品的使用效能，或在发生故障时进行修理维护，恢复产品的性能。

6. 交付后活动是质量管理体系的主要要素，该要素或过程的输出也是其他要素或过程的重要输入，诸如为运行策划和控制（见 GB/T 19001—2016/ISO 9001：2015 标准 8.1 条款）、产品和服务的设计和开发（见 GB/T 19001—2016/ISO 9001：2015 标准 8.3 条款）、生产和服务提供过程的控制（见 GB/T 19001—2016/ISO 9001：2015 标准 8.5.1 条款）等提供了必要的信息。

三、审核关注点

1. 审核员宜与受审核方相关部门或岗位人员沟通，了解其是否已建立和保持交付后活动过程或程序，以及交付后活动的服务规范、服务提供规范和服务控制规范。

2. 审核员可通过与受审核方沟通，了解其基于何种考虑规定交付后活动项目，以及所确定的交付后活动的具体内容。

3. 适当时，审核员可向受审核方沟通和索阅交付后活动服务策划方案或计划，了解其对从事交付后活动的人员的能力评价及培训信息。

4. 当存在备件供应或维修项目时，审核员需关注受审核方对用于交付后活动的备件管理的有效性。

5. 审核员需关注当受审核方发现交付后活动不满足要求时，是否已采取纠正或纠正措施，关注其所采取的纠正和纠正措施的有效性。

8.5.6 更改控制

一、标准要求

组织应对生产或服务提供的更改进行必要的评审和控制，以确保持续地符合要求。

组织应保留成文信息，包括有关更改评审的结果、授权进行更改的人员以及根据评审所采取的必要措施。

二、标准释义

1. 组织应对生产和服务提供过程期间影响产品和服务符合要求的变更进行控制，并确保通过控制这些变更和通过评审采取的措施，以及这些如何影响按照 GB/T 19001—2016/ISO 9001：2015 标准 8.5.1 实施的控制手段，以确保生产和服务提供过程的完整性。

生产和服务提供更改控制过程，如图 1-5-12 所示。

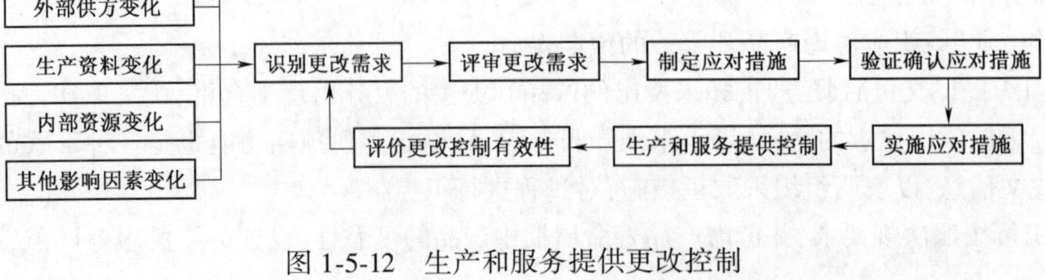

图 1-5-12　生产和服务提供更改控制

2. 更改的原因可能不同，组织应在策划活动中已经知道这些（见 GB/T 19001—2016/ISO 9001：2015 标准 6.3 和 8.1 条款）可能的情况。例如，更改需求可以由外部供方引起，或内部问题引起，或外部问题引起。

可能导致生产和服务提供的更改因素，包括：

（1）顾客要求，包括与产品和服务要求的变化，交付期提前或延期交付的变化等；

（2）适用于顾客的产品和服务要求的法律法规的变化或有关的技术标准的变化；

（3）外部供方所提供的过程、产品和服务发生变化，或外部供方不能按时提供产品和服务；

（4）重复发生不合格输出或其他质量问题；

（5）出现不可抗拒的自然灾害；

（6）相关方停止电、水、气等资源的供应；

（7）组织内部关键岗位人才流失；

（8）关键设备，或工装，或服务设施失效或发生故障或损坏；

（9）施工过程中的水文地质条件与勘察结果不符；

（10）相关方无法按照约定予以配合；

（11）其他可能影响生产和服务提供的因素的变化等。

组织应及时通过变更应对以上情况的变化，以确保稳定和持续地满足顾客要求。

3. 对于任何变更，组织应该使用一个系统的和广泛的方法。控制变更风险的典型活动包括：

——评审；

——在实施前验证或确认；

——批准，适用时包括顾客授权；

——实施措施，包括更新质量管理体系的要素。

在某些情况下，变更的实施结果可形成设计和开发活动的输入与设计和开发更改的输入（见 GB/T 19001—2016/ISO 9001：2015 标准 8.3.3 和 8.3.6 条款）。

当不存在工程更改或正式的图纸更改，组织应对状况的变化进行控制。包括接收了错误牌号的原材料，炉温的控制发生了变化。

4. 根据更改的性质，组织应该确定所保留成文信息的形式及需求，包括根据对更改的评审结果考虑是否用于需要采取后续的必要措施。示例包括：

——评审活动会议纪要；

——验证和确认结果；

——变更描述；

——授权实施更改的人员细节（适用时包括顾客）。

5. 更改控制是质量管理体系的主要要素，该要素或过程的输出也是其他要素或过程的重要输入，诸如为变更的策划（见 GB/T 19001—2016/ISO 9001：2015 标准 6.3 条款）、运行策划和控制（见 GB/T 19001—2016/ISO 9001：2015 标准 8.1 条款）、设计和开发输入（见 GB/T 19001—2016/ISO 9001：2015 标准 8.3.3 条款）、设计和开发更改（见 GB/T 19001—2016/ISO 9001：2015 标准 8.3.6 条款）、生产和服务提供过程的控制（见 GB/T 19001—2016/ISO 9001：2015 标准 8.5.1 条款）等提供了必要的信息。

三、审核关注点

1. 审核员宜与受审核方相关部门或岗位人员沟通，了解其是否建立和保持生产和服务提供过程变更控制的过程或程序。

2. 审核员需通过沟通、现场访问和观察，了解受审核方近期所发生的生产和服务提供更改的信息，并通过追踪审核索取和记录有关更改评审的成文信息。

3. 若受审核方发生生产和服务提供的更改，审核员需关注其导致更改的原因，以及受审核方为实现产品和服务的符合性，针对更改的原因所采取的应对措施的有效性。生产和服务提供过程更改的信息可通过对特定项目实际进度与计划进度的对比获得。

4. 审核员需通过查阅资料和沟通的方式，关注审核方针对生产和服务提供更改所确定的应对措施及实施更改的信息，包括授权实施更改人员的细节的信息。

8.6 产品和服务的放行

一、标准要求

组织应在适当阶段实施策划的安排，以验证产品和服务的要求已得到满足。

除非得到有关授权人员的批准，适用时得到顾客的批准，否则在策划的安排已圆满完成之前，不应向顾客放行产品和交付服务。

组织应保留有关产品和服务放行的成文信息。成文信息应包括：

a）符合接收准则的证据；

b）可追溯到授权放行人员的信息。

二、标准释义

1. 组织应在适当阶段实施GB/T 19001—2016/ISO 9001:2015标准8.1条款的策划安排，确保产品和服务在放行和交付之前按照已策划的产品和服务接收准则和阶段，立即得到符合性检查，以验证产品和服务的要求已被满足。

该要求与GB/T 19001—2016/ISO 9001:2015标准8.5.1条款规定的“在适当的阶段实施监视和测量活动，以验证是否符合过程或输出的控制准则以及产品和服务的接收准则”和GB/T 19001—2016/ISO 9001:2015标准8.4.2条款所规定的“确定必要的验证或其他活动，以确保外部提供的过程、产品和服务满足要求”的要求存在交集。

2. GB/T 19001—2016/ISO 9001:2015标准8.5.1条款要求组织基于产品和服务的特性控制监视和测量活动。这些特性可以包括在图纸、标准或其他媒介中。

3. 监视和测量活动的策划安排可以在以下成文信息中描述：

——质量计划；

——抽样方案；

——检验和试验计划；

——程序；

——指令；

——检查表；

——顾客的合同。

偶尔也可以用检查表。

4. 典型的监视和测量，包括检验和试验活动，例如：

——测量尺寸；

——校对出版物；

——对比颜色；

——监视或测量过程参数，如时间、速度或温度；

——验证培训项目的结果；

——进行化学分析；

——监视人员提供服务的绩效；

——在软件中执行使用案例；

——观察事情并判断是否符合要求。

5. 组织应确定所需进行的监视和测量活动，并由具备能力的人员执行。

组织应授予检验人员的放行权限，并保留成文信息。

在某些行业，可由具备能力的作业人员通过自检放行产品和服务，此时，组织无需再安排其他人员，以避免重复检验。

组织应考虑如何支持检验人员工作，例如提供正确的监视设备、适当的成文信息，经校准的测量设备，清晰的绩效评定准则，以及中间的过程审核。

验证（即证明事件是否符合要求）也是一种监视或测量运作方式。在某些行业，例如出版业，视觉验证是主要的监视和测量形式。

6. 组织应认识到质量管理体系的所有过程并不都是可以测量的。可以采用适用的监视方法，并记录结果。例如，对于近期接受培训的人员绩效的监视，可以是评价培训过程有效性的方法。

7. 组织应使用适宜的监视和测量方法。当确定使用这种方法时，应考虑是否影响了被监视的过程，以及对质量管理体系的影响。

例如，在餐馆经营中，存在各种法律法规要求，意味着在食品配料和加工过程中的监视和测量应关注清洁卫生，以及食品质量。在上菜前，应检查这道菜是否是顾客点的，厨师，甚至服务员可以进行这种检查。

8. 对外部提供的过程、产品和服务的监视和测量的确定已在GB/T 19001—2016/ISO 9001:2015标准8.4.2条款中描述，这里应按照所确定的要求实施必要的验证或其他活动，以确保外部提供的过程、产品和服务满足要求。

9. 当顾客要求时，组织应考虑满足顾客要求的抽样方法和接收水平。

10. 在所有的监视和测量已完成之前，不应向顾客放行产品和交付服务，除非得到有关授权人员的批准，适用时得到顾客的批准。

产品和服务的放行控制，如图1-5-13所示。

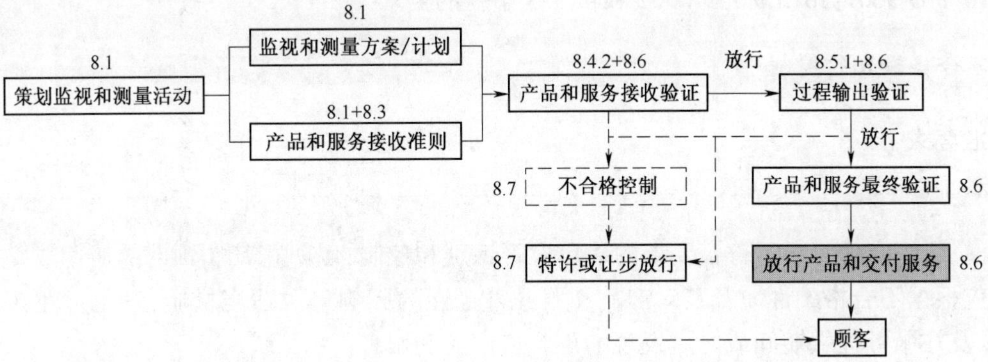

图1-5-13　产品和服务放行

11. 授权产品或服务放行的人员应该可以实现追溯，包括最终将产品和服务放行给顾客的人员。

这可以通过保留成文信息得到实现,诸如批准人员的签字或通过详述若实现一定准则即可自动放行产品的总授权的文件(如在线销售所用的自动电子支付授权),放行产品或服务的授权也可以通过保留有关工作描述、授权级别等确定的适当人员的成文信息。

组织所保留有关产品和服务放行的成文信息,其内容应包括:

(1)符合接收准则的证据;

(2)授权放行人员的可追溯信息。

12. 产品和服务的放行是质量管理体系的关键要素,该要素或过程的输出也是其他要素或过程的重要输入,诸如为不合格输出的控制(见GB/T 19001—2016/ISO 9001:2015标准8.7条款)、监视、测量、分析和评价(见GB/T 19001—2016/ISO 9001:2015标准9.1条款)、管理评审的输入(见GB/T 19001—2016/ISO 9001:2015标准9.3.2条款)、不合格和纠正措施(见GB/T 19001—2016/ISO 9001:2015标准10.2条款)等提供了必要的信息。

三、审核关注点

1. 审核员宜与受审核方相关部门或岗位人员沟通,了解其是否建立和保持产品和服务的放行的过程或程序。

2. 审核员需与受审核方沟通其所策划的监视和测量活动的范围、时机,以及有关人员放行产品和服务的授权信息。

3. 审核员可向受审核方索阅包含有监视和测量方案或计划信息的质量计划、程序或相关规范等。

4. 存在抽样时,审核员需关注抽样方案的合理性和有效性。

5. 审核员需查看受审核方在形成产品和服务符合性所需的各个阶段输出的监视和测量的结果,并记录以下信息:

(1)过程或工序名称;

(2)验证和抽样依据;

(3)产品和服务规定特性;

(4)验证结果;

(5)授权验证或放行人员的信息。

6. 审核员需通过调阅资料和沟通的方式,关注受审核方对从事产品和服务放行人员的能力和培训的有效性信息。

7. 审核员需查看受审核方所保留有关产品和服务放行的成文信息,并判断其是否符合GB/T 19001—2016/ISO 9001:2015标准7.5.2和7.5.3条款的要求。

8.7 不合格输出的控制

一、标准要求

8.7.1 组织应确保对不符合要求的输出进行识别和控制,以防止其非预期的使用或交付。

组织应根据不合格的性质及其对产品和服务符合性的影响采取适当措施,这也适用于在产品交付之后,以及在服务提供期间或之后发现的不合格产品和服务。

组织应通过下列一种或几种途径处置不合格输出:

a)纠正;

b)隔离、限制、退货或暂停对产品和服务的提供;

c)告知顾客;

d)获得让步接收的授权。

对不合格输出进行纠正之后应验证其是否符合要求。

8.7.2　组织应保留下列成文信息:

a)描述不合格;

b)描述所采取的措施;

c)描述获得的让步;

d)识别处置不合格的授权。

二、标准释义

1. 不合格(不符合)输出是指未满足明示的、通常隐含的或必须履行的需求或期望的输出。

本条款的目的是为防止不合格输出进入下一阶段或者交付给顾客。

不合格输出的控制过程,如图 1-5-14 所示。

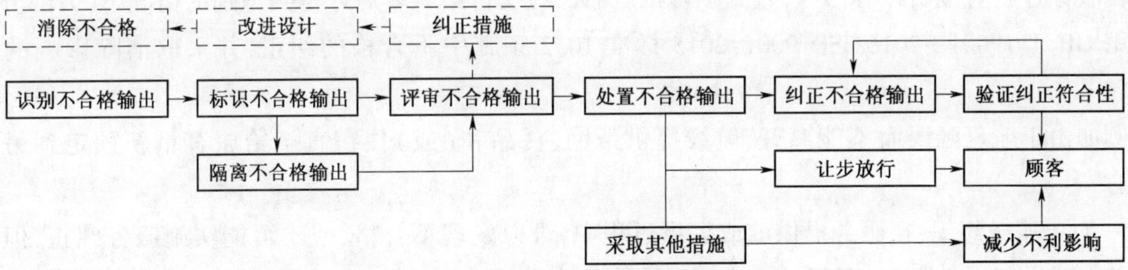

图 1-5-14　不合格输出控制

2. 组织应确保对不符合要求的输出进行识别和控制,以防止其非预期的使用或交付。

在某些情况下,组织的活动可能出现问题,因此需要有识别不合格并进行处置,包括可能需要将不合格输出进行隔离,或进行标识的措施,确保能够与合格输出相区别的过程。

当交付或使用后发现不合格品时,组织应采取适当的措施,包括告知顾客其影响。

3. 组织对不合格输出所采取的适当措施的程度应与不合格的性质及其对产品和服务的潜在影响相适应。如果发现已将不合格产品交付顾客,或在服务提供期间或之后发现的不合格服务,也应采取相适应的措施予以处置不合格。

4. 组织应通过下列一种或多种途径处置不合格输出:

(1)纠正不合格以确保其符合,包括返工和返修。

例如:在餐馆,针对所确定的已经准备错的饭菜,在上菜之前立即重做并按时正确提供所需的饭菜。

(2)隔离、限制、退货或暂停对产品和服务的提供。

为防止不合格输出被无意提供给顾客,组织宜确保对产品和服务进行明确识别,这可以采用包括某些类型的标签或区域。

组织应对不合格输出进行纠正之后,验证其是否符合要求,这可能包括检验已纠正的产品或对服务交付过程进行纠正后的服务绩效的验证。

当以上控制手段不可行时,组织应该通知顾客或者其他相关方已经识别出了不合格以及不合格的潜在影响。

如果不合格已经进入下一阶段后才被发现或发现已经交付给了顾客,组织应该采取适当的措施以防止非预期的使用或不利影响。

组织应根据不合格输出的严重性或顾客要求通知顾客。所采取的措施可以包括:

——召回(如因药品成分不合格导致的安全问题);

——暂停或撤回受影响的产品或服务(如因食品标签上保质期错误或产品目录上标价错误或不能按照描述提供某项服务);

——再处理(二次处理);

——消除或把不合格降低到约定接受水平;

——从过程中彻底消除不合格。

有时,可能需要获得让步批准(这样的让步可能需要由组织中经授权的人员同意,例如:经工程师或管理人员或顾客同意)。

如果以上这些控制手段不可行,组织可根据不合格的性质,与顾客协商达成允许使用不合格产品和服务的协议。这种情况下,应经适当人员(参见GB/T 19001—2016/ISO 9001:2015标准7.2条款d))批准,或经顾客批准。

在服务过程直接由顾客参与,直到不合格产品已经交付给顾客后才得到识别的情况下,大部分组织需应用GB/T 19001—2016/ISO 9001:2015标准10.2条款中不合格的纠正,并采取消除影响的相应措施。

例如由于航班延误而不能离开,航线提供帮助、食品和(或)住宿直至给旅客重新预定到另一个航班。

5. 对于服务组织,在服务提供前或提供过程中,难以发现不合格,或不可能实施服务纠正,但可以进行赔偿或重新提供服务(可行时),也可以采取纠正措施,以修改程序,降低发生不合格的可能性。

某些顾客可能要求告知不合格产品或服务以及所采取的措施。在这种情况下,需要和顾客一起发现不合格产品或服务。在某些情况下,组织可以选择纠正不合格输出。在这种情况下,组织应规定准则,在哪些情况下,纠正不合格后无需留下记录。例如,在汽车厂,原地修好的汽车不合格,可能不需要留下成文信息。

6. 组织应保留与不合格输出的控制有关的成文信息,有利于建立有关不合格输出信息的数据库,为实施质量改进和创新积累信息,确保过程得到改进和优化。

成文信息需包括以下内容:

(1)有关不合格的描述,包括问题的性质和对产品和服务的评价;

(2)所采取措施的描述,包括材料的处置(报废、返工、降级使用、让步接收、退货)等;

(3)获得让步的描述(如与顾客达成尽管不合格,产品或服务仍然能够使用的协议);

(4)处置不合格的授权标识,记录授权处置的人员,包括负责批准不合格产品或服务放行的那些人员。

(5)相关的纠正措施,可能提及不合格的结果。

组织保留不合格的成文信息可作为分析不合格趋势的依据,有助于修改作业指导书,详细描述过程和程序以便将来使用,并便于与组织内或组织外的相关人员沟通有关不合格的信息,其不合格输出的评审的格式见表1-5-11。

表 1-5-11　不合格输出评审处置单

不合格输出名称		规格型号		数量	
不合格描述	经办人：		时间：		
不合格影响	评价人：		时间：		
不合格评审	授权评审人：		时间：		
处置措施	制定者：		时间：		
让步审批	顾客代表：		时间：		
不合格处置结果验证： 验证人：　　时间：					

7. 不合格输出的控制是质量管理体系的重要要素，该要素或过程的输出也是其他要素或过程的重要输入，诸如为监视、测量、分析和评价（见 GB/T 19001—2016/ISO 9001：2015 标准 9.1 条款）、管理评审的输入（见 GB/T 19001—2016/ISO 9001：2015 标准 9.3.2 条款）、不合格和纠正措施（见 GB/T 19001—2016/ISO 9001：2015 标准 10.2 条款）等提供了必要的信息。

三、审核关注点

1. 审核员宜与受审核方相关部门或岗位人员沟通，了解其是否建立和保持不合格输出的控制过程或程序。

2. 审核员需通过现场观察的方式，关注受审核方对不合格输出所进行的标识是否适宜，是否可以有效地区分合格输出与不合格输出的状态，对于易混淆的不合格输出是否采取了适当的隔离措施，包括区域隔离。

3. 审核员需追踪受审核方对不合格输出控制过程，包括评审和处置，以及具体的处置措施的适宜性。

4. 若受审核方对不合格输出采取返工或返修的方式进行处置，审核员需关注其是否对纠正后的输出进行了重新验证，并记录相关信息。

5. 规定时，审核员应关注受审核方是否按要求召回不合格品及其所采取措施的有效性。

6. 审核员需抽样并记录受审核方针对不合格输出的处置信息，包括：

(1)不合格发生的区域或过程；

(2)不合格的名称和数量，以及对不合格的概要描述；

(3)所采取的措施；

(4)存在时，有关获得让步的信息；

(5)处置不合格的授权人员的信息等。

第六章　绩效评价

📖9.1　监视、测量、分析和评价

9.1.1　总　　则

一、标准要求

组织应确定：

a)需要监视和测量什么；

b)需要用什么方法进行监视、测量、分析和评价，以确保结果有效；

c)何时实施监视和测量；

d)何时对监视和测量的结果进行分析和评价。

组织应评价质量管理体系的绩效和有效性。

组织应保留适当的成文信息，以作为结果的证据。

二、标准释义

1. 为确定是否达到质量管理体系的预期结果，组织需进行监视和测量，确定需要监视和测量的内容和用于评价质量管理体系绩效和有效性的方法。

监视、测量、分析和评价过程，如图 1-6-1 所示。

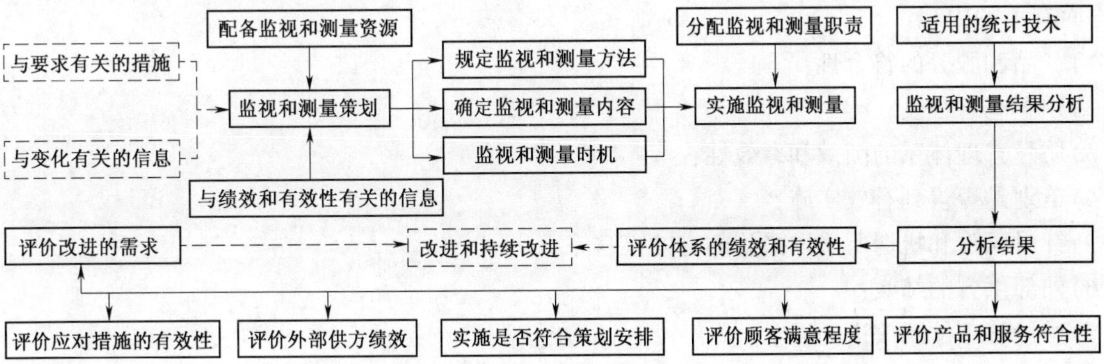

图 1-6-1　监视、测量、分析和评价过程

2. 在进行监视、测量、分析和评价的活动时，组织应确定：

(1)需要监视和测量什么，被监视和测量的对象可能会根据需要进行调整，但并非需要对所有的质量管理体系过程，以及活动进行监视和测量；

(2)用什么方法监视、测量、分析和评价，以确保结果有效，注意简便易行；

(3)何时实施监视和测量，应注意不同的监视和测量对象所需的监视频次和周期是不同的；

(4)何时对监视和测量的结果进行分析和评价，可能需要不同职责的人员在规定的周期内分别提交评价报告。

有时候，组织有必要通过列表的方式梳理一下需要监视和测量的项目，避免遗漏重要的项目。

监视和测量项目一览表，见表1-6-1。

表1-6-1　监视和测量项目一览表

监视和测量项目	监视和测量内容	监视和测量频次	监视、测量和分析的方法	分析结果应用领域	担当者

3. 在确定需要监视和测量什么时，组织应考虑质量管理体系其他条款所要求的措施，诸如建立质量管理及其过程(见GB/T 19001—2016/ISO 9001:2015标准4.4条款)，质量目标及其实现的策划(见GB/T 19001—2016/ISO 9001:2015标准6.2条款)，运行策划和控制(见GB/T 19001—2016/ISO 9001:2015标准8.1条款)，顾客满意(见GB/T 19001—2016/ISO 9001:2015标准9.1.2条款)，分析和评价(见GB/T 19001—2016/ISO 9001:2015标准9.1.3条款)，内部审核(见GB/T 19001—2016/ISO 9001:2015标准9.2条款)以及管理评审(见GB/T 19001—2016/ISO 9001:2015标准9.3条款)，并应考虑与以下方面有关的内容：

(1)产品和服务的符合性；

(2)顾客满意程度；

(3)质量管理体系的绩效和有效性；

(4)策划是否得到有效实施；

(5)针对风险和机遇所采取措施的有效性；

(6)外部供方的绩效；

(7)质量管理体系改进的需求。

4. 组织应该确定如何实施监视、测量、分析和评价以及所需的资源(见GB/T 19001—2016/ISO 9001:2015标准7.1.5条款)，并策划如何实施这些监视和测量活动。

例如一家2人的果酱加工厂按照下列步骤在体系内建立监视和测量活动：

(1)目测检验买来的水果是否破损、变坏等；

(2)称量水果，并记录，然后进入制作过程；

(3)目测检查剥皮后的水果，挑出坏掉的水果；

(4)监视水果的加热过程，以避免过熟或未熟(可以通过检查水果表面纹理、颜色、气味或基于经验和技术的其他特性)；

(5)称量并记录加入煮熟水果中的糖和其他调料；

(6)目测瓶中是否装满果酱；

(7)检查瓶中的果酱重量与标签上相符；

(8)清点箱中的果酱瓶数量。

5. 组织应评价质量管理体系的绩效和有效性。

绩效应是一个具体的可测量的结果,诸如全员劳动生产率、产品和服务的合格率的变化率,品牌资产价值增加比率、新产品销售收入占销售收入的比率等。

有效性是完成策划的活动并得到策划结果的程度。

组织应保留与监视、测量、分析和评价活动有关的适当的成文信息,作为结果的证据。

6. 监视、测量、分析和评价的总则部分是质量管理体系的重要要素,该要素或过程的输出也是其他要素或过程的重要输入,诸如为分析和评价(见 GB/T 19001—2016/ISO 9001:2015 标准 9.1.3 条款)等提供了必要的信息。

三、审核关注点

1. 审核员宜与受审核方相关部门或岗位人员沟通,了解其是否建立和保持监视、测量、分析和评价的过程和程序。

2. 监视、测量、分析和评价可能涉及到受审核方多个部门或岗位,也可能涉及多个过程和活动。审核员宜结合有关过程的审核,关注其监视、测量、分析和评价活动的有效性。

3. 审核员需通过沟通和调阅资料的方式,关注受审核方是否确定了所需要监视和测量的对象和内容,以及规定了适宜的方法进行监视、测量、分析和评价。

4. 审核员需与受审核方相关部门或岗位人员沟通和交流其如何评价质量管理体系的绩效和有效性,关注其用于评价质量管理体系绩效和有效性的方法的适宜性和有效性。适当时,审核员可将所获得的绩效和有效性的信息与其受审核方上一周期的评价结果进行比对。

9.1.2　顾客满意

一、标准要求

组织应监视顾客对其需求和期望已得到满足的程度的感受。组织应确定获取、监视和评审该信息的方法。

注:监视顾客感受的例子可包括顾客调查、顾客对交付产品或服务的反馈、顾客座谈、市场占有率分析、顾客赞扬、担保索赔和经销商报告。

二、标准释义

1. 顾客满意是指顾客对其要求已被满足程度的感受。顾客满意取决于顾客对组织所提供产品和服务的期望与顾客实际感受之间的差距。

组织通过监视顾客感知的信息,以表明顾客的需求和期望得到满足的程度。

监视和测量顾客满意所获得的信息能帮助组织确定或修改完善其战略、产品和服务、过程,以及识别顾客关注特性的改进机会,实现其目标。

针对顾客关注的特性实施改进能增强其顾客的信心,并为组织带来商业利益和其他收益。

GB/T 19001—2016/ISO 9001:2015标准9.1.2条款重点关注顾客反馈,并提供了理解顾客对组织的产品和服务有关的感受,以及需求和期望是否已经满足的系统方法,利用顾客感知作为判断质量管理体系满足顾客要求的程度。

在很多情况下,可能影响顾客满意度的不仅仅是对产品和服务符合性质量的感知,还包括顾客在获得其产品和服务过程中的心理感受质量。

顾客满意测量过程,如图1-6-2所示。

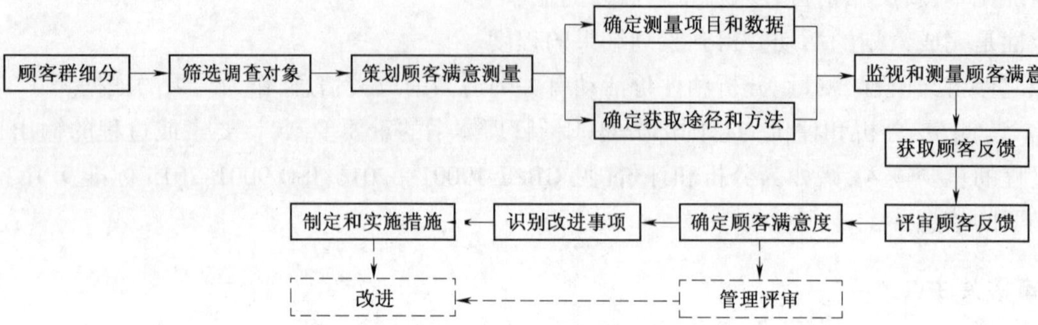

图1-6-2 顾客满意度测量过程

2. 组织应当策划和确定想从哪些顾客处获取顾客满意的反馈,以及如何监视数据。组织可以选择在交易结束时从每一位顾客那里获取反馈,或根据目标销量使用代表样品,重复采购的客户或新客户获取顾客信息。这可以持续地进行或按照组织自己规定的频次实施。

在选择调查对象时,组织需考虑不同类型的顾客。例如,如果组织是一家制造商,顾客可以是批发商、零售商和消费者。他们有不同的要求,为了成功销售产品,需要使他们都满意。

3. 组织应持续地监视顾客满意程度,获得满意与不满意的信息。满意和不满意不是对立的(非此即彼)! 组织应理解满意并不是不满意的对立面。

如果顾客不满意,他们会产生强烈的负面反映。如果顾客高兴(常态的满意),就会产生强烈的正面反映。也有不满意的顾客不表态,只是不再购买组织的产品和服务。

如果没有持续细致的监视,组织很难觉察到这些中性的或不明显的反映。在管理评审和持续改进活动中应关注顾客满意的监视结果,寻求改进机会,改善与顾客的关系。

4. 顾客调查仅仅是接受反馈的一种方法。组织应清楚仅仅依据顾客调查结果并不能全面反映出顾客满意程度。组织应该考虑获取基于顾客类型的信息的不同方法(如:商家对商家,商家对顾客,公共服务,政府,互联网业务)。

组织可以确定他们想要使用的方法,这些方法可以包括但不局限于:

——进行意见调查或寄送调查问卷;

——顾客沟通(见GB/T 19001—2016/ISO 9001:2015标准8.2.1条款);

——定期打电话或在产品交付后回访;

——产品或服务交付质量的顾客数据;

——销售人员访问顾客后提交的报告;

——组织内与顾客有接触但为非销售人员所提交的报告;

——市场份额分析或业务流失分析;

——赞扬;

——来自顾客的抱怨和投诉;

——保修期索赔；

——经销商报告；

——网站或者留言板等社会媒体；

——询问组织内部与顾客有接触的人员；

——发票查询；

——商场里的意见箱；

——报纸、杂志等公开出版信息。

组织可以从简单的方法开始，如监视来自顾客的抱怨、建议和表扬，或询问组织内的相关人员。

问卷调查是耗时又费钱的过程。如果使用调查表，尽可能设计简单；问题清楚，易于回答。在使用前，可以小规模测试。使用顾客满意度调查表所获得的结果，并非等同顾客满意度。

5. 如果对所有的顾客均进行监视和测量，不仅监视成本高，而且也没有必要。因此，组织可基于以下准则考虑适宜的监视的数量：

——个体顾客对组织有什么影响；

——产品和服务对顾客所在的组织满意的关键性；

——是批量生产，还是单件生产；

——个体顾客重复使用产品和服务的程度。

考虑以上内容，可以确定哪些顾客需要主动监视。无效顾客满意测量的例子是：顾客只是购买了产品或服务，没有表达满意和不满意，或者表达的内容与运作过程无关。例如：一个电信运营商的顾客关系中心非常有效，但没有揭示根本问题（如网络覆盖）。

另一个示例是组织具有良好的顾客忠诚政策，但顾客满意程度很低。收集信息的质量取决于组织倾听和分析来自顾客的反馈的能力，组织可以使用风险分析方法确定如何收集和收集哪些信息以便能够较为真实地反映顾客满意与否的信息。在石油天然气行业，提供建筑服务的供方只有一个主要顾客。顾客具有供方绩效的监视和评价系统，用于评定供方在各阶段的工作，并在工作结束后进行总体评价。每季度进行一次评审，包括详细的绩效计分表，并给出总体绩效和满意程度。此评审结果形成文件并提交供方。供方可据此确定需要改进的地方，以增强顾客满意。

6. 为了有目的地获得顾客满意度反馈信息，组织应识别对顾客满意有重要影响的产品和服务特性、交付特性和组织特性，包括，但不限于以下方面：

（1）产品和服务特性。示例：性能（质量，可靠性）、特点、美观、舒适性、时间性、安全性、支持（保养、处理、培训）、价格、感知价值、保修期。

（2）交付特性。示例：按时交付、订单的完整性、响应时间、业务资料、交付服务质量。

（3）组织特性。示例：人员特性（礼貌、能力、沟通）、结算过程、投诉处理、安全保障、组织行为（商业道德、社会责任）、社会形象、透明度。

7. 组织应该在分析和评价结果之后能确定顾客满意程度并根据这些信息采取措施。这些信息应该作为管理评审的输入并用于确定是否有必要采取措施改进顾客满意。

8. 顾客满意是质量管理体系的重要要素，该要素或过程的输出也是其他要素或过程的重要输入，诸如为分析和评价（见 GB/T 19001—2016/ISO 9001：2015 标准 9.1.3 条款）等提供了必要的信息。

三、审核关注点

1. 审核员宜通过与受审核方相关部门或岗位人员沟通，了解其是否建立和保持监视和测量顾客满意的过程或程序。

2. 审核员需通过与受审核方沟通并调阅相关文档信息的方式，关注其获取及所采取的监视和测量顾客满意的方法，以及所确定的与影响顾客满意的产品和服务特性有关的测量项目是否适宜和有效。

3. 审核员宜通过了解受审核方经营业绩的变化（如本期与上一周期的主要产品和服务的销售业绩的变化）或市场占有率的变化，了解其顾客满意度的变化情况，并关注其是否对变化进行分析或确定改进措施。

4. 审核员需通过与受审核方沟通和调阅资料的方式，关注其是否将顾客满意度的测量信息进行分类统计，并将其用于质量改进，以及应用在何处实施改进。

9.1.3 分析和评价

一、标准要求

组织应分析和评价通过监视和测量获得的适当的数据和信息。

应利用分析结果评价：

a）产品和服务的符合性；

b）顾客满意程度；

c）质量管理体系的绩效和有效性；

d）策划是否得到有效实施；

e）应对风险和机遇所采取措施的有效性；

f）外部供方的绩效；

g）质量管理体系改进的需求。

注：数据分析方法可包括统计技术。

二、标准释义

1. 组织应分析和评价其通过监视和测量获得的数据和信息，以确定过程、产品和服务是否能满足要求。

组织利用监视和测量活动的结果，以分析趋势。这些趋势分析的结果有助于组织发现其质量管理体系中的问题或薄弱环节，显示需要改进之处。

组织的分析结果可用于评价：

——产品和服务的符合性；

——确定顾客满意水平；

——质量管理体系的绩效和有效性；

——确保组织能够满足策划的要求，以及按照策划实施的有效性；

——确定针对风险和机遇所采取措施的有效性；

——外部供方的绩效；

——质量管理体系所需的改进。

2. 数据分析对于改进质量管理体系、过程、产品和服务非常重要。数据来源的示例包括但并不局限于：

——产品合格水平，包括让步情况、符合特定要求（如顾客、法律、法规）、百万分之一不合格品率、报废、返修和返工、停产时间、准时交付、完成订单的比率等；

——服务绩效，包括等待时间、顾客问题的解决、获取服务的容易程度、清洁程度、客房清扫、亲切

(友好)等;

——顾客感受的监视结果或顾客满意水平;

——质量目标的状态或质量目标的实现程度;

——对与风险和机遇有关的措施项目的评审(如会议纪要);

——外部供方绩效,包括外部供方准时交付和质量(如不合格品);

——过程绩效的偏差;

——项目交付计划(如预算和进度);

——培训有效性的评价。

例如,水泥包装材料的供方可由下列来源分析数据:

——在制造过程中每批次包装损坏的数量;

——不合格包装材料所占的百分比;

——顾客报告的包装材料的破损数量(包括填充过程和交付给最终顾客之后)。

这些数据分析用于证明该公司的破损率是否符合行业标准。

一家连锁超市使用一家市场调查公司进行每年一次的顾客满意调查。调查及分析结果作为连锁超市业务绩效评审的输入,从而确定增强顾客满意的相关措施(例如减少缺货、生鲜产品采用更小包装以满足更多消费群体的需求)。

海上采油平台消防系统的专用维修公司,使用有关泄露的数据,以确定策划的维修是否有效实施。

一家建筑服务公司使用顾客批准的数据开始工作,以证明该项目策划包括人员动员,材料和设备的提供等都得到有效实施。

测试实验室对玻璃瓶进行批次试验。有关型号和缺陷数量的信息可用于评定熔化、浇铸、热处理(包括冷却)和着色过程的绩效。

组织应考虑分析和评价那些有助于识别改进领域的数据的频次。这会取决于组织是通过电子化检索信息还是手工准备数据的能力。组织应该确保方法和数据的质量(例如无偏见、完整、准确、可用)(见 GB/T 19001—2016/ISO 9001:2015 标准 7.1.5 条款)。

分析和评价过程可以包括采用适用的统计技术。

3. 分析和评价的结果给组织提供了能使组织确定质量管理的绩效和有效性,以及任何所需的改进的信息。

与质量管理体系绩效和有效性有关的信息和数据包括:

(1)顾客满意和有关相关方的反馈;

(2)质量目标的实现程度;

(3)过程绩效以及产品和服务的合格情况;

(4)不合格及纠正措施;

(5)监视和测量结果;

(6)审核结果;

(7)外部供方的绩效等。

分析和评价的输出通常是以趋势分析或报告等成文信息的形式存在,并成为管理评审的输入。由于这个原因,它应该是以一种允许决策是否要采取措施的形式。

当分析和评价经常与管理评审有关时,组织应该确定适当的频度并可以选择更频繁地实施分析,如通过日常会议。

4. 分析与评价是质量管理体系的重要要素,该要素或过程的输出也是其他要素或过程的重要输入,诸如为质量管理体系及其过程(见 GB/T 19001—2016/ISO 9001:2015 标准 4.4 条款)、变更的策划

(见 GB/T 19001—2016/ISO 9001:2015 标准 6.3 条款)、运行的策划和控制(见 GB/T 19001—2016/ISO 9001:2015 标准 8.1 条款)、管理评审输入(见 GB/T 19001—2016/ISO 9001:2015 标准 9.3.2 条款)、持续改进(见 GB/T 19001—2016/ISO 9001:2015 标准 10.3 条款)等提供了必要的信息。

三、审核关注点

1. 审核员需与受审核方相关部门或岗位人员沟通,了解其是否确定用于分析和评价的过程、方法或程序,关注其所采用方法的多样性和适宜性。

2. 审核员需通过与受审核方沟通交流或调阅资料的方式,关注其基于哪些数据和信息的分析结果对以下方面所进行的评价,以及具体的评价输出:

(1)产品和服务的符合性;

(2)顾客满意程度;

(3)质量管理体系的绩效和有效性;

(4)策划是否得到有效实施;

(5)应对风险和机遇所采取措施的有效性;

(6)外部供方的绩效;

(7)质量管理体系改进的需求。

3. 审核员需通过与受审核方交流和调阅资料的方式,关注其在分析和评价其通过监视和测量获得的适当的数据和信息过程中,所选用的统计技术及其应用过程是否适宜和有效。

4. 审核员需注意如果发现受审核方仅仅简单地综述和总结其分析和评价的结果,而缺乏支持证据,则不能较充分地表明其质量管理体系及其过程的运行是令人满意的。

5. 审核员应关注受审核方进行数据分析的频率和评价及改进结果是否更有助于其识别需要改进的区域、过程或活动并实施改进。

9.2 内部审核

一、标准要求

9.2.1 组织应按照策划的时间间隔进行内部审核,以提供有关质量管理体系的下列信息:

a)是否符合:

1)组织自身的质量管理体系要求;

2)本标准的要求。

b)是否得到有效的实施和保持。

9.2.2 组织应:

a)依据有关过程的重要性、对组织产生影响的变化和以往的审核结果,策划、制定、实施和保持审核方案,审核方案包括频次、方法、职责、策划要求和报告;

b)规定每次审核的审核准则和范围;

c)选择审核员并实施审核,以确保审核过程客观公正;

d)确保将审核结果报告给相关管理者;

e)及时采取适当的纠正和纠正措施;

f)保留成文信息,作为实施审核方案以及审核结果的证据。

注:相关指南参见 GB/T 19011/ISO 19011。

二、标准释义

1. 审核是指按照策划的方式，从各种来源收集信息，并与策划的安排进行比较，以确认事情是否做得合适。

内部审核的目的是为从公正的角度获取与质量管理体系绩效和有效性有关的信息，以确保策划的安排得以完成且质量管理体系得到有效实施和保持。

对于小型组织，日常工作是熟悉的常规活动，恰当的审核有益于促进其组织的发展。

组织可以利用审核客观地回顾，以确认其质量管理体系是否有助于组织做了想做的工作，哪些是组织需要做的，哪些所做的已偏离了策划的要求。

内部审核过程，如图1-6-3所示。

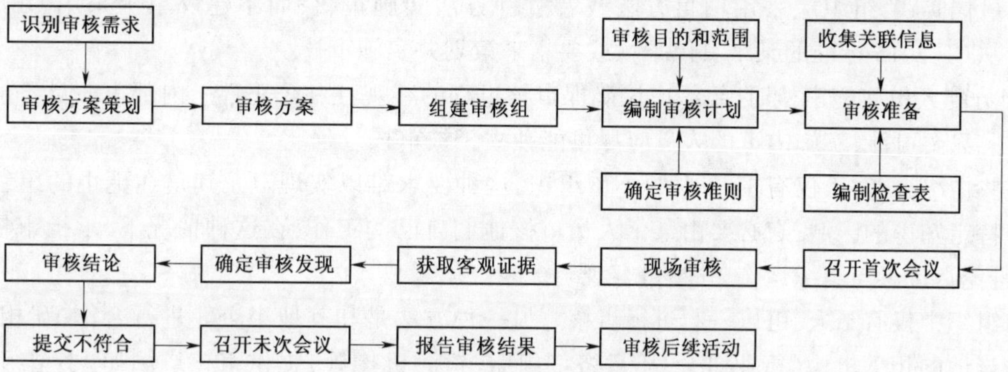

图1-6-3　内部审核过程

2. 内部审核应该评定组织质量管理体系的所有要素，检查所有的成文信息（如内部程序、图纸、规范、标准、顾客要求、法律法规要求、企业管理体系）并观察工作人员的质量行为。

在审核过程中，审核员应通过寻找客观证据，包括文件、记录或其他形式的成文信息，以确认质量管理体系是否完全按照预期的方式运作。

内部审核应该确定质量管理体系是否符合GB/T 19001—2016/ISO 9001:2015标准的要求。因而，组织应该尽量确保其质量管理体系符合GB/T 19001—2016/ISO 9001:2015标准的适用要求。

标准本身并没有要求在每次审核过程中需对GB/T 19001—2016/ISO 9001:2015中每一条款或者质量管理体系中每一过程都要进行评定，但在一个运行周期内，或一个日历年度内，组织应该审核GB/T 19001—2016/ISO 9001:2015标准所有要求实施的符合性，以及实施的有效性。

组织需特别关注GB/T 19001—2016/ISO 9001:2015标准9.1.3条款分析和评价的结果，以便寻找改进之处。

3. 组织应建立、实施和保持审核方案。审核方案为一次或者多次审核策划特定的时间框架做出了安排，目的是确保质量管理体系的有效性。

策划审核方案是组织的一项重要活动，是组织针对特定时间段所策划并具有特定目标的一组（一次或多次）审核安排。

组织可依据有关过程的重要性、对组织产生影响的变化和以往的审核结果，策划、制定、实施和保持审核方案。

审核方案需考虑包括频次、方法、职责、策划要求和报告等。

审核的频次可以通过建立审核计划来实现（如月度、季度、年度）。当确定频度时，组织应该采用基于风险的思维并考虑过程多久运行一次，过程成熟度或者复杂程度如何，过程中的变更，内部审核方案的客观性。例如越是成熟的过程,可能需要较少的内部审核。越是复杂的过程则可能需要较频繁的内部审核。

组织在策划审核时考虑的输入清单包括但不限于:

——过程的重要性和复杂程度;

——管理优先事项和质量管理体系的成熟度;

——过程的绩效和某些区域存在的历史遗留问题;

——影响组织的变更;

——以往审核的结果;

——顾客投诉趋势;

——法律和法规问题。

内部审核方案也应考虑审核时所用的方法。这些方法可以包括面谈、观察、抽样和对信息的评审。

作为最佳实践,组织应采用项目方法或者过程方法实施审核,而不建议单个采用 GB/T 19001—2016/ISO 9001:2015 标准的某个具体条款或要素来策划并实施审核。

4. 当分配人员实施审核时,组织应该确保审核过程的客观性和公正性。内部审核员不应该审核自己的工作。只要可能,实施内审的人员应尽可能独立于被审核过程。

在某些情况下,对于仅有 1~2 人的小型组织,这种要求难以实现。尤其是在更小的组织或者组织内要求有特定知识的区域,有必要由某个人员审核他们自己的工作,在这种情况下,承担审核任务的管理者,应避免直接参与组织运作,并尽量客观。

如果组织中仅有 2 人,可以一起进行审核。另一种方法是和其他小企业进行合作,互相进行内审。也可聘请当地的相关机构(行业协会、质量咨询组织、检测机构等)提供审核。例如,小型组织(12 人)最高管理者由总经理和质量经理组成。质量经理也是内审员。

5. 组织应该确定每次审核的准则和范围,作为策划审核活动的一部分。准则可依据特定标准或者要求,范围可以是特定部门、产品线、过程或设施。

对实施多个有相似要求管理体系标准的,实施联合审核(例如对管理体系结合审核或多体系审核)以减少重复的组织是有帮助的,这些信息通常会在审核计划中体现。

6. 每次内部审核完成后,审核组应将审核结果报告给相关的管理者。根据这些结果,相关的管理者可能需要采取适当的纠正或者纠正措施。

当需要采取纠正措施时,组织可以根据不符合的严重性来选择建立准则。组织宜规定建立响应和纠正不符合的时限,以确保这些不符合得到及时地解决。

报告内审结果,通常需编写每次审核的报告或总结,列出所有的审核发现和所采取的行动。审核报告及其记录的形式和内容不必复杂,简单明了可能更便于沟通。

如果上次审核提出了建议和纠正措施,本次审核应检查其有效性,并记录。在审核过程中,可能需要审核员观察满足要求的情况,但同时也可能会发现潜在的不足。在这种情况下,如果组织在审核报告中包括这些信息,它可以提供给管理者决定采取改进措施是否适当的信息。

7. 内部审核结果应该作为审核方案和审核实施的证据,并作为成文信息,予以保留。

审核结果的示例可以包括审核报告、纠正或者采取的纠正措施的证据(如培训、更新后的形成文件的信息)。

内部审核的结果需要作为管理评审的输入。因此,组织实施内部审核的时间通常安排在管理评审活动之前一定时间范围内进行,但不宜超过 30 个工作日。

8. 内部审核是质量管理体系的重要要素,该要素或过程的输出也是其他要素或过程的重要输入,诸如为质量管理体系及其过程(见 GB/T 19001—2016/ISO 9001:2015 标准 4.4 条款)、变更的策划(见

GB/T 19001—2016/ISO 9001:2015 标准 6.3 条款)、管理评审输入(见 GB/T 19001—2016/ISO 9001:2015 标准 9.3.2 条款)、持续改进(见 GB/T 19001—2016/ISO 9001:2015 标准 10.3 条款)等提供了必要的信息。

三、审核关注点

1. 审核员宜与受审核方相关部门或岗位人员沟通,了解其是否建立和保持内部审核的过程或程序。

2. 审核员需通过与受审核方沟通和索阅资料的方式,关注其所策划的审核方案是否包括频次、方法、职责、策划要求和报告等内容,并符合受审核方的实际状况和需要。

3. 审核员需通过与受审核方相关人员沟通和调阅资料的方式,关注其是否按照过程方法进行审核策划,并查看其审核计划覆盖了哪些过程,对过程的审核策划是否涵盖标准的适用要求。

4. 审核员需通过查看内审员的培训信息以及与内审员面谈的方式,关注受审核方所聘用的内审员的能力,并关注审核的独立性。

5. 审核员需通过抽查受审核方的审核记录,关注其审核的准备是否充分,审核实施是否满足审核策划的安排。

6. 审核员需通过调阅受审核方资料的方式,关注其相关区域的负责人是否按照要求针对其不符合采取了适当的纠正和纠正措施,并关注纠正措施的有效性。

7. 审核员需关注受审核方是否将审核结果在其内部进行适当的沟通,并报告给相关的管理者。

8. 必要时,审核员可调阅受审核方上一周期的审核记录或报告,关注其所输出的问题是否已得到纠正和验证,其所采取的措施是否已有效避免重复发生。

9. 必要时,审核员可通过与受审核方参与其内部审核的成员进行面谈交流和询问,关注其参与内部审核活动的实际情况。

9.3　管理评审

9.3.1　总　　则

一、标准要求

> 最高管理者应按策划的时间间隔对组织的质量管理体系进行评审,以确保其持续的适宜性、充分性和有效性,并与组织的战略方向保持一致。

二、标准释义

1. 管理评审是由最高管理者按照策划的安排,对其质量管理体系所进行的,与组织的战略方向保持一致的正式评价活动,其目的是为了评审有关质量管理体系绩效的信息以确定组织的质量管理体系是否:

——适宜,是否仍然适用其宗旨;

——充分,是否仍然充足;

——有效,能否实现预期结果。

管理评审过程,如图 1-6-4 所示。

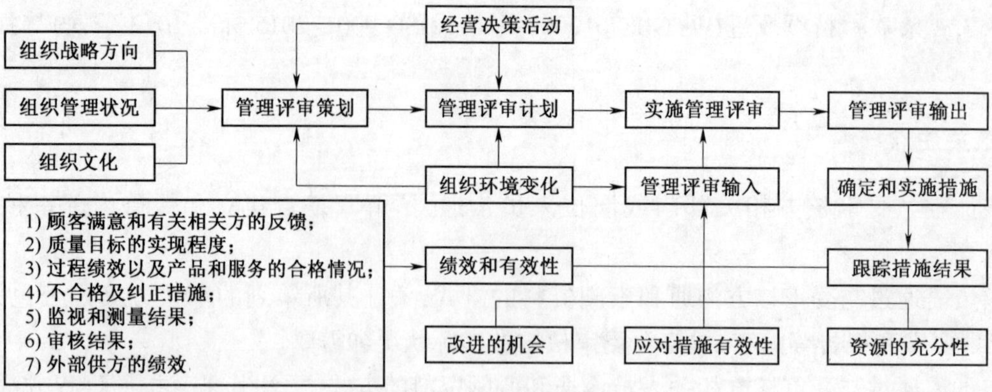

图 1-6-4　管理评审过程

2. 最高管理者应按照策划的时间间隔(策划的时间间隔可以是每天、每周、每月、每季度、每半年或每年)评审质量管理体系。

管理评审应当是高层次的,最高管理者不必对详尽信息进行彻底评审。管理评审应是较为宏观和具有战略意义的决策活动。在进行管理评审时,并不要求一次将所有的输入都要提到,但管理评审计划应该提及如何满足管理评审要求。管理评审计划的参考格式,见表 1-6-2。

表 1-6-2　管理评审计划

管理评审事项	管理评审输入要求	参加人员	时间	地点

3. 组织可以把管理评审作为单独活动来实施或与其他相关活动合并实施(例如会议)。组织没有必要,也不需要同时处理所有管理评审主题,评审可在一段时期内开展,并可能成为定期安排的管理活动的一部分。例如:董事会议或战略策划会议、业务策划、年度会议、运营会议,可以结合战略策划和经营策划合并进行,以避免重复多次会议。

对很多组织而言,没有必要把管理评审作为一项单独的活动。在接受审核,包括外部审核之前,组织只需将当期所有针对其管理评审的主题事项进行评审的相关证据汇总,并列出清单,应是可行的。

管理评审信息汇总清单的参考格式,见表 1-6-3。

表 1-6-3　管理评审信息汇总清单

评审时间	主题事项	参加人员	评审输出	评审证据	响应措施	责任部门	备注

4. GB/T 19001—2016/ISO 9001:2015 标准 9.3 条款的要求可以通过几次会议实现,评审的频度与组织的内部文化相关。

在小型组织中,每周召开的会议,所有的最高管理者都参与。然而,组织通常需要策划半年一次或一年一次全面的评审。虽然频繁的会议可以快速响应,解决问题,但半年或一年一次的全面评审可以收集反映关键绩效的信息、分析趋势、检查改进的状态和顾客反馈的结果。

如果实施策划的变化,则需要更频繁地进行评审。参与评审的人员应有所贡献并针对评审结果采取相应行动。

5. 管理评审的方式应适合组织的实际情况,可以包括:

——正式的面对面会议,有议程、形成会议纪要;

——可以是电话会议,网络会议。

6. 管理评审的总则部分是质量管理体系的主要要素,该要素或过程的输出也是其他要素或过程的重要输入,诸如为管理评审输入(见 GB/T 19001—2016/ISO 9001:2015 标准 9.3.2 条款)、管理评审输出(见 GB/T 19001—2016/ISO 9001:2015 标准 9.3.3 条款)等提供了必要的信息。

三、审核关注点

1. 审核员宜通过与受审核方相关部门或岗位人员沟通,了解其是否建立和保持管理评审过程或程序。

2. 审核员需通过与受审核方最高管理者沟通,了解其管理评审的方式以及策划的时间间隔,关注其是否已按策划的时间间隔实施了管理评审。

3. 审核员应通过与受审核方最高管理者沟通和交流,了解其是否将管理评审活动与经营决策活动结合在一起实施。

4. 必要时,审核员应注意甄别少数受审核方可能存在的来自"咨询专家"或办公室秘书的管理评审的信息。审核员可通过与参与管理评审活动的有关人员沟通,或通过面谈询问的方式,了解其参与管理评审活动的实际状况。

9.3.2　管理评审输入

一、标准要求

策划和实施管理评审时应考虑下列内容:

a)以往管理评审所采取措施的情况;

b)与质量管理体系相关的内外部因素的变化;

c)下列有关质量管理体系绩效和有效性的信息,包括其趋势:

1)顾客满意和有关相关方的反馈;

2)质量目标的实现程度;

3)过程绩效以及产品和服务的合格情况;

4)不合格及纠正措施;

5)监视和测量结果;

6)审核结果;

7)外部供方的绩效。

d)资源的充分性；

e)应对风险和机遇所采取措施的有效性(见 6.1)；

f)改进的机会。

二、标准释义

1. 充分的信息是循证决策的基础。管理评审输入与 GB/T 19001—2016/ISO 9001:2015 标准的其他条款直接相关,这包括数据的分析和评价(见 GB/T 19001—2016/ISO 9001:2015 标准 9.1.3 条款)。

管理评审输入包括:

——以往管理评审所采取的措施的状态(见 GB/T 19001—2016/ISO 9001:2015 标准 9.3.2 条款);

——组织内、外部环境中影响能力的因素的变化(见 GB/T 19001—2016/ISO 9001:2015 标准 4.1 条款);

——顾客满意和相关方反馈(见 GB/T 19001—2016/ISO 9001:2015 标准 8.2.1、9.1.2 和 4.2 条款);

——质量目标的达成结果(见 GB/T 19001—2016/ISO 9001:2015 标准 6.2 条款);

——过程绩效及产品和服务的合格情况(见 GB/T 19001—2016/ISO 9001:2015 标准 4.4 和 8.6 条款);

——不合格及纠正措施(见 GB/T 19001—2016/ISO 9001:2015 标准 10.2 条款);

——监视和测量结果(见 GB/T 19001—2016/ISO 9001:2015 标准 9.1.1 条款);

——审核结果(见 GB/T 19001—2016/ISO 9001:2015 标准 9.2 条款),适当时,包括顾客审核、监管机构和认证机构的审核结果;

——外部供方的绩效(见 GB/T 19001—2016/ISO 9001:2015 标准 8.4 条款);

——资源的充分性(见 GB/T 19001—2016/ISO 9001:2015 标准 7.1 条 a 款);

——应对风险和机会所采取措施的有效性(见 GB/T 19001—2016/ISO 9001:2015 标准 6.1 条款);

——改进机会(见 GB/T 19001—2016/ISO 9001:2015 标准 10.1 条款)。

管理评审输入应该用于确定趋势以便做出决策并采取与质量管理体系有关的措施。

2. 为了确定组织是否可以实现其预期结果,组织可以在管理评审中包括其他的项目(诸如新产品开发,财务结果或者新的业务机会,或与问题有关的相关信息,或产品使用或服务提供处的现场或市场机会)。这包括了在 GB/T 19001—2016/ISO 9001:2015 标准中要求监视和测量信息的那些要求(诸如在 GB/T 19001—2016/ISO 9001:2015 标准 4.1 和 4.2 条款中)。

管理评审也可以扩大至以覆盖 GB/T 19001—2016/ISO 9001:2015 标准中的其他要求。

3. 最高管理者应适时针对出现问题及时进行评审和处理,若等到下次管理评审才处理顾客抱怨,可能就已经失去顾客了。

管理评审应关注体系是否发生过同样的问题,所采取的措施是否适当,顾客是否满意,而不需要针对每个问题进行临时评审。组织应跳出具体的问题对质量管理体系进行总体评审。

4. 最高管理者应分析并确定重大趋势。不要在管理评审活动中浪费时间一遍又一遍地讨论无关紧要的问题。

管理评审应仔细考虑报告,以清晰地确定总体情况,而不是评审一系列琐碎细节。

分析和评价的结果应包括在管理评审中,其他应考虑:

——培训需求;

——供方问题；

——设备需求和维护；

——基础设施与运行环境等。

5. 管理评审输入是质量管理体系的重要要素，该要素或过程的输出也是其他要素或过程的重要输入，诸如为管理评审输出（见 GB/T 19001—2016/ISO 9001：2015 标准 9.3.3 条款）等提供了必要的信息。

三、审核关注点

1. 审核员需通过调阅受审核方管理评审资料的方式，关注其在一个运行或监督周期内是否已将标准所规定的管理评审的主体事项逐一进行了评价，且是否存在遗漏。

2. 审核员需将受审核方本次管理评审的输入与其上一次的管理评审的输入进行对比，检查是否存在类似同样的问题。若存在，此时，审核员需追踪其所采取纠正措施的有效性。

9.3.3　管理评审输出

一、标准要求

管理评审的输出应包括与下列事项相关的决定和措施：

a）改进的机会；

b）质量管理体系所需的变更；

c）资源需求。

组织应保留成文信息，作为管理评审结果的证据。

二、标准释义

1. 管理评审输出应该包括与改进有关的决策和措施（见 GB/T 19001—2016/ISO 9001：2015 标准 10.1 条款），质量管理体系所需的变更（见 GB/T 19001—2016/ISO 9001：2015 标准 6.3 条款）以及资源需求（见 GB/T 19001—2016/ISO 9001：2015 标准 7.1 条款）。

管理评审中所识别的措施状态应该包括在下一次管理评审的输入中。

为了及时采取措施，组织应该持续监视和评审这些活动。

2. 管理评审输出应确定做什么，分配任务，提供资源，确定评价指标以判断所采取的措施是否有效。通过识别这些事项，并根据评审的结果，组织可以进一步改进质量、战略和组织的计划。例如，作为已经实施的改进，解决了问题，组织有机会评审检测过程的有效性。

评审和审核是不一样的。最容易理解的是审核的结果是管理评审的输入。

3. 实施不同层次的局部评审的管理者应向最高管理者报告各自局部评审的结果。

4. 组织应保留可作为管理评审结果的证据的成文信息，包括评审所有的关注点、采取的措施、实施的时间表。

成文信息可以是多种形式，如工作日志、正式的会议纪要等，可以是纸质或电子版。

5. 管理评审输出是质量管理体系的重要要素，该要素或过程的输出也是其他要素或过程的重要输入，诸如为变更的策划（见 GB/T 19001—2016/ISO 9001：2015 标准 6.3 条款）、资源（见 GB/T 19001—2016/ISO 9001：2015 标准 7.1 条款）、改进（见 GB/T 19001—2016/ISO 9001：2015 标准 10.1 条款）、持续改进(见 GB/T 19001—2016/ISO 9001:2015 标准 10.3 条款)等提供了必要的信息。

三、审核关注点

1. 审核员应通过索阅受审核方所保留的作为管理评审结果证据的成文信息,关注其管理评审活动的有效性,并做好审核记录。

2. 审核员宜通过与受审核方相关部门或岗位人员沟通和查阅相关信息的方式,关注其针对管理评审输出结果所确定的改进方案或计划,并观察和记录其实施情况。

3. 审核员应通过类比的方式,将受审核方本次管理评审输出的结果与其上一周期管理评审的输出结果进行比较,关注受审核方的管理评审输出是否存在着重复性疑难问题,以及所采取措施的有效性。

4. 审核员需通过沟通和查阅资料的方式,关注受审核方所形成的管理评审的决定和措施是否能够支持其战略和战略方向,或是否与其战略有关。

第七章　改　进

10.1　总　　则

一、标准要求

> 组织应确定和选择改进机会,并采取必要措施,以满足顾客要求和增强顾客满意。
> 这应包括:
> a)改进产品和服务,以满足要求并应对未来的需求和期望;
> b)纠正、预防或减少不利影响;
> c)改进质量管理体系的绩效和有效性。
> 注:改进的例子可包括纠正、纠正措施、持续改进、突破性变革、创新和重组。

二、标准释义

1. 改进可以理解为一种循环的活动。改进是组织策划并实际实施为了实现预期结果和增强顾客满意的措施。

识别改进机会有助于通过改进产品和服务,纠正或者预防不利影响并改进质量管理体系的绩效和有效性,来持续满足顾客要求和期望。

当识别出改进机会,且改进需求是合理的,组织需要根据可获得的资源,确定如何实施改进。并确定实施改进的优先顺序。

组织应知晓改进不仅针对产品和服务,也可以针对质量管理体系本身。当识别了问题的原因,确定了纠正措施,改进就是循环采取行动直至达到益处的过程。

改进过程,如图 1-7-1 所示。

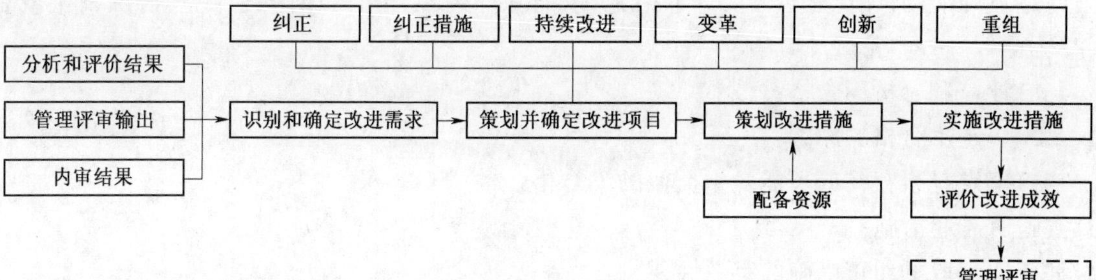

图 1-7-1　改进过程

2. 组织可采用不同的方法实施改进,例如:

——采取措施以避免不合格的再发生;

——实施创新,包括技术创新、管理创新、制度创新或过程(流程)创新;

——修改以及改进或实施新的过程的突破性项目;

——在现有过程内实施的小步骤的渐进式持续改进活动;

——纠正现有不合格的原因。

适当时，组织可通过采用纠正措施（见 GB/T 19001—2016/ISO 9001:2015 标准 10.2 条款）识别已发现问题（避免其再发生）的原因，然后针对其原因识别和确定出必要的方法并实施改进。

持续改进是一个采取防止再发生的措施，并实施约定能带来积极收益的过程。

改进措施可以实施于产品和服务以及管理体系中。

3. 改进至少应考虑以下方面：

（1）改进产品和服务以满足要求并关注未来的需求和期望；

（2）纠正、预防或减少不利影响；

（3）改进质量管理体系的绩效和有效性。

4. 改进是质量管理体系的主要要素，该要素或过程的输出也是其他要素或过程的重要输入，诸如为变更的策划（见 GB/T 19001—2016/ISO 9001:2015 标准 6.3 条款）、资源（见 GB/T 19001—2016/ISO 9001:2015 标准 7.1 条款）、运行的策划和控制（见 GB/T 19001—2016/ISO 9001:2015 标准 8.1 条款）等提供了必要的信息。

三、审核关注点

1. 审核员宜通过与受审核方相关部门或岗位人员沟通和调阅资料的方式，关注其是否已构建和保持改进的机制、过程或程序，以及是否已建立和保持了激励人员实施改进的措施或制度。

2. 审核员应与受审核方沟通和交流其近期所实施的改进项目，包括改进方案和计划。

3. 审核员需关注受审核方所确定的改进措施，以及改进措施的实施情况。

4. 审核员应了解受审核方实施改进项目的效果，包括经济效益。

10.2 不合格和纠正措施

一、标准要求

10.2.1 当出现不合格时，包括来自投诉的不合格，组织应：

a）对不合格做出应对，并在适用时：

1）采取措施予以控制和纠正不合格；

2）处置后果。

b）通过下列活动，评价是否需要采取措施，以消除产生不合格的原因，避免其再次发生或者在其他场合发生：

1）评审和分析不合格；

2）确定不合格的原因；

3）确定是否存在或可能发生类似的不合格。

c）实施所需的措施；

d）评审所采取的纠正措施的有效性；

e）需要时，更新在策划期间确定的风险和机遇；

f）需要时，变更质量管理体系。

纠正措施应与不合格所产生的影响相适应。

10.2.2 组织应保留成文信息，作为下列事项的证据：

a）不合格的性质以及随后所采取的措施；

b）纠正措施的结果。

二、标准释义

1. 当发生包括投诉的不合格时，组织应该采取措施来调查哪里出现问题，必要时纠正它并防止类似问题以后重复发生。

组织应该寻求永久消除有负面影响的问题的原因和对以下方面随后的影响：

——其结果；

——其产品、服务、过程或质量管理体系；

——顾客满意。

不合格处置与纠正措施控制过程，如图1-7-2所示。

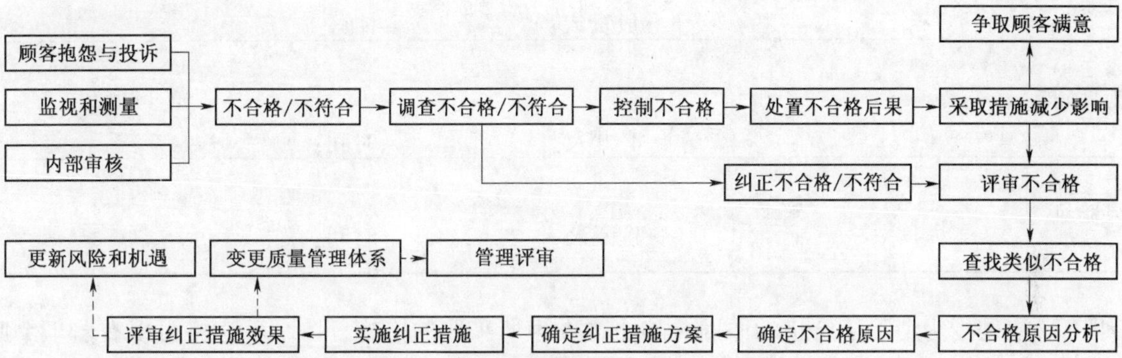

图1-7-2　不合格处置与纠正措施过程

2. 可能的不合格来源包括，但不局限于：

——内、外部审核发现(见GB/T 19001—2016/ISO 9001:2015标准9.2条款)；

——监视和测量结果(见GB/T 19001—2016/ISO 9001:2015标准8.4.2、8.5.1、8.6和9.1.1条款，如检验，产品和服务缺陷)；

——不合格输出(见GB/T 19001—2016/ISO 9001:2015标准8.7条款)；

——顾客投诉(见GB/T 19001—2016/ISO 9001:2015标准8.2.1条款)；

——与法律法规的不符合(见GB/T 19001—2016/ISO 9001:2015标准5.1.2条款)；

——外部供方的问题(见GB/T 19001—2016/ISO 9001:2015标准8.4.1和8.4.2条款，例如准时交付，接收检验)；

——员工识别出的问题(见GB/T 19001—2016/ISO 9001:2015标准7.4条款，例如通过员工建议箱获得)；

——上级、负责人或者过程巡查中的观察(见GB/T 19001—2016/ISO 9001:2015标准9.1.1条款)；

——保修索赔等(见GB/T 19001—2016/ISO 9001:2015标准8.5.5和8.5.1条款)。

组织应该采取措施控制和纠正不合格，在调查继续期间可以通过遏制问题来实现。

适用时，组织可能需要通知顾客或者外部供方使其知道不合格，并提供已交付产品或服务的潜在或者实际的影响的有关信息。

3. 当发生了内部不合格(诸如产品和服务，或质量管理体系及其过程运行的不合格)，或来源于外部的顾客抱怨，质保索赔或遇到供方发生问题，则需要采取纠正和纠正措施。

纠正措施表单参考格式，见表1-7-1。

表1-7-1　纠正措施要求表

不合格描述	经办人：　　　　时间：
纠正方案	负责人：　　　　时间：
原因分析	负责人：　　　　时间：
纠正措施方案	负责人：　　　　时间：
措施评审	审批人：　　　　时间：
效果验证	验证人：　　　　时间：

纠正措施是指为消除不合格的原因并防止再发生所采取的措施。一个不合格可以有若干个原因。

采取纠正措施是为了防止再发生,而采取预防措施是为了防止发生。

在纠正措施实施之前,识别不合格产品和服务,处置不合格,是纠正。纠正的示例包括返工、标识、隔离、召回等。

在评价不合格所需的措施时,组织需要考虑可能存在不合格的原因不能被消除的情况。因此,组织需要考虑在不合格再次发生时所采取的针对不合格进行纠正的措施,并将不合格的影响降低至最小。

4. 组织应该评审和分析不符合,以确定其原因,并查找是否在其他区域也存在类似不合格,或者可能已在其他地方发生或者可能发生。

组织应该根据不符合的潜在影响来确定需要采取的措施的程度。

组织应该根据评审来实施任何所需的措施,这可以通过使用诸如以下方法来实现,但不限于:

——根本原因分析;

——8D问题解决方法;

——潜在失效模式和影响分析;

——或鱼骨(刺)图或排列图。

5. 组织应该通过确认(基于证据)措施是否已经得到实施或者纠正是否已经采取,以评审纠正措施的有效性。这可以通过观察过程的绩效或评审成文信息得以实现。

为了确保有效实施能够得以验证,组织可以在评审所采取措施前确定大致的时间。这会因解决不符合所需措施的复杂程度和需要的资源不同而不同。问题的类型和对组织带来的风险决定所需采取的措施。

组织不需要在给组织带来很少益处的问题上花费大量金钱。但需要评定问题带来的隐藏成本。例如,因为原材料有瑕疵而要报废加工后的材料,但原材料的加工成本(设备时间、燃料和劳动力)可能很大,增加了报废的成本。

6. 组织应该考虑和评价在一个领域采取的纠正措施是否会对组织另一个领域产生负面影响。通过对纠正措施的实施状况和所获得的结果进行评审后,组织应该考虑在以前的策划(见GB/T 19001—

2016/ISO 9001:2015标准6.1条款）过程中是否还有风险和机遇没有得到确定。必要时，可对此策划进行更新。

7. 组织应保留成文信息用来表明已经采取了纠正或纠正措施，包括不符合的详细信息（如不符合表述，不符合项分级——主要或者次要，根本原因分析，策划的纠正和纠正措施）。

示例包括纠正措施表或能够证明已经采取措施的数据库及证据。

组织也应保留所采取的任何措施的成文信息。这可包括证实措施的证据，例如：数据收集、试验、报告、对成文信息的更改，质量管理体系的绩效和有效性。

8. 不合格和纠正措施是质量管理体系的重要要素，该要素或过程的输出也是其他要素或过程的重要输入，诸如为变更的策划（见GB/T 19001—2016/ISO 9001:2015标准6.3条款）、资源（见GB/T 19001—2016/ISO 9001:2015标准7.1条款）、管理评审输入（见GB/T 19001—2016/ISO 9001:2015标准9.3.2条款）等提供了必要的信息。

三、审核关注点

1. 审核员宜通过与受审核方相关部门或岗位人员沟通，了解其是否建立和保持不合格和纠正措施的过程或程序。

2. 审核员可通过与受审核方沟通或现场观察的方式，了解其是否针对不合格进行了分类，或建立和保持不合格的分类台账。

3. 审核员需通过与受审核方沟通、调阅资料和现场观察的方式，关注其针对不合格所采取的应对措施是否适宜和有效。

4. 审核员需通过调阅和抽查受审核方针对不合格所采取的纠正措施的资料，关注其针对不合格的原因分析是否到位，是否分析到导致不合格的末梢原因。

5. 审核员需通过与受审核方相关区域的有关人员沟通、交流和现场观察的方式，关注其是否存在类似不合格重复发生的情况。

6. 审核员需查看和记录受审核方所保留的有关不合格的性质以及随后所采取的措施，以及与纠正措施的结果有关的成文信息是否完整和有效。

10.3　持续改进

一、标准要求

组织应持续改进质量管理体系的适宜性、充分性和有效性。

组织应考虑分析和评价的结果以及管理评审的输出，确定是否存在需求和机遇，这些需求和机遇应作为持续改进的一部分加以应对。

二、标准释义

1. 组织应持续改进质量管理体系的适宜性、充分性和有效性。适宜性是指组织所建立的质量管理体系是否适合其组织宗旨和战略方向，适合于组织的文化和质量管理体系过程运行活动的特点。充分性是指组织所建立和保持的质量管理体系是否持续充分满足所选定的标准要求，包括顾客要求和适用的法律法规要求，并已得到有效实施。有效性是指组织是否已经实现其质量管理体系的预期结果。

改进是提高绩效的活动。该活动可以是循环的或一次性的。

持续改进可以包括能提高过程输出、产品和服务的一致性的措施，以便改善不合格输出的水平和减少变异。实施这些改进是为了提升组织绩效并使其顾客和相关方受益。

持续改进源自最高管理者设定的目标，可以是提升内部效率(组织保持经济上的竞争力)、顾客需求、市场绩效方面的改进。例如，在航空行业，不合格产品的可接受率是0%，那么，组织在"可接受率"方面不宜设置改进目标。可以设置内部效率和竞争力(如创新)方面的改进目标。

质量管理体系的改进之处的示例包括：内部沟通、后续活动、文件程序、管理评审会议的有效性、顾客反馈体系、培训项目(例如管理类或内审员培训)。

2. 持续改进应理解为循环的活动。这就是说当识别了改进机会，并且是合理的，组织应确定根据可获得的资源如何实施。

组织应该考虑分析和评价的结果(见GB/T 19001—2016/ISO 9001:2015标准9.1.3条款)、内部审核(见GB/T 19001—2016/ISO 9001:2015标准9.2条款)和管理评审(见GB/T 19001—2016/ISO 9001:2015标准9.3条款)来确定是否需要制定持续改进的措施的必要性。

组织应该考虑必要的措施以改进质量管理体系的适宜性、充分性和有效性。

3. 有多种方法和工具可供组织考虑来实施持续改进活动，包括但不局限于：六西格玛、精益生产、持续改善。

质量管理体系就是组织指导和控制活动的一种方法，这些活动都直接或间接与满足顾客要求相关。宽泛地说，就是组织将策划、过程、资源和成文信息进行整合，以实现质量目标，满足顾客要求，改进质量管理体系，最终改进产品和服务质量。

组织应该把对产品、服务和过程的改进，以及其质量管理体系的绩效和有效性看做持续改进活动的结果。

4. 持续改进是质量管理体系的主要要素，该要素或过程的输出也是其他要素或过程的重要输入，诸如为改进(见GB/T 19001—2016/ISO 9001:2015标准10.1条款)等提供了必要的信息。

三、审核关注点

1. 审核员需通过与受审核方最高管理者沟通交流，关注其是否定期进行改进需求分析。

2. 审核员应通过与受审核方相关部门或人员沟通的方式，关注其在续改进质量管理体系的适宜性、充分性和有效性所采取措施的有效性。

3. 审核员需通过与受审核方交流、调阅资料和现场观察的方式，了解其在实施改进过程中所采用的改进方法和工具的适宜性和有效性，并关注其改进方法和改进工具的应用情况和应用效果。

第二部分

2016 版环境管理体系审核关注点

第一章　组织所处的环境

4.1　理解组织及其所处的环境

一、标准要求

组织应确定与其宗旨相关并影响其实现环境管理体系预期结果的能力的外部和内部问题。这些问题应包括受组织影响的或能够影响组织的环境状况。

二、标准释义

1. 环境管理体系是组织管理体系的重要组成部分，是由用于制订环境方针和环境目标以及实现这些目标的过程所需的一系列相互关联或相互作用的要素所组成，包括组织的结构、角色和职责、策划和运行、绩效评价和改进等。环境管理体系是组织用来管理其环境因素、履行合规义务，并应对风险和机遇的体系。

2. 理解组织及其所处的环境很重要，组织应在对自身了解和理解的基础上，在策划、保持和完善环境管理体系过程中，统筹考虑其与组织环境的关系。因为组织运营不是孤立的，而是被诸多的外部和内部问题所影响，例如资源的可获得性和其员工的参与等。组织所处的环境可包括组织的复杂性、结构、活动，以及整个组织职能单元所在的地理位置以及所在地区发展的水平。

3. 为建立、实施、保持和持续改进环境管理体系，组织应当认识和确定其运行所处的环境。组织所处的环境应当包括与其宗旨相关并影响其实现环境管理体系预期结果的能力的外部和内部问题。组织的宗旨体现在其愿景和使命之中。

理解组织及其所处的环境，并确定其内、外部问题是一个过程，如图 2-1-1 所示。

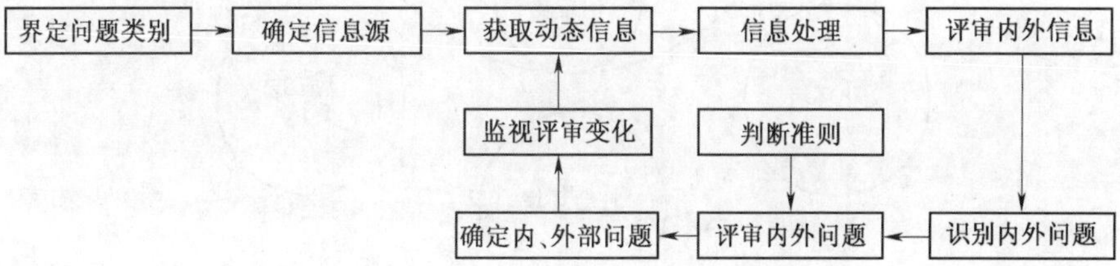

图 2-1-1　内、外部问题分析过程

4. 组织在确定与其宗旨相关并影响其实现环境管理体系预期结果的能力的外部和内部问题过程中，应注意并非所有问题均与环境管理体系，以及环境管理体系实现其预期结果的能力有关，也并非所有问题都会影响到组织的宗旨或导致宗旨的变化，GB/T 24001—2016/ISO 14001:2015 标准 4.1 条款旨在针对可能对组织管理其环境职责的方式产生影响（正面的或负面的）的重要问题提供一个高层次的、概念性的理解。这些问题可能是组织的重要议题，也可能是组织需要重点探讨和讨论的问题，或是对组织实现其设定的环境管理体系预期结果的能力造成影响的变化着的情况。

5. 要理解哪些内、外部问题对组织而言是重要的，组织通常可以考虑以下方面：

——关键驱动因素和趋势，例如与环境状况或相关方关注有关的；

——能给环境或组织带来难题的，诸如政府对污染物的排放限制愈加严厉；

——能产生有益效果的问题，包括能改进环境绩效的创新，诸如清洁能源的使用和设备能耗降低方面的创新及其应用；

——能提供竞争优势，包括降低成本，为客户增值，或改善组织的声誉和形象。

6. 在确定这些内、外部问题时，需要密切关注其所确定的问题是否与组织的宗旨有关，是否可以影响到环境管理体系实现预期结果的能力，如图2-1-2所示。

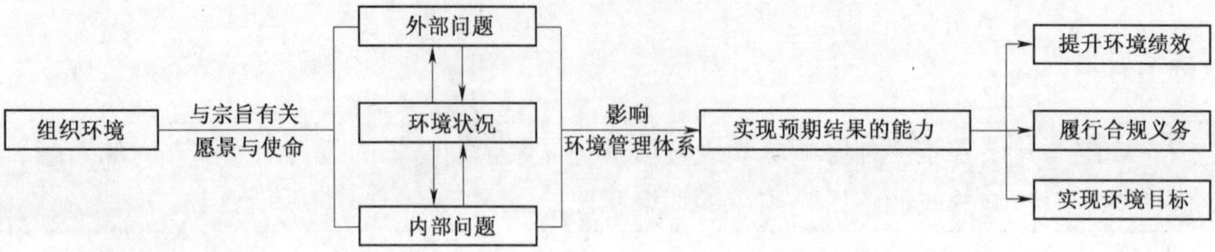

图2-1-2　内、外部问题分析

组织环境是指对组织建立和实现环境目标、履行合规义务和改善环境绩效的方法或措施有影响的内部和外部问题的组合，如图2-1-3所示。

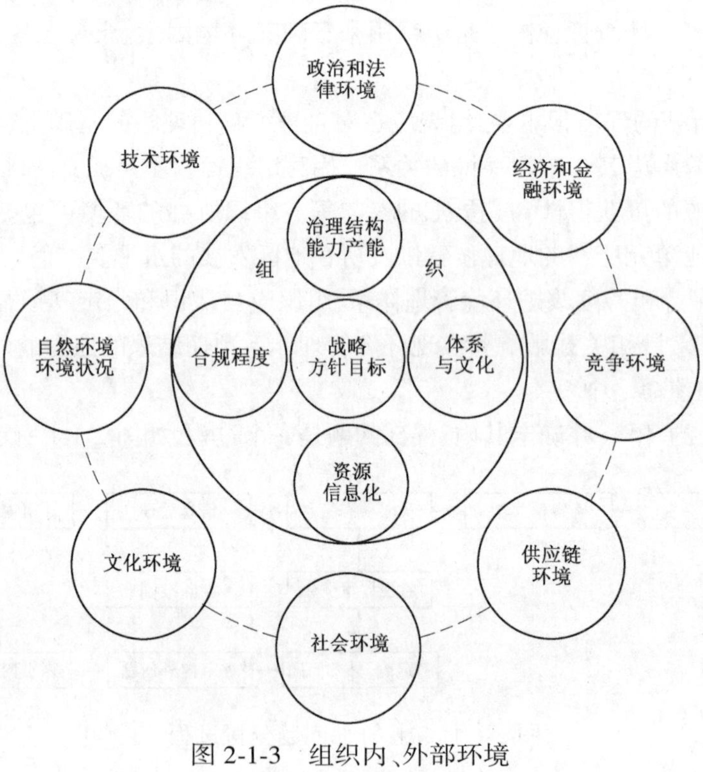

图2-1-3　组织内、外部环境

7. 与组织所处的环境可能相关的内、外部问题示例如下：

（1）与气候、空气质量、水质量、土地使用、现存污染、自然资源的可获得性、生物多样性等相关的，可能影响组织目的或受组织环境因素影响的环境状况；

（2）外部的文化、社会、政治、法律、监管、财务、技术、经济、自然以及竞争环境，无论是国际的、国内的、区域的和地方的；

（3）组织内部特征或条件，例如：其活动、产品和服务、战略方向、文化与能力（即：人员、知识、过程、体系)。

在这里,需要注意的是组织所识别和确定的影响其实现环境管理体系预期结果的能力的外部和内部问题,还应包括受组织影响的环境状况,诸如组织周边的自然环境和社区环境的环境状况,以及能够影响组织的环境管理预期结果的其所处区域或周边的环境状况。

环境状况是指在某个特定时间点确定的环境的状态或特征。随着工业化革命的发展,一段时期内其环境状况变得异常糟糕,不管是对社会或是对组织的生存和发展都带来了巨大的压力。

组织应获取理解组织及其所处的环境所需的知识。这些知识应该与所确定的内、外部问题有关。

8. 理解组织及其所处的环境是环境管理体系的重要要素,该要素或过程的输出也是其他要素或过程的重要输入,诸如为理解相关方的需求和期望(见 GB/T 24001—2016/ISO 14001:2015 标准 4. 2 条款)、环境管理体系的范围(见 GB/T 24001—2016/ISO 14001:2015 标准 4. 3 条款)、环境方针(见 GB/T 24001—2016/ISO 14001:2015 标准 5. 2 条款)、应对的风险和机遇的措施(见 GB/T 24001—2016/ISO 14001:2015 标准 6. 1 条款)、环境目标及其实现的策划(见 GB/T 24001—2016/ISO 14001:2015 标准 6. 2 条款)、信息交流(见 GB/T 24001—2016/ISO 14001:2015 标准 7. 4 条款)、管理评审(见 GB/T 24001—2016/ISO 14001:2015 标准 9. 3 条款)等提供了必要的信息。

9. 为便于组织识别和确定与其宗旨相关并影响其实现环境管理体系预期结果的能力的外部和内部问题。在这里,我们提供一种简单的表单,便于相关组织进行内、外部环境中问题的识别、确定、分析和控制时参考,见表 2-1-1。

表 2-1-1　内、外部环境问题清单

内、外部问题	影响对象或区域	涉及过程或活动	重要程度	责任者	识别时间

三、审核关注点

1. 审核员宜与受审核方最高管理者或相关部门或岗位人员沟通,了解其是否建立和保持理解组织及其所处的环境的过程或程序。

2. 审核员应基于对受审核方及其受审核方所处行业动态和环境状况及其变化的了解,与其最高管理者沟通其所确定的影响其实现预期结果的能力的内、外部问题的适宜性和充分性,并记录受审核方所确定的内、外部问题的信息。审核员宜关注受审核方既有能力的优势和劣势。

3. 审核员需综合所获得的信息,判断和确认受审核方所确定的内、外部问题是否与其宗旨有关,或是否会导致其对宗旨进行调整,且影响实现其环境管理体系预期结果的能力。

4. 审核员需结合对受审核方的后续审核获得的信息对受审核方所确定的内、外部问题的适宜性和充分定做出进一步的判断。

5. 审核员需通过调阅资料和沟通的方式,关注受审核方是否对所确定的内部和外部因素的动态信息进行适当的监视和评审,以及实施监视和评审的频次、时机和及时性,包括结合管理评审活动实施评审的情况。

6. 审核员需通过与受审核方相关部门或岗位人员沟通,了解其为了准确理解内、外部问题需要获得哪些相关知识，以及如何获取和分享这些知识。

7. 审核员需注意影响其受审核方相关能力的内、外部问题并非是风险和机遇，但风险和机遇蕴藏在内、外部问题之中。

4.2　理解相关方的需求和期望

一、标准要求

组织应确定：

a）与环境管理体系有关的相关方；

b）这些相关方的有关需求和期望（即要求）；

c）这些需求和期望中哪些将成为其合规义务。

二、标准释义

1. 相关方是指那些能够影响决策或活动、受决策或活动影响，或感觉自身受到决策或活动影响的个人或组织，通常包括顾客、社区、供方、监管部门、非政府组织、投资方和组织内员工，如图 2-1-4 所示。

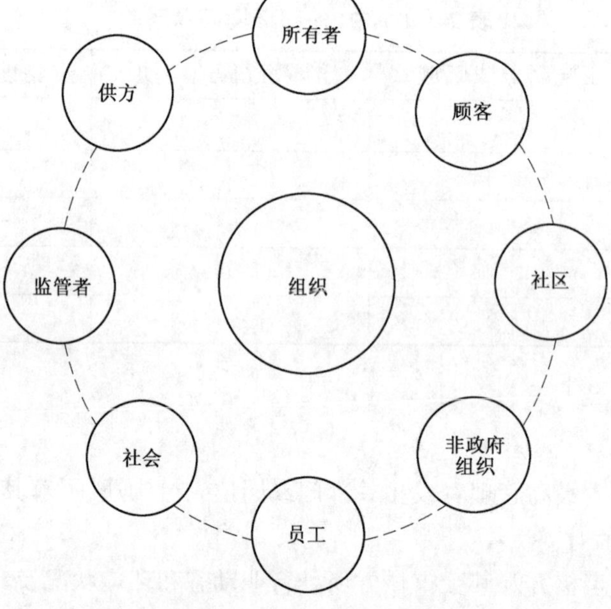

图 2-1-4　相关方

相关方也是组织运行所处环境的一部分，在组织评审其所处的环境时应当予以考虑。确定相关方并与其建立联系以开展信息交流，从而能促进互相理解、信任和尊重。

相关方可以是组织内部或外部的。

相关方可能会随时间变化，并且取决于组织运行所处的领域或行业，或地理位置。作为组织所处环境一部分的内部或外部问题的变化，可导致相关方的变化。

2. 组织应当确定与环境管理体系有关的相关方，以及这些相关方的需求和期望。组织可以从识别相关方的有关需求和期望的过程中受益，目的是在这些需求和期望中确定必须遵守的以及可以选择遵守的（即其合规义务）。所使用的方法和资源可能因实际情况而不同，例如：组织的性质和规模、财务能力、需要应对的风险和机遇，以及组织环境管理的经验等。

GB/T 24001—2016/ISO 14001:2015 标准希望组织对那些已确定与其有关的内、外部的相关方所明示的需求和期望有一个总体的(即高层次非细节性的)理解,以便在确定其合规义务时能够考虑所获取的知识。

3. 组织在确定有关相关方的需求和期望时,应特别关注有关相关方的需求和期望中那些与组织必须履行的合规义务一致或重合的部分,因为一些相关方的要求体现了强制性的需求和期望,且这些需求和期望已被纳入法律、法规、规章、政府或甚至法庭判决的许可和授权中。

在监管理机构规定了要求的情况下,组织应当获取各领域适用的法律法规知识,例如空气质量标准、排放限值、废物处理法规、设备运行的许可要求等。

在自愿承诺方面,组织应当获取有关需求和期望的广泛知识,例如顾客要求、自律守则,以及与社区或公共机构之间的协议等。这些知识能够使组织理解自愿承诺对实现其环境管理体系预期结果的意义。

组织可决定是否自愿接受或采纳有关相关方的其他需求和期望(例如:纳入合同关系或签署自愿性协议)。因为,组织一旦选择和确定满足有关相关方的需求和期望,即成为组织的合规义务(见 GB/T 24001—2016/ISO 14001:2015 标准 6.1.1 和 6.1.3 条款)。

GB/T 24001—2016/ISO 14001:2015 标准 4.2 条款与 6.1.3 条款合规义务存在交集,前者是后者的输入。

4. 相关方要求识别过程,如图 2-1-5 所示,组织可通过其过程识别和确定有关相关方的需求和期望。

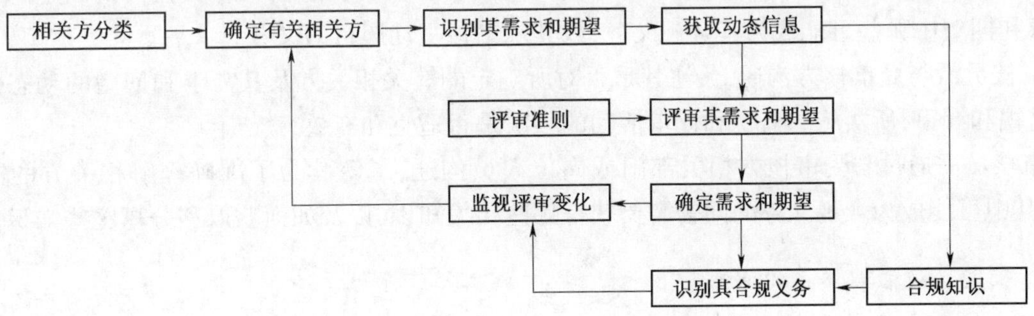

图 2-1-5　相关方要求识别过程

在理解本条款时,需要注意的是并非所有有关相关方的与组织需要履行的合规义务之外的所有要求都必须得到满足。除非组织认为应该采纳时,则这些需求和期望才会成为组织的合规义务。

组织应获取理解相关方的需求和期望所需的知识。这些知识应该与所确定的合规义务有关。

5. 理解相关方的需求和期望是环境管理体系的重要要素,该要素或过程的输出也是其他要素或过程的重要输入,诸如为环境管理体系的范围(见 GB/T 24001—2016/ISO 14001:2015 标准 4.3 条款)、环境方针(见 GB/T 24001—2016/ISO 14001:2015 标准 5.2 条款)、应对的风险和机遇的措施(见 GB/T 24001—2016/ISO 14001:2015 标准 6.1 条款)、合规义务(见 GB/T 24001—2016/ISO 14001:2015 标准 6.1.3 条款)、环境目标及其实现的策划(见 GB/T 24001—2016/ISO 14001:2015 标准 6.2 条款)、信息交流(见 GB/T 24001—2016/ISO 14001:2015 标准 7.4 条款)、管理评审(见 GB/T 24001—2016/ISO 14001:2015 标准 9.3 条款)等提供了必要的信息。

6. 为便于组织识别和确定与环境管理体系有关的相关方的需求和期望,在这里,我们提供一种简单的表单,便于相关组织理解和选用,见表 2-1-2。

表 2-1-2　有关相关方要求识别清单

相关方需求和期望	对应合规义务	涉及过程或活动	重要程度	责任者	时间

三、审核关注点

1. 审核员宜通过与受审核方相关部门或岗位人员沟通，了解其是否建立和保持理解相关方的需求和期望的过程或程序。

2. 审核员需通过与受审核方相关部门或岗位人员沟通，关注其所识别和确定的有关相关方是否充分，且没有遗漏其重要的有关相关方及其需求和期望。

3. 审核员需通过与受审核方沟通和观察，并调阅相关资料，了解其获取有关相关方需求和期望的渠道和方法，关注其有关相关方的需求和期望是否涉及经营范围、行政许可范围、排污许可范围和限值等。

4. 审核员需通过与受审核方相关部门或岗位人员沟通和调阅相关资料，关注其所确定的有关相关方的需求和期望中哪些可能成为其合规义务，或其承诺拟主动履行的义务。

5. 审核员需与受审核方沟通，关注其是否对所确定的有关相关方及其需求和期望的动态信息进行适当的监视和评审，所实施的监视和评审活动的频次是否适宜和有效。

6. 审核员需通过与受审核方相关部门或岗位人员沟通，了解其为了准确理解相关方的需求和期望，包括其中可能成为合规义务的问题需要获得哪些相关知识，以及如何获取和分享这些知识。

4.3　确定环境管理体系的范围

一、标准要求

> 组织应确定环境管理体系的边界和适用性，以界定其范围。
> 确定范围时组织应考虑：
> a)4.1 所提及的内、外部问题；
> b)4.2 所提及的合规义务；
> c)其组织单元、职能和物理边界；
> d)其活动、产品和服务；
> e)其实施控制与施加影响的权限和能力。
> 范围一经确定，在该范围内组织的所有活动、产品和服务均须纳入环境管理体系。
> 范围应作为文件化信息予以保持，并可为相关方获取。

二、标准释义

1. 组织应当确定环境管理体系的边界和适用性，以确定其范围。范围是对包含在其环境管理体系边界内的组织运行或业务过程的真实并具代表性的声明。每个组织的范围都是特定的。

环境管理体系的范围旨在明确组织应用环境管理体系的物理边界，尤其是当组织如果属于某大型组织的一部分时，组织可自主灵活地界定其边界，但应满足合规义务的规定，应与其组织的环境评价的相关信息相一致。

2. 组织在确定环境管理体系范围时应考虑：

(1) GB/T 24001—2016/ISO 14001:2015 标准 4.1 条款所提及的内、外部问题，包括受组织影响的或能够影响组织的环境状况。

(2) GB/T 24001—2016/ISO 14001:2015 标准 4.2 条款所提及的合规义务（注意，此处并非是有关相关方的所有需求和期望，而仅是这些需求和期望中那些成为合规义务的部分）。

(3) 其组织单元、职能和物理边界。

(4) 其活动、产品和服务。

(5) 其实施控制与施加影响的权限和能力。

3. 组织可选择在整个组织内实施 GB/T 24001—2016/ISO 14001:2015 标准，或只在组织的特定部分实施，但前提是该部分的最高管理者有权限建立环境管理体系。

最高管理者有权自主和灵活地确定组织的环境管理体系的范围。范围可以包括整个组织或组织的特定运行单元。组织应当理解其对活动、产品和服务的控制或影响的程度。

确定环境管理体系的范围时，组织应当考虑外部提供的活动、产品和服务。组织可以通过其领导作用对具有或可能具有重大环境影响的外部提供的活动、产品和服务予以控制，组织应运用生命周期观点考虑其对活动、产品和服务能够实施控制或施加影响的程度，或可以通过合同和其他协议对他们施加影响。

确定环境管理体系范围的过程如图 2-1-6 所示。

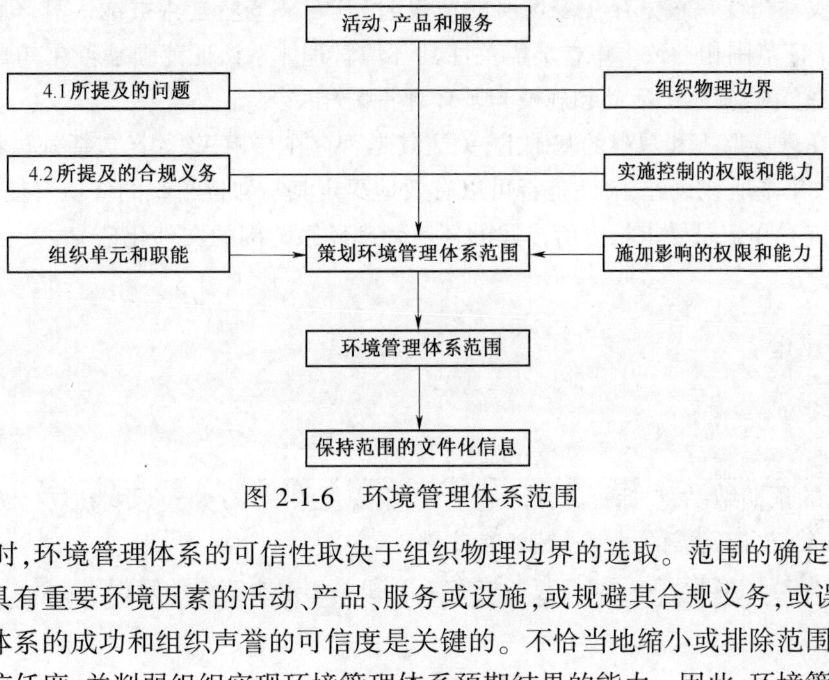

图 2-1-6　环境管理体系范围

4. 确定范围时，环境管理体系的可信性取决于组织物理边界的选取。范围的确定应当确保不排除那些具有或可能具有重要环境因素的活动、产品、服务或设施，或规避其合规义务，或误导相关方，这对于组织环境管理体系的成功和组织声誉的可信度是关键的。不恰当地缩小或排除范围会降低相关方对环境管理体系的信任度，并削弱组织实现环境管理体系预期结果的能力。因此，环境管理体系的范围的确定不应被个别组织用来排除具有或可能具有重要环境因素的活动、产品、服务或设施，或规避其合规义务。

5. 当范围仅限于大型组织的一部分时，最高管理者通常指的是组织该部分的最高管理者。然而，在组织的更高级别的最高管理者可以保留指导和支持环境管理体系的职责。如果组织改变其控制或影响的范围、扩大其运行范围、获得更多资产、或剥离业务或资产，则应当重新考虑范围，以及由此带来的可能影响环境管理体系的其他变化。

6. 组织一旦界定并确定其环境管理体系范围，那么，属于其环境管理体系范围之内的所有活动、产品和服务均须纳入其环境管理体系。

7. 组织应当保持范围的文件化信息，并可为相关方所获取。可采用下列几种方式：文字描述，在平面图上、组织图解中、网页上标注；或发布符合性的公开声明。当将其范围形成文件时，组织可以考虑使用一种标示所包含的活动、产品和服务，以及它们的应用和（或）发生的地理位置的方式。采用这种方式表述范围的示例包括：

——在地点A（地理边界）内燃机及其配件的制造和服务；

——面向个人和组织的在线培训的营销、设计和实施（职能边界）。

8. 确定环境管理体系的范围是环境管理体系的重要要素，该要素或过程的输出也是其他要素或过程的重要输入，诸如为环境管理体系（见GB/T 24001—2016/ISO 14001:2015标准4.4条款）、环境方针（见GB/T 24001—2016/ISO 14001:2015标准5.2条款）、应对的风险和机遇的措施（见GB/T 24001—2016/ISO 14001:2015标准6.1.1条款）、环境因素（见GB/T 24001—2016/ISO 14001:2015标准6.1.2条款）、合规义务（见GB/T 24001—2016/ISO 14001:2015标准6.1.3条款）、环境目标及其实现的策划（见GB/T 24001—2016/ISO 14001:2015标准6.2条款）、信息交流（见GB/T 24001—2016/ISO 14001:2015标准7.4条款）等提供了必要的信息。

三、审核关注点

1. 审核员应在对受审核方进行现场巡视和观察所获信息的基础上与其相关部门或岗位人员沟通其环境管理体系的范围，关注其是否存在不适当地排除包含有重要环境因素的过程、活动和区域。

2. 审核员需关注当受审核方存在多场所的情景时，其有关场所是否被纳入其环境管理体系范围，并与其所申请的认证范围相一致。审核员需关注其环境管理体系认证范围是否在其属地监管机构所确定的排污许可范围之内，其生产活动和规模与其环评批复相一致。

3. 审核员需在现场巡视和观察的基础上，关注其是否存在与相邻组织（包括外包组织）共用一个排污渠道或废弃物收集场所或设施，关注是否可以有效地界定其与邻近组织的环境责任。

4. 审核员应查看和记录受审核方所描述的环境管理体系范围的文件化信息，关注其范围的描述是否合理并可被接受。

4.4 环境管理体系

一、标准要求

为实现组织的预期结果，包括提升其环境绩效，组织应根据本标准的要求建立、实施、保持并持续改进环境管理体系，包括所需的过程及其相互作用。

组织建立并保持环境管理体系时，应考虑在4.1和4.2中所获得的知识。

二、标准释义

1. 为了实现组织的预期结果，包括提升其环境绩效，组织应按照GB/T 24001—2016/ISO 14001:2015标准的要求，基于PDCA循环的思想，建立、实施、保持并持续改进环境管理体系，包括所需的过程及其相互作用，如图2-1-7所示。

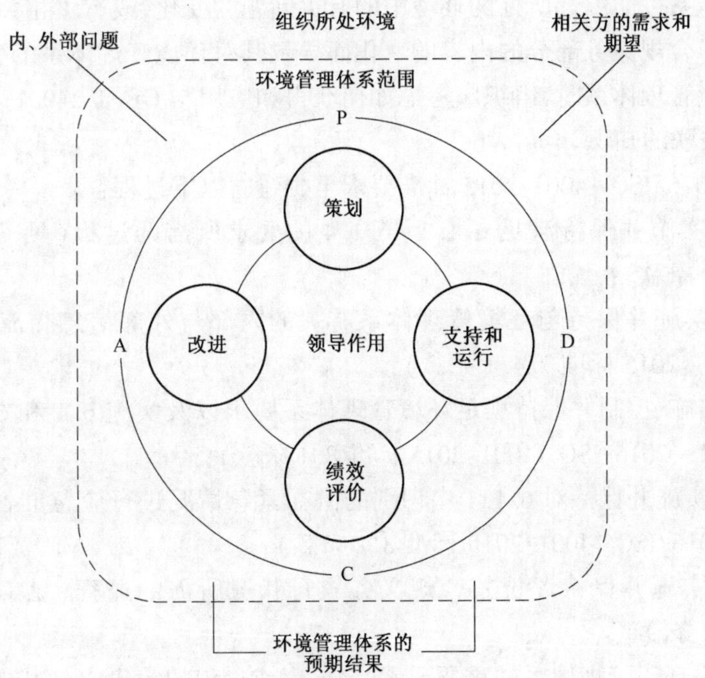

图 2-1-7 环境管理体系的 PDCA 循环

组织环境管理体系的预期结果包括：

(1)提升环境绩效；

(2)履行合规义务；

(3)实现环境目标。

环境绩效是指与环境因素的管理有关的绩效。对于一个环境管理体系,可能依据组织的环境方针、环境目标或其他准则,运用参数来测量结果。

2. 组织有权力和责任决定其自身如何满足 GB/T 24001—2016/ISO 14001:2015 标准要求,包括识别和确定以下事项的详略程度:

(1)建立一个或多个过程,以确信它(们)按策划得以控制和实施,并实现期望的结果。

过程是指将输入转化为输出的一系列相互关联或相互作用的活动。组织为确保对其环境因素实施控制,履行其合规义务,提高其环境绩效,实现其环境管理体系的预期结果。组织在按照 GB/T 24001—2016/ISO 14001:2015 标准的要求建立、实施、保持并持续改进其环境管理体系时,应识别和确定提升其环境绩效所需的过程,以及过程的顺序和相互作用。

(2)组织在建立、实施、保持并持续改进环境管理体系过程中,应将环境管理体系要求融入其各项业务过程中,例如:设计和开发、采购、生产和服务提供、人力资源、营销和市场等。避免产生两张皮的情况。

(3)将与组织所处的环境(见 GB/T 24001—2016/ISO 14001:2015 标准 4.1 条款)和相关方要求(见 GB/T 24001—2016/ISO 14001:2015 标准 4.2 条款)有关的问题纳入其环境管理体系。

组织应将所确定与其宗旨相关并影响其实现环境管理体系预期结果的能力的外部和内部问题,包括受组织影响的或能够影响组织的环境状况,以及组织所确定的与环境管理体系有关的相关方的有关需求和期望(即要求)中哪些将成为其合规义务的相关问题纳入到其环境管理体系之中予以控制。

3. 组织如果仅在其内部一个或多个特定部分实施 GB/T 24001—2016/ISO 14001:2015 标准,则可采用组织针对其他部分制定的环境方针、过程和文件化信息来满足 GB/T 24001—2016/ISO 14001:2015 标准的要求,只要它们适用于哪个(些)特定部分。

组织的环境管理体系可能因其所处的环境中的有关问题的变化,或有关相关方的有关需求和期望,包括那些已经成为组织合规义务部分的内容的变化而导致其对环境管理体系的变更。

在建立并保持环境管理体系时,组织应考虑如何获得和应用与 GB/T 24001—2016/ISO 14001:2015 标准 4. 1 和 4. 2 条款关联的知识。

4. GB/T 24001—2016/ISO 14001:2015 标准要求至少建立以下过程:

(1) 组织应建立、实施并保持满足 6. 1. 1 ~ 6. 1. 4 的要求所需的过程(见 GB/T 24001—2016/ISO 14001:2015 标准 6. 1. 1 条款);

(2) 组织应建立、实施并保持与环境管理体系有关的内部与外部信息交流所需的过程(见 GB/T 24001—2016/ISO 14001:2015 标准 7. 4. 1 条款);

(3) 组织应建立实施、控制并保持满足环境管理体系要求以及实施 6. 1 和 6. 2 所识别的措施所需的过程(见 GB/T 24001—2016/ISO 14001:2015 标准 8. 1 条款);

(4) 组织应建立、实施并保持对 6. 1. 1 中识别的潜在紧急情况进行应急准备并作出响应所需的过程(见 GB/T 24001—2016/ISO 14001:2015 标准 8. 2 条款);

(5) 组织应建立、实施并保持评价其合规义务履行状况所需的过程(见 GB/T 24001—2016/ISO 14001:2015 标准 9. 1. 2 条款)。

5. 环境管理体系是环境管理体系的重要要素,该要素或过程的输出也是其他要素或过程的重要输入,诸如为应对的风险和机遇的措施(见 GB/T 24001—2016/ISO 14001:2015 标准 6. 1. 1 条款)、信息交流(见 GB/T 24001—2016/ISO 14001:2015 标准 7. 4 条款)、运行策划和控制(见 GB/T 24001—2016/ISO 14001:2015 标准 8. 1 条款)、应急准备和响应(见 GB/T 24001—2016/ISO 14001:2015 标准 8. 2 条款)、合规性评价(见 GB/T 24001—2016/ISO 14001:2015 标准 9. 1. 2 条款)等提供了必要的信息。

三、审核关注点

1. 审核员可通过与受审核方相关部门或岗位人员沟通其环境管理体系及其过程结构,关注其环境管理体系的特点。

2. 审核员应通过与受审核方沟通或调阅相关资料的方式,关注其环境管理体系及其所需过程的基本信息,包括其所确定的确保过程运行的准则等文件化信息。

3. 审核员宜通过沟通和调阅受审核方的过程清单以及过程流程图等文件化信息,关注其所确定的实现环境管理体系预期结果的过程,以及过程顺序和相互作用是否充分和适宜。

4. 在审核过程中,审核组成员需加强内部信息交流,通过结合后续审核结果综合评价受审核方环境管理体系及其过程的充分性和适宜性。

5. 审核员应通过与受审核方相关人员沟通,关注其在确定环境管理体系及其过程时,是否有效应用通过 4. 1 和 4. 2 所获得的知识。

第二章　领导作用

5.1　领导作用与承诺

一、标准要求

最高管理者应通过下述方面证实其在环境管理体系方面的领导作用和承诺：

a) 对环境管理体系的有效性负责；

b) 确保建立环境方针和环境目标，并确保其与组织的战略方向及所处的环境相一致；

c) 确保将环境管理体系要求融入组织的业务过程；

d) 确保可获得环境管理体系所需的资源；

e) 就有效环境管理的重要性和符合环境管理体系要求的重要性进行沟通；

f) 确保环境管理体系实现其预期结果；

g) 指导并支持员工对环境管理体系的有效性做出贡献；

h) 促进持续改进；

i) 支持其他相关管理人员在其职责范围内证实其领导作用。

注：本标准所提及的“业务”可广义地理解为涉及组织存在目的的那些核心活动。

二、标准释义

1. 最高管理者是指在组织的最高层指挥并控制其组织的一个人或一组人，最高管理者有权在组织内部授权并提供资源。

最高管理者的承诺、责任和领导作用对于成功实施有效的环境管理体系，包括实现预期结果的能力至关重要。

2. 为了证明领导作用和承诺，最高管理者负有环境管理体系有关的特定职责，应当亲自参与或进行指导，并应对环境管理体系的有效性负责，在建立、实施、保持和持续改进环境管理体系过程中，进行科学合理的决策和控制，以便实现环境管理体系的预期输出。最高管理者的率先垂范的作用可能会对组织有效地开展环境管理体系活动产生积极的影响。

3. 确保建立环境方针和环境目标，并确保其与组织的战略方向及所处的环境相一致。

环境方针和环境目标旨在满足组织战略规划中环境部分的内容，并构成环境管理体系的基础。在组织策划或评审战略时，通过在生命周期的最初阶段考虑组织的活动、产品或服务的环境绩效，最高管理者有可能实现更大的价值。例如，如果在设计阶段而不是施工或制造阶段考虑环境准则，那么改善建筑物或产品的环境绩效的机会则更大。

4. 确保将环境管理体系要求融入组织的业务过程。

组织在建立、实施、保持和持续改进环境管理体系过程中，不是要求必须另外独立地建立一套形式上的文件化信息，而是将环境管理体系标准要求自然而然地融入其组织的业务过程，包括运行准则之中，可以使环境管理体系更加有效和持久，将环境管理体系融入组织的业务过程中可以加强组织的下述能力：

——通过分享过程和资源，使运行更有效；

——通过与组织运行相关的过程更紧密地联系实现增值。

组织可以考虑将环境管理活动融入业务过程的机会，包括：

——将环境管理体系的预期结果或环境目标融入组织的愿景或战略（明示的或隐含的），例如与创新和竞争力相关的；

——将组织的方针承诺融入组织的治理；

——将环境管理体系的职责融入岗位职责；

——在组织的业务绩效体系中体现环境绩效参数，包括部门或员工评价（例如KPIs）；

——在外部报告中体现环境绩效，例如财务或可持续性报告；

——将确定重要环境因素和影响环境管理体系的其他风险与机遇的过程融入其标准的业务风险管理过程；

——将环境准则融入业务过程的策划、产品或服务的设计，以及采购过程中；

——将环境信息交流融入业务沟通、参与渠道和过程，例如公共关系。

将环境管理体系要求融入组织的业务过程可以有效地避免“两张皮”的情况，避免环境管理体系僵化或过度形式化。只有将环境管理体系要求融入组织的业务过程，才能真正发挥出环境管理体系的功能，实现环境管理体系的预期输出。

5. 最高管理者有权在组织内部授权并提供资源，以确保可获得环境管理体系所需的资源。资源包括人员、资金资源、基础设施（环保设备和设施）、自然资源、技术和方法资源等。

6. 沟通是组织与员工之间，组织与相关方之间，以及员工与员工之间的思想与感情的传递和反馈的过程，以求对事物的理解达成一致和感情的通畅，沟通的价值在于可以有效和高效地解决问题。在实际活动中，可能诸多问题的成因均与沟通有关。最高管理者应当通过直接参与或适当时以授权的方式就有效的环境管理的重要性和符合环境管理体系要求的重要性进行沟通。沟通可以是正式的或者非正式的，并且可以采取多种形式进行，包括可视的和口头的。

7. 最高管理者应采取一系列的可行措施，来确保与组织的环境方针保持一致的环境管理体系预期结果，包括：

——提升环境绩效；

——履行合规义务；

——实现环境目标。

通过领导作用和承诺的证实，最高管理者能够指导并支持组织内的员工和在组织控制下工作的其他人员实现环境管理体系的预期结果。

8. 最高管理者应积极主动营造企业环境文化氛围，通过企业文化和保护环境的价值观影响每位员工的环境行为，指导并支持员工对环境管理体系的有效性做出贡献。

9. 促进持续改进。

持续改进是任何组织的永恒主题，不进则退。持续改进是组织内部不断提升绩效的活动。组织可运用环境管理体系，提升符合组织环境方针的环境绩效。

当最高管理者创建一种鼓励全员积极参与环境管理体系的文化时，组织就会更好地实现其环境目标并识别改进机会。

10. 最高管理者应当支持组织中的其他管理人员，以便他们能在其各自负责的与环境管理体系有关的领域内发挥领导作用。由此，最高管理者的领导作用和承诺的价值可传递到整个组织中。

11. 领导作用和承诺是环境管理体系的关键要素，该要素的输出也是其他要素或过程的重要输入，诸如为环境管理体系（见 GB/T 24001—2016/ISO 14001：2015 标准 4.4 条款）、环境方针（见 GB/T 24001—2016/ISO 14001：2015 标准 5.2 条款）、组织的角色、职责和权限（见 GB/T 24001—2016/ISO 14001：2015 标准 5.3 条款）、应对风险和机遇的措施（见 GB/T 24001—2016/ISO 14001：2015 标准 6.1 条款）、环境目标及其实现的策划（见 GB/T 24001—2016/ISO 14001：2015 标准 6.2 条款）、资源（见 GB/T 24001—2016/ISO 14001：2015 标准 7.1 条款）、意识（见 GB/T 24001—2016/ISO 14001：2015 标准 7.3 条款）、信息交流（见 GB/T 24001—2016/ISO 14001：2015 标准 7.4 条款）、不符合和纠正措施（见 GB/T 24001—2016/ISO 14001：2015 标准 10.2 条款）、改进（见 GB/T 24001—2016/ISO 14001：2015 标准 10.1 条款）等提供了必要的信息。

三、审核关注点

1. 审核员应与受审核方最高管理者沟通其使命、愿景和价值观，关注其如何考虑组织所处的环境和相关方的需求和期望，以及日趋严厉的环保法规和政策。

2. 审核员应与受审核方最高管理者沟通其在环境管理体系的建立、实施、保持和持续改进其有效性方面率先垂范的典型事例，包括主持的相关会议、参与的主要活动，以及改进的决策，包括有关资源的决策。

3. 审核员需通过索阅受审核方的环境方针和环境目标，关注其是否适合于受审核方的实际环境状况，并与其战略方向保持一致。

4. 审核员可通过抽查受审核方典型文档或其他文件化信息的方式，关注其是否将环境管理体系标准要求融入其业务活动之中，是否与业务活动要求有机结合在一起。

5. 审核员可通过与受审核方最高管理者沟通，了解其资源配置情况，以及所配置资源的先进程度或充分性的信息。

6. 审核员应与受审核方最高管理者交流其沟通机制的建设情况，并关注其采取何种方式对环境管理和符合环境管理体系的重要性进行沟通，以及沟通的有效性。

7. 审核员需了解受审核方对体系和过程运行的监视机制的建立和保持情况，包括不合格或环境事件的控制以及纠正措施的实施情况，进而关注受审核方如何确保环境管理体系实现预期结果。

8. 审核员需通过与受审核方最高管理者交流，了解其企业文化，包括环境文化的建设情况，以及如何通过环境文化机制促进人员积极参与，指导和支持他们为环境管理体系的有效性作出贡献。

9. 审核员可通过与其他管理者交流，了解其如何发挥所负责区域的领导作用，包括参与相关决策和活动的信息。

10. 审核员可通过对 GB/T 24001—2016/ISO 14001：2015 标准其他条款审核所获得的信息表明最高管理者领导者作用与承诺的程度，诸如 6.1.1、5.2、6.2.1、6.1.4、7.1、7.4、9.1.1、9.3、7.3、10.1、5.3 要素实施的符合性和有效性。

5.2　环境方针

一、标准要求

> 最高管理者应在界定的环境管理体系范围内建立、实施并保持环境方针，环境方针应：
> a）适合于组织的宗旨和组织所处的环境，包括其活动、产品和服务的性质、规模和环境影响；
> b）为制定环境目标提供框架；
> c）包括保护环境的承诺，其中包含污染预防及其他与组织所处环境有关的特定承诺；

注：保护环境的其他特定承诺可包括资源的可持续利用、减缓和适应气候变化、保护生物多样性和生态系统。

d）包括履行其合规义务的承诺；

e）包括持续改进环境管理体系以提升环境绩效的承诺。

环境方针应：

——以文件化信息的形式予以保持；

——在组织内得到沟通；

——可为相关方获取。

二、标准释义

1. 环境方针是由最高管理者就其组织的环境绩效正式表述的意图和方向，是声明环境承诺的一系列原则或一组原则。环境方针规定了在界定的环境管理体系范围内，组织与环境有关的战略方向。

2. 环境方针对组织而言应当是特定的，并且应当适合组织的宗旨和组织运行所处的环境，包括组织活动、产品和服务中产生的环境影响的性质和规模。不同的组织均应建立适合于自己的环境方针。任何放之四海而皆准的方针，仅仅是一种装饰和摆设，对组织改进其环境绩效起不到丝毫的实际引领作用。环境方针应当包括组织履行合规义务的承诺，以及保护环境、污染预防和持续改进的承诺，如图2-2-1所示。最高管理者在这些承诺中概述了支持并提升其环境绩效的意图。

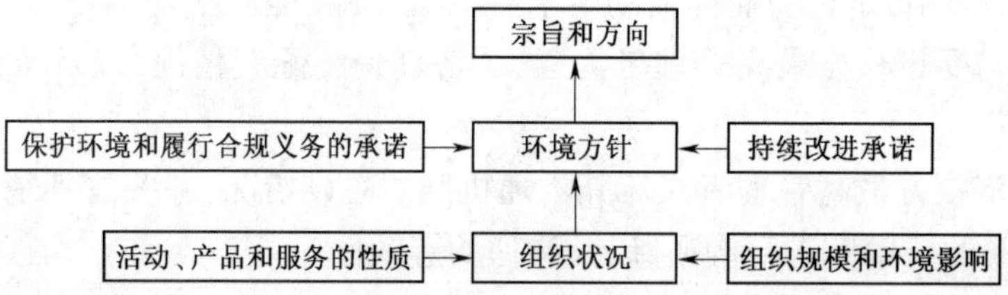

图2-2-1　环境方针

环境方针应为环境目标提供框架，使组织能够在相关职能和层级建立适合于其活动、产品和服务的性质、规模和环境影响的环境目标（见GB/T 24001—2016/ISO 14001：2015标准6.2条款），并通过策划和实施实现环境目标措施，实现环境管理体系的预期结果，并实现持续改进（见GB/T 24001—2016/ISO 14001：2015标准10章）。

在确定环境目标提供框架时，环境方针应考虑到组织的业务活动范围内的相关区域、活动、产品和服务中可能存在的重要环境因素，及其环境影响，考虑改善环境绩效的方向。环境方针应是一组与组织宗旨保持一致的基于改善主要业务活动、产品和服务的环境绩效方向的集合，如图2-2-2所示。

组织的宗旨包括了愿景、使命、战略方向和目标。

3. GB/T 24001—2016/ISO 14001：2015标准规定了环境方针需包含的三项基本承诺。

（1）保护环境和污染预防。

（2）履行组织的合规义务。

（3）持续改进环境管理体系以提升环境绩效。

组织保护环境的承诺与其活动、产品和服务及其所处的地理位置相关。组织保护环境的承诺可以在组织范围内实现，或通过供应链管理、产品使用或处置等环节实现。适当时，一些组织由于其活动的性质、规模和其活动所产生的环境影响不同，应当作出特定的保护环境的承诺。例如，如果其活动与砍伐森林有关，则应当考虑保护生物多样性或生态系统服务方面的承诺。

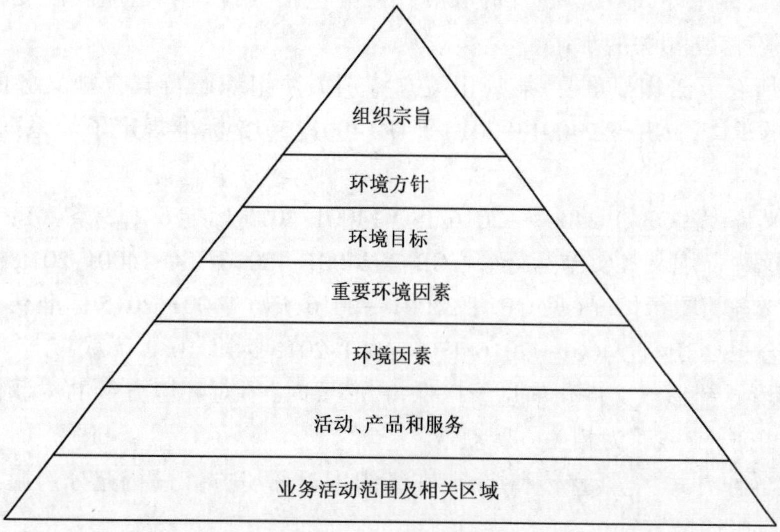

图 2-2-2　环境方针与相关要素之间的关系

4. 组织履行保护环境的承诺，其可能所采取保护环境的实用措施包括：

——提高自然资源（例如：水和化石燃料）的利用效率，例如：减少使用生产相关的自然资源，或进行再利用或循环利用等。

——通过直接保护所在区域的自然环境，或间接的通过采购决定以保护生物多样性、栖息地和生态系统，例如：购买经验证的、可持续来源材料。

——通过避免或减少温室气体排放，或采用碳中和策略降低对气候变化的净贡献值，来减缓气候变化。

——通过避免、替代或减少等措施，改善水和空气质量。

保护环境的承诺不仅是通过污染预防防止不利的环境影响，还要保护自然环境免遭因组织的活动、产品和服务中所产生的环境因素和由其环境因素所造成的环境影响而导致的危害与退化。

污染预防可以包含在产品或服务的整个生命周期内，包括设计和开发、制造、配送、使用和寿命结束后处理。污染预防可帮助组织保护资源和减少废物的产生和排放，还能降低成本和提供更有竞争力的产品和服务。

5. 对众多组织而言，源消减往往是最有效的实践，因为它不仅能避免废物的产生和排放，同时能节约资源。但是，在一些情况下，通过源消减来预防污染可能是不实际的。组织可以考虑利用如下分层级的方式实现污染预防，并优先选择从源头进行污染预防：

（1）源消减或消除（包括通过产品和服务的设计和开发、材料替代、过程、产品或技术的更改，以及能源替代和材料资源的节约进行源消减或消除）；

（2）在过程或设备中进行材料的再利用或再循环；

（3）材料的场外再利用或再循环；

（4）回收和处理（在场内外从废物流中回收，以及在场内外对排放物和废弃物的处理以减少其环境影响）；

（5）控制机制，例如，在许可的情况下的焚烧或受控处置，然而，组织应当在考虑了其他选项后才采取这些方法。

所有这些包含在环境方针中的承诺体现在组织为满足 GB/T 24001—2016/ISO 14001：2015 标准特定要求所建立的过程中，以确保所构建的是一个坚实、可信和可靠的环境管理体系。

6. 组织追求的特定承诺应当与其所处的环境（包括当地的或地区的环境状况）相关。这些承诺可能提及，例如：水质量、再循环或空气质量的问题，并可能包括与减缓和适应气候变化、保护生物多样性与生态系统，以及环境修复相关的承诺。

7. 对组织而言所有承诺均很重要，某些相关方特别关注组织履行其合规义务的承诺，尤其是满足适用法律法规要求的承诺。GB/T 24001—2016/ISO 14001:2015 标准规定了一系列与该承诺相关的相关联的要求，包括：

——确定合规义务（见 GB/T 24001—2016/ISO 14001:2015 标准 6.1.3 条款）；

——确保按照这些合规义务实施运行（见 GB/T 24001—2016/ISO 14001:2015 标准 8.1 条款）；

——评价合规义务的履行情况（见 GB/T 24001—2016/ISO 14001:2015 标准 9.1.2 条款）；

——纠正不符合（见 GB/T 24001—2016/ISO 14001:2015 标准 10.2 条款）。

8. 组织应将环境方针形成文件化信息予以保持，必要时，须对环境方针的内涵做出解释或说明，当有关的相关方有需求时，应能够为相关方所获取。

9. 组织应采取各种方式，包括宣传和培训，在组织内对环境方针进行充分沟通，确保其所控制的人员能够真正理解和应用环境方针。

10. 环境方针是环境管理体系的重要要素，该要素的输出也是其他要素或过程的重要输入，诸如为环境目标及其实现的策划（见 GB/T 24001—2016/ISO 14001:2015 标准 6.2 条款）、意识（见 GB/T 24001—2016/ISO 14001:2015 标准 7.3 条款）、沟通（见 GB/T 24001—2016/ISO 14001:2015 标准 7.4 条款）等提供了必要的信息。

三、审核关注点

1. 审核员应通过与受审核方最高管理者沟通，了解其组织的宗旨和战略方向，进而了解最高管理者期待通过确定环境方针引导改进哪些核心业务及其环境绩效，所确定的改进方向是否与战略方向保持一致。

2. 审核员应通过与受审核方最高管理者或相关部门或岗位人员沟通和观察，了解其主要业务活动、产品和服务，以及所确定的重要环境因素，关注其最高管理者所确定的环境方针的相关性和适宜性。审核员不宜接受其受审核方缺失聚焦功能，且放之四海而皆准的的环境方针。

3. 审核员需通过与受审核方最高管理者交流，关注其环境方针是否包括一项或多项保护环境的承诺，其中包含污染预防和其他与组织背景相关的特殊承诺，是否包括其履行合规性义务的承诺，以及持续改进环境管理体系以提高环境绩效的承诺。

4. 审核员宜通过与受审核方最高管理者沟通其主要的业务活动及所确定的重要环境因素，关注其环境方针所提供的环境目标框架的适宜性和充分性。

5. 审核员应索阅和记录其受审核方的环境方针的文件化信息的相关内容信息，关注其采取何种措施进行内部沟通，以及采取何种方式宜为相关方所获取。

6. 在审核过程中，审核员可采取适当的分层抽样，了解受审核方相关人员是否清楚理解环境方针的要求和其战略意图。

5.3 组织的角色、职责和权限

一、标准要求

> 最高管理者应确保在组织内部分配并沟通相关角色的职责和权限。
>
> 最高管理者应对下列事项分配职责和权限：
>
> a）确保环境管理体系符合本标准的要求；
>
> b）向最高管理者报告环境管理体系的绩效，包括环境绩效。

二、标准释义

1. 环境管理体系的成功建立、实施和保持，以及环境绩效的改进取决于最高管理者如何规定和分配组织内的相关角色的职责和权限。角色和职责的示例见表2-2-1。

表2-2-1　角色与职责示例

环境管理体系的职责	典型负责人
设定整体方向（预期结果）	总裁、首席执行官（CEO）、董事会
制定环境方针	总裁、CEO和其他成员（适当时）
制定环境目标和过程	相关的经理和其他成员
在设计过程考虑环境因素	产品和服务设计师、建筑师和工程师
监视总体环境管理体系绩效	环境经理
环境管理体系的职责	典型负责人
确保履行合规义务	所有经理
促进持续改进	所有经理
识别客户期望	市场和营销团队
识别供方的要求和采购准则	采购员，购买者
制定和保持会计过程	财务/会计经理
遵循环境管理体系要求	在组织控制下工作的所有人员
评审环境管理体系的运行	最高管理者
注：公司和研究机构具有不同的组织结构，需要基于他们自己的工作流程确定环境管理职责。例如，在中小型企业中，企业所有者可以是上述所有活动的负责人	

2. 最高管理者应当指派具有充分权限、意识、能力和资源的代表或职能，以：

（1）确保在组织所有适用的层次，建立、实施和保持环境管理体系；

（2）向最高管理者报告环境管理体系的绩效，包括环境绩效及改进的机会。

GB/T 24001—2016/ISO 14001:2015标准5.3条款中所识别的特定角色的职责可分派给某一个人，有时被称为“管理者代表”，也可由几个人分担，或分派给最高管理层的某成员，由其负责向最高管理者报告环境管理体系的绩效，包括环境绩效。

3. 通常情况下，组织可设计一张用于描述环境管理体系标准要求与角色和过程之间关系的三维矩阵图（表），用以说明相关角色所应承担的责任，如图2-2-3所示。

4. 最高管理者应当确保在组织控制下工作且对环境管理体系产生影响的人员的职责和权限在组织内部得到规定并予以沟通，以确保环境管理体系的有效实施。参与组织环境管理体系的人员应当对其在遵守GB/T 24001—2016/ISO 14001:2015标准要求和实现预期结果方面的岗位、职责和权限有清晰的理解。

5. 最高管理者应提供充分和适宜的资源能够确保组织内相关角色履行所分配的职责。当组织的结构发生变化时，最高管理者应当评审其相关角色的职责和权限。

6. 组织的角色、职责和权限是环境管理体系的重要要素，该要素或过程的输出也是其他要素或过程的重要输入，诸如为环境管理体系（见GB/T 24001—2016/ISO 14001:2015标准4.4条款）、环境目标

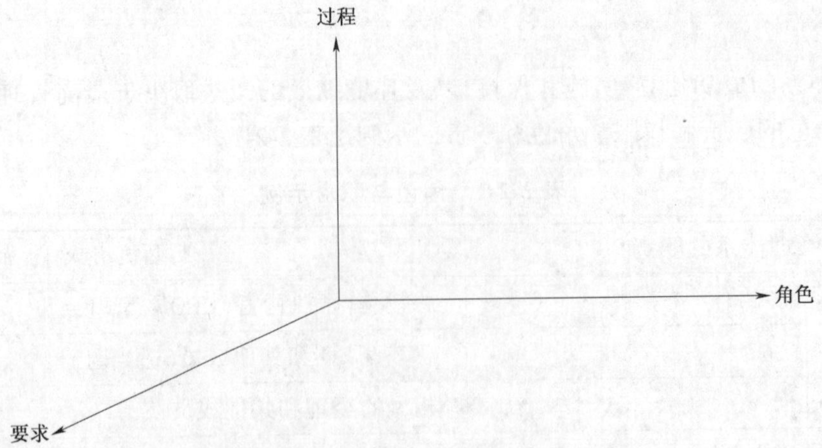

图 2-2-3 过程、要求与角色的关系

及其实现的策划(见 GB/T 24001—2016/ISO 14001:2015 标准 6. 2 条款)、能力(见 GB/T 24001—2016/ISO 14001:2015 标准 7. 2 条款)、内部审核(见 GB/T 24001—2016/ISO 14001:2015 标准 9. 2 条款)、不合格和纠正措施(见 GB/T 24001—2016/ISO 14001:2015 标准 10. 2 条款)等提供了必要的信息。

三、审核关注点

1. 审核员应通过与受审核方最高管理者沟通,了解其如何针对组织内不同角色进行职责和权限的分配,以及如何针对角色的变化进行职责和权限的重新分配。

2. 审核员可通过索阅受审核方组织结构图、运行程序或职位说明书,或通过与相关职能部门或岗位人员沟通的方式,关注其是否已将 GB/T 24001—2016/ISO 14001:2015 环境管理体系标准要求转化为具体的职责内容并予以分配。

3. 审核员应过沟通和调阅资料的方式,关注部门或区域活动接口处的职责和权限的分派情况,并可在对有关过程的审核时,调查其职责和权限分配的情况。

4. 审核员应记录所获得的信息,包括谁向最高管理者报告环境管理体系的绩效,包括环境绩效及改进的机会的人员的信息,并依据所获得客观证据,判断受审核方的职责和权限分配的是否适宜,是否存在重复分配职责和权限的情况,是否存在遗漏职责和权限的分配。

5. 审核员不宜苛求受审核方必须提供所保持的角色、职责和权限的文件化信息。针对特定组织,其口头所进行的职责和权限的分派也应该被接受,但应关注和查证分派者和被分派者对职责和权限理解和执行的一致性。

第三章 策　划

6.1　应对风险和机遇的措施

6.1.1 总　则

一、标准要求

组织应建立、实施并保持满足 6.1.1~6.1.4 的要求所需的过程。

策划环境管理体系时,组织应考虑:

a)4.1 所提及的问题;

b)4.2 所提及的要求;

c)其环境管理体系的范围。

并且,应确定与环境因素(见 6.1.2)、合规义务(见 6.1.3)、4.1 和 4.2 中识别的其他问题和要求相关的需要应对的风险和机遇,以:

——确保环境管理体系能够实现其预期结果;

——预防或减少不期望的影响,包括外部环境状况对组织的潜在影响;

——实现持续改进。

组织应确定其环境管理体系范围内的潜在紧急情况,包括那些可能具有环境影响的潜在紧急情况。

组织应保持以下内容的文件化信息:

——需要应对的风险和机遇;

——6.1.1 至 6.1.4 中所需过程,其详尽程度应使人确信这些过程能按策划得到实施。

二、标准释义

1. 对于确定和采取所需的措施以确保环境管理体系能够取得预期结果而言,策划是关键的。策划过程将帮助组织识别并集中其资源于那些保护环境最重要的领域。GB/T 24001—2016/ISO 14001:2015 标准 6.1.1 条款规定的主要活动包括:

(1)建立、实施和保持适宜的过程,以满足 6.1.1~6.1.4 的要求;

(2)策划环境管理体系;

(3)确定风险和机遇;

(4)识别和确定潜在紧急情况。

2. 组织应基于"理解组织及其所处的环境"所确定的影响其实现环境管理体系预期结果的能力的内外部问题,基于"理解相关方的需求和期望"所确定的相关方要求,尤其是合规义务的要求,以及基于组织所界定的环境管理体系范围,并结合对实现组织的宗旨、组织自身的能力,包括资源条件的考虑,对其环境管理体系进行策划,形成适合并满足于组织的自身需要的环境管理体系,包括组织的结构、角色和职责、策划和运行、绩效评价和改进,以便组织更好地管理其环境因素、履行合规义务,并应对风险和机遇。

3. 组织应当具有一个(或多个)过程来确定需要应对的风险和机遇。风险是指不确定性的影响。

不确定性是一种状态,是指对某一事件、其后果或其发生的可能性缺乏(包括部分缺乏)信息、理解或知识。影响是指对预期的偏离,包括正面的或负面的。

风险和机遇是指潜在的不利影响(威胁)和潜在的有益影响(机会)。

组织在确定需要应对的风险和机遇时,应始于其对其运作所处环境的理解的应用,包括能够影响环境管理体系预期结果的问题(见GB/T 24001—2016/ISO 14001:2015标准4.1条款)和有关相关方的有关需求和期望,包括那些组织采纳的合规义务(见GB/T 24001—2016/ISO 14001:2015标准4.2条款),以及环境管理体系范围,这些信息是组织确定需要应对的风险和机遇的过程所应考虑的输入。

4. GB/T 24001—2016/ISO 14001:2015标准6.1.1条款要求所需的过程,如图2-3-1所示。

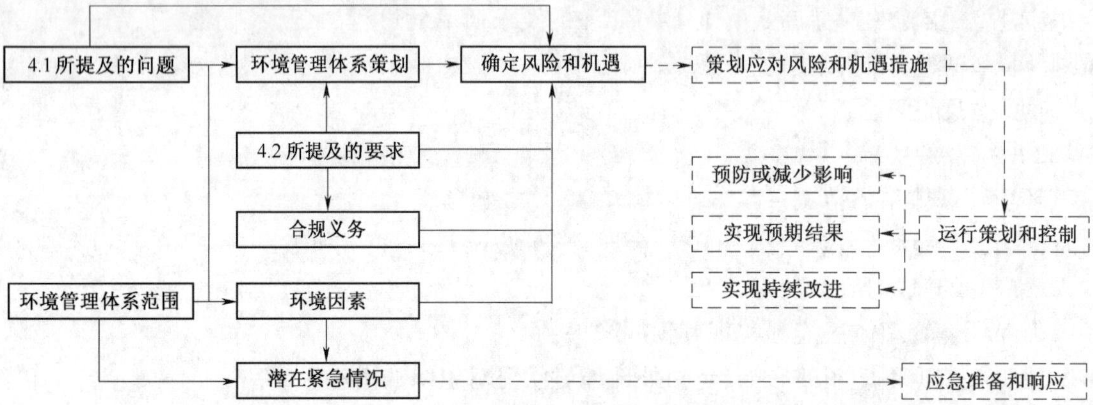

图2-3-1　GB/T 24001—2016/ISO 14001:2015标准6.1.1条款所需过程

GB/T 24001—2016/ISO 14001:2015标准6.1.1条款要求建立所需过程的总体目的在于确保组织能够实现其环境管理体系的预期结果,预防或减少非预期影响,并实现持续改进。

5. 风险和机遇能够影响组织,并影响组织实现其环境管理体系预期结果的能力。

可能给组织带来负面影响的示例,可包括:

(1)环境因素,例如一个很小的泄漏,几乎不污染土壤和地下水,因此从环境角度不确定为重要的,然而其可能会损害组织具有环保意识的形象;

(2)重要环境因素,例如环境事件引发了对组织管理其重要环境因素能力的怀疑,从而削弱其信誉;

(3)不履行合规义务,导致罚款、采取纠正措施的费用和可能失去经营的资质;

(4)环境状况,包括对环境产生影响的事件,例如气候变化导致水供应的减少,可能会影响组织污水处理厂的运行;

(5)为满足客户需求,在缺乏相应熟练员工的情况下快速扩大组织的产能,这会导致潜在的失误而造成对环境的损害;

(6)相关方对组织环境绩效的观点,可能带动更多的反对意见;

(7)采取未考虑非预期结果的应对风险和机遇的措施,可能带来负面影响,例如:在组织休闲区利用废水进行灌溉,可能导致使用这些区域的人员的健康问题。

可能给组织带来潜在有益影响的示例,可包括:

(1)识别新技术,例如可以减少污染排放的控制设备;

(2)优化资源保护,例如水循环;

(3)与相关方一起工作,以消除其对所提议的废物处置方法的反对。

6. 为确保环境管理体系能够取得其预期结果、预防或减少不期望的影响并实现持续改进,需要应对的风险和机遇有三个可能的来源:

(1)环境因素(见 GB/T 24001—2016/ISO 14001:2015 标准 6.1.2 条款),环境因素(见 GB/T 24001—2016/ISO 14001:2015 标准 6.1.2 条款中标准释义部分)可能产生与不利环境影响、有益环境影响和其他对组织的影响有关的风险和机遇。与环境因素有关的风险和机遇的确定作为重要性评价的一部分,也可单独确定。

(2)合规性义务(见 GB/T 24001—2016/ISO 14001:2015 标准 6.1.3 条款)。合规义务(见 GB/T 24001—2016/ISO 14001:2015 标准 6.1.3 条款中标准释义部分)可能产生风险和机遇,例如:未履行合规义务可损害组织的声誉或导致诉讼;或更严格地履行合规义务,能够提升组织的声誉。

(3)在 4.1 和 4.2(见 GB/T 24001—2016/ISO 14001:2015 标准 4.1 和 4.2 条款)识别的其他问题和要求。

组织也可能存在与其他问题有关的风险和机遇,包括环境状况或相关方的需求和期望,这些都可能影响组织实现其环境管理体系预期结果的能力。例如:

①由于员工文化或语言的障碍,未能理解当地的工作程序而导致的环境泄漏;

②因气候变化而导致洪涝灾害的增加,可影响组织的经营场地;

③由于经济约束,导致缺乏可获得的资源来保持一个有效的环境管理体系;

④通过政府财政资助引进新技术,可能改善空气质量;

⑤旱季缺水可能影响组织运行其排放控制设备的能力。

7. 组织应当确定环境管理体系范围内潜在的紧急情况,包括那些能够具有环境影响后果的潜在紧急情况。

紧急情况是非计划的或非预期的环境事件,需要紧急运用特殊的能力、资源或过程加以预防或立即响应,以减轻其实际或潜在的后果。

紧急情况可能导致不利环境影响或对组织造成其他影响。组织在确定潜在的紧急情况(例如:火灾、爆炸、化学品溢出或释放,或恶劣天气,例如山洪、暴雨、台风、海啸等)时,应当考虑以下内容:

——现场危险物品(例如:易燃液体、储罐、压缩气体)的性质;

——紧急情况最有可能的类型和规模;

——附近设施(例如:工厂、道路、铁路线)的紧急情况的可能性。

紧急情况也可能对环境造成二次影响或对组织造成影响,例如消防过程中受污染的消防水外排和受火灾损害且能导致环境危害的材料的处置。

8. 尽管须确定和应对风险和机遇,但并不要求组织进行正式的风险管理或文件化的风险管理过程。组织可自行选择确定风险和机遇的方法。组织可以利用现有的业务过程来确定需要应对的风险和机遇。所选择的方法可涉及简单的定性过程或完整的定量评价,这取决于组织运行所处的环境。

9. 组织应保持需要应对的风险和机遇的文件化信息,以及涉及满足 GB/T 24001—2016/ISO 14001:2015 标准 6.1.1 至 6.1.4 条款中所需过程的文件化信息,其程度应足以使人们确信这些过程按策划实施。

10. 应对风险和机遇的措施的总则部分是环境管理体系的重要要素,该要素或过程的输出也是其他要素或过程的重要输入,诸如为环境因素(见 GB/T 24001—2016/ISO 14001:2015 标准 6.1.2 条款)、措施的策划(见 GB/T 24001—2016/ISO 14001:2015 标准 6.1.4 条款)、环境目标及其实现的策划(见 GB/T 24001—2016/ISO 14001:2015 标准 6.2 条款)、能力(见 GB/T 24001—2016/ISO 14001:2015 标准

7.2条款)、信息交流(见GB/T 24001—2016/ISO 14001:2015标准7.4条款)、运行策划和控制(见GB/T 24001—2016/ISO 14001:2015标准8.1条款)、应急准备和响应(见GB/T 24001—2016/ISO 14001:2015标准8.2条款)、监视、测量、分析和评价(见GB/T 24001—2016/ISO 14001:2015标准9.1条款)、管理评审(见GB/T 24001—2016/ISO 14001:2015标准9.3条款)等提供了必要的信息。

三、审核关注点

1. 审核员应通过与受审核方最高管理者沟通和交流,关注其如何对环境管理体系进行策划,关注其在策划环境管理体系时考虑了哪些因素。

2. 审核员应通过与受审核方相关部门或岗位人员沟通或调阅相关资料,关注其所建立、实施并保持满足6.1.1~6.1.4的要求所需的过程是否适宜和充分,并基于所获得的信息,包括组织规模、活动、产品和服务的复杂程度等,确定这些过程是否可被接受。

3. 审核员应与最高管理者沟通或调阅相关资料,关注其需要应对的风险和机遇。审核员应结合自身对受审核方所在行业和环境状况的了解,判定其所确定的需要应对的风险和机遇是否适宜和充分。

4. 审核员不宜独立地安排对受审核方的风险和机遇的审核,而应将其作为"综合条款",贯穿在整个审核过程中。

5. 审核员应沟通受审核方可能存在的潜在紧急情况,并基于现场观察所获得信息,判断受审核方所确定的潜在紧急情况是否存有遗漏,或不适用的问题。

6. 审核员需注意受审核方所确定的风险和机遇的形式可以具有多样性,而并非仅是"风险和机遇清单"。

6.1.2 环境因素

一、标准要求

组织应在所界定的环境管理体系范围内,确定其活动、产品和服务中能够控制和能够施加影响的环境因素及其相关的环境影响。此时应考虑生命周期观点。

确定环境因素时,组织必须考虑:

a)变更,包括已纳入计划的或新的开发,以及新的或修改的活动、产品和服务;

b)异常状况和可合理预见的紧急情况。

组织应运用所建立的准则,确定那些具有或可能具有重大环境影响的环境因素,即重要环境因素。

适当时,组织应在其各层次和职能间沟通其重要环境因素。

组织应保持以下内容的文件化信息:

——环境因素及相关环境影响;

——用于确定其重要环境因素的准则;

——重要环境因素。

注:重要环境因素可能导致与不利环境影响(威胁)或有益环境影响(机会)相关的风险和机遇。

二、标准释义

1. 所有的活动、产品和服务都会对其生命周期的任何阶段的环境造成影响,例如从原材料的获取和分配,到使用和处置。

组织应识别其环境管理体系范围内的活动、产品和服务所产生的环境因素及其相关环境影响。

环境因素是指一个组织的活动、产品和服务中与或能与环境发生相互作用的要素。一项环境因素可能产生一种或多种环境影响，如废水的排放、废气的排放、材料的利用和再利用，或噪声的产生。

全部地或部分地由环境因素给环境造成的任何有害或有益的变化称为环境影响。有害的环境影响如空气污染和自然资源的枯竭，有益的环境影响如改善水或土壤的质量。

2. 在进行环境因素识别时，组织除了考虑能够控制的环境因素外，还应考虑其可以施加影响的环境因素，例如，组织所使用的由外部供方所提供的相关产品和服务，以及组织提供给顾客的相关产品和服务。在评价其对环境因素的影响能力时，组织应当考虑其合规义务、方针、当地或区域性的问题。

3. 当确定环境管理体系范围内的环境因素时，组织应当考虑生命周期的观点以及那些与其过去、现在和计划的活动、产品和服务相关的因素。在所有情况下，组织应当考虑正常和异常的运行状况，包括启动和关闭、维修以及可合理预见的紧急情况。

生命周期的观点包括考虑组织活动、产品和服务中能够控制或能够施加影响的环境因素。生命周期的阶段包括原材料的获取、设计、生产、运输和(或)交付、使用、寿命结束后处理和最终处置。适用的生命周期阶段将根据活动、产品和服务的不同而不同。

当将生命周期观点应用于其产品和服务时，组织应当考虑：

——产品或服务所处的生命周期阶段；

——其对整个生命周期阶段的控制程度，例如：产品的设计者可能负责对原材料的选择，而生产者可能只负责减少原材料使用和过程废物最小化，使用者只负责产品使用和处理；

——其对整个生命周期阶段的影响程度，例如：设计者可能只影响生产者的生产方式，而生产者也可能影响到设计和产品的使用方式或处置方法；

——产品的寿命；

——组织对供应链的影响；

——供应链的长度；

——产品的技术复杂性。

组织可以考虑其有最强控制力或影响力的生命周期的那些阶段，因为这些阶段可能为减少资源使用和污染或废物最小化提供最大机遇。

环境因素并不一定存在与组织的所有活动、产品和服务相关的领域或区域。在进行环境因素识别时，组织应当考虑其使用的由外部供方所提供的相关产品和服务以及组织提供给顾客的相关产品和服务对组织自身环境绩效的影响，例如：购买含有有害物质的产品，由外部供方(包括承包商或分包商)实施的活动，产品和服务的设计，材料、货物或服务的提供和使用，以及投放于市场的产品的运输、使用、再使用或回收。

对于组织向其顾客提供的产品和服务，组织可能仅对产品和服务的使用与寿命结束后处理具有有限的影响。然而，在任何情况下均由组织确定其能够实施控制的程度，其能够施加影响的环境因素，以及其选择施加这种影响的程度。

4. 为确定和理解其环境因素，组织可以收集有关其活动、产品和服务特性的定量和(或)定性的数据，例如材料或能源的输入和输出、使用的过程和技术、设施和地点，以及运输方式。除此之外，组织还应收集以下信息：

(1)组织的活动、产品和服务中的要素与可能或实际造成的环境变化之间的因果关系；

(2)相关方的环境关注；

(3)政府法规和许可和其他标准中，或由产业协会、学术机构等识别的可能存在的环境因素。

5. 组织在确定其环境管理体系范围内的环境因素时，必须考虑与其现在的及过去的活动、产品和服务，计划的或新的开发，新的或修改的活动、产品和服务相关的输入和输出（包括预期的和非预期的）。运用的方法应当考虑正常的和异常的运行状况、关闭与启动状态，以及 GB/T 24001—2016/ISO 14001:2015 标准 6.1 条款中识别的可合理预见的紧急情况。应当注意之前曾发生过的紧急情况。

6. 在识别环境因素和确定环境影响过程中，对活动、产品和服务的分组可能有助于组织识别和评价相关的环境因素和环境影响。组织不必单个考虑每个产品、组件或原材料以确定和评价其环境因素。当这些活动、产品和服务具有相同特性时，可对其进行分组或分类。分组或分类可以基于共同的特性，例如组织的单元、地理位置和运行工作流程。

7. 确定环境因素的过程得益于那些熟悉组织活动、产品和服务的人员的参与。尽管不存在单一的确定环境因素的方法，但是所选择的方法可考虑下述方面：

——向大气的排放；

——向水体的排放；

——向土地的排放；

——原材料和自然资源的使用；

——能源使用；

——能量释放（例如热能、辐射、振动（噪声）和光能）；

——废物和（或）副产品的产生；

——空间利用。

环境因素的主要类别，如图 2-3-2 所示。

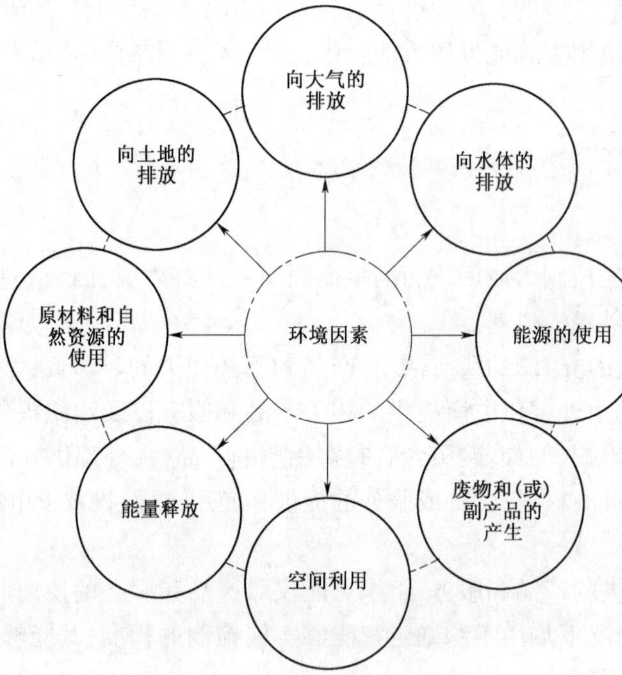

图 2-3-2 环境因素的主要类别

8. 组织应当考虑与其活动、产品和服务相关的环境因素，例如：

——其设施、过程、产品和服务的设计和开发；

——原材料的获取，包括开采；

——运行或制造过程，包括仓储；

——设施、组织的资产和基础设施的运行和维护；

——外部供方的环境绩效和实践；

——产品运输和服务交付，包括包装；

——产品存储、使用和寿命结束后处理；

——废物管理，包括再利用、翻新、再循环和处置。

9. 在确定环境因素的过程中，须避免"眉毛胡子一把抓"。组织应特别注意去识别那些能够控制或能够施加环境影响的环境因素，而不是所有的环境因素。

对一个组织而言，为满足正常生产经营活动所需的电或水的消耗，以及其他必须的生产资料消耗是既有的技术能力难以对其实施控制，并减少其环境影响的环境因素。

组织应该识别和关注那些非正常的生产或生活资料消耗部分，诸如跑、冒、滴、漏等导致的水资源异常消耗，下班后不关闭电脑主机和长明灯导致的非正常电能的消耗等。

组织应该关注生产和服务提供过程中的产品的合格率，减少废次品的产生，节约更多的生产资料，减少原材料和自然资源的使用。组织还应关注各种生产制造设备的耗能情况，或通过技术改造或更新其高耗能的设备减少其环境影响。

10. 环境因素与相关的环境影响之间的关系是因果关系。为保护环境，组织应确定其环境因素和相关环境影响，进而理解和确定那些对环境具有或可能具有重大影响，且需要通过其环境管理体系进行管理的重要环境因素。

重要环境因素是指具有或能够产生一种或多种重大环境影响的环境因素。一项重要环境因素可能导致一种或多种重大环境影响，并可能导致需要应对的风险和机遇以确保组织可以实现其环境管理体系的预期结果并预防或减少非预期的结果。重要环境因素是由组织运用一个或多个准则确定的。

在确定环境因素和环境影响以及重要程度方面，没有一个单一的方法可以适用于所有组织。每个组织应当选择与其范围、性质和环境影响的规模相适宜的合适的方法，并满足其在详细程度、复杂性、时间、成本和可靠数据的可获得性等方面的需求。实施一个（或多个）过程去应用所选的方法能够帮助取得一致的结果。

环境因素与重要环境因素的概念是相对的，环境因素的重要性对于组织及其所处环境而言是一个相对的概念。某些环境因素对一个组织是重要的，对另一个组织则不一定重要。组织可确定用于评价重要性的方法，包括涉及技术分析和判断。应用准则可帮助组织确定哪些环境因素和相关的环境影响是重要的。这些准则的建立和应用应当在重要性评价上提供一致性。

确定重要环境因素的方法不是唯一的。但所使用的方法与准则应当提供一致的结果。组织应设立确定其重要环境因素的准则。环境准则是评价环境因素首要的和最低限度的准则。准则可与环境因素有关，例如：类型、规模、频次等，或可与环境影响有关，例如：规模、严重程度、持续时间、暴露时间等，也可运用其他准则。当仅考虑某项环境准则时，一项环境因素可能不是重要环境因素，但当考虑了其他准则时，它或许可能达到或超过确定重要性的阈值。这些其他准则可能包括组织的问题，例如：法律要求或相关方的关注。这些其他准则不应被用来使基于其环境影响的重要因素降低等级。

组织可以设定与每个准则相关联的重要性水平（或数值）。例如，评价重要性可以基于发生的可能性（概率、频率）及其后果（严重性、强度）的结合。某些衡量或排序的方法可有助于确定重要性，例如依据数值的定量法，或依据水平的定性法（如高、中、低或忽略不计）。

通过综合考虑运用准则评价出的结果来评价环境因素及其环境影响的重要性对组织而言是有用的。该方法应当确定哪些环境因素是重要的，例如，通过使用一个阈值来进行判断。然而，组织应当能够证明该阈值是正确的。

11. 组织应建立、实施并保持满足 GB/T 24001—2016/ISO 14001：2015 标准 6.1.2 条款要求所需的过程，如图 2-3-3 所示。

12. 适当时，组织应按照 GB/T 24001—2016/ISO 14001：2015 标准 7.4 条款的要求在其各层次和职

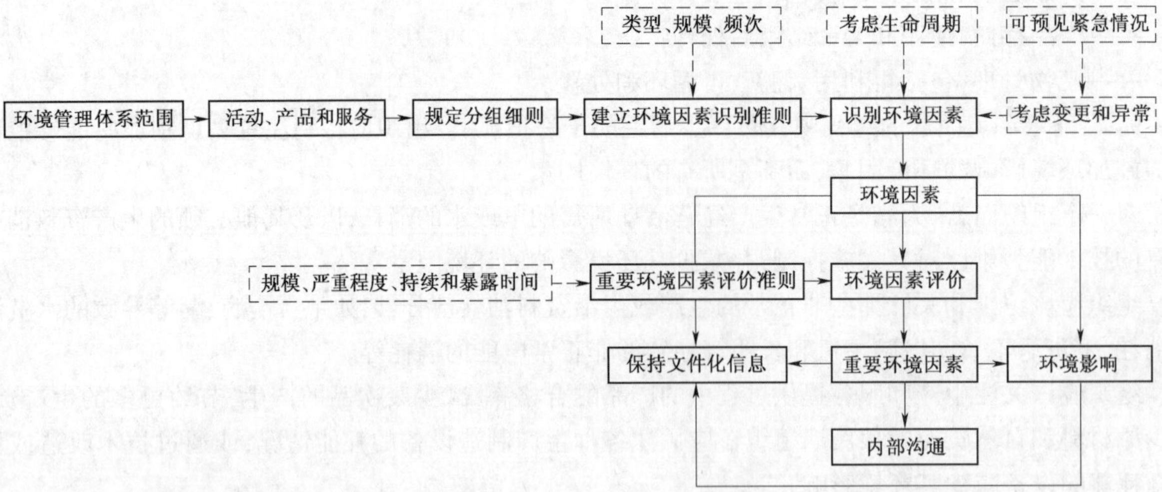

图 2-3-3 GB/T 24001—2016/ISO 14001:2015 标准 6.1.2 条款所需的过程

能间沟通其重要环境因素。

13. 环境因素是环境管理体系的重要要素,该要素或过程的输出也是其他要素或过程的重要输入,诸如为环境方针(见 GB/T 24001—2016/ISO 14001:2015 标准 5.2 条款)、确定需要应对的风险和机遇(见 GB/T 24001—2016/ISO 14001:2015 标准 6.1.1 条款)、合规义务(见 GB/T 24001—2016/ISO 14001:2015 标准 6.1.3 条款)、措施的策划(见 GB/T 24001—2016/ISO 14001:2015 标准 6.1.4 条款)、环境目标及其实现的策划(见 GB/T 24001—2016/ISO 14001:2015 标准 6.2 条款)、信息交流(见 GB/T 24001—2016/ISO 14001:2015 标准 7.4 条款)、运行策划和控制(见 GB/T 24001—2016/ISO 14001:2015 标准 8.1 条款)、应急准备和响应(见 GB/T 24001—2016/ISO 14001:2015 标准 8.2 条款)等提供了必要的信息。

14. 为便于策划,组织应当在如下方面保持适当的文件化信息:

(1)识别出的环境因素和相关的环境影响;

(2)用于确定重要环境因素的准则;

(3)确定的重要环境因素,包括那些在紧急情况下可能出现的重要环境因素。

组织应当使用这些信息来理解运行控制的需求并确定运行控制措施,包括那些减缓或响应实际的紧急情况的必要措施。适当时,这些信息应当包括所识别的环境影响的信息。这些信息应当定期予以评审和更新,并在情况发生变化时确保它是最新的。用列表、清单、数据库或其他形式对保持该信息是有帮助的。

为便于组织识别环境因素,并对环境因素进行管理,在这里,我们提供一种简单的表单,便于相关组织和人员参考使用,见表 2-3-1。

表 2-3-1 环境因素清单

活动、产品和服务	环境因素	环境影响	需应对的风险和机遇	策划采取的措施	责任者

三、审核关注点

1. 审核员宜与受审核方相关部门或岗位人员沟通，了解其是否建立和保持用于环境因素识别的过程或程序。

2. 审核员应通过对受审核方边界以及边界内活动进行现场巡视和观察、关注其供应链中的环境因素是否已被识别，且无遗漏，包括诸如采购、设计、生产和服务提供、仓储、运输和(或)交付、使用和维护、以及产品寿命结束后处理和最终处置等生命周期各阶段的环境因素，还应包括已纳入计划的或新的开发，新的或修改的活动、产品和服务中的环境因素。

3. 审核员应通过与受审核方相关部门或岗位人员沟通和调阅其用于识别和确定重要环境因素的准则，关注其准则规定的适宜性，并记录其名称、编号和主要评价内容和判定要求。

4. 审核员应通过与受审核方相关部门或岗位人员沟通或调阅资料，关注其针对可能出现的异常状况和可合理预见的紧急情况时所产生的新的重要环境因素的识别是否充分。

5. 审核员应通过调阅受审核方环境因素和重要环境因素的信息，关注其所保留的环境因素和重要环境因素，以及相关环境影响的文件化信息。

6. 必要时，审核员应将所获得的环境因素和重要环境因素及其环境影响的信息与其之前的相关信息进行比较，关注其是否存在变化，并记录变化情况。针对无变化或其他非正常情况，审核员需进一步调查原因。

7. 审核员应通过与受审核方相关部门或岗位人员沟通，或通过对相关人员的抽样调查，关注其在各层次和职能间对重要环境因素进行沟通的有效性。

6.1.3　合规义务

一、标准要求

组织应：

a)确定并获取与其环境因素有关的合规义务；

b)确定如何将这些合规义务应用于组织；

c)在建立、实施、保持和持续改进其环境管理体系时必须考虑这些合规义务。

组织应保持其合规义务的文件化信息。

注：合规义务可能会给组织带来风险和机遇。

二、标准释义

1. 合规义务能够导致组织需要应对的风险和机遇。组织需详细确定其在GB/T 24001—2016/ISO 14001:2015标准4.2条款中识别的适用于其环境因素的合规义务，并确定这些合规义务如何适用于组织。合规义务包括组织须遵守的法律法规要求，及组织须遵守的或选择遵守的其他要求。

2. 组织应当建立、实施并保持一个过程以识别与其活动，产品和服务有关的环境因素的合规义务。这个过程应当能使组织考虑来自相关方的新的或变化的需求和期望并为之做准备，以便适当时可以采取准备措施以保持符合性。组织也应当考虑计划的或新的开发以及新的或修改的活动、产品和服务如何影响其合规状况。

3. 适用时，与组织环境因素相关的强制性法律法规要求可能包括：

(1)政府机构或其他相关权力机构的要求；

(2)国际的、国家的和地方的法律法规；

(3)许可、执照或其他形式授权中规定的要求;

(4)监管机构颁布的法令、条例或指南;

(5)法院或行政的裁决。

4. 合规义务也包括组织须采纳或选择采纳的,与其环境管理体系有关的其他相关方的要求。如果适用,这些要求可能包括:

(1)与社会团体或非政府组织达成的协议;

(2)与公共机关或客户达成的协议;

(3)组织的要求;

(4)自愿性原则或业务守则;

(5)自愿性环境标志或环境承诺;

(6)与组织签订的合同所约定的义务;

(7)相关的组织标准或行业标准。

5. 组织可以访问一个或多个信息源,作为识别与其环境因素有关的法规要求一种手段。这些信息源可以包括政府、监管机构、行业协会或贸易集团、商业数据库和出版物,以及专业的顾问和服务。这个过程应当使组织能够预见新的或变更的法律要求并为此做准备,以便能够保持合规性。

6. 组织应识别和确定与其环境因素有关的合规义务的具体要求,并应当确保将其传达给在其控制下与其相关的区域或场所的有关人员(包括外部供方,如承包商或供应商的人员),这些人员的职责与履行合规义务相关或其行为会影响合规义务的履行,进而通过合规措施满足其合规义务的要求。

7. 合规义务是环境管理体系的重要要素,该要素或过程的输出也是其他要素或过程的重要输入,诸如为环境方针(见 GB/T 24001—2016/ISO 14001:2015 标准 5.2 条款)、环境目标及其实现的策划(见 GB/T 24001—2016/ISO 14001:2015 标准 6.2 条款)、确定需要应对的风险和机遇(见 GB/T 24001—2016/ISO 14001:2015 标准 6.1.1 条款)、措施的策划(见 GB/T 24001—2016/ISO 14001:2015 标准 6.1.4 条款)、能力(见 GB/T 24001—2016/ISO 14001:2015 标准 7.2 条款)、意识(见 GB/T 24001—2016/ISO 14001:2015 标准 7.3 条款)、信息交流(见 GB/T 24001—2016/ISO 14001:2015 标准 7.4 条款)、内部审核(见 GB/T 24001—2016/ISO 14001:2015 标准 9.2 条款)、管理评审(见 GB/T 24001—2016/ISO 14001:2015 标准 9.3 条款)、合规性评价(见 GB/T 24001—2016/ISO 14001:2015 标准 9.1.2 条款)、改进(见 GB/T 24001—2016/ISO 14001:2015 标准 10.1 条款)等提供了必要的信息。

8. 组织应建立、实施并保持满足 GB/T 24001—2016/ISO 14001:2015 标准 6.1.3 条款要求所需的过程,如图 2-3-4 所示。

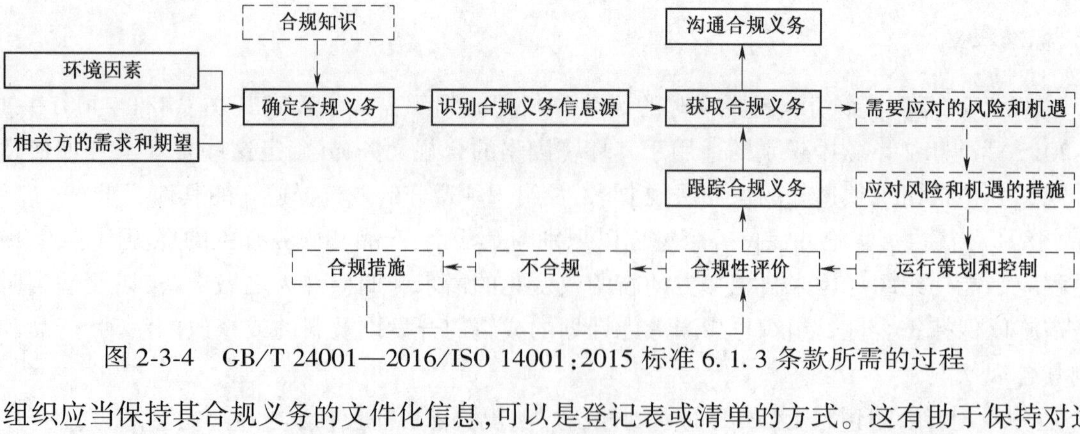

图 2-3-4 GB/T 24001—2016/ISO 14001:2015 标准 6.1.3 条款所需的过程

9. 组织应当保持其合规义务的文件化信息,可以是登记表或清单的方式。这有助于保持对适用要求的认识和透明度。登记表应当定期评审以确保其保持最新。

登记表或清单可以包括:

——合规义务的来源，包括有关的相关方；

——合规义务的概述；

——合规义务如何与组织的环境因素和(或)相关方的有关要求相关。

10. 为便于组织识别和确定与环境因素有关的合规义务，在这里，我们提供一种简单的表单，便于相关组织参考，见表 2-3-2。

表 2-3-2　合规义务清单

环境因素	相关方需求和期望	合规义务	合规义务来源	更新时间

组织应识别和确定与其环境因素有关的合规义务的具体要求，并应将这些具体要求传递到与其相关的区域或场所的有关人员通过合规措施满足其合规义务的要求。

三、审核关注点

1. 审核员宜通过与受审核方相关部门或岗位人员沟通，了解其是否建立和保持用于识别和应用合规义务的过程或程序。

2. 审核员应通过索阅受审核方所保持的合规义务的文件化信息，病结合事先对其环境因素和相关方的需求和期望的了解，关注其所获取的合规义务是否适宜和有效，是否存在识别不充分或不准确的情况。

3. 审核员应通过与受审核方相关部门或岗位人员沟通，或调阅相关信息，关注其所确定的合规义务是否与环境因素直接相关，或者与有关相关方的需求和期望直接相关。

4. 审核员应通过与受审核方相关部门或岗位人员沟通，或请相关部门或岗位人员提供应用的具体信息，追踪并关注其合规义务应用情况，包括其在相关程序或规程中的具体应用。

5. 审核员宜结合对 GB/T 24001—2016/ISO 14001：2015 标准 9. 1. 2 条款实施情况的审核信息，查看受审核方所确定的合规义务和实施合规性评价的一致性，防止出现识别的合规义务很充分，甚至超越受审核方所识别的环境因素范围，但实施合规性评价时却只有少数的合规评价证据的现象。

6. 1. 4　措施的策划

一、标准要求

组织应策划：

a）采取措施管理其：

1）重要环境因素；

2）合规义务；

3）6. 1. 1 所识别的风险和机遇。

b）如何：

1）在其环境管理体系过程（见 6. 2、第 7 章、第 8 章和 9. 1）中或其他业务过程中融入并实施这些措施；

2）评价这些措施的有效性（见 9. 1）。

当策划这些措施时，组织应考虑其可选技术方案、财务、运行和经营要求。

二、标准释义

1. 组织需在高层面上策划环境管理体系中应采取的措施，以管理其重要环境因素、合规义务，以及按照GB/T 24001—2016/ISO 14001:2015标准6.1.1条款要求所识别的，并需要组织优先考虑和应对的风险和机遇，以实现其环境管理体系的预期结果。组织应当利用其环境管理体系过程和其他业务过程，以多种方式策划采取措施，组织还应当确定所采取措施的有效性。

2. 组织所策划采取的措施可以是单一的措施，如建立环境目标（见GB/T 24001—2016/ISO 14001:2015标准6.2条款）、运行控制（见GB/T 24001—2016/ISO 14001:2015标准8.1条款）、应急准备（见GB/T 24001—2016/ISO 14001:2015标准8.2条款），或其他的业务流程（例如外部供方选择与评价），或者也可以是组合的措施，包括环境目标和涵盖不同控制层级相结合的运行控制措施或将其所策划的控制措施融入环境管理体系的其他过程。其中一些控制措施还可以通过其他管理体系提出，例如：与职业健康安全或业务连续性有关的管理体系，或通过与风险、财务或人力资源管理相关的其他业务过程提出。

3. 在策划措施时，组织应当考虑可选技术方案和可行性、财务、运行和经营要求。当考虑其技术选项时，组织应当考虑在经济可行、成本效益高和适宜的前提下，采用最佳可行技术，但这并不意味着组织必须使用环境成本核算的方法学。

对于任何策划的措施，也应当考虑潜在的任何非预期的后果，例如，在产品或服务生命周期内短期或长期对环境的不利影响。

4. 组织可以采取各种方法和技术，以评价所采取措施的有效性，从采用统计技术到将监视和测量结果与预期的绩效水平进行对比（见GB/T 24001—2016/ISO 14001:2015标准9.1条款）。某些法律法规可能规定了核查或验证绩效能力的需求以及某些控制措施的实际绩效。在某些情况下，组织选择环境管理体系以外的方式来评价所采取措施的有效性，例如，可以通过职业健康安全管理体系或工程或业务过程来实现。这些在环境管理体系之外实施了的措施，都可以在环境管理体系中被引用。

5. 组织应建立、实施并保持满足GB/T 24001—2016/ISO 14001:2015标准6.1.4条款要求所需的过程，如图2-3-5所示。

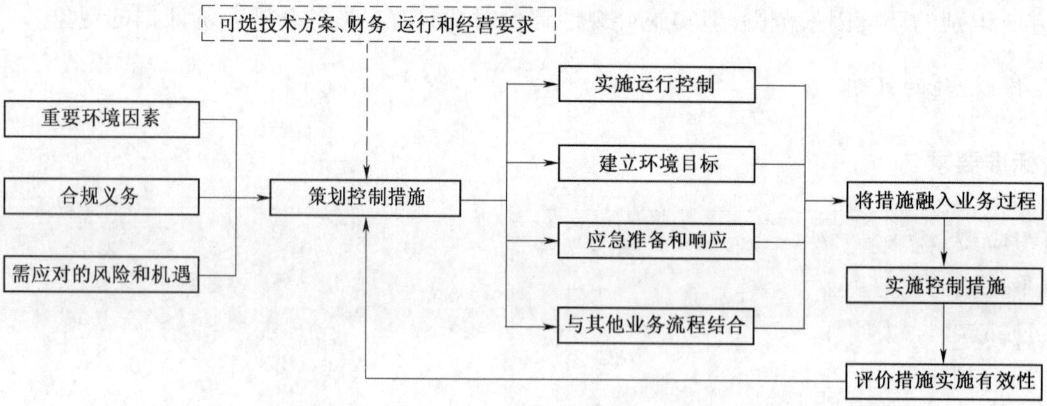

图2-3-5 GB/T 24001—2016/ISO 14001:2015标准6.1.4条款所需过程

6. 措施的策划是环境管理体系的重要要素，该要素或过程的输出也是其他要素或过程的重要输入，诸如为环境目标及其实现的策划（见GB/T 24001—2016/ISO 14001:2015标准6.2条款）、资源（见GB/T 24001—2016/ISO 14001:2015标准7.1条款）、能力（见GB/T 24001—2016/ISO 14001:2015标准7.2条款）、意识（见GB/T 24001—2016/ISO 14001:2015标准7.3条款）、信息交流（见GB/T 24001—2016/ISO 14001:2015标准7.4条款）、运行策划和控制（见GB/T 24001—2016/ISO 14001:2015标准

8.1 条款)、应急准备和响应(见 GB/T 24001—2016/ISO 14001:2015 标准 8.2 条款)、监视、测量、分析和评价(见 GB/T 24001—2016/ISO 14001:2015 标准 9.1 条款)等提供了必要的信息。

三、审核关注点

1. 审核员宜与受审核方相关部门或岗位人员沟通,了解其是否建立和保持用于措施的策划的过程或程序。

2. 审核员需结合对 GB/T 24001—2016/ISO 14001:2015 标准 6.1.1、6.1.2 和 6.1.3 条款审核所获得的信息的基础上,与受审核方相关部门或岗位人员沟通和交流,关注其应对重要环境因素、合规义务和所确定的风险和机遇的控制措施的策划情况。

3. 审核员应通过与受审核方相关部门或岗位人员交流,或调阅相关资料,关注其是否已将应对重要环境因素、合规义务和所确定的风险和机遇的控制措施融入其相关的制度或程序之中。在审核过程中审核员应注意获取进一步的客观证据,尤其是有关措施实施有效性的客观证据。

4. 审核员需通过与受审核方相关部门或岗位人员交流,或调阅相关资料,特别关注其是否对应对重要环境因素、合规义务和所确定的风险和机遇的控制措施的有效性进行了正式的评价。

5. 审核员应通过与受审核方相关部门或岗位人员交流,或调阅相关资料,关注其上一周期应对重要环境因素、合规义务和所确定的风险和机遇的控制措施有效性的评价信息,或标杆信息。必要时,审核员宜对比所获得的信息,作为评价其实施控制措施有效性的客观证据。

6.2　环境目标及其实现的策划

6.2.1　环境目标

一、标准要求

组织应针对其相关职能和层次建立环境目标,此时必须考虑组织的重要环境因素及相关的合规义务,并考虑其风险和机遇。

环境目标应:

a)与环境方针一致;

b)可测量(如可行);

c)得到监视;

d)予以沟通;

e)适当时予以更新。

组织应保持环境目标的文件化信息。

二、标准释义

1. 环境目标是组织依据其环境方针所建立的目标,它是组织所期望实现的环境管理的预期结果。在相关职能和层次建立环境目标是一项重要的策划活动。在策划过程中,组织建立环境目标以履行其环境方针的承诺并实现组织的其他目标。建立并评审环境目标的过程,以及实现目标的实施过程,为组织在某些领域改进环境绩效,同时在其他领域保持其环境绩效水平提供了一个系统化的基础。

2. 在相关职能和层次建立环境目标时,组织应当考虑输入的信息,包括:

——其环境方针中的原则和承诺;

——其重要环境因素（以及在确定它们时形成的信息）；

——其合规义务；

——与影响环境管理体系的其他问题和要求有关的，在 GB/T 24001—2016/ISO 14001：2015 标准 6.1.1 条款中确定的需要应对的风险和机遇。

组织所建立的环境目标应当与环境方针及对环境保护的承诺相一致，包括污染预防、履行合规义务和持续改进。建立环境目标"必须考虑重要环境因素"的要求并不意味着必须针对每项重要环境因素制定一个环境目标，而是建立环境目标时应优先考虑这些重要环境因素。"与环境方针保持一致"指环境目标是与最高管理者在环境方针中做出的承诺保持总体协调一致，包括持续改进的承诺。

在建立环境目标过程中，组织还应当考虑：

——实现环境目标对其他活动或过程的影响；

——对组织公众形象的可能影响；

——环境评审的结果；

——组织的其他目标。

3. 通常情况下，组织建立环境目标的过程，如图 2-3-6 所示。

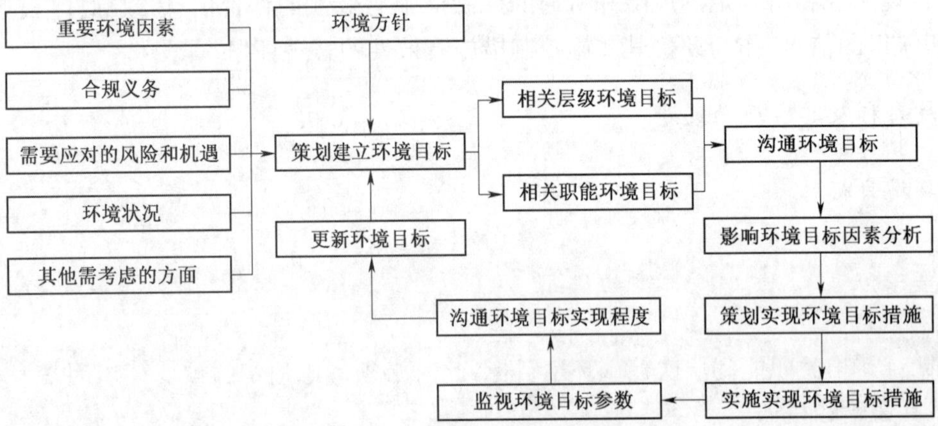

图 2-3-6　建立环境目标过程

4. 最高管理者可从战略层面、战术层面或运行层面来建立环境目标。战略层面包括组织的最高层次，其目标能够适用于整个组织。战术和运行层面可能包括针对组织内特定单元或职能的环境目标。这些层次和职能的活动对实现环境方针承诺和组织的整体目标而言是重要的，如图 2-3-7 所示。

5. 组织所建立的环境目标不应超越环境方针所确定的环境目标的框架边界。组织须认真把握好环境方针与环境目标，以及环境目标与实现环境目标的措施之间的关系，充分发挥通过环境目标改善组织的环境绩效，实现环境管理体系预期结果的目的。

6. 组织建立的环境目标应当作为其总体管理目标的一部分予以考虑。这样的整合不仅可以提高环境管理体系的价值，同时也可提高被整合的业务过程的价值。

环境目标可以直接表现为一个具体的绩效水平，也可以表现为一个总的目标和进一步规定一个或多个指标，即为了实现环境目标，应当满足细化的绩效要求。当设定环境指标时，它们应当是可度量的。指标可能需要包括一个明确的时间表。

7. 环境目标可以是适用于整个组织，或仅适用于某个特定场所或单独的活动，例如，一个制造设施可以有一个整体的节能目标，该目标可由一个单独部门的节能活动得以实现。

8. 组织的所有部门都应当以不同方式为实现组织的总体目标作出贡献。也可能存在这种情况，组

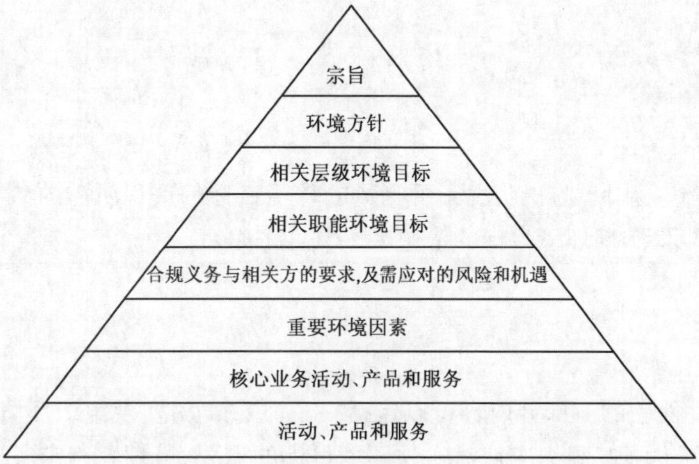

图 2-3-7　环境目标与环境方针以及相关要素

织的不同部门为了追求同一个整体目标,可能需要实施不同的行动来实现他们的部门目标。

组织应当识别其不同层次和职能对实现目标的贡献,并使其各成员意识到他们的职责。

9. 组织应当与在其控制下工作的、具备影响实现环境目标能力的人员沟通环境目标。可行时,环境目标应在适当时予以更新。

10. 组织应当保持其环境目标的文件化信息,有关环境目标的文件化信息应当提供给那些负责实现这些目标的人员和需要这些信息的以执行有关的职能(如运行控制)的其他人员,并确保相关职能和层级均应保持其环境目标的文件化信息。

11. 环境目标是环境管理体系的重要要素,该要素或过程的输出也是其他要素或过程的重要输入,诸如为意识(见 GB/T 24001—2016/ISO 14001:2015 标准 7.3 条款)、信息交流(见 GB/T 24001—2016/ISO 14001:2015 标准 7.4 条款)、管理评审(见 GB/T 24001—2016/ISO 14001:2015 标准 9.3 条款)、监视、测量、分析和评价(见 GB/T 24001—2016/ISO 14001:2015 标准 9.1 条款)等提供了必要的信息。

三、审核关注点

1. 审核员应通过与受审核方相关部门或岗位人员沟通,或调阅其所建立的环境目标,关注其所建立的环境目标是否考虑了其所确定的重要环境因素,或与消除或减少重要环境因素所产生的环境影响有关,与履行相关的合规义务,以及与所需应对的风险和机遇有关。

2. 审核员应需通过将受审核方所建立的环境目标与其所确立的环境方针进行比较,关注其所建立的环境目标是否符合环境方针所确定的目标框架,并与环境方针保持一致,进而判断其所建立的环境目标的充分性和适宜性。

3. 在审核 GB/T 24001—2016/ISO 14001:2015 标准 6.2.1 条款时须注意并非需要在所有的职能部门均抽查环境目标,但应在与实施环境目标的措施相关联的部门审核环境目标的分解情况。

4. 审核员应在相关职能或相关层级索阅所保持的环境目标的文件化信息,关注环境目标是否可被测量,可结合 GB/T 24001—2016/ISO 14001:2015 标准 9.1.1 条款审核,了解受审核方测量环境目标的方法是否合理,并记录索阅和沟通交流过程中所获得的信息作为审核的客观证据。

6.2.2　实现环境目标措施的策划

一、标准要求

策划如何实现环境目标时,组织应确定:

a)要做什么;

b)需要什么资源;

c)由谁负责;

d)何时完成;

e)如何评价结果,包括用于监视实现其可测量的环境目标的进程所需的参数(见9.1.1)。

组织应考虑如何能将实现环境目标的措施融入其业务过程。

二、标准释义

1. 组织实施策划过程中的一部分内容可以包括一个(或多个)实现组织环境目标的措施方案。

为了确保环境目标的实现,组织应针对实现环境目标的需要,策划并制定实现环境目标的措施计划或方案,并在其中规定以下内容:

(1)针对实现目标的需要,具体做什么,如何做?

(2)所需的资源,包括人员、资金、基础设施等;

(3)角色和职责;

(4)实现环境目标的时间表;

(5)如何评价结果,包括用于监视实现其可测量的环境目标的进程所需的参数。

实现环境目标的措施方案还应当包括优先顺序以及实现环境目标所需的措施。这些措施可以涉及单独的过程、项目、产品、服务、场所,或在一个场所内的设施。

2. 组织可以将实现环境目标的措施计划或方案与战略策划过程中的其他方案进行整合。实现环境目标的措施方案有助于组织提高其环境绩效。措施方案应当是动态的,当环境管理体系范围内的过程、活动、服务和产品发生变化时,组织应当根据需要对环境目标和有关实现目标的方案进行修订。

3. 组织应运用环境参数对实现目标的措施的结果进行评价。在评价结果中,可采用包括用于监视实现其可测量的环境目标的进程所需的参数。参数是对运行、管理或状况的条件或状态的可度量的表述。组织的环境绩效参数是用于监视其实现环境目标的进展和持续改进的重要工具。

组织应当建立能够提供客观的、可验证的、可重复的结果的环境绩效参数。参数应当与组织的活动、产品和服务相适宜,符合其环境方针,实用,体现成本效益且技术可行。这些参数可以用来跟踪组织实现其环境目标的进展情况。它们也可用作其他用途,如作为评价和改进环境绩效整体过程的一部分。组织可以考虑使用与其重要环境因素相适宜的环境状况参数(ECIS),管理绩效参数(MPIS)和运行绩效参数(OPIS)。

4. 环境目标的进展通常可以用环境绩效参数予以度量,环境绩效参数的示例如:

——原材料或能源的使用量;

——排放量,如CO_2;

——单位成品的废物产生量;

——物质和能源的使用效率;

——环境事件的数量(例如:超出限值的运行);

——环境事故的数量(例如:非预期的排放);

——废物的循环利用率;

——包装材料的循环利用率;

——单位产品的服务车辆的公里数;

——特定污染物的排放量,例如NOx、SOx、CO、VOCs、Pb和CFCs;

——用于环境保护的投资；

——起诉的数量；

——为野生动物栖息留出的土地面积；

——接受环境因素识别培训的人员数量；

——花费在低排放技术上的预算比例。

5. 实现环境目标的策划是环境管理体系的重要要素，该要素或过程的输出也是其他要素或过程的重要输入，诸如为信息交流（见 GB/T 24001—2016/ISO 14001：2015 标准 7.4 条款）、运行策划和控制（见 GB/T 24001—2016/ISO 14001：2015 标准 8.1 条款）、管理评审（见 GB/T 24001—2016/ISO 14001：2015 标准 9.3 条款）、监视、测量、分析和评价（见 GB/T 24001—2016/ISO 14001：2015 标准 9.1 条款）等提供了必要的信息。

6. 为便于组织制定环境目标措施实施计划或管理方案，在这里，我们提供一种简单的表单，便于相关组织将其用于管理实践，见表 2-3-3。

表 2-3-3 环境目标管理方案

环境目标					
步骤	活动内容和要求	环境绩效参数	资源需求	时间	责任者

三、审核关注点

1. 审核员应通过与受审核方相关部门或岗位人员沟通，或调阅相关资料，关注受审核方是否针对每项环境目标均制定了实现其目标的措施方案，其措施方案是否可行且有效。

2. 针对所抽查的环境目标，审核员应关注受审核方是如何评价其环境目标所达成的结果，关注其采用哪些参数用于监视和测量环境目标的进程。

3. 当受审核方不能提供独立的单项实现环境目标的措施，审核员应进一步了解其实现环境目标的措施是否被融入其既有的业务过程之中，运行控制是否有效，是否得到监视或测量。

第四章　支　持

7.1　资　源

一、标准要求

组织应确定并提供建立、实施、保持和持续改进环境管理体系所需的资源。

二、标准释义

1. 资源是实施环境管理体系有效运行和改进，以及提升环境绩效所必需的最基本的条件。组织应识别和确定满足实现环境目标，以及实现与组织的环境方针保持一致的环境管理体系预期结果所需的资源。最高管理者应当确保那些负有环境管理职责的人员得到必需的资源支持。

2. 用于环境管理体系，以及提升环境绩效所需的资源可能包括基础设施、信息系统、人力资源、自然资源、技术和财务资源，以及运行、产品和服务提供所需的其他特定资源。例如：人力资源包括专业技能和知识；基础设施资源包括组织的建筑物、设备、地下储罐和排水系统等，如图 2-4-1 所示。

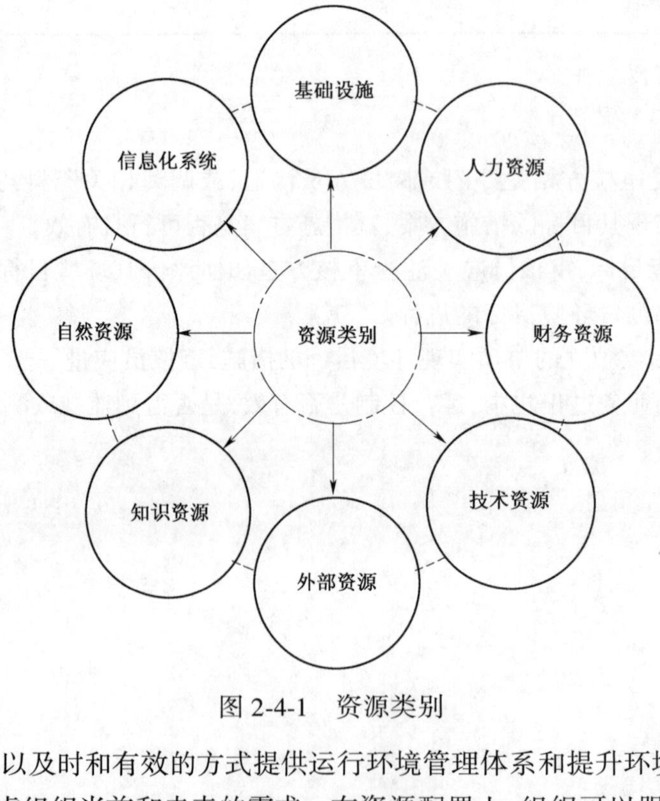

图 2-4-1　资源类别

3. 最高管理者应当以及时和有效的方式提供运行环境管理体系和提升环境绩效所需的资源。

资源的分配应当考虑组织当前和未来的需求。在资源配置上，组织可以跟踪其环境或相关活动的资本和运营成本的收益：例如污染控制设备的成本（资金的花费）和在组织控制下工作的人员花在使环境管理体系有效（运行的花费）上的时间等都可以包括在内。

4. 组织应根据满足环境管理体系运行和实现与组织的环境方针保持一致的环境管理体系预期结果的需要,规定各相关岗位的能力需求,包括教育、知识、技能和经验。

5. 组织应识别和合理使用所需的自然资源,建立和保持自然资源使用过程,防止在使用自然资源过程中导致生物多样性、生态系统以及气候的破坏。

6. 组织应遵照合规义务的要求,科学合理配备污染预防所需的各种环保设备,诸如隔音或消音设施、除尘设备、污水处理设施、地下储罐和排水系统等。

7. 知识是用于建立或改进环境管理体系,以及提升其环境绩效所需的重要资源。在应对未来挑战时,组织应当考虑到它目前的知识库,并确定如何获取或访问所需的补充知识。组织应识别、获取、应用和更新与环保技术有关的知识,积极引进和应用各种先进的环保技术,减少污染物的排放,改善组织的环境绩效。

8. 组织应将环境管理体系运行和环境保护所需的资金需求纳入财务预算管理,并坚持对环保费用支出合理性的检查。

9. 当内部资源表现出某种局限性或不充分时,组织可寻求来自外部供方的资源作为补充或与外部组织进行合作,其合作选项可包括:

——与较大的客户和供应商组织合作,分享技术和知识;

——与供应链或当地的其他组织合作,以确定并解决共同的问题、分享经验、促进技术发展、联合使用设施,以及共同使用外部资源;

——与标准化组织、协会或商会开展关于培训和意识的项目的合作;

——与大学及其他研究中心合作,以支持绩效改进、生命周期观点的应用以及创新。

10. 组织应对资源状况和资源的分配进行定期评审,包括与管理评审相结合以确保其充分性。在评价资源的充分性时,应当考虑计划的变更和(或)新的项目或运行。

11. 资源是环境管理体系的重要要素,该要素或过程的输出也是其他要素或过程的重要输入,诸如为组织的角色、职责和权限(见 GB/T 24001—2016/ISO 14001:2015 标准 5.3 条款)、措施的策划(见 GB/T 24001—2016/ISO 14001:2015 标准 6.1.4 条款)、实现环境目标的措施的策划(见 GB/T 24001—2016/ISO 14001:2015 标准 6.2.2 条款)、能力(见 GB/T 24001—2016/ISO 14001:2015 标准 7.2 条款)、运行策划和控制(见 GB/T 24001—2016/ISO 14001:2015 标准 8.1 条款)、应急准备和响应(见 GB/T 24001—2016/ISO 14001:2015 标准 8.2 条款)、管理评审(见 GB/T 24001—2016/ISO 14001:2015 标准 9.3 条款)、监视、测量、分析和评价(见 GB/T 24001—2016/ISO 14001:2015 标准 9.1 条款)等提供了必要的信息。

12. 资源管理过程,如图 2-4-2 所示。

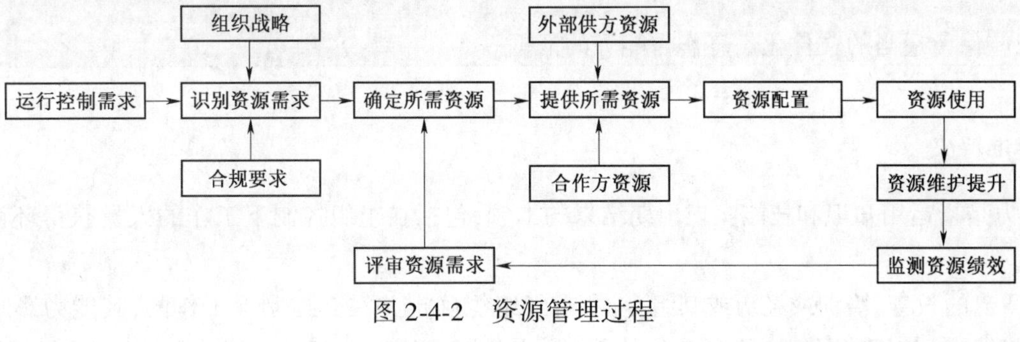

图 2-4-2 资源管理过程

三、审核关注点

1. 审核员宜与受审核方相关部门或岗位人员沟通,了解其是否建立和保持用于确定和提供运行环境管理体系以及提升其环境绩效所需资源的过程或程序。

2. 审核员宜与受审核方最高管理者或相关部门或岗位人员沟通用于环境运行控制所需的资源类别，包括其通过标杆对比所获得资源水平状况的信息（存在时），以及既有资源的优势或劣势，关注其为运行环境管理体系和提升环境绩效配备了哪些环保设施和环保监测设施。

3. 审核员应通过对受审核方所在区域边界及边界内的环境污染控制活动进行现场巡视和观察，关注其所配备的环保设施和环保监视设施是否充分、适宜，以及其完好状态。

4. 审核员应通过与受审核方相关部门或岗位人员沟通，或调阅相关人员的能力的资料，或通过与相关人员进行面谈，关注其从事环境管理、环保设备操作和环境监测人员是否具备所需的管理和技术知识。

5. 若受审核方使用自然资源，包括森林、矿山、土壤、水体或空气等，审核员应关注其已采取哪些措施防止在使用自然资源过程中导致生物多样性、生态系统以及气候的破坏。

6. 审核员应通过与受审核方资金管理部门或岗位人员沟通或调阅相关资料，关注其用于环境保护的资金所占年度资金预算的比重，以及环保资金的使用科目或范围，包括其用于实现环境目标、履行合规义务及应对风险和机遇的措施方案所需资金，并记录相关信息作为客观证据。

7. 审核员应通过对受审核方的现场观察，了解其用于环境监测系统的信息化系统的建设和维护情况。

8. 若受审核方存在来自外部供方或合作方的环保资源时，审核员应关注其对外部方所提供的资源的控制，包括对外部方提供的人员和基础设施等的控制。

9. 审核员需通过与受审核方相关部门或岗位人员沟通，关注其是否定期对所拥有的的资源以及对资源管理的绩效进行评审，并记录评审的结果的信息。

7.2 能力

一、标准要求

组织应：

a）确定在其控制下工作，对其环境绩效和履行合规义务的能力具有影响的人员所需的能力；

b）基于适当的教育、培训或经历，确保这些人员是能胜任工作；

c）确定与其环境因素和环境管理体系相关的培训需求；

d）适当时，采取措施以获得所必需的能力，并评价所采取措施的有效性。

注：适当措施可能包括，例如：向现有员工提供培训、指导，或重新分配工作；或聘用、雇佣能胜任的人员。

组织应保留适当的文件化信息作为能力的证据。

二、标准释义

1. 能力是指运用知识和技能实现预期结果的本领，包括在组织控制下工作的人员获得环境绩效所需的本领。

基于适当的教育、培训或经历或其组合，所有经组织确定并在其控制下工作的，其能力影响或可能影响其环境绩效（包括其履行合规义务的技能）的人员都应当是胜任的。对这些人员的能力要求不仅限于那些有或可能对环境有重大影响的工作人员，还包括那些管理某个职能或承担某个对环境管理体系预期结果有关键作用的人员。

2. GB/T 24001—2016/ISO 14001:2015 标准所规定的能力要求适用于那些可能影响组织环境绩效的,并在组织控制下工作的人员,包括:

(1)其工作可能造成重大环境影响的人员;

(2)被分派了环境管理体系职责的人员,包括涉及以下工作的人员:

①确定并评价环境影响或合规义务;

②为实现环境目标作出贡献;

③对紧急情况做出响应;

④实施内部审核;

⑤实施合规性评价。

3. 组织应对人员的能力实施管理,其能力确定、评价和提供所需的过程,如图 2-4-3 所示。

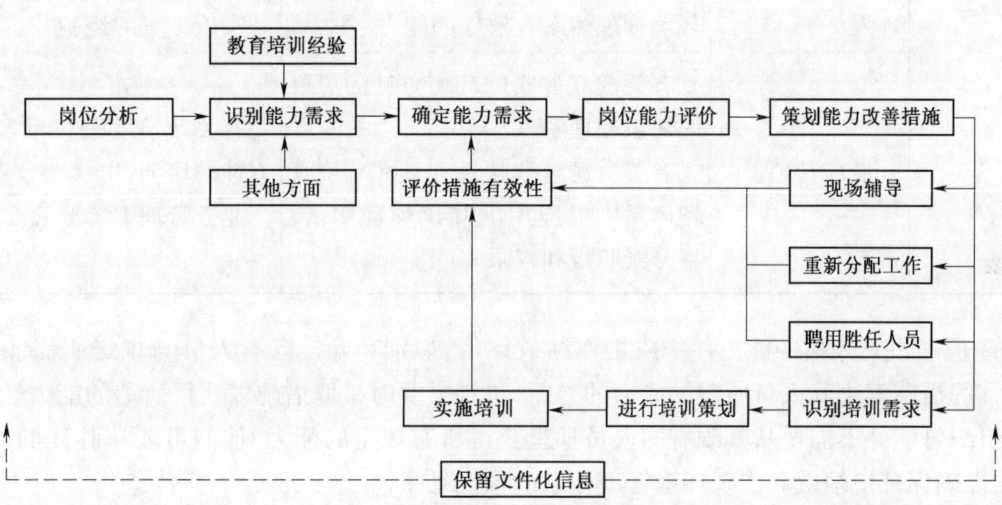

图 2-4-3 能力提供过程

4. 组织应根据满足环境管理体系运行的有效性和效率,以及实现与组织的环境方针保持一致的环境管理体系预期结果所需的专业知识和技能的需要,规定从事不同环境管理活动或岗位的人员的能力需求,包括适当的教育、培训或经历要求,见表 2-4-1。

表 2-4-1 能力要求的示例

能力的潜在领域	典型的组织角色	所需能力和(或)技能的示例	建立能力的方式的示例
环境技术	环境技术人员	熟悉环境采样技术; 能够操作监测设备	培训、在采样要求上的评估和实践; 取得设备操作的证书或许可
	环境项目管理者	熟悉适用的环境法规	在环境领域的级别; 适用法规的培训
环境运行	工作涉及重要环境因素的人员	他们工作影响环境绩效的意识; 为了环境影响最小化所需的满足运行准则的知识	与他们工作有关的环境影响的培训; 确保过程可控的运行准则的培训

续上表

能力的潜在领域	典型的组织角色	所需能力和(或)技能的示例	建立能力的方式的示例
环境管理体系	环境经理	建立、实施并改进环境管理体系的能力； 确定所需应对的风险和机遇以确保实现环境管理体系的预期结果以及策划适当措施的能力； 对环境绩效和组织合规义务的结果进行分析和采取行动的能力	环境管理体系的经历； 有关环境管理体系的培训
	审核方案管理人员	建立并管理审核方案以确定组织环境管理体系有效性的能力	方案管理培训； 实施方案的经验
	最高管理者	有关建立并实施环境方针的后果的知识和理解； 有关资源可获得性和其在环境管理体系中的应用的知识和理解，包括分派职责和权限	有关环境管理体系和建立环境方针的培训； 业务管理上的经验

5. 组织应通过对人员的能力评价或工作绩效评价，识别和确定既有人员与规定所需能力的差距，并采取适宜的措施解决其人员所需的能力的差距，包括需要时采取措施以获得所需的能力。

一些组织可能并不需要从其既有的人员那里获得所有规定的能力，他们可能从胜任的外部供方处进行采购，以确保环境绩效和实现环境管理体系的预期结果。

6. 组织应确定与其环境因素和环境管理体系相关的培训需求，并实施培训，提升相关人员能力。

适当时，组织可采取诸如向现有员工提供培训和指导，重新分配工作，或聘用、雇佣能胜任的人员等措施以获得所必需的能力。

当能力可以通过培训获得时，组织的培训过程应当包括：

——识别培训需求；

——设计和开发培训计划或方案以应对识别的培训需求；

——实施培训；

——评价培训效果；

——对所接受的培训进行文件化和监视。

适用时，组织应当评价所采取的培训的有效性和获得所需能力所采取的其他措施的有效性，以确保预期结果得以实现。

组织应认识到对全员进行与其环境因素和环境管理体系相关的培训是非常重要和非常有意义的活动。

7. 组织保留适当的文件化信息作为能力的证据。文件化信息对于确保提出所识别的能力需求，跟踪缩小差距的进展以及能够与相关方交流相关信息可能是有用的。

8. 能力是环境管理体系的重要要素，该要素或过程的输出也是其他要素或过程的重要输入，诸如为组织的角色、职责和权限（见 GB/T 24001—2016/ISO 14001：2015 标准 5.3 条款）、意识（见 GB/T 24001—2016/ISO 14001：2015 标准 7.3 条款）、运行策划和控制（见 GB/T 24001—2016/ISO 14001：2015 标准 8.1 条款）、应急准备和响应（见 GB/T 24001—2016/ISO 14001：2015 标准 8.2 条款）、内部审核（见

GB/T 24001—2016/ISO 14001:2015标准9.2条款)等提供了必要的信息。

9. 为便于相关组织实施对控制下工作的人员的能力的管理,我们在此提供一份简单的表单供有关组织参考使用,见表2-4-2。

表2-4-2 岗位能力需求一览表

岗位或角色	从事主要活动和要求	所需教育程度	应具备的知识和技能	所需类似工作经历	其他

三、审核关注点

1. 审核员宜与受审核方相关部门或岗位人员沟通其是否建立和保持相关角色或人员的能力管理的过程或程序,以及其如何实施对所控制的人员的能力的管理,了解其人员的基本结构和人员能力概况。

2. 审核员宜通过索阅受审核方所规定的职位说明书、程序或作业指导书等,关注其对有关角色所需能力的规定的适宜性和充分性。

3. 审核员需通过与受审核方相关人员沟通、交流和查看相关资料,关注其对既有人员是否满足规定能力的评审过程和评审的结果,并形成审核记录。

4. 审核员应通过观察和适当抽样面谈调查的方式,关注其从事环境管理,包括内审员、环境技术、环保设备和环境监测人员,以及与其重要环境因素运行控制有关的人员是否具备规定的能力。

5. 审核员应注意抽查受审核方与所识别的潜在紧急事件有关的或受其影响的人员对启动应急方案和响应过程所应具备的能力,关注其相关人员的能力的充分性。

6. 审核员应通过与受审核方相关人员沟通和交流,或查看其培训方案和与培训实施相关的记录,关注其是否确定和实施了与其环境因素和环境管理体系相关的培训需求。适当时,审核员宜与从事具体生产或服务提供的人员交流其所识别的环境因素的充分性以及所需的应对措施。

7. 审核员应通过与受审核方相关人员沟通或调阅相关资料,关注其是否针对所识别的在组织控制下,且工作对其环境绩效和履行合规义务的能力具有影响的人员所需的能力的差距所采取的应对措施,以及对措施实施有效性进行评价的信息。

8. 审核员应关注并记录受审核方针对部分人员存在的能力差距所采取的除培训外的其他措施,以及对这些措施实施有效性评价的信息。

7.3 意 识

一、标准要求

> 组织应确保在其控制下工作的人员意识到:
>
> a)环境方针;
>
> b)与他们的工作相关的重要环境因素和相关的实际或潜在的环境影响;
>
> c)他们对环境管理体系有效性的贡献,包括对提高环境绩效的贡献;
>
> d)不符合环境管理体系要求,包括未履行组织合规义务的后果。

二、标准释义

1. 意识是指员工通过接受来自外部信息刺激而形成的一种具有自觉性的思维。这种思维可以驱动员工自觉地认识和实现环境要求，提升环境绩效。在组织内培养与环境管理体系和环境绩效有关的意识，以增强知识和促进支持组织的环境方针中承诺的行为，包括使员工和在组织控制下工作的其他人员意识到组织的环境价值，以及这些价值如何贡献于组织的业务战略，这是最高管理者的重要职责（见GB/T 24001—2016/ISO 14001：2015 标准 5.1 条款）。

2. 最高管理者应当通过环境文化的建设、环境意识的熏陶，确保在组织控制下工作的人员得到鼓励，以：

——提升环境绩效；

——为实现环境管理体系的预期结果做出贡献；

——承认实现他们负责或承担责任的环境目标的重要性。

3. 最高管理者还应当通过有效的内部沟通和培训机制，确保所有在组织控制下的人员都意识到：

——组织的环境方针和其对环境方针的承诺；

——符合环境管理体系要求的重要性；

——他们对环境管理体系有效性的贡献；

——改进环境绩效的益处；

——他们在环境管理体系内的职责和义务；

——他们工作活动的实际或潜在的重要环境因素及相关环境影响；

——适用时，已识别的与他们工作活动相关的需要采取措施的风险和机遇；

——偏离适用的环境管理体系要求（包括组织的合规性义务）的后果。

4. 对环境方针的认知不应当理解为需要熟记承诺，或在组织控制下工作的人员保存有文件化信息的环境方针的文本。而是这些人员应当意识到环境方针的存在、环境方针的目的及他们在实现承诺中所起的作用，包括他们的工作如何能影响组织履行其合规义务的能力。

5. 组织可将与环境保护有关的内容纳入企业文化之中，并适当实施对员工进行有关环境保护意识的培训，通过培训可确保他们能够理解最高管理者实施环境管理体系的战略意图，把环境方针作为日常工作或生产活动的座右铭，把相关要求贯彻到实际的运行活动之中。

6. 组织还应通过培训或沟通，使相关在组织控制下的工作人员意识到与他们的工作相关的重要环境因素和相关的实际或潜在的环境影响，并通过培训获得环境管理和运行控制活动所需的必要的知识，以便他们可以更好更积极地为提升环境管理体系有效性做出贡献，包括对提升环境绩效的贡献，以及当发生不符合环境管理体系要求的环境事件，包括未履行组织的合规义务的后果。

提高意识的方法示例还可以包括视觉标志和横幅、宣传活动等。

7. 意识是环境管理体系的主要要素，该要素或过程的输出也是其他要素或过程的重要输入，诸如为理解组织及其所处环境（见 GB/T 24001—2016/ISO 14001：2015 标准 4.1 条款）、组织的角色、职责和权限（见 GB/T 24001—2016/ISO 14001：2015 标准 5.3 条款）、改进（见 GB/T 24001—2016/ISO 14001：2015 标准 10.1 条款）等提供了必要的信息。

三、审核关注点

1. 审核员可通过与受审核方相关责任职能部门或岗位人员交流，了解其为提升在组织控制下工作的人员的环境意识，采取了哪些具体措施或组织开展了哪些具体活动，以及所取得的成效。

2. 审核员可通过与受审核方的相关人员面谈交流和沟通，了解其所掌握的有关环境意识的信息，诸如要求接受审核的人员解读组织的环境方针、描述其所在区域存有哪些重要环境因素及可能的环境影响是什么，以及组织实施环境保护的意义等。

7.4　信息交流

7.4.1　总　　则

一、标准要求

组织应建立、实施并保持与环境管理体系有关的内部与外部信息交流所需的过程，包括：

a）信息交流的内容；

b）信息交流的时机；

c）信息交流的对象；

d）信息交流的方式。

策划信息交流过程时，组织应：

——必须考虑其合规义务；

——确保所交流的环境信息与环境管理体系形成的信息一致且真实可信。

组织应对其环境管理体系相关的信息交流做出响应。

适当时，组织应保留文件化信息，作为其信息交流的证据。

二、标准释义

1. 信息交流是组织与员工之间，或组织与相关方之间，以及员工与员工之间进行思想与感情的传递和反馈的过程。信息交流的价值在于可以有效和高效地解决问题。通过信息交流可以实现人员对事物的理解达成一致和感情的通畅。信息交流应当具有下列特性：

（1）透明化，即组织对其获得报告内容的方式是公开的；

（2）适当性，以使信息满足相关方的需求，并促使其参与；

（3）真实性，不误导那些相信信息报告的人员；

（4）事实性、准确性与可信性；

（5）不排除相关信息；

（6）使相关方可理解。

信息交流应作为变更管理的一部分。

2. 信息交流是一个双向的过程，包括与组织的内部和外部的信息交流。组织应当建立与环境管理体系有关的信息交流过程。在建立适合于特定情况的信息交流过程时，组织可以考虑不同的交流方式可能需要的成本和获得的收益，考虑自身的性质和规模、重要环境因素，以及其相关方的性质、需求和期望。

信息交流过程应考虑内部组织结构，以确保与最适当的职能和层次进行信息交流。为实现信息交流或沟通，应保持组织的信息畅通。

3. 在策划信息交流过程时，组织应：

——考虑其合规义务；

——确保所交流的环境信息与环境管理体系所产生的信息一致性，包括组织的环境绩效的内部评价信息（见 GB/T 24001—2016/ISO 14001：2015 标准 9.1 条款），并确保其真实可信。

4. 通常情况下，组织与环境管理体系有关的内部与外部信息交流的过程，如图 2-4-4 所示。

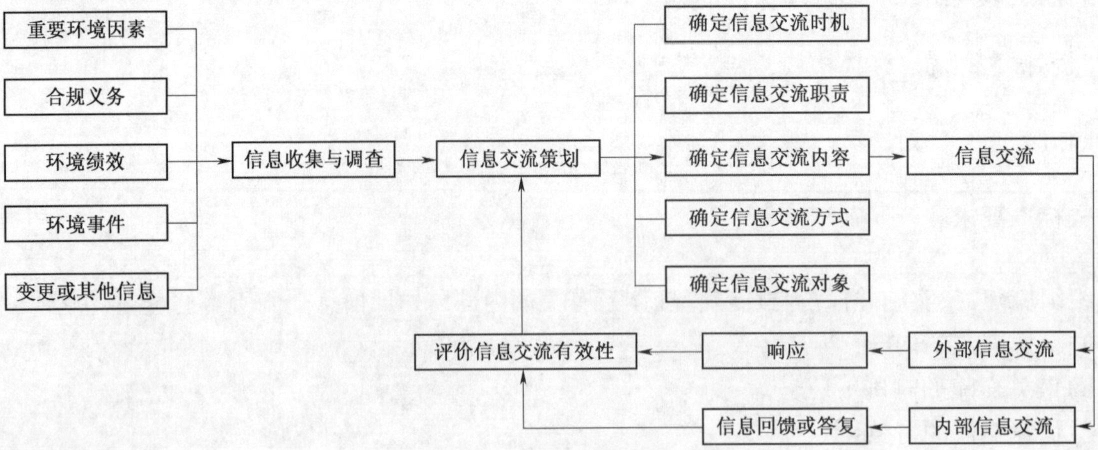

图 2-4-4 信息交流过程

5. 在策划信息沟通过程时，组织应当考虑下述的过程步骤：

——收集信息，或开展调查，包括获取来自相关方的信息（见 GB/T 24001—2016/ISO 14001:2015 标准 4.2 条款）；

——明确信息交流的范围，确定信息交流的对象，以及他们对信息交流和对话的需求；

——选择信息交流的对象感兴趣的信息；

——决定需要与信息交流对象拟交流的信息，明确拟交流的信息的具体内容；

——确定合适的信息交流方法和形式，包括信息交流的途径和方式，可以是区域网、电子邮件、会议或面谈；

——确定信息交流的时机和条件，规定在何时进行信息交流的时机最为恰当；

——评估和定期确定信息交流过程的有效性。

6. 在确定如何实施信息交流时，组织应当考虑不同的信息交流方法，这些方法应当能够促进人员对组织环境管理行动的理解和接受，并能促进与相关方的对话。信息交流的方法包括，例如：非正式讨论、组织的开放日、焦点问题讨论组、社区对话、参与社区活动、网站和电子邮件、新闻稿、广告和定期简报，年度或其他定期的报告，以及电话热线等。针对不同的信息内容，组织还应明确谁负责交流，即针对不同的交流事项，确定实施信息交流的具体担当者或职责。最高管理者应当对有效的环境管理以及符合环境管理体系要求的重要性进行信息交流（见 GB/T 24001—2016/ISO 14001:2015 标准 5.1 条款）。

7. 最高管理者应当确保在组织内部交流下述信息：

——环境方针（见 GB/T 24001—2016/ISO 14001:2015 标准 5.2 条款）；

——相关角色的职责和权限（见 GB/T 24001—2016/ISO 14001:2015 标准 5.3 条款）。

组织应当：

——在其各个层次和职能中，适当地交流组织的重要环境因素（见 GB/T 24001—2016/ISO 14001:2015 标准 6.1.2 条款）；

——交流其环境目标（见 GB/T 24001—2016/ISO 14001:2015 标准 6.2.2 条款）；

——与外部供方，包括合同方（见 GB/T 24001—2016/ISO 14001:2015 标准 8.1 条款），交流组织的有关环境要求；

——按照信息交流过程的规定及合规义务的要求，在内部交流并与外部交流有关环境绩效的信息。（见 GB/T 24001—2016/ISO 14001:2015 标准 9.1.1 条款）；

——在内部各层次和职能中交流持续改进环境绩效的相关建议的信息。

组织应当确保将内部审核结果报告给相关管理者(见 GB/T 24001—2016/ISO 14001:2015 标准 9.2 条款)。

最高管理者对组织的环境管理体系的评审应当考虑来自相关方的信息(见 GB/T 24001—2016/ISO 14001:2015 标准 9.3 条款)。

8. 组织应当对与其环境管理体系有关的质询、受关注的问题,或来自交流活动的其他信息给予考虑并做出响应。建立用于接收和响应内、外部信息的过程是非常有益的。

信息交流可被组织用于:

——与相关方沟通环境管理体系范围(见 GB/T 24001—2016/ISO 14001:2015 标准 4.3 条款);

——最高管理者就有效环境管理的重要性和符合环境管理体系要求的重要性进行沟通(见 GB/T 24001—2016/ISO 14001:2015 标准 5.1 条款);

——环境方针应在组织内进行沟通,并可为相关方获取(见 GB/T 24001—2016/ISO 14001:2015 标准 5.2 条款);

——最高管理者应在组织内沟通相关角色的职责和权限(见 GB/T 24001—2016/ISO 14001:2015 标准 5.3 条款);

——组织应在其各层次和职能间沟通其重要环境因素(见 GB/T 24001—2016/ISO 14001:2015 标准 6.1.2 条款);

——组织应在其各层次和职能间沟通相关的合规义务,并将这些合规义务应用于组织(见 GB/T 24001—2016/ISO 14001:2015 标准 6.1.3 条款);

——环境目标应予以沟通(见 GB/T 24001—2016/ISO 14001:2015 标准 6.2.1 条款);

——通过沟通,确保在其控制下工作的人员的意识得到提升(见 GB/T 24001—2016/ISO 14001:2015 标准 7.3 条款);

——组织应与外部供方(包括合同方)沟通组织的相关环境要求(见 GB/T 24001—2016/ISO 14001:2015 标准 8.1 条款);

——向相关方,包括组织控制的人员提供与应急准备和响应相关的信息和培训(见 GB/T 24001—2016/ISO 14001:2015 标准 8.2 条款);

——就有关环境绩效的信息进行内部和外部信息交流(见 GB/T 24001—2016/ISO 14001:2015 标准 9.1.1 条款);

——确保向相关管理者报告审核结果(见 GB/T 24001—2016/ISO 14001:2015 标准 9.2 条款);

——沟通环境管理体系变更的信息(见 GB/T 24001—2016/ISO 14001:2015 标准 10.2 条款)。

9. 组织应当适当地保留作为信息交流的证据的文件化信息,目的是:

——回顾与特定相关方开展的信息交流、他们的质询或关切的历史;

——理解以往与各相关方约定事项的性质;

——在开发未来的信息交流过程和后续活动,以及根据需要处理特定相关方的关注等方面,提高组织的有效性。

如果不能给环境管理体系带来增值,某些交流活动的信息不必形成文件化信息,例如非正式交流活动的信息。

10. 信息交流是环境管理体系中的重要要素,该要素或过程的输出也是其他要素或过程的重要输入,诸如为环境方针(见 GB/T 24001—2016/ISO 14001:2015 标准 5.2 条款)、组织的角色、职责和权限(见 GB/T 24001—2016/ISO 14001:2015 标准 5.3 条款)、环境目标及其实现的策划(见 GB/T 24001—2016/ISO 14001:2015 标准 6.2 条款)、意识(见 GB/T 24001—2016/ISO 14001:2015 标准 7.3 条款)、运行策划和控制(见 GB/T 24001—2016/ISO 14001:2015 标准 8.1 条款)、应急准备和响应(见 GB/T 24001—2016/ISO 14001:2015 标准 8.1 条款)、监视、测量、分析和评价(见 GB/T 24001—2016/ISO 14001:2015 标准 9.1 条款)、内部审核(见 GB/T 24001—2016/ISO 14001:2015 标准 9.2 条款)、管理评审(见 GB/T 24001—2016/ISO 14001:2015 标准 9.3 条款)、不符合和纠正措施(见 GB/T 24001—2016/ISO 14001:2015 标准 10.2 条款)等提供了必要的信息。

11. 需要时,组织可建立和保留环境信息交流事项的清单,见表 2-4-3。

表 2-4-3 环境信息交流清单

需交流事项和内容	交流目的	交流时机	交流范围或对象	交流方式	担当者

三、审核关注点

1. 审核员应与受审核方相关部门或岗位人员交流其是否已建立、实施并保持与环境管理体系有关的内部与外部信息交流所需的过程或程序。

2. 信息交流与环境管理体系多个要素存在交集,审核员可通过对相关职能部门或要素的审核,获取信息交流,以及与信息交流有效性的客观证据。

3. 审核员需注意信息交流是过程运行的主要活动,对信息交流的审核宜结合对有关过程的审核合并进行。

4. 审核员在对受审核方有关过程运行的审核时,宜关注其用于内部和外部信息交流的方式是否适合和有效。

5. 审核员宜通过询问被审核人员对环境方针的理解,包括相关的重要环境因素,关注沟通的有效性。

6. 审核员应通过与受审核方相关部门或岗位人员交流或调阅相关信息,关注其是否将有关其环境管理要求与有关相关方进行信息交流。

7. 审核员需通过与受审核方交流和调阅资料的方式,关注其所保留的信息交流过程所形成的文件化信息的充分性。

7.4.2 内部信息交流

一、标准要求

组织应:

a)在其各职能和层次间就环境管理体系的相关信息进行内部信息交流,适当时,包括交流环境管理体系的变更;

b)确保其信息交流过程使其控制下工作的人员能够为持续改进做出贡献。

二、标准释义

1. 在组织内的各层次和职能中以及各层次和职能间进行内部信息交流，对于环境管理体系的有效性至关重要。例如，对于问题的解决、活动的协调、行动计划的跟进，以及环境管理体系的进一步改进，信息交流都非常重要。

通过信息交流，向在其控制下工作的人员提供适当的信息，有助于组织的员工和在组织控制下工作的外部供方履行其职责，并能帮助组织实现环境目标，也有助于激励他们认同组织为改进环境绩效而做的努力，提升相关人员的环境保护意识，促使在其控制下工作的人员对持续改进做出贡献。

内部交流是员工获取与改善其环境绩效有关的知识的一种非常有效地途径。也是提升员工环境意识的一种非常有效的方法之一。

2. 组织应在各职能和层次间建立信息交流和沟通的渠道，就环境管理体系的相关信息，包括重要环境因素、应履行的合规义务、环境方针和目标等，以及有关环境管理体系的变更的信息进行内部信息交流。

职能和层次间的内部信息交流的方式可以采用"信息传递反馈单"，也可以采用会议或口头交流的方式，这取决于需要进行内部信息交流的内容。诸如有关环境管理体系监视、审核和管理评审结果的信息宜采用文件化信息或会议的方式进行传达、学习和讨论。

3. 组织应当建立一个过程，使来自组织各层次的信息得以交流。这将有利于意见和建议的提出，以改进组织的环境管理体系和环境绩效。

组织应在其内部与适合的人员交流有关环境管理体系监视、审核和管理评审结果的信息。

4. 内部信息交流是环境管理体系中的重要要素，该要素或过程的输出也是其他要素或过程的重要输入，诸如为环境方针（见GB/T 24001—2016/ISO 14001:2015标准5.2条款）、组织的角色、职责和权限（见GB/T 24001—2016/ISO 14001:2015标准5.3条款）、环境目标及其实现的策划（见GB/T 24001—2016/ISO 14001:2015标准6.2条款）、意识（见GB/T 24001—2016/ISO 14001:2015标准7.3条款）、运行策划和控制（见GB/T 24001—2016/ISO 14001:2015标准8.1条款）、应急准备和响应（见GB/T 24001—2016/ISO 14001:2015标准8.1条款）、监视、测量、分析和评价（见GB/T 24001—2016/ISO 14001:2015标准9.1条款）、内部审核（见GB/T 24001—2016/ISO 14001:2015标准9.2条款）、管理评审（见GB/T 24001—2016/ISO 14001:2015标准9.3条款）、不符合和纠正措施（见GB/T 24001—2016/ISO 14001:2015标准10.2条款）等提供了必要的信息。

三、审核关注点

1. 审核员宜与受审核方相关部门或岗位人员交流，了解其是否建立和保持了用于内部信息交流的过程或程序。

2. 审核员可通过与受审核方特定岗位人员面谈，关注其是否清楚有关最近一次的环境管理体系监视、审核和管理评审结果的信息。

3. 审核员可通过观察、交流或调阅资料的方式，关注其所策划和规定的用于内部信息交流的方式是否适合和有效。

4. 审核员可通过向受审核方从事作业活动的人员询问其对环境方针的理解，包括所在区域内重要环境因素以及其环境影响的信息，关注其内部信息交流的有效性。

5. 审核员可通过对受审核方应用GB/T 24001—2016/ISO 14001:2015标准5.1、5.2、5.3、6.1.2、6.1.3、6.2、7.3、8.1、8.2、9.1.1、9.2、10.2等条款的审核进一步获得有关信息交流充分性的信息。

7.4.3 外部信息交流

一、标准要求

组织应按其合规义务的要求及其建立的信息交流过程，就环境管理体系的相关信息进行外部信息交流。

二、标准释义

1. 实施与外部相关方交流信息是组织环境管理体系运行过程中的重要活动，其交流也是一项关键和有效的管理工具。组织应当按照其合规义务的要求及其信息交流过程，就环境管理体系的相关信息，包括履行合规义务结果的信息进行外部信息交流。

外部相关方可能包括外部供方、监管机构、合作伙伴、顾客、社区、母子公司、社会或其他组织或个人。

2. 在进行外部信息交流过程中，组织所接收的信息可能包括相关方对组织环境因素管理有关的特定信息的需求，或可能包括对组织实施管理的方式的总体印象或看法。这些印象和看法可能是正面或是负面的。若是负面看法（例如：投诉），则重要的是组织要及时给出清晰的回复，这点对组织至关重要，如不能及时给投诉者予以合理和清晰的答复，导致投诉升级，则对组织构成巨大威胁。

组织对这些投诉进行事后分析能得出有价值的信息，可用于寻找改进环境管理体系的机会。

3. 组织也可以考虑是否就其环境因素与相关方进行外部信息交流，包括与产品的交付、使用和处置有关的环境因素。

通常，组织采用一种方式可能就足以满足多个不同相关方的需求，而对于个别相关方提出的特殊需求，则可能需要多种信息交流方式。

4. 组织应当建立紧急情况下与外部相关方进行信息交流的过程，这些紧急情况可能会对他们产生影响或与他们有关。

与外部相关方交流的关于组织环境绩效的信息应当是准确的、可靠的和可验证的。有关环境绩效的声明可采用，例如组织的可持续发展报告、宣传资料或广告宣传等形式。组织可以考虑验证其环境绩效声明的方法。

5. 组织可将外部信息交流过程形成文件化信息，包括其对有关相关方的答复和响应，作为其信息交流的证据。

6. 外部信息交流是环境管理体系中的重要要素，该要素或过程的输出也是其他要素或过程的重要输入，诸如为环境方针（见GB/T 24001—2016/ISO 14001:2015标准5.2条款）、运行策划和控制（见GB/T 24001—2016/ISO 14001:2015标准8.1条款）、应急准备和响应（见GB/T 24001—2016/ISO 14001:2015标准8.1条款）、监视、测量、分析和评价（见GB/T 24001—2016/ISO 14001:2015标准9.1条款）等提供了必要的信息。

三、审核关注点

1. 审核员宜与受审核方相关部门或岗位人员沟通，了解其是否建立和保持在紧急情况下与外部相关方进行信息交流的过程或程序。

2. 审核员应通过与受审核方相关部门或岗位人员沟通，关注其是否将有关环境要求与有关相关方进行信息交流，并记录所交流的相关信息。

3. 规定时,审核员应通过观察和调阅受审核方资料的方式,关注期是否按照监管机构的要求定期上传与特定环境绩效或污染物排放有关的监测数据。

4. 审核员应注意收集和发现受审核方被动沟通的相关信息,如:行政处罚、相关方投诉、环保事件纠纷等相关信息和响应措施的有效性。

5. 针对规模以上组织,审核员可通过查看其所公布的社会责任报告获得其与外部沟通环境绩效的相关信息。

6. 审核员宜关注受审核方与环境管理体系的其他有关相关方沟通的有效性。

7.5 文件化信息

7.5.1 总　　则

一、标准要求

组织的环境管理体系应包括:

a)本标准要求的文件化信息;

b)组织确定的实现环境管理体系有效性所必需的文件化信息。

注:不同组织的环境管理体系文件化信息的复杂程度可能不同,取决于:

——组织的规模及其活动、过程、产品和服务的类型;

——证明履行其合规义务的需要;

——过程的复杂性及其相互作用;

——在组织控制下工作的人员的能力。

二、标准释义

1. 为确保环境管理体系有效运行,且被在组织控制下工作的人员和其他相关方理解,并使环境管理体系的相关过程按策划得以实施,组织应当建立和保持充分的文件化信息。

不同组织的环境管理体系文件化信息的复杂程度可能不同,取决于:

——组织的规模及其活动、过程、产品和服务的类型;

——证明履行其合规义务的需要;

——过程的复杂性及其相互作用;

——在组织控制下工作的人员的能力。

2. 创建不必要的或结构繁琐的文件化信息可能降低环境管理体系的有效性。因此,在考虑所创建的文件化信息的复杂程度时,组织可考虑文件化信息对环境管理体系的有效性、连续性和持续改进将会产生的价值。

3. 组织应当采用能反映其文化和需求的方式,建立和保持文件化信息。以过程、计划和方案等形式存在的文件化信息应当得到适当的保持,以确保结果的一致性、时效性和可重复性。

为了证明环境管理体系要求的有效实施,以记录的形式存在的文件化信息应当作为实现结果或实施活动的证据得到保留。作为实现结果的记录或实施活动的证据而保留的信息是组织文件化信息的一部分,但可以通过不同的管理过程予以控制。

4. 为了对组织的关键活动(例如,与所识别的需应对的风险和机遇有关的活动)进行有效管理,组织可通过建立文件化的过程,规定如何实施这些活动,并可适当地描述管理这些活动的具体要求。如果组织决定不将某过程形成文件化信息，则应当向在组织控制下的与此过程有关的工作人员告知需满足的要求，适当时可以采用信息交流或培训的方式。

5. 组织可以选用环境管理手册的方式呈现其管理体系，该手册可以综述或概要描述体系的主要要素，并能够为相关的文件化信息提供导引。环境管理体系手册的结构不必遵循GB/T 24001—2016或其他标准的条款结构。

6. 组织的文件化信息可以以任何载体的形式加以控制（例如：纸质的、电子的、照片和布告），其中包含的信息对需要这些信息的人员而言是有用的、易读的，易于理解和容易获取的。

7. 如果环境管理体系的过程与其他管理体系的过程实现了融合，则组织可以将有关环境管理体系的文件化信息与其他管理体系的文件化信息整合在一起。

8. GB/T 24001—2016/ISO 14001：2015标准所要求的保持的文件化信息，包括：

（1）范围应作为文件化信息予以保持（见4.3条款）；

（2）环境方针应以文件化信息的形式予以保持（见5.2条款）；

（3）组织应保持需要应对的风险和机遇的文件化信息（见6.1.1条款）；

（4）组织应保持6.1.1~6.1.4中所需过程的文件化信息（见6.1.1条款）；

（5）组织应保持环境因素及相关环境影响的文件化信息（见6.1.2条款）；

（6）组织应保持用于确定其重要环境因素的准则的文件化信息（见6.1.2条款）；

（7）组织应保持重要环境因素的文件化信息（见6.1.2条款）；

（8）组织应保持其合规义务的文件化信息（见6.1.3条款）；

（9）组织应保持环境目标的文件化信息（见6.2.1条款）；

（10）组织应保持必要程度的文件化信息，以确信过程已按策划得到实施（见8.1条款）；

（11）组织应保持必要程度的文件化信息，以确信过程能按策划得到实施（见8.2条款）。

9. GB/T 24001—2016/ISO 14001：2015标准所要求的保留的文件化信息，包括：

（1）组织应保留适当的文件化信息作为能力的证据（见7.2条款）；

（2）适当时，组织应保留文件化信息，作为其信息交流的证据（见7.4.1条款）；

（3）组织应保留适当的文件化信息，作为监视、测量、分析和评价结果的证据（见9.1.1条款）；

（4）组织应保留文件化信息，作为合规性评价结果的证据（见9.1.2条款）；

（5）组织应保留文件化信息，作为审核方案实施和审核结果的证据（见9.2.2条款）；

（6）组织应保留文件化信息，作为管理评审结果的证据（见9.3条款）；

（7）组织应保留文件化信息作为不符合的性质和所采取的任何后续措施，以及任何纠正措施的结果等事项的证据（见10.2条款）。

为了环境管理体系的有效性，组织可以根据实际需要创建更多的文件化的信息。

10. 文件化信息是环境管理体系中的重要要素，该要素或过程的输出也是其他要素或过程的重要输入，诸如为环境管理体系范围（见GB/T 24001—2016/ISO 14001：2015标准4.3条款）、环境方针（见GB/T 24001—2016/ISO 14001：2015标准5.2条款）、应对风险和机遇的措施（见GB/T 24001—2016/ISO 14001：2015标准6.1条款）、环境目标及其实现的策划（见GB/T 24001—2016/ISO 14001：2015标准6.2条款）、能力（见GB/T 24001—2016/ISO 14001：2015标准7.2条款）、信息交流（见GB/T 24001—2016/ISO 14001：2015标准7.4条款）、运行的策划和控制（见GB/T 24001—2016/ISO 14001：2015标准8.1条款）、应急准备和响应（见GB/T 24001—2016/ISO 14001：2015标准8.2条款）、监视、测量、分析和评价（见GB/T 24001—2016/ISO 14001：2015标准9.1条款）、内部审核（见GB/T 24001—2016/ISO 14001：2015标准9.2条款）、管理评审（见GB/T 24001—2016/ISO 14001：2015标准9.3条款）、不符合和纠正措施（见GB/T 24001—2016/ISO 14001：2015标准8.6条款）等提供了必要的信息。

11. 为便于对文件化信息的管理，组织可参照表2-4-4的内容，保持一份文件化信息的清单。

表2-4-4 文件化信息清单

标题	编号	适用范围	创建时间	作者	负责部门	备注

三、审核关注点

1. 审核员宜与受审核方相关责任部门或岗位人员沟通，了解其是否建立和保持针对文件化信息管理的过程或程序。

2. 审核员应通过与受审核方相关部门或岗位人员沟通，或通过调阅资料的方式，关注其所保持和保留的文件化信息是否满足GB/T 24001—2016/ISO 14001:2015标准的要求。

3. 审核员可通过索阅受审核方所保持的文件化信息，关注其形式和内容是否与组织的规模和实际业务活动，以及管理的复杂程度的需要相适宜，且充分。

4. 审核员可通过对受审核方其他要素的活动的审核获取有关的文件化信息的进一步的信息，综合判断其文件化信息的结构、数量和内容的适宜性、充分性和有效性。

7.5.2 创建和更新

一、标准要求

> 创建和更新文件化信息时，组织应确保适当的：
> a)识别和说明(例如：标题、日期、作者或参考文件编号)；
> b)形式(例如：语言文字、软件版本、图表)和载体(例如：纸质的、电子的)；
> c)评审和批准，以确保适宜性和充分性。

二、标准释义

1. 组织应当创建并保持充分的文件化信息，以确保实施适宜、充分和有效的环境管理体系。在创建和更新文件化信息过程中，组织需重点关注环境管理体系的实施和环境绩效，而非复杂的文件化信息控制系统。

2. 组织应按GB/T 24001—2016/ISO 14001:2015标准的要求创建所需保持和保留的文件化信息。除了GB/T 24001—2016/ISO 14001:2015标准特定条款所要求的文件化信息外，组织可针对透明性、责任、连续性、一致性、培训，或易于审核等目的，选择创建附加的文件化信息。

3. 在创建和更新环境管理体系的文件化信息时，组织应确保适当的：

(1)识别和说明(如：标题、日期、作者或参考文件编号)。

(2)形式(如：语言文字、软件版本、图表)和载体(如：纸质的、电子的)。

(3)评审和批准，以确保文件化信息的适宜性和充分性。

4. 组织可使用最初并非以环境管理体系的目的而创建的文件化信息，如质量管理体系。环境管理体系的文件化信息可与组织实施的其他管理体系信息相整合。文件化信息不一定以手册的形式呈现，组织可根据管理的需要自我决定是否形成环境管理手册，这对规模以上的组织而言，可能是需要的。

5. 需要时，组织可参照如图2-4-5所示文件化信息管理过程，规定对文件化信息的管理要求。

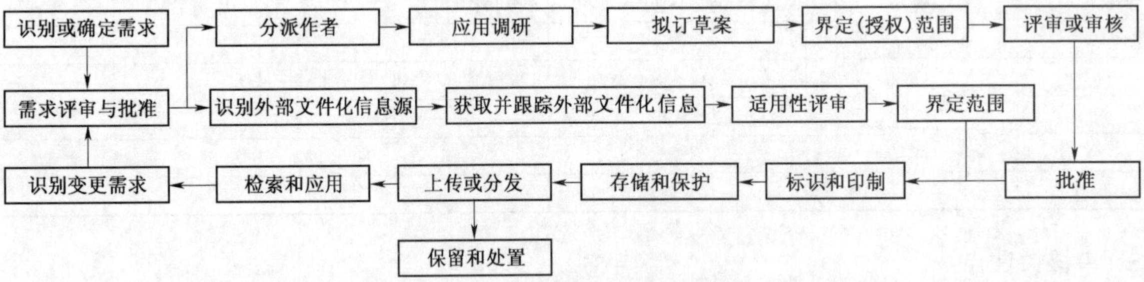

图2-4-5 文件化信息管理过程

三、审核关注点

1. 审核员已通过与受审核方相关部门或岗位人员沟通，了解其是否建立和保持文件化信息的过程或程序。

2. 审核员可通过与受审核方相关部门或岗位人员交流，以及抽查审核的方式，关注其所保持或保留的文件化信息是否便于识别，其用于识别和说明的信息是否完整，并易于区分。

3. 审核员需通过与受审核方相关部门或岗位人员交流和分层抽样的方式，关注其针对所创建的文件化信息的评审和批准的信息，作为审核证据予以保留。

7.5.3 文件化信息的控制

一、标准要求

环境管理体系及本标准要求的文件化信息应予以控制，以确保其：

a)在需要的时间和场所均可获得并适用；

b)受到充分的保护(例如：防止失密、不当使用或完整性受损)。

为了控制文件化信息，组织应进行以下适用的活动：

——分发、访问、检索和使用；

——存储和保护，包括保持易读性；

——变更的控制(例如：版本控制)；

——保留和处置。

组织应识别所确定的对环境管理体系策划和运行所需的来自外部的文件化信息，适当时，应对其予以控制。

注："访问"可能指仅允许查阅文件化信息的决定，或可能指允许并授权查阅和更改文件化信息的决定。

二、标准释义

1. 组织应对GB/T 24001—2016/ISO 14001:2015标准和其自身环境管理体系要求的文件化信息予以控制，以确保其：

(1)在对环境运行有效发挥体系功能至关重要的所有场所，都能得到现行版本的文件化信息，包括确保满足要求所必须的文件化信息，并适用；

（2）文件化信息可以被适当的组织、部门、职能、活动，或合同方识别；

（3）对其进行充分的保护，防止失密、不当使用或完整性受损；

（4）组织保持的文件化信息可得到定期的评审，必要的修订，并在发布之前得到被授权人的批准；

（5）作废的文件化信息需立即从各发布点、使用处或状态中撤回。某些情况下，例如出于法律和（或）知识保护目的，作废的文件化信息仍可作为实现结果的证据予以保留。

2. 为实施对文件化信息的有效控制，组织应进行以下适用的活动：

（1）规定适当的格式，包括唯一的标题、编号、日期、版本、修订历史和权限；

（2）将由组织保持的文件化信息的评审和批准工作，分配给具有足够技术能力和组织权限的人员；

（3）保持有效的分发系统，确定分发范围，实施分发控制；

（4）规定电子文档的访问，包括查阅和更改文件化信息的授权；

（5）检索和使用，可规定不同的文件化信息的检索途径和方式，以及如何正确使用文件化信息；

（6）存储和保护，包括保持易读性；

（7）为防止误用作废版本，需规定对变更的控制（如：版本控制），包括对不同版本的标识；

（8）应考虑规定为积累知识或司法目的需要保留适当范围失效的文件化信息的方式，以及对作为文件化信息的处置方式和方法，防止因处置不当导致组织的核心商业机密和技术信息流失。

3. 组织应识别所确定的对环境管理体系策划和运行所需的来自外部的文件化信息，适当时，应对其予以控制。外部的文件化信息可能来源于有关相关方，包括政府监管机构、法律法规、标准和规范的发布部门，也可能来源于外部供方、顾客或社区等。

三、审核关注点

1. 审核员宜通过与受审核方责任部门或岗位人员沟通，了解其是否建立和保持文件化信息的过程或程序。

2. 审核员在受审核方主控或责任部门审核时宜通过调阅资料进行观察的方式，关注是否确定了文件化信息的分布要求，了解并记录其分发情况。

3. 审核员可在受审核方的活动现场追踪文件化信息的获取和使用的信息，查看文件化信息的状态，包括易读性，进而关注其运行活动现场所使用的文件化信息是否符合其规定要求。审核员需观察和了解其是否存在使用未按要求变更或处置的作废文件化信息。

4. 审核员应通过与受审核方相关部门或岗位人员交流和现场观察，关注其对所获取的来自外部组织的文件化信息的管理，以及对所保存的已作废的文件化信息的标识，关注其对有关成文信息的保留和处置是否符合要求。

5. 审核员应通过与受审核方相关部门或岗位人员沟通和观察，或调阅资料的方式，关注其对电子化文件化信息的控制，诸如如何防止丢失，损毁，未经授权的访问，随意复制，以及未经授权的非预期更改等。

6. 审核员可通过巡查或抽查的方式，关注受审核方文件化信息储存的场所或媒介如档案室、局域网、纸质记录和文档、照片、菲林片、图纸、光盘、影像、移动电脑等储存媒介或者区域的防护措施是否适宜和有效，包括对其所保留的作为符合性证据的文件化信息防护的适宜性和有效性。

7. 审核员需通过与受审核方相关部门或岗位人员交流、现场观察和调阅资料的方式，关注其所确定保留的文件化信息的保存期限是否满足适用法规和有关相关方的要求。

第五章　运　　行

8.1　运行策划和控制

一、标准要求

组织应建立、实施、控制并保持满足环境管理体系要求以及实施6.1和6.2所识别的措施所需的过程，通过：

——建立过程的运行准则；

——按照运行准则实施过程控制。

注：控制可包括工程控制和程序。控制可按层级(例如：消除、替代、管理)实施，并可单独使用或结合使用。

组织应对计划内的变更进行控制，并对非预期变更的后果予以评审，必要时，应采取措施降低任何不利影响。

组织应确保对外包过程实施控制或施加影响。应在环境管理体系内规定对这些过程实施控制或施加影响的类型与程度。

从生命周期观点出发，组织应：

a)适当时，制定控制措施，确保在产品或服务的设计和开发过程中，落实其环境要求，此时应考虑其生命周期的每一阶段；

b)适当时，确定产品和服务采购的环境要求；

c)与外部供方(包括合同方)沟通组织的相关环境要求；

d)考虑提供与产品或服务的运输或交付、使用、寿命结束后处理和最终处置相关的潜在重大环境影响的信息的需求。

组织应保持必要程度的文件化信息，以确信过程已按策划得到实施。

二、标准释义

1. 组织应实施运行策划和运行控制。在实施运行策划时，首先需识别和确定满足其环境管理体系要求所需的过程，包括实施6.1和6.2所识别的措施所需的一组过程。

组织可通过采用运行控制，用以：

——管理所识别的重要环境因素；

——确保履行合规义务；

——实现环境目标并确保与环境方针(包括保护环境、污染预防和持续改进的承诺)相一致；

——避免不利于环境或组织的影响或使其风险最小化；

——使机遇最大化。

为策划有效和高效的运行控制，组织应当确定在何处需要进行运行控制，以及所实施控制的目的。组织应基于运行的性质、所确定的风险和机遇，以及所识别的重要环境因素及其合规义务的考虑，确定满足自身需求的控制的类型和程度。

当过程被确定以后，组织应策划建立运行过程所需的准则和方法，用于对满足环境管理体系要求以及实施6.1和6.2所识别的措施所需的过程进行运行控制，并确保其在受控状态下运行。为使运行控制持续有效，组织所选择的运行控制准则和方法应当得到保持并定期评价，以实现环境管理体系的预期结果，如图2-5-1所示。

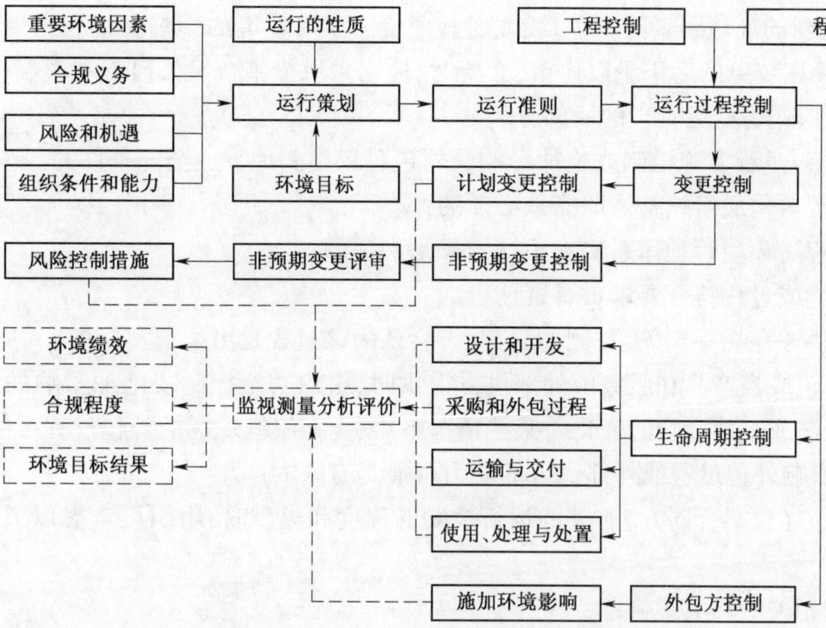

图2-5-1　运行策划和控制过程

组织所实施的运行控制措施可以采取多种形式，例如：程序、作业指导书、物理控制、选用有能力的人员，或这些措施的任意组合。具体控制方法的选择取决于多种影响因素，如实施运行的人员的技能和经验，以及运行本身的复杂程度和环境重要性。为提高实施控制的能力，组织可以使用连贯一致的方式选取策划和建立过程。

2. 建立运行控制措施的一般方法包括：

(1)选择控制方法；

(2)选择可接受的运行准则，例如设备的操作特性、尺寸、重量或温度；

(3)根据需要建立过程，规定如何策划、实施和控制所识别的运行；

(4)根据需要将这些过程形成文件化信息，可采用指令、标示牌、表格、视频、照片等形式；

(5)采用技术手段，如自动化系统、材料、设备和软件。

运行控制措施也可包括规定测量、监视和评价要求，以及确定运行准则是否得到满足的要求。

3. 组织可灵活选择确保过程有效和实现预期结果所需的运行控制方法的类型，可以是单一或组合方式。组织运行控制方法可能包括：

(1)设计一个或多个防止错误并确保一致性结果的过程；

(2)运用技术来控制一个或多个过程并预防负面结果(即工程控制)；

(3)任用能胜任的人员，确保获得预期结果；

(4)按规定的方式实施一个或多个过程；

(5)监视或测量一个或多个过程，以检查结果；

(6)确定所需使用的文件化信息及其数量。

4. 针对不利环境影响实施控制时，组织可按层级实施控制，且可单独使用或结合使用：

(1)消除,如禁止使用PCBs、CFCs等;

(2)替代,如用水基涂料替代溶剂基涂料;

(3)工程控制,如排放控制,污染削减技术等;

(4)管理控制,如程序、目视化管理、工作指令、安全数据表(SDS/MSDS/CSDS)等。

在确定必要的控制,或考虑改变现有控制时,组织应当考虑需应对的风险和机遇,以及可能导致的任何非预期结果。

5. 变更可能导致新的环境因素的产生,或改变其环境因素对环境的影响。组织应当对计划内的变更进行控制,并对非预期变更的后果予以评审,必要时,应当采取措施减轻任何不利影响。

运行控制的信息应作为变更管理的一部分。

6. 组织应当对外包过程实施控制或施加影响。外包过程是满足下述全部条件的一种过程:

(1)其职能或过程对构成组织整体职能是必须的;

(2)其职能或过程对环境管理体系实现预期结果是必需的;

(3)组织对该职能或过程符合要求负有责任;

(4)组织与外部供方存在一定关系,例如,相关方会认为该过程是由组织实施的。

当一个过程被外包或当产品和服务由外部供方提供时,组织实施控制或施加影响的能力可能发生由直接控制向有限控制或不能影响的变化。某些情况下,发生在组织现场的外包过程可能直接受控;而另一些情况下,组织影响外包过程或外部供方的能力可能是有限的。

在确定与外部供方(包括合同方)有关的运行控制的程度和类型时,组织可考虑以下一个或多个因素,例如:

——环境因素和相关的环境影响;

——与其制造产品或提供服务相关的风险和机遇;

——组织的合规义务。

组织应在环境管理体系内规定对这些过程实施控制或施加影响的类型与程度。组织在其自身业务过程(例如:采购过程)中决定所需的控制程度,为对外包过程或对产品和服务的供方进行控制或施加影响,其决定应当基于下列因素:

——知识、能力和资源,包括:

(1)外部供方满足组织环境管理体系要求的能力;

(2)组织确定适当控制或评价控制充分性的技术能力。

——外部供方所提供的产品和服务对组织实现其环境管理体系预期结果的能力所具有的重要性和潜在影响;

——对过程控制进行共享的程度;

——通过采用其常规的采购过程,实现所必要的控制的能力;

——可获得的改进机会。

7. 基于环境管理体系范围和GB/T 24001—2016/ISO 14001:2015标准6.1与6.2条款中确定的措施,组织应当运用生命周期观点确定必要的运行控制,包括相关职能的运行控制要求,例如:研究、设计和开发,销售、市场、采购和设施管理等。

组织应当在其环境管理体系内,规定适用于生命周期不同阶段的实施控制或施加影响的类型和程度。

生命周期观点应当尽可能早地予以考虑,即在设计和开发过程就得到考虑。这将为改进活动、过程、产品或服务的总体环境绩效提供更好的机会,并且可以帮助组织降低将不利环境影响转移到其他阶段的可能性。这将为组织和环境保护带来更大价值。

适当时，组织可在采购信息中确定与所采购的产品和服务有关的环境要求，并与外部供方（包括合同方）沟通组织的相关环境要求。

许多组织的重要环境因素可能存在于产品或服务的使用阶段，或存在于组织所提供的使用信息中。对重要环境因素施加影响的方法示例可包括：

——提供如何管理有关环境影响的培训；

——提供便利的获取信息的途径（例如：在网站上，“常见问题解答”）；

——建立分享信息的用户群，并保持用户的最新状态。

组织的某些重大环境影响可能发生在产品或服务的运输、交付、使用、寿命结束后处理或最终处置阶段。通过提供信息，组织有可能预防或减轻这些生命周期阶段的不利环境影响。

组织可以建立所需的运行控制，例如：文件化程序、合同，或与供应商的协议，或最终用户使用说明书，并适当时与合同方、供方和用户就这些信息进行交流。

一旦建立了运行控制，组织就应当对这些控制的持续实施和有效性进行监视，同时也应当策划和采取任何必要的措施。

8. 为避免出现偏离环境方针、环境目标和合规义务的情况，适当时可创建文件化信息来说明，例如：

——应当实施的活动的具体顺序；

——有关人员的必要资格，包括所需的技能；

——应当保持在限定范围内的关键变量，例如：时间的、物理的、生物的变量；

——所用材料的特性；

——所用基础设施的特性；

——过程产品的特性。

9. 运行策划和控制是环境管理体系中的核心要素，该要素或过程的输出也是其他要素或过程的重要输入，诸如为环境管理体系（见GB/T 24001—2016/ISO 14001：2015标准4.4条款）、环境目标及其实现的策划（见GB/T 24001—2016/ISO 14001：2015标准6.2条款）、资源（见GB/T 24001—2016/ISO 14001：2015标准7.1条款）等提供了必要的信息。

三、审核关注点

1. 审核员应通过与受审核方相关部门或岗位人员交流，关注其是否建立、实施、控制和保持满足环境管理体系要求所需的过程，以及实施GB/T 24001—2016/ISO 14001：2015标准6.1和6.2条款所识别的措施所需的过程或程序。

2. 审核员需通过与受审核方相关部门或岗位人员沟通，关注其针对重要环境因素、履行合规义务，以及应对风险和机遇的措施规定和实施了哪些运行准则。

3. 审核员应通过现场巡视、观察、交流和调阅资料的方式，关注受审核方按照运行准则的规定实施运行控制的符合性和有效性。

4. 审核员应通过与受审核方相关部门或岗位人员交流，关注其针对变更或异常情况下所存在的环境因素所采取的紧急措施，诸如设备故障的紧急处理时。

5. 当存在外包过程时，审核员应通过与受审核方相关部门或岗位人员交流或调阅资料的方式，关注其采取哪些措施对外包方和外包过程实施环境运行控制，以及运行控制的符合性和有效性。

6. 当受审核方存在设计和开发活动时，审核员应通过调阅其针对特定产品和服务的设计和开发输入信息，以及设计和开发输出的信息，关注其采取何种措施或方案消除或减少其产品和服务的寿命周期各阶段中环境因素所造成的环境影响。

7. 审核员需通过与受审核方相关职能部门或岗位人员交流,或通过调阅采购信息或合同,关注其如何向外部供方或有关相关方沟通所采购的产品和服务的环境要求,以及如何向有关相关方施加环境影响。

8.2 应急准备和响应

一、标准要求

组织应建立、实施并保持对6.1.1中识别的潜在紧急情况进行应急准备并做出响应所需的过程。

组织应:

a)通过策划措施做好响应紧急情况的准备,以预防或减轻它所带来的不利环境影响;

b)对实际发生的紧急情况做出响应;

c)根据紧急情况和潜在环境影响的程度,采取相适应的措施预防或减轻紧急情况带来的后果;

d)可行时,定期试验所策划的响应措施;

e)定期评审并修订过程和策划的响应措施,特别是发生紧急情况后或进行试验后;

f)适当时,向有关的相关方,包括在组织控制下工作的人员提供应急准备和响应相关的信息和培训。

组织应保持必要程度的文件化信息,以确信过程按策划得到实施。

二、标准释义

1. 应急准备是指针对可能发生的紧急情况或环境事件,为迅速、科学、有序地开展应急行动而预先进行的思想准备、组织准备和物资准备。应急响应是指针对发生的紧急情况或环境污染事件,有关组织或人员采取的应急行动,其目的是减少其不利环境影响。

紧急情况是非预期的或突发的事件,需要紧急采取特殊应对能力、资源或过程加以预防或减轻其实际或潜在的后果。紧急情况可能导致有害环境影响或对组织造成其他影响。

组织在确定潜在的紧急情况(例如:火灾、化学品溢出、恶劣天气)时,应当考虑以下内容:

(1)实际的和潜在的外部环境状况,包括自然灾害;

(2)现场危害因素的性质,例如:易燃液体、储罐、压缩气体;

(3)紧急情况最可能的类型和规模;

(4)附近设施(例如:工厂、道路、铁路)发生紧急情况的可能性。

组织应建立、实施并保持对6.1.1中识别的潜在紧急情况进行应急准备并做出响应所需的过程,如图2-5-2所示。

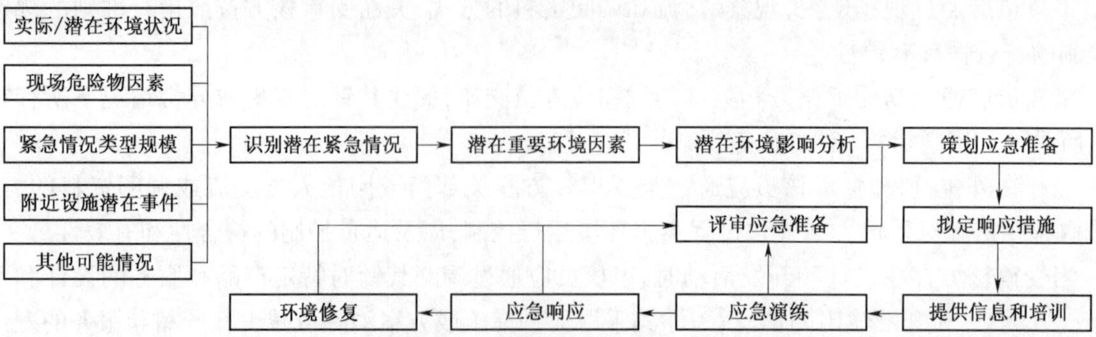

图2-5-2 应急准备和响应过程

2. 每个组织都有责任制定适合其特别需求的方式，对紧急情况建立和保持应急准备和响应计划。组织在策划应急准备和响应过程时，应当考虑以下方面：

(1) 响应紧急情况的最适当的方法；

(2)需要的设备和资源；

(3)将环境危害最小化所需的措施，以及在泄漏或意外释放事件中采取的措施；

(4)应急组织和职责；

(5)疏散路线和集合点；

(6)关键人员和援助机构名录，包括：具体联络方式，如消防部门和泄漏清理服务机构；

(7)从邻近组织获得相互援助的可能性；

(8)内部和外部信息交流过程；

(9)针对不同类型紧急情况所采取的减轻和响应措施；

(10)定期试验应急响应程序，定期评审并修订过程和策划的响应措施，特别是发生紧急情况后或进行试验后，包括对策划的应急响应措施的评价，以确定和实施纠正和预防措施；

(11)关于危险物质的信息，包括每种材料对环境的潜在影响，以及意外释放事件中采取的措施；

(12)培训或能力要求，包括对参与应急响应的人员和验证培训有效性的要求。适当时，组织应向有关的相关方，包括在组织控制下工作的人员提供应急准备和响应相关的信息和培训。

在策划环境管理体系的应急准备时，组织可以与业务连续性和职业健康安全有关的其他管理体系联系起来一并考虑。

3. 为有效预防和控制可能发生的环境污染事故，最大程度减少环境污染事故所造成的环境影响。组织可根据需要编制应急预案，包括应急人员和应急物质准备，以及针对紧急情况下减少可能存在或产生的新的重要环境因素所造成的的环境影响的程度所需应急响应措施等。

4. 组织针对紧急情况进行应急响应的准备时，应当考虑可能产生的初始环境影响，以及由于响应初始环境影响而可能导致的任何二次环境影响。例如：在应对火灾的过程中，应当考虑空气污染的可能性。

5. 组织应当为不同类型的紧急情况做响应准备，如化学物质的小范围泄漏、排放治理设备的故障，或大范围的严重危害人类和环境的情况等。组织应当针对每种可合理预见的紧急情况做响应准备。

在对可合理预见的紧急情况做响应准备时，组织应当特别注意启动和关闭以及异常的运行状况。

不同的紧急情况的发生，可能会产生新的不同的环境因素或多种环境因素。即便是火灾，不同区域或不同燃烧物质的火灾其所产生的环境因素也是不尽相同的，其所导致的环境影响也可能存在区别。组织在策划应急预案时，需考虑如何针对不同紧急情况下所产生的新的环境因素的应对措施，以便更有效地降低环境影响。

应急预案宜考虑规定在紧急事件发生后，组织所需实施相应的环境修复的相关要求。

6. 组织宜安排定期对应急预案进行演练，包括现场演练或桌面演练。通过演练一是提升相关人员在紧急情况发生时启用应急措施的熟练程度，以便更有效地实施应急响应。二是及时发现应急预案的不足之处，以便更好地完善应急预案，包括应急措施。

7. 组织需将有关应急处置的知识纳入培训方案或计划，定期开展对在组织控制下的人员的应急处置知识的培训，并验证其培训的有效性。

8. 组织应当保持必要程度的文件化信息，其详尽程度应使人确信应急准备和响应所需的过程能按策划得以实施。

9. 应急准备和响应是环境管理体系中的重要要素，该要素或过程的输出也是其他要素或过程的重要输入，诸如为组织的角色、职责和权限（见 GB/T 24001—2016/ISO 14001：2015 标准 5.3 条款）、资源

(见GB/T 24001—2016/ISO 14001:2015标准7.1条款)、能力(见GB/T 24001—2016/ISO 14001:2015标准7.2条款)、意识(见GB/T 24001—2016/ISO 14001:2015标准7.3条款)、信息交流(见GB/T 24001—2016/ISO 14001:2015标准7.4条款)等提供了必要的信息。

三、审核关注点

1. 审核员宜与受审核方相关部门或岗位人员沟通或调阅相关资料,了解其所识别的潜在紧急情况包括哪些。

2. 审核员应通过与相关部门或岗位人员交流并调阅资料的方式,关注其是否建立、实施和保持针对潜在紧急情况进行应急准备并做出响应所需的过程。

3. 审核员应向受审核方相关部门或岗位人员索阅其所发布的应急预案,关注其应急预案内容的针对性、可操作性和充分性。

4. 审核员需通过查阅受审核方所发布的应急预案并与相关岗位人员交流,关注其在应急准备过程中是否充分考虑不同类型和规模的潜在紧急事件发生时所产生的新的重要环境因素及其环境影响及其应对措施的充分性和适宜性。

5. 审核员应通过查看受审核方应急演练的相关资料,关注其实施应急演练的符合性和有效性。可行时,审核员宜与参于应急演练的相关人员进行沟通,关注他们对应急知识理解和掌握的充分性。

6. 审核员宜通过调阅受审核方的相关培训方案或计划或培训记录,关注其是否对在组织控制下工作的相关人员进行了较为系统的应急知识的培训,以及培训的有效性。

第六章　绩效评价

9.1　监视、测量、分析和评价

9.1.1　总　　则

一、标准要求

组织应监视、测量、分析和评价其环境绩效。

组织应确定：

a)需要监视和测量的内容；

b)适用时的监视、测量、分析与评价的方法，以确保有效的结果；

c)组织评价其环境绩效所依据的准则和适当的参数；

d)何时应实施监视和测量；

e)何时应分析和评价监视和测量结果。

适当时，组织应确保使用和维护经校准或经验证的监视和测量设备。

组织应评价其环境绩效和环境管理体系的有效性。

组织应按其合规义务的要求及其建立的信息交流过程，就有关环境绩效的信息进行内部和外部信息交流。

组织应保留适当的文件化信息，作为监视、测量、分析和评价结果的证据。

二、标准释义

1. 组织应采用系统的方法定期监视、测量、分析和评价与环境因素的管理有关的环境绩效，以使组织能够准确地报告和交流其环境绩效。环境绩效是组织对其环境因素实施管理所得到的可测量的结果。对于环境管理体系，组织可能需依据其环境方针、环境目标或其他准则，运用参数来测量其绩效结果。

在环境管理体系中，监视和测量具有多种目的，例如：

——追踪实现环境方针承诺、环境目标和持续改进的进展情况；

——为确定重要环境因素提供信息；

——为履行合规义务收集排放数据；

——为实现环境目标而收集水、能源，或原材料使用的数据；

——为支持或评估运行控制提供数据；

——为评价组织的环境绩效提供数据；

——为评价环境管理体系的绩效提供数据。

在环境管理体系中，需要监视和测量的方面很多，这需要组织根据其需要进行确定，但关键是需要对评价其环境绩效和环境管理体系的有效性提供数据。

组织和相关人员可参照图2-6-1所给出的框架图，进一步理解和应用GB/T 24001—2016/ISO 14001：2015标准9.1.1条款的要求。

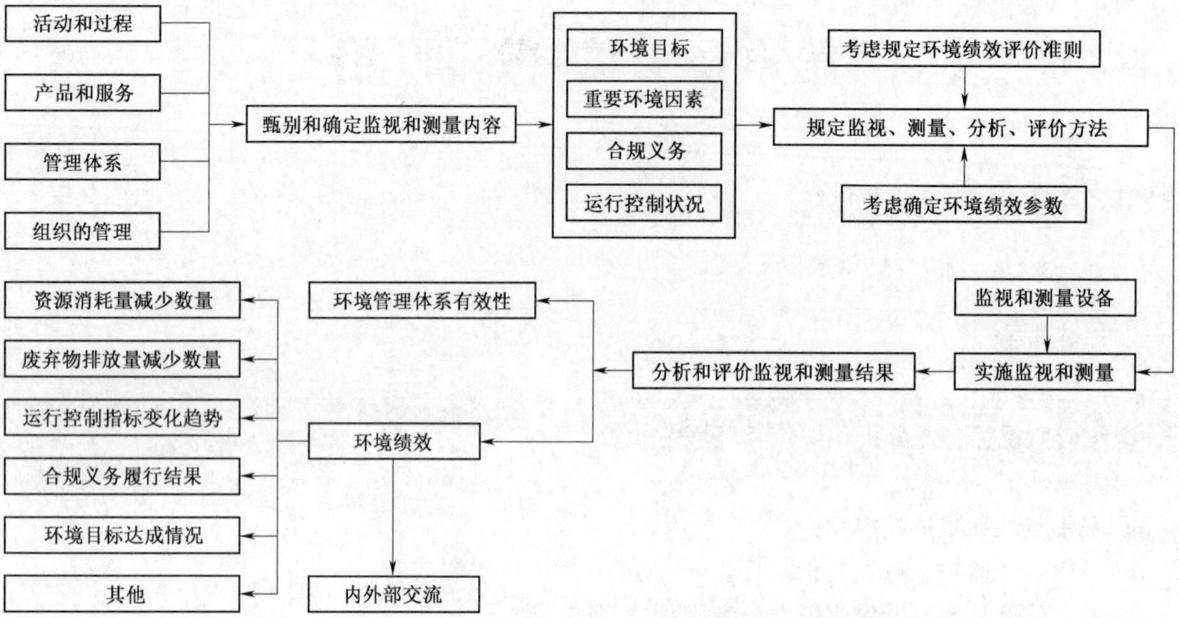

图2-6-1　监视、测量、分析和评价框架

需要时，组织可建立和保持用于实施监视、测量、分析和评价的文件化信息或程序，这将有助于提供所生成数据的一致性、可复制性和可靠性。

2. 组织应当确定需监视和测量的项目和内容，包括与其环境绩效有关的活动、过程、产品（包括服务）、体系或组织的管理，此时必须考虑环境目标、重要环境因素、合规义务和运行控制。

确定需要监视和测量的内容时应当包括确定收集数据的频率和方法。

通常情况下，组织有必要通过列表的方式梳理一下需要监视和测量的项目和内容，避免遗漏重要的项目。监视和测量项目一览表，参见表2-6-1。

表2-6-1　监视和测量项目一览表

序号	监视、测量项目和内容	监视、测量频次	监视、测量、分析和评价方法	分析结果应用领域	负责人

3. 适用的（也就是能够做到则必须做到），组织应选择与环境绩效有关的参数的监视、测量、分析与评价的方法，以确保有效的结果。

监视通常是指定期观察的过程，无需使用监视设备。测量通常是指使用特定设备定量或定性地确定被测量对象性质的过程。因此，适当时测量可隐含有附加的控制需求，目的是确保测量设备的持续可靠性，例如：校准。组织应当在其环境管理体系中规定进行监视、测量、分析和评价所使用的方法，以确保：

（1）监视和测量的时机与分析和评价结果的需求相协调；

(2) 监视和测量的结果是可靠的、可重现的和可追溯的；

(3)分析和评价是可靠的和可重现的，并能使组织报告趋势。

为保证结果的正确性，监视和测量应当依循适当的过程，并在受控的条件下进行，例如：

——选择抽样方法和数据采集技术；

——规定适当的测量设备校准或验证要求；

——采用可溯源到国际或国家标准的测量标准；

——使用胜任的人员；

——采用适宜的包括数据解释和趋势分析在内的质量控制方法。

当发生需要使用监视和测量资源实施对环境参数进行监视或测量时，在适当时，组织应确保使用和维护经校准或经验证的监视和测量设备。

组织应对通过监视和测量所获得的数据进行数据分析。数据分析可包括对形成可靠信息所必需的数据的质量、正确性、充分性和完整性的考虑。为了提高判断预期结果是否被实现的可靠性，可以使用统计学工具。适当时，这些工具可包括图解法、指数法、集合或权重法。

适当情况下，组织应当考虑选用其检测技术被国家认可机构认可或经监管部门批准的实验室。如果未经许可或批准，组织可考虑其他适合的方法，用以验证结果的准确性，例如：分样分析、标样比对、技术水平测试方案等。

4. 组织应确定评价其环境绩效所依据的准则，并选择易于理解并能为环境绩效评价提供有用信息的适当的参数，以确保将资源集中用于最重要的测量上。参数即是对运行、管理或状况的条件或状态的可度量的表述。参数的选取应当能反映组织运行的性质和规模，并适合于组织的环境影响。参数的示例包括物理参数，例如：温度、压力，pH 值、物料使用量、能效、包装和运输的选择等。

5. 组织应分别确定何时实施针对其与环境绩效有关的事项和内容的监视和测量，以及何时应分析和评价监视和测量结果，并利用监视和测量的结果识别不符合、合规义务限定要求的遵守情况、绩效趋势和持续改进机会。组织可能需要确定在环境管理体系中担当不同职责的人员在规定的周期内分别提交评价报告，并向具有职责和权限的人报告对环境绩效分析和评价的结果以便启动适当的措施。

6. 组织应依据监视、测量、分析和评价的结果对其环境绩效和环境管理体系的有效性做出评价，包括诸如：

(1)资源的消耗量的减少数量；

(2)废弃物的排放量减少的数量；

(3)运行控制指标变化趋势；

(4) 合规义务履行结果；

(5) 环境目标达成情况等。

7. 组织应按其合规义务的要求及其建立的信息交流过程，就有关环境绩效的信息进行内部和外部信息交流。组织应采用一种透明的管理方式，确保在组织控制下工作的人员及时了解组织的环境状况和所取得的环境绩效。组织应按照合规义务的规定定期向监管部门报告其环境绩效，包括各种污染物的排放量和排放浓度。

8. 组织应保留适当的文件化信息，作为监视、测量、分析和评价结果的证据。这些信息也可被用来寻找改进项目和被用于纠正措施的原因分析。

9. 监视、测量、分析和评价的总则部分是环境管理体系的重要要素，该要素或过程的输出也是其他要素或过程的重要输入，诸如为追踪实现环境方针的承诺(见 GB/T 24001—2016/ISO 14001:2015 标准 5.2 条款)、为确定重要环境因素提供信息(见 GB/T 24001—2016/ISO 14001:2015 标准 6.1.2 条款)、追踪环境目标实施的进展情况(见 GB/T 24001—2016/ISO 14001:2015 标准 6.2 条款)、为进行内部和外部交流提供输入(见 GB/T 24001—2016/ISO 14001:2015 标准 7.4 条款)、为运行策划和控制提供输入(见 GB/T 24001—2016/ISO 14001:2015 标准 8.1 条款)、作为评价其环境绩效和环境管理体系的有效性的输入(见 GB/T 24001—2016/ISO 14001:2015 标准 9.1.1 条款)、作为合规性评价的输入(见 GB/T 24001—2016/ISO 14001:2015 标准 9.1.2 条款)、为管理评审的输入(见 GB/T 24001—2016/ISO 14001:2015 标准 9.3 条款)、追踪持续改进的进展情况(见 GB/T 24001—2016/ISO 14001:2015 标准 10.1 条款)等提供了必要的信息。

三、审核关注点

1. 审核员宜与受审核方相关部门或岗位人员沟通,了解其是否建立和保持监视、测量、分析和评价的过程或程序。

2. 监视、测量、分析和评价可能涉及到受审核方多个部门或岗位,也可能涉及多个过程和活动。审核员宜结合对受审核方有关过程、职能或要素的审核,关注其监视、测量、分析和评价活动的充分性和有效性。

3. 审核员需通过与受审核方相关职能部门或岗位人员沟通和调阅资料的方式,关注其是否确定了所需要监视和测量的对象、项目和内容,以及是否规定了监视、测量、分析和评价的要求,关注其所采用方法的多样性和适宜性。

4. 审核员需与受审核方相关部门或岗位人员沟通和交流,关注其如何评价环境绩效和环境管理体系的有效性,以及其用于评价环境管理体系绩效和有效性的方法的适宜性和有效性。

5. 适当时,审核员可将所获得的环境绩效结果和环境管理体系有效性的信息与其受审核方上一周期的评价结果进行比较,关注其环境绩效和环境管理体系的改善程度。

6. 审核员需注意如果发现受审核方仅仅简单地综述和总结其分析和评价的结果,而缺乏支持证据,则不能较充分地表明其环境管理体系及其过程的运行是令人满意的。

7. 审核员应通过与受审核方相关部门或岗位人员沟通,关注其所获得的环境绩效及其评价结果是否更有助于识别需要改进的区域、过程或活动并实施改进。

9.1.2 合规性评价

一、标准要求

组织应建立、实施并保持评价其合规义务履行情况所需的过程。

组织应:

a)确定实施合规性评价的频次;

b)评价合规性,必要时采取措施;

c)保持其合规情况的知识和对其合规状况的理解。

组织应保留文件化信息,作为合规性评价结果的证据。

二、标准释义

1. 合规义务是组织必须遵守的法律法规要求,以及组织必须遵守或选择遵守的其他要求。合规义务可能来自于强制性要求,例如:适用的法律和法规,或来自于自愿性承诺,例如:组织的和行业的标准、合同规定、操作规程、与社团或非政府组织间的协议。

组织在运行环境管理体系的过程时必须考虑其合规义务,例如:

——重要环境因素(见GB/T 24001—2016/ISO 14001:2015标准6.1.2条款)以及需应对的风险和机遇的确定(见GB/T 24001—2016/ISO 14001:2015标准6.1.1条款);

——措施策划(见GB/T 24001—2016/ISO 14001:2015标准6.1.4条款);

——环境目标制定(见GB/T 24001—2016/ISO 14001:2015标准6.2.2条款);

——强化意识(见GB/T 24001—2016/ISO 14001:2015标准7.3条款)、外部信息交流(见GB/T 24001—2016/ISO 14001:2015标准7.4条款)、运行策划与控制(见GB/T 24001—2016/ISO 14001:2015标准8.1条款)、监视和测量(见GB/T 24001—2016/ISO 14001:2015标准9.1条款)等过程的开发。

这些过程的有效性和过程的结果也可以为合规义务的履行情况提供证据。

2. 组织应建立、实施并保持评价其合规义务履行情况所需的过程,如图2-6-2所示。

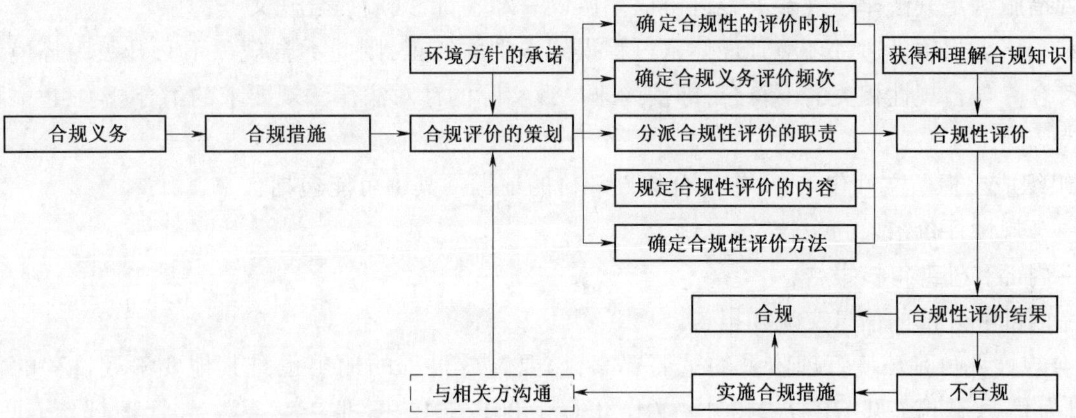

图2-6-2　合规性评价过程

合规性评价过程可以帮助组织证实其履行合规义务的承诺、理解其合规状态、减少违规的可能性并避免源于相关方的不利行动。合规性评价应当是迭代的过程,为确定组织是否在履行其合规义务,需要利用来自环境管理体系其他方面的输出结果。

组织应通过对照按GB/T 24001—2016/ISO 14001:2015标准4.2和6.1.3条款确定的合规义务,对组织履行合规义务的绩效进行监视、测量、分析和评审。

3. 通过合规性评价,组织获得了对其合规状态有关的知识和对其合规状态的理解。合规性评价的频次应当足以使这些知识和理解保持为最新状态。评价应当以能为管理评审及时提供输入信息的方式实施,以便最高管理者能评审组织履行合规义务的情况,并保持组织对合规状况的了解。

组织可能使用多种方法保持其对合规状态的知识和理解,所有合规义务的履行情况均需定期予以评价,然而每项合规义务的评价频次和时机可以不同,这取决于:

——组织的法律要求;

——作为合规义务而采纳的其他要求的相关性;

——合规义务的变化情况;

——组织过去的与合规义务有关的绩效,包括与不符合相关的潜在不利影响;

——某过程或活动的预期绩效变化,例如:废水处理厂的绩效会因所接纳的废水量而变化。

合规性评价的方法包括收集信息和数据,例如通过:

——设备巡视或检查;

——直接观察或访谈;

——项目或工作评审;

——样本分析或测试结果的评审,以及与限定性要求的对比;

——验证抽样或测试；

——对法规要求的文件化信息的评审(例如:危险废物清单,行政监管要求提交的文件)。

4. 内部审核(见GB/T 24001—2016/ISO 14001:2015标准9.2条款)可用来确定所建立和实施的合规性评价过程的有效性,但不能用来证明组织已经履行了合规义务。然而,组织可使用审核的方法评价其合规义务的履行情况。

组织可以选用评审相关方提供的报告和信息(例如:现场监管检查报告或客户审核),或与相关方专门沟通其合规情况等方法。

5. 如果合规性评价结果表明未遵守法律法规要求,组织则需要确定并采取必要措施(见GB/T 24001—2016/ISO 14001:2015标准10.2条款)以实现合规。这可能需要与监管部门进行沟通,并就采取一系列措施满足其法律法规要求签订协议。协议一经签订,则成为合规义务。

若某项不合规项已通过环境管理体系过程得到识别并纠正,则此不合规项不必升级为环境管理体系的不符合。与合规性相关的不符合,即使尚未导致实际的针对法律法规要求的不合规项,也需要予以纠正。

6. 组织应当保留文件化信息,作为合规性评价的证据。其中可能包括:

——合规性评价结果的报告;

——内部和外部审核报告;

——内部和外部的信息交流和报告。

7. 合规性评价是环境管理体系的重要要素,该要素或过程的输出也是其他要素或过程的重要输入,诸如为信息交流(见GB/T 24001—2016/ISO 14001:2015标准7.4条款)、管理评审(见GB/T 24001—2016/ISO 14001:2015标准9.3条款)、不符合和纠正措施(见GB/T 24001—2016/ISO 14001:2015标准10.2条款)等提供了必要的信息。

8. 为便于组织评价并保留合规性评价结果的证据,在这里,我们提供一种简单的表单,供相关组织参考选用,见表2-6-2。

表2-6-2 合规义务评价表

环境因素	合规义务要求	合规措施	合规记录	合规性	评价者	评价时间

三、审核关注点

1. 审核员需与受审核方相关部门或岗位人员沟通,并查阅相关资料,关注其是否建立、实施和保持评价其合规义务履行情况所需的过程或程序。

2. 审核员应向受审核方相关部门或岗位人员索阅其实施合规义务履行情况的评价信息,关注其污染物排放的监测数据是否在限值范围内,以及所实施得污染治理结果是否满足合规要求。

3. 在重点排污企业审核时,审核员需通过全面巡视并观察边界沿线及边界内的排污口(点),关注是否存在违法排放的情景。

4. 审核员需通过与受审核方相关部门或岗位人员交流,并调阅有关合规义务履行情况的评价信息，关注其是否对已对所有已确定的合规义务的履行状况均进行了全面和系统的评价。

5. 审核员宜通过与受审核方相关部门或岗位人员交流，关注其对合规状态的知识和对合规状态的理解是否准确。

6. 适用时，审核员需与受审核方相关部门或岗位人员交流，关注其针对不合规所采取措施的有效性。

7. 审核员应索阅受审核方所保留的与合规性评价有关的文件化信息，包括合规性评价结果的报告、内部和外部审核报告、内部和外部的信息交流和报告等，关注其符合性和有效性。

9.2　内部审核

9.2.1　总　　则

一、标准要求

组织应按计划的时间间隔实施内部审核，以提供下列环境管理体系的信息：

a）是否符合：

1）组织自身环境管理体系的要求；

2）本标准的要求。

b）是否得到了有效的实施和保持。

二、标准释义

1. 审核是指获取审核证据并予以客观评价，以判定审核准则满足程度的系统的、独立的、形成文件的过程。其内部审核通常由组织自行实施执行或由外部其他方代表其实施。

“审核证据”包括与审核准则相关且可验证的记录、事实陈述或其他信息；而“审核准则”则是指与审核证据进行比较时作为参照的一组方针、程序或要求。

针对一些组织的管理体系包含多个管理体系要求时，审核可以是结合审核（结合两个或多个领域）。

内部审核的目的是为从公正的角度获取与环境绩效和环境管理体有效性有关的信息，以确保策划的安排得以完成且环境管理体系得到有效实施和保持。对于小型组织，日常工作是熟悉的常规活动，恰当的审核有益于促进其组织的发展。

组织可以利用内部审核客观地回顾，以确认其环境管理体系是否有助于组织做了想做的工作，哪些是组织需要做的，哪些所做的已偏离了策划的要求。

2. 组织应策划内部审核的过程，并按计划的时间间隔实施内部审核，以便为管理者确定环境管理体系是否符合策划的安排，是否符合 GB/T 24001—2016/ISO 14001:2015 标准要求，是否已得到恰当的实施和保持提供信息。此结果可用来识别改进组织的环境管理体系的机会。

3. 内部审核是环境管理体系的重要要素，该要素或过程的输出也是其他要素或过程的重要输入，诸如为管理评审（见 GB/T 24001—2016/ISO 14001:2015 标准 9.3 条款）、不符合和纠正措施（见 GB/T 24001—2016/ISO 14001:2015 标准 10.2 条款）、持续改进（见 GB/T 24001—2016/ISO 14001:2015 标准 10.3 条款）等提供了必要的信息。

为便于组织和相关人员更好地理解内部审核过程，在这里我们给出了内部审核的基本过程，提供参考，如图 2-6-3 所示。

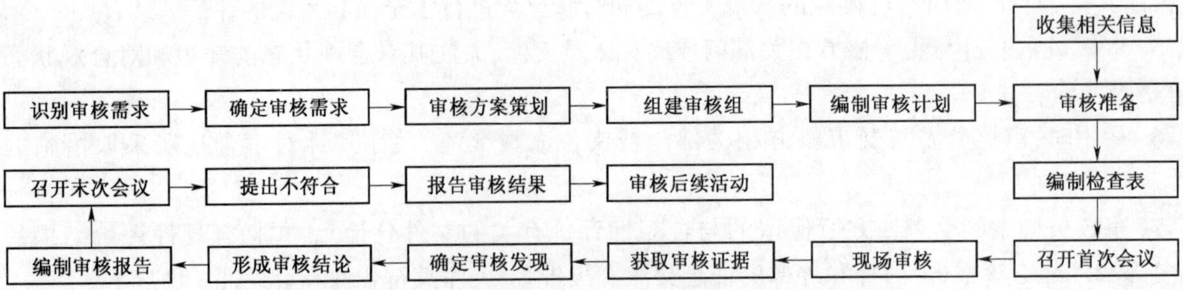

图2-6-3 内部审核过程

三、审核关注点

1. 审核员宜与受审核方相关部门或岗位人员沟通，了解其是否建立和保持内部审核的过程或程序。

2. 审核员应通过与受审核方相关部门或岗位人员交流，并查阅审核方案或审核计划，关注其是否按照计划的时间间隔进行内部审核。

3. 审核员应通过与受审核方相关人员交流，关注其审核的时间、审核周期，以及审核所覆盖的区域、职能或活动是否全面。

9.2.2 内部审核方案

一、标准要求

组织应建立、实施并保持一个或多个内部审核方案，包括实施审核的频次、方法、职责、策划要求和内部审核报告。

建立内部审核方案时，组织必须考虑相关过程的环境重要性、影响组织的变化以及以往审核的结果。

组织应：

a）规定每次审核的准则和范围；

b）选择审核员并实施审核，确保审核过程的客观性与公正性；

c）确保向相关管理者报告审核结果。

组织应保留文件化信息，作为审核方案实施和审核结果的证据。

二、标准释义

1. 审核方案为一次或者多次审核策划特定的时间框架做出了安排，目的是确保环境管理体系的有效性。策划审核方案是组织的一项重要活动，是组织针对特定时间段所策划并具有特定目标的一组（一次或多次）审核安排。组织应建立、实施并保持一个或多个内部审核方案，确定实现审核方案目标所需的审核活动，包括实施审核的频次、方法、职责、策划要求和内部审核报告方式，用以指导内部审核的策划和实施。组织应当基于其运行的性质，根据其环境因素和潜在环境影响、相关过程的环境重要性、影响组织的变化、需应对的风险和机遇、以前的内部和外部审核结果、以往识别的不符合及所采取措施的有效性，以及其他相关因素（例如：影响组织的变化、监视和测量结果，以及以往的紧急情况），制定审核方案、确定内部审核频次。

在确定内部审核频次时，组织应该采用基于风险的思维并考虑过程多久运行一次，过程成熟度或者复杂程度如何，过程中的变更，内部审核方案的客观性。例如越是成熟的过程，可能需要较少的内部审核。越是复杂的过程则可能需要较频繁的内部审核。

2. 组织在策划审核时需考虑的输入清单包括但不局限于：

——过程的环境重要性和复杂程度；

——重要环境因素及其分布情况；

——管理优先事项和环境管理体系的成熟度；

——环境绩效和某些区域存在的历史遗留问题；

——影响组织的变更；

——以往审核的结果；

——相关方投诉趋势；

——法律和法规问题。

内部审核方案应考虑审核时所用的方法。这些方法可以包括面谈、观察、抽样和对信息的评审。

3. 审核方案应包括在规定的期限内有效和高效地组织和实施审核所需的信息和资源，并可以包括以下内容：

——审核方案和每次审核的目标；

——审核的范围与程度、数量、类型、持续时间、地点、日程安排；

——审核方案的程序；

——审核准则；

——审核方法；

——审核组的选择；

——所需的资源，包括交通和食宿；

——处理保密性、信息安全、健康与安全，以及其他类似事宜的过程。

策划审核方案时，组织应当考虑到根据控制要求而需要实施审核的外包过程。

4. 内部审核应该评定组织环境管理体系的所有要素，检查所有的文件化信息（如内部程序、采购信息、规范、标准、合规义务要求）并观察工作人员的环境行为。

针对每次的内部审核，组织应：

(1) 规定每次审核的准则和范围；

(2) 选择审核员并实施审核，确保审核过程的客观性与公正性；

(3) 确保向相关管理者报告审核结果。

组织应该确定每次审核的准则和范围，作为策划审核活动的一部分。审核准则可依据特定标准或者要求，审核范围可以是特定部门、区域、产品线、过程或设施。

对实施多个有相似要求管理体系标准的，实施联合审核（例如对管理体系结合审核或多体系审核）以减少重复的组织是有帮助的，这些信息通常会在审核计划中体现。

内部审核应当由客观公正的审核员或审核组策划和实施。只要可行，审核员均应当独立于被审核的活动，并应当在任何情况下均以不带偏见、不带利益冲突的方式进行审核。在某些情况下，对于仅有1~2人的小型组织，这种要求难以实现。尤其在更小的组织或者组织内要求有特定知识的区域，有必要由某个人员审核他们自己的工作，在这种情况下，承担审核任务的管理者应避免直接参与组织运作，并尽量客观。

如果组织中仅有2人，可以一起进行审核。另一种方法是和其他小企业进行合作，互相进行内审。也可聘请当地的相关机构（行业协会、质量咨询组织、检测机构等）提供审核。例如，小型组织（12人）

最高管理者由总经理和环境经理组成。环境经理也是内审员。适当时,可由选自组织内部或外部的技术专家提供帮助。他们的整体能力应当足以实现审核目标,满足特殊的审核范围,为审核结果的可靠性提供信心。

在审核过程中,审核员应通过寻找客观证据,包括文件、记录或其他形式的文件化信息,以确认环境管理体系是否完全按照预期的方式运作。

每次内审不必覆盖整个体系,标准本身并没有要求在每次审核过程中需对 GB/T 24001—2016/ISO 14001:2015 标准中每一条款或者环境管理体系中每一过程都要进行评定,但在一个运行周期内,或一个日历年度内,能确保所有的组织单元、职能、体系要素,以及环境管理体系的全部范围都能被定期审核即可。以便证实组织按照 GB/T 24001—2016/ISO 14001:2015 标准所有要求实施的符合性,以及实施的有效性。

5. 内部审核结果作为验证的基础,可以采用报告的形式提供,可被用于纠正或预防特定的不符合,或实现一个或多个审核方案目标,并为管理评审提供输入。每次内部审核完成后,审核组应将审核结果报告给相关的管理者。报告内审结果,通常需编写每次审核的报告或总结,列出所有的审核发现和所采取的行动。审核报告及其记录的形式和内容不必复杂,简单明了可能更便于沟通。根据这些结果,相关的管理者可能需要采取适当的纠正或者纠正措施。

6. 内部审核所识别的不符合应采取适当的纠正措施。当需要采取纠正措施时,组织可以根据不符合的严重性来选择建立准则。组织宜规定建立响应和纠正不符合的时限,以确保这些不符合得到及时地解决。

如果上次审核提出了建议和纠正措施,本次审核应检查其有效性,并记录。在审核过程中,可能需要审核员观察满足要求的情况,但同时也可能会发现潜在的不足。在这种情况下,如果组织在审核报告中包括这些信息,它可以提供给管理者决定采取改进措施是否适当的信息。

7. 组织应当保留文件化信息,作为审核方案实施和审核结果的证据。文件化信息可能需要包括审核方案、审核计划、审核检查表、审核记录、不符合报告、纠正或者采取的纠正措施的证据(如培训、更新后的文件化信息)、审核报告等。

内部审核的结果需要作为管理评审的输入。因此,组织实施内部审核的时间通常安排在管理评审活动之前一定时间范围内进行,但不宜超过30个工作日。

8. 内审方案的信息应作为变更管理的一部分。

三、审核关注点

1. 审核员需通过与受审核方相关部门或岗位人员沟通和索阅资料的方式,关注其所策划的审核方案是否包括频次、方法、职责、策划要求和报告等内容。

2. 审核员需通过与受审核方相关部门或岗位人员交流,并查阅相关资料的方式,关注其所制定的审核方案和内审频次的确定是否基于其运行的性质,根据其环境因素和潜在环境影响、相关过程的环境重要性、影响组织的变化、需应对的风险和机遇、以前的内部和外部审核结果,以及其他相关因素(例如:影响组织的变化、监视和测量结果,以及以往的紧急情况)。

3. 审核员需通过查看内审员的培训信息以及与内审员面谈的方式,关注受审核方所聘用的内审员的能力,并关注审核的独立性。

4. 审核员需通过抽查受审核方的审核记录,关注其审核的准备是否充分,审核实施是否满足审核策划的安排。

5. 审核员需通过调阅受审核方资料的方式,关注其相关区域的负责人是否按照要求针对其不符合采取了适当的纠正和纠正措施,并关注纠正措施的有效性。

6. 审核员需查看和记录受审核方所保留与审核方案实施和报告审核结果的信息。必要时，审核员可调阅受审核方上一周期的审核记录或报告，关注其所输出的问题是否已得到纠正和验证，其所采取的措施是否已有效避免重复发生。

7. 审核员需关注受审核方是否将审核结果在其内部进行适当的沟通，并报告给相关的管理者。

8. 必要时，审核员可通过与受审核方参与其内部审核的成员进行面谈交流和询问，关注其参与内部审核活动的实际情况。

9.3　管理评审

一、标准要求

最高管理者应按计划的时间间隔对组织的环境管理体系进行评审，以确保其持续的适宜性、充分性和有效性。

管理评审应包括对下列事项的考虑：

a）以往管理评审所采取措施的状况；

b）以下方面的变化：

1）与环境管理体系相关的内外部问题；

2）相关方的需求和期望，包括合规义务；

3）其重要环境因素；

4）风险和机遇。

c）环境目标的实现程度；

d）组织环境绩效方面的信息，包括以下方面的趋势：

1）不符合和纠正措施；

2）监视和测量的结果；

3）其合规义务的履行情况；

4）审核结果。

e）资源的充分性；

f）来自相关方的有关信息交流，包括抱怨；

g）持续改进的机会。

管理评审的输出应包括：

——对环境管理体系的持续适宜性、充分性和有效性的结论；

——与持续改进机会相关的决策；

——与环境管理体系变更的任何需求相关的决策，包括资源；

——环境目标未实现时需要采取的措施；

——如需要，改进环境管理体系与其他业务过程融合的机遇；

——任何与组织战略方向相关的结论。

组织应保留文件化信息，作为管理评审结果的证据。

二、标准释义

1. 最高管理者应按确定的时间间隔（确定的时间间隔可以是每天、每周、每月、每季度、每半年或每年）对组织的环境管理体系进行评审，以评价其持续的适宜性、充分性和有效性。管理评审应当覆盖环境管理体系范围内的活动、产品和服务的环境因素。

“适宜性”指环境管理体系如何适合于组织、其运行、文化及业务系统。“充分性”指组织的环境管理体系是否符合 GB/T 24001—2016/ISO 14001:2015 标准要求,并予以适当地实施。“有效性”指组织的环境管理体系是否正在实现所预期的结果。

管理评审应当是高层次的,最高管理者不必对详尽信息进行彻底评审,管理评审应是较为宏观和具有战略意义的决策活动。组织没有必要,也不需要同时处理所有管理评审主题,管理评审既可以与其他管理活动结合实施(例如,董事会议、运营会议),也可以单独实施。管理评审过程,如图 2-6-4 所示。

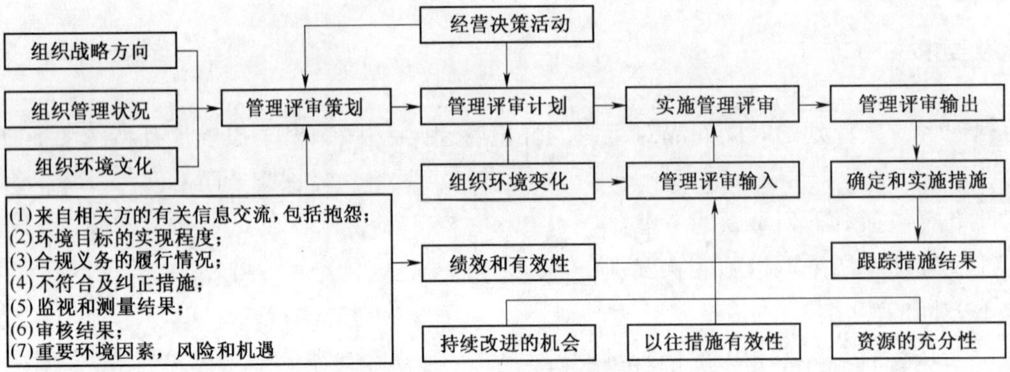

图 2-6-4 管理评审过程

2. 管理评审是最高管理者对与其环境保护有关的战略层面的决策过程,是通过对诸多信息和事项的考虑基础上所进行的询证决策,包括:

——合规义务履行情况的审核和评价结果;

——来自外部相关方的信息,包括抱怨;

——组织的环境绩效;

——组织的环境目标的实现程度;

——纠正措施的状况;

——以往管理评审的后续行动;

——变化的情况,包括:组织所处的环境,组织的活动、产品和服务的变更,对已纳入计划的或新的开发中的重要环境因素及需应对的风险和机遇的评价结果,组织的合规义务的变化,相关方的观点,科学和技术的发展;

——从紧急情况中学到的经验教训;

——资源的充分性;

——改进的建议。

管理评审也可以扩大至覆盖 GB/T 24001—2016/ISO 14001:2015 标准中的其他要求。

3. 管理评审可以与组织的计划和预算周期相一致,最高管理者可以在评审整体经营业绩时对环境绩效进行评价,以便使环境管理体系的优先项和资源需求决策与其他业务的优先项和资源需求相平衡。

最高管理者可以决定哪些人员应当参与管理评审。典型的参与人员包括:环保人员、关键职能部门的管理者和最高管理者。鉴于整合的目的,其他管理体系的代表(例如:质量、职业健康安全、能源、业务连续性等)也可以参与管理评审。

在进行管理评审时,并不要求一次将所有的输入都要提到,但管理评审计划应该提及如何满足管理评审要求。管理评审计划的参考格式,见表 2-6-3。

表 2-6-3　管理评审计划

管理评审事项	管理评审输入要求	参加人员	时间	地点

4. GB/T 24001—2016/ISO 14001:2015 标准9. 3 条款的要求可以通过几次会议实现,评审的频度与组织的内部文化相关。对很多组织而言,没有必要把管理评审作为一项单独的活动。组织可以把管理评审作为单独活动来实施或与其他相关活动合并实施(例如会议)。组织没有必要,也不需要同时处理所有管理评审主题,评审可在一段时期内开展,并可能成为定期安排的管理活动的一部分,例如:董事会议或战略策划会议、业务策划、年度会议、运营会议,可以结合战略策划和经营策划合并进行,以避免重复多次会议。然而,组织通常需要策划半年一次或一年一次全面的评审。虽然频繁的会议可以快速响应,解决问题,但半年或一年一次的全面评审可以收集反映关键绩效的信息、分析趋势、检查改进的状态和顾客反馈的结果。如果实施策划的变化,则需要更频繁地进行评审。参与评审的人员应有所贡献并针对评审结果采取相应行动。

在接受审核,包括外部审核之前,组织只需将当期所有针对其管理评审的主题事项进行评审的相关证据汇总,并列出清单,应是可行的,见表 2-6-4。

表 2-6-4　管理评审信息汇总清单

评审时间	主题事项	参加人员	评审输出	评审证据	响应措施	责任部门	备注

最高管理者应当评审来自相关方的抱怨,以确定改进的机会。

管理评审的方式应适合组织的实际情况,其管理评审活动的方式可以包括:

——正式的面对面会议,有议程、形成会议纪要;

——可以是电话会议,网络会议。

5. 环境管理体系管理评审的输出应当包括对下述事项的决定:

——体系的适宜性、充分性和有效性;

——持续改进的机会;

——物质、人力和财务资源的变化需求;

——环境目标未实现时需要采取的措施;

——针对环境方针、环境目标以及环境管理体系其他要素可能出现的变化而需要采取的措施;

——如果需要的话,针对改进环境管理体系与其他业务过程的融合而采取的措施;

——对组织战略方向的影响。

6. 作为管理评审结果的证据而保留的文件化信息的示例包括：会议议程副本、参会人员名单、汇报材料或分发的资料，以及在报告或纪要或跟踪系统中记录的管理决议。

7. 管理评审是环境管理体系的主要要素，该要素或过程的输出也是其他要素或过程的重要输入，诸如为资源(见 GB/T 24001—2016/ISO 14001:2015 标准 7.1 条款)、应对风险和机遇的措施(见 GB/T 24001—2016/ISO 14001:2015 标准 6.1.1 条款)、环境目标及其实现的策划(见 GB/T 24001—2016/ISO 14001:2015 标准 6.2 条款)、改进(见 GB/T 24001—2016/ISO 14001:2015 标准 10.1 条款)、持续改进(见 GB/T 24001—2016/ISO 14001:2015 标准 10.3 条款)等提供了必要的信息。

8. 管理评审的信息应作为变更管理的一部分。

三、审核关注点

1. 审核员宜通过与受审核方相关部门或岗位人员沟通，了解其是否建立和保持管理评审过程或程序。

2. 审核员需通过与受审核方最高管理者沟通，了解其管理评审的方式以及策划的时间间隔，关注其是否已按策划的时间间隔实施了管理评审。

3. 审核员应通过与受审核方最高管理者沟通和交流，了解其是否将管理评审活动与经营决策活动结合在一起实施。

4. 必要时，审核员应注意甄别少数受审核方可能存在的来自“咨询专家”或办公室秘书的管理评审的信息。审核员可通过与参与管理评审活动的有关人员沟通，或通过面谈询问的方式，了解其参与管理评审活动的实际状况。

5. 审核员需通过调阅受审核方管理评审资料的方式，关注其在一个运行或监督周期内是否已将标准所规定的管理评审的主体事项逐一进行了评价，是否存在遗漏。

6. 审核员需将受审核方本次管理评审的输入与其上一次的管理评审的输入进行对比，检查是否存在类似同样的问题。若存在，此时，审核员需追踪其所采取纠正措施的有效性。

7. 审核员应通过索阅受审核方所保留的作为管理评审结果证据的文件化信息，关注其管理评审活动的有效性，并做好审核记录。

8. 审核员宜通过与受审核方相关部门或岗位人员沟通和查阅相关信息的方式，关注其针对管理评审输出结果所确定的改进方案或计划，并观察和记录其实施情况。

9. 审核员应通过类比的方式，将受审核方本次管理评审输出的结果与其上一周期管理评审的输出结果进行比较，关注受审核方的管理评审输出是否存在着重复性疑难问题，以及所采取措施的有效性。

10. 审核员需通过沟通和查阅资料的方式，关注受审核方所形成的管理评审的决定和措施是否能够支持其战略和战略方向，或是否与其战略有关。

第七章　改　　进

📖10.1　总　　则

一、标准要求

组织应确定改进的机会(见 9.1,9.2 和 9.3),并实施必要的措施,实现其环境管理体系的预期结果。

二、标准释义

1. 改进是指提高绩效的活动,是组织策划并实际实施,为了实现预期结果和增强相关方满意的措施。

改进是有效的环境管理体系不可或缺的一部分。组织应当通过以下活动的结果来确定改进的机会:

——对环境绩效和合规义务履行情况的监视、测量、分析、和评价(见 GB/T 24001—2016/ISO 14001:2015 标准 9.1 条款);

——对其环境管理体系的审核(见 GB/T 24001—2016/ISO 14001:2015 标准 9.2 条款);

——管理评审(见 GB/T 24001—2016/ISO 14001:2015 标准 9.3 条款)。

为了实现环境管理体系的预期结果,组织应当采取必要的措施应对识别的改进机会,包括控制和纠正不符合,并通过持续改进环境管理体系的适宜性、充分性和有效性来提升其环境绩效,纠正或者预防不利影响并改进环境管理体系的有效性。

2. 当识别出改进机会,且改进需求是合理的,组织需要根据可获得的资源,确定如何实施改进。并确定实施改进的优先顺序。

改进过程,如图 2-7-1 所示。

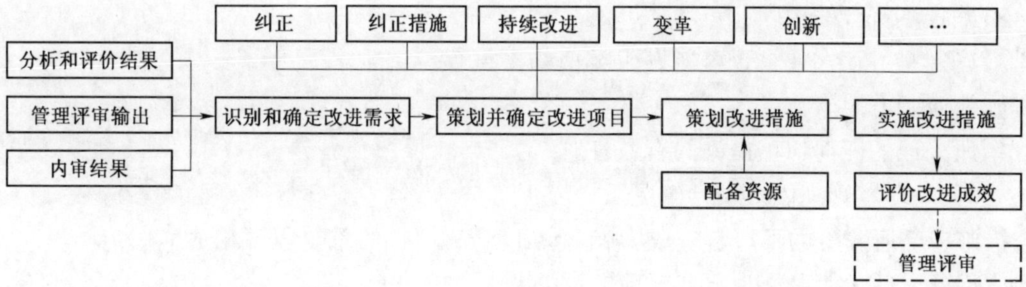

图 2-7-1　改进过程

3. 组织可采用不同的方法实施改进,例如:

——采取措施以避免不符合的再发生;

——实施创新,包括技术创新、管理创新、制度创新或过程(流程)创新;

——修改以及改进或实施新的过程的突破性项目;

——在现有过程内实施的小步骤的渐进式持续改进活动;

——纠正现有不符合的原因。

适当时，组织可通过采用纠正措施(参见GB/T 24001—2016/ISO 14001:2015标准10.2条款)识别已发现问题(避免其再发生)的原因，然后针对其原因识别和确定出必要的方法并实施改进。

持续改进是一个采取防止再发生的措施，并实施约定的能带来积极收益的过程。

4. 改进至少应考虑以下方面：

(1)纠正、预防或减少不利影响；

(2)改进环境绩效和环境管理体系的有效性。

5. 改进是环境管理体系的主要要素，该要素或过程的输出也是其他要素或过程的重要输入，诸如为资源(见GB/T 24001—2016/ISO 14001:2015标准7.1条款)、运行的策划和控制(见GB/T 24001—2016/ISO 14001:2015标准8.1条款)等提供了必要的信息。

三、审核关注点

1. 审核员宜通过与受审核方相关部门或岗位人员沟通和调阅资料的方式，关注其是否已构建和保持改进的机制、过程或程序，以及是否已建立和保持了激励人员实施改进的措施或制度。

2. 审核员应与受审核方沟通和交流其近期所实施的改进项目，包括改进方案或计划，关注其节能降耗，安全环保方面的技改技措的效果和有效性。

3. 审核员应通过与受审核方相关部门或岗位人员交流，并调阅相关资料的方式，关注其针对重要环境因素、履行合规义务，以及应对风险和机遇的措施方面的改进信息。

10.2 不符合和纠正措施

一、标准要求

发生不符合时，组织应：

a)对不符合做出响应，适用时：

1)采取措施控制并纠正不符合；

2)处理后果，包括减轻不利的环境影响。

b)通过以下方式评价消除不符合原因的措施需求，以防止不符合再次发生或在其他地方发生：

1)评审不符合；

2)确定不符合的原因；

3)确定是否存在或是否可能发生类似的不符合。

c)实施任何所需的措施；

d)评审所采取的任何纠正措施的有效性；

e)必要时，对环境管理体系进行变更。

纠正措施应与所发生的不符合造成影响(包括环境影响)的重要程度相适应。

组织应保留文件化信息作为下列事项的证据：

——不符合的性质和所采取的任何后续措施；

——任何纠正措施的结果。

二、标准释义

1. 为使环境管理体系能够持续有效运行，组织应当采取系统的方法识别不符合，采取措施减轻任何不利的环境影响,分析不符合的原因并采取纠正措施,有助于组织实施和保持环境管理体系。

当发生包括相关方投诉的不符合时,组织应该采取措施来调查哪里出现问题,必要时纠正它并防止类似问题以后重复发生。不符合是指未履行与环境管理体系有关的规定要求,或未履行环境绩效方面的规定要求。不符合通常与 GB/T 24001—2016/ISO 14001:2015 标准要求及组织自身规定的附加的环境管理体系要求有关。

2. 不符合的情况可能发生在环境管理体系的部分不能发挥预期职能或环境绩效要求未满足时。可能的不符合来源包括,但不局限于:

——内、外部审核发现(见 GB/T 24001—2016/ISO 14001:2015 标准 9.2 条款);

——监视和测量结果(见 GB/T 24001—2016/ISO 14001:2015 标准 9.1.1 条款;

——合规性评价的结果(见 GB/T 24001—2016/ISO 14001:2015 标准 9.1.2 条款);

——员工识别出的问题(见 GB/T 24001—2016/ISO 14001:2015 标准 7.4 条款,例如通过员工建议箱获得)等。

不符合的示例包括:

——环境管理体系绩效不符合,例如:产品环境因素的重要性未予评价;应急准备和响应的职责未分配;对合规义务的履行情况未定期进行评价。

——环境绩效不符合,例如:节能减排目标未实现;维护要求未按预订安排执行;运行准则(例如被允许的限度)未予满足。

GB/T 24001—2016/ISO 14001:2015 标准 9.2 条款中描述的内部审核过程是定期识别不符合的一种方式。另一种方式是分配识别不符合的职责,并向组织控制下工作的所有人员报告潜在的或实际的问题。

3. 当发生不符合时,组织首先应对不符合做出响应,适用时:

(1)采取措施控制并纠正不符合;

(2)处理后果,包括减轻不利的环境影响。

4. 经识别或确定发现不符合时,组织应当对其展开调查以确定导致不符合的根本原因,以便将纠正措施能集中在环境管理体系恰当的部分。在制定应对不符合的策划时,组织应当考虑应当采取何种措施解决问题,应当做出何种变更来纠正当前情况和恢复正常运行,以及通过何种行动来消除不符合的根本原因和预防问题再次发生,或别处发生在其他地方。

5. 组织应通过以下方式评价消除不符合的根本原因的措施需求:

(1)评审不符合;

(2)确定不符合的原因;

(3)确定是否存在或是否可能发生类似的不符合;

(4)实施任何所需的措施;

(5)评审所采取的任何纠正措施的有效性。

纠正措施表单参考格式,见表 2-7-1。

纠正措施是指为消除不符合的原因并防止再发生所采取的措施。一个不合格可以有若干个原因。

采取纠正措施是为了防止再发生,而采取预防措施是为了防止发生。

在评价不符合所需的措施时,组织需要考虑可能存在不符合的原因不能被消除的情况。因此,组织需要考虑在不符合再次发生时所采取的针对不合格进行纠正的措施,并将不合格的影响降低至最小。

组织应该评审和分析不符合,以确定其原因,并查找是否在其他区域也存在类似不合格,或者可能已在其他地方发生或者可能发生。

表2-7-1 纠正措施要求表

不合格描述	经办人： 时间：
纠正方案	负责人： 时间：
原因分析	负责人： 时间：
纠正措施方案	负责人： 时间：
措施评审	审批人： 时间：
效果验证	验证人： 时间：

组织应该考虑和评价在一个领域采取的纠正措施是否会对组织另一个领域产生负面影响。通过对纠正措施的实施状况和所获得的结果进行评审后，组织应该考虑在以前的策划（见GB/T 24001—2016/ISO 14001：2015标准6.1条款）过程中是否还有风险和机遇没有得到确定。必要时，可对此策划进行更新。

纠正措施的形式和时间应当适合于不符合及与环境影响的性质和规模。

6. 如果发现潜在问题但没有实际不符合存在，可以采取措施预防不符合的发生。对于存在类似活动、趋势分析、或危险可操作性研究的其他适用领域，可从实际不符合中推断纠正措施以识别潜在问题；同时，在策划应对GB/T 24001—2016/ISO 14001：2015标准6.1.1条款中识别的风险和机遇措施时也应当考虑潜在问题。

7. 当纠正措施的实施结果导致环境管理体系发生变化时，组织应当适时更新相关文件化信息和能力需求，并应当传达给那些需要知晓该变化的人员。管理者应当确保在问题发生之前已经实施纠正措施和预防措施，并进行了系统性评审和跟进以确保采取措施的有效性。

不符合和纠正措施过程，如图2-7-2所示。

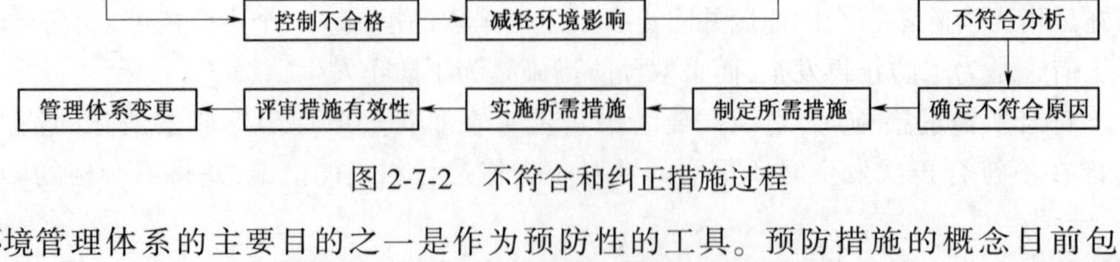

图2-7-2 不符合和纠正措施过程

8. 环境管理体系的主要目的之一是作为预防性的工具。预防措施的概念目前包含在GB/T 24001—2016/ISO 14001：2015标准4.1条款（即理解组织及其所处的环境）和6.1条款（即应对风险和机遇的措施）中。

9. 组织应当保留文件化信息，作为不符合的性质、所采取的后续措施，以及采取纠正措施的结果的证据。文件化信息可能包括针对不符合的处置措施、原因分析、纠正措施计划及实施记录，以及对纠正措施实施有效性的验证等。

10. 不符合和纠正措施是环境管理体系的重要要素，该要素或过程的输出也是其他要素或过程的重要输入，诸如为资源（见 GB/T 24001—2016/ISO 14001:2015 标准 7.1 条款）、管理评审（见 GB/T 24001—2016/ISO 14001:2015 标准 9.3 条款）、改进（见 GB/T 24001—2016/ISO 14001:2015 标准 10.1 条款）等提供了必要的信息。

三、审核关注点

1. 审核员宜通过与受审核方相关部门或岗位人员沟通，了解其是否建立和保持不符合和纠正措施的过程或程序。

2. 审核员可通过与受审核方沟通或现场观察的方式，了解其是否针对不符合进行了分类，或建立和保持不符合的分类台账。

3. 审核员需通过与受审核方沟通、调阅资料和现场观察的方式，关注其针对不符合所采取的应对措施是否适宜和有效。

4. 审核员需通过调阅和抽查受审核方针对不符合所采取的纠正措施的资料，关注其针对不符合的原因分析是否到位，是否分析到导致不符合的末梢原因。

5. 审核员需通过与受审核方相关区域的有关人员沟通、交流和现场观察的方式，关注其是否存在类似不符合重复发生的情况。

6. 审核员需查看和记录受审核方所保留的有关不符合的性质以及随后所采取的措施，以及与纠正措施的结果有关的文件化信息是否完整和有效。

10.3 持续改进

一、标准要求

> 组织应持续改进环境管理体系的适宜性、充分性与有效性，以提升环境绩效。

二、标准释义

1. 持续改进是一个有效的环境管理体系的一项关键特性，用以提升环境绩效。它可通过环境目标的实现和环境管理体系整体或任何组成部分的强化来完成。组织可以鼓励所有员工为改进献策。

组织应持续改进环境管理体系的适宜性、充分性与有效性。适宜性是指组织所建立的环境管理体系是否适合其组织宗旨和战略方向，适合于组织的文化和环境管理体系过程运行活动的特点。充分性是指组织所建立和保持的环境管理体系是否持续充分满足所选定的标准要求，包括相关方要求和合规义务的要求，并已得到有效实施。有效性是指组织是否已经实现其环境管理体系的预期结果。

组织应该考虑必要的措施以改进环境管理体系的适宜性、充分性和有效性。

持续改进活动不必同时发生于所有领域，也并非不能间断。

2. 组织应当持续地评价其环境绩效和其环境管理体系过程的绩效，以识别改进的机会。最高管理者应当通过管理评审过程直接参与这一评价。

支持持续改进的措施的等级、程度与时间表由组织确定。通过整体运用环境管理体系或改进其一个或多个要素，可能提升环境绩效。

识别环境管理体系的缺陷也为改进提供了重要机会。为认识到此类改进，组织应当了解存在怎样的缺陷，并理解缺陷存在的原因。这可通过分析环境管理体系缺陷的根本原因来实现。

3. 组织应该考虑分析和评价的结果（见 GB/T 24001—2016/ISO 14001:2015 标准 9.1.3 条款）、内部审核（见 GB/T 24001—2016/ISO 14001:2015 标准 9.2 条款）和管理评审（见 GB/T 24001—2016/ISO 14001:2015 标准 9.3 条款）来确定是否需要制定持续改进的措施的必要性。

持续改进的一些有用的信息源包括：

——从不符合和相关纠正措施中获得的经验；

——对照最佳实践的外部标杆；

——贸易协会和同行组织；

——新法规或对现行法规提议的变化；

——环境管理体系和其他审核结果；

——对监视和测量结果的评价与分析；

——先进技术方面的文献；

——相关方的观点，包括员工、顾客和供应商。

4. 持续改进应理解为循环的活动。

在识别到改进机会时，应当就这些机会进行评价，以确定应当采取什么措施。应当策划改进措施，并应当据此对环境管理体系实施相应的变更。

改进无需在所有领域同时发生（见 GB/T 24001—2016/ISO 14001:2015 标准 4.4.1 条款）。由于体系绩效的提升，环境管理体系的持续改进可能变得越发困难。

改进的一些示例包括：

——制定评估新材料的流程，以提倡使用危害性更少的材料；

——改进关于材料和操作方面的员工培训，以减少组织产生的废弃物；

——采用废水处理工艺使水再利用；

——在办公打印设备上，将复制设备上的默认设置改为双面复印；

——重新设计交付路径以减少运输公司使用的化石燃料；

——制定环境目标，以实施锅炉运行中的燃料替代并减少颗粒物排放；

——在组织内部发展环境改进文化；

——与相关方发展合作关系；

——考虑组织业务过程中的可持续性。

5. 持续改进是环境管理体系的主要要素，该要素或过程的输出也是其他要素或过程的重要输入，诸如为改进（见 GB/T 24001—2016/ISO 14001:2015 标准 10.1 条款）等提供了必要的信息。

三、审核关注点

1. 审核员可通过与受审核方最高管理者交流，关注其是否合理分配了改进的职责和权限，是否明确了改进的目标。

2. 审核员需通过与受审核方最高管理者沟通交流，关注其是否定期进行改进需求分析，是否已识别和确定改进需求。

3. 审核员应通过与受审核方相关部门或人员沟通的方式，关注其在续改进环境管理体系的适宜性、充分性和有效性所采取措施的有效性。

4. 审核员需通过与受审核方交流、调阅资料和现场观察的方式，了解其在实施改进过程中所采用的改进方法和工具的适宜性和有效性，并关注其改进方法和改进工具的应用情况和应用效果。

5. 审核员需收集和记录受审核方当期所实施的改进项目或改进计划的相关信息。

附录一　质量和环境管理体系　要求

1 范　　围

本标准规定了组织能够用来提升其顾客满意度和环境绩效的质量和环境管理体系要求。

本标准可供寻求以系统的方式管理其环境责任的组织使用，从而为“环境支柱”的可持续性做出贡献。

本标准为下列组织规定了质量和环境管理体系要求：

a)需要证实其具有稳定提供满足顾客要求及适用法律法规要求的产品和服务的能力；

b)通过体系的有效应用，包括体系改进的过程，以及保证符合顾客要求和适用的法律法规要求，旨在增强顾客满意；

c)本标准可帮助组织实现其质量和环境管理体系的预期结果，这些结果将为环境、组织自身、顾客和有关相关方带来价值。

与组织的质量和环境方针保持一致的质量和环境管理体系预期结果包括：

——增强顾客满意和提升环境绩效；

——满足顾客要求和履行合规义务；

——实现质量和环境目标。

本标准规定的所有要求是通用的，旨在适用于各种类型、不同规模和提供不同产品和服务的组织，并适用于组织基于生命周期观点所确定的其活动、产品和服务中能够控制或能够施加影响的环境因素。本标准并未提出具体的质量和环境绩效准则。

本标准能够全部或部分地用于系统地改进环境管理，然而，只有当 GB/T 24001—2016/ISO 14001:2015 标准的所有要求都被包含在组织的环境管理体系中且全部得到满足，组织才能声明符合 GB/T 24001—2016/ISO 14001:2015 标准。

注 1:在本标准中，术语“产品”或“服务”仅适用于预期提供给顾客或顾客所要求的产品和服务。

注 2:法律法规要求可称作法定要求。

2　规范性引用文件

下列文件对于本文件的应用是必不可少的。凡是注日期的引用文件，仅注日期的版本适用于本文件。凡是不注日期的引用文件，其最新版本(包括所有的修改单)适用于本文件。

GB/T 19000—2016　质量管理体系　基础和术语(ISO 9000:2015,IDT)；

GB/T 19001—2016/ISO 9001:2015　质量管理体系　要求(ISO 9001:2015,IDT)；

GB/T 24001—2016/ISO 14001:2015　环境管理体系　要求及使用指南(ISO 14001:2015,IDT)。

3　术语和定义

GB/T 19000—2016/ISO 9000:2015 和 GB/T 24001—2016/ISO 14001:2015 界定的术语和定义适用于本文件。

3.1　最高管理者

在最高层指挥和控制组织的一个人或一组人。

注1:最高管理者在组织内有授权和提供资源的权力。

注2:如果管理体系的范围仅覆盖组织的一部分,在这种情况下,最高管理者是指管理和控制组织的这部分的一个人或一组人。

3.2 组织环境

对组织建立和实现目标的方法有影响的内部和外部因素的组合。

注1:组织的目标可能涉及其产品和服务、投资和对其相关方的行为。

注2:组织环境的概念,除了适用于营利性组织,还同样能适用于非营利或公共服务组织。

3.3 顾客

能够或实际接受为其提供的,或按其要求提供的产品或服务的个人或组织。

示例:消费者、委托人、最终使用者、零售商、内部过程的产品或服务的接收人、受益者和采购方。

注:顾客可以是组织内部的或外部的。

3.4 相关方

可影响决策或活动、受决策或活动所影响、或自认为受决策或活动影响的个人或组织。

示例:顾客、所有者、组织内的人员、供方、银行、监管者、工会、合作伙伴以及可包括竞争对手或相对立的社会群体。

3.5 环境

组织运行活动的外部存在,包括空气、水、土地、自然资源、植物、动物、人,以及他们之间的相互关系。

注1:外部存在可能从组织内延伸到当地、区域和全球系统。

注2:外部存在可用生物多样性、生态系统、气候或其他特征来描述。

3.6 环境状况

在某个特定时间点确定的环境的状态或特征。

3.7 环境因素

一个组织的活动、产品和服务中与环境或能与环境发生相互作用的要素。

注:一项环境因素可能产生一种或多种环境影响。重要环境因素是指具有或能够产生一种或多种重大环境影响的环境因素。

3.8 环境影响

全部或部分地由组织的环境因素给环境造成的不利或有益的变化。

3.9 目标

要实现的结果。

注1:目标可能是战略性的、战术性的或操作层面的。

注2:目标可能涉及不同的领域(例如:财务的、职业健康与安全以及环境的目标),并可应用于不同的层次(例如:战略性的、组织整体的、项目的、产品和过程的)。

注 3:可能以其他方式表述目标,例如:采用预期的结果、活动的目的或运行准则作为质量或环境目标,或使用其他类似含意的词(如:目的、终点或标的)。

注 4:在质量和环境管理体系环境中,组织制定的质量和环境目标与质量和环境方针保持一致,以实现特定的结果。

3.10 污染预防

为了降低有害的环境影响而采用(或综合采用)过程、惯例、技术、材料、产品、服务或能源以避免、减少或控制任何类型的污染物或废物的产生、排放或废弃。

注:污染预防可包括源消减或消除,过程、产品或服务的更改,资源的有效利用,材料或能源替代,再利用、回收、再循环、再生或处理。

3.11 风 险

不确定性的影响。

注 1:影响是指偏离预期,可以是正面的或负面的。

注 2:不确定性是一种对某个事件,或是事件的局部的结果或可能性缺乏理解或知识方面的信息的情形。

注 3:通常,风险是通过有关可能事件和后果或两者的组合来描述其特性的。

注 4:通常,风险是以某个事件的后果 (包括情况的变化)及其发生的可能性的组合来表述的。

注 5:“风险”一词有时仅在有负面后果的可能性时使用。

3.12 生命周期

产品(或服务)系统中前后衔接的一系列阶段,从自然界或从自然资源中获取原材料、直至最终处置。

注:生命周期阶段包括原材料获取、设计、生产、运输和(或)交付、使用、寿命结束后处理和最终处置。

3.13 设计和开发

将对客体的要求转换为对其更详细的要求的一组过程。

注 1:形成的设计和开发输入的要求,通常是研究的结果,与形成的设计和开发输出的要求相比较,可以用更宽泛和更通用的含意予以表达。通常,这些要求以特性来规定。在一个项目中,可以有多个设计和开发阶段。

3.14 成文或文件化信息

组织需要控制和保持的信息及其载体。

注 1:成文或文件化信息可以任何格式和载体存在,并可来自任何来源。

注 2:成文或文件化信息可涉及:

——管理体系,包括相关过程;

——为组织运行产生的信息 (一组文件);

——结果实现的证据(记录)。

3.15 输 出

过程的结果。

注：组织的输出是产品还是服务，取决于其主要特性，如：画廊销售的一幅画是产品，而接受委托绘画则是服务。在零售店购买的汉堡是产品，而在饭店里接受点餐并提供汉堡则是服务的一部分。

3.16 产　品

在组织和顾客之间未发生任何交易的情况下，组织能够产生的输出。

注1：在供方和顾客之间未发生任何必要交易的情况下，可以实现产品的生产。但是，当产品交付给顾客时，通常包含服务因素。

注2：通常，产品的主要要素是有形的。

注3：硬件是有形的，其量具有计数的特性（如：轮胎）。流程性材料是有形的，其量具有连续的特性（如：燃料和软饮料）。硬件和流程性材料经常被称为货物。软件由信息组成，无论采用何种介质传递（如：计算机程序、移动电话应用程序、操作手册、字典、音乐作品版权、驾驶执照）。

3.17 服　务

至少有一项活动必须在组织和顾客之间进行的组织的输出。

注1：通常，服务的主要要素是无形的。

注2：通常，服务包含与顾客在接触面的活动，除了确定顾客的要求以提供服务外，可能还包括与顾客建立持续的关系，如：银行、会计师事务所，或公共组织（如：学校或医院）等。

注3：服务的提供可能涉及，例如：

——在顾客提供的有形产品（如需要维修的汽车）上所完成的活动。

——在顾客提供的无形产品（如为准备纳税申报单所需的损益表）上所完成的活动。

——无形产品的交付（如知识传授方面的信息提供）。

——为顾客创造氛围（如在宾馆和饭店）。

注4：通常，服务由顾客体验。

3.18 绩　效

可测量的结果。

注1：绩效可能涉及定量的或定性的结果。

注2：绩效可能涉及活动、过程、产品、服务、体系或组织的管理。

3.19 顾客满意

顾客对其期望已被满足程度的感受。

注1：在产品或服务交付之前，组织有可能不了解顾客的期望，甚至顾客也在考虑之中。为了实现较高的顾客满意，可能有必要满足那些顾客既没有明示，也不是通常隐含或必须履行的期望。

注2：投诉是一种满意程度低的最常见的表达方式，但没有投诉并不一定表明顾客很满意。

注3：即使规定的顾客要求符合顾客的愿望并得到满足，也不一定确保顾客很满意。

3.20 人为因素

对所考虑的客体有影响的人的特性。

注1：特性可以是物理的、认知的或社会的。

注2：人为因素可对管理体系产生重大影响。

3.21　环境绩效

与环境因素的管理有关的绩效。

注:对于一个环境管理体系,可依据组织的环境方针、环境目标或其他准则,运用参数来测量结果。

3.22　参　　数

对运行、管理或状况的条件或状态的可度量的表述。

3.23　有 效 性

完成策划的活动并取得策划结果的程度。

3.24　创　　新

实现或重新分配价值的、新的或变化的客体。

注1:以创新为结果的活动通常需要管理。

注2:创新通常具有重要影响。

4　组织环境

4.1　理解组织及其环境

组织应确定与其宗旨和战略方向相关并影响其实现质量和环境管理体系预期结果的能力的各种外部和内部因素或问题。这些问题应包括受组织影响的或能够影响组织的环境状况。

组织应对这些内部和外部因素或问题的相关信息进行监视和评审。

注1:这些因素可能包括需要考虑的正面和负面要素或条件;

注2:考虑来自于国际、国内、地区和当地的各种法律法规、技术、竞争、市场、文化、社会和经济环境的因素,有助于理解外部环境。

注3:考虑与组织的价值观、文化、知识和绩效等有关的因素或问题,有助于理解内部环境。

4.2　理解相关方的需求和期望

由于相关方对组织稳定提供符合顾客要求和适用法律法规要求的产品和服务的能力,以及实现组织环境绩效的能力具有影响或潜在影响,因此,组织应确定:

a)与质量和环境管理体系有关的相关方;

b)与质量和环境管理体系有关的相关方的需求和期望(即要求);

c)这些需求和期望中哪些将成为其环境中的合规义务。

组织应监视和评审这些相关方的信息及其相关要求。

4.3　确定质量和环境管理体系的范围

组织应确定质量和环境管理体系的边界和适用性,以确定其范围。

在确定范围时,组织应考虑:

a)4.1中提及的各种外部和内部因素或问题;

b)4.2中提及的相关方的要求,以及合规性义务;

c)其组织单元、职能和物理边界;

d)其活动、产品和服务;

e)其实施环境因素控制与施加环境影响的权限和能力。

如果本标准的全部要求适用于组织确定的质量和环境管理体系范围,组织应实施本标准的全部要求。

组织的质量和环境管理体系范围应作为成文或文件化信息,可获得并得到保持,并可为相关方所获取。其质量管理体系范围应描述所覆盖的产品和服务类型,如果组织确定 GB/T 19001—2016/ISO 9001:2015 标准的某些要求不适用于其质量管理体系范围,应说明理由。

只有当所确定的不适用的要求不影响组织确保其产品和服务合格的能力或责任,对增强顾客满意也不会产生影响时,方可声称符合 GB/T 19001—2016/ISO 9001:2015 标准的要求。

质量和环境管理体系范围一经界定,该范围内组织的所有活动、产品和服务均须纳入其质量和环境管理体系。

4.4 质量和环境管理体系及其过程

4.4.1 为实现组织的预期结果,包括提升其质量管理体系和环境绩效,组织应按照 GB/T 19001—2016/ISO 9001:2015 和 GB/T 24001—2016/ISO 14001:2015 标准的要求,建立、实施、保持和持续改进质量和环境管理体系、包括所需的过程及其相互作用。

组织应确定质量和环境管理体系所需的过程及其在整个组织中的应用,且应:

a)确定这些过程所需的输入和预期的输出;

b)确定这些过程的顺序和相互作用;

c)确定和应用所需的准则和方法(包括监视、测量和相关绩效指标),以确保这些过程的有效运行和控制;

d)确定这些过程所需的资源并确保其可获得;

e)分配这些过程的职责和权限;

f)按照 6.1 的要求应对风险和机遇;

g)评价这些过程,实施所需的变更,以确保实现这些过程的预期结果;

h)改进过程和质量与环境管理体系。

组织建立并保持质量和环境管理体系时,应考虑在 4.1 和 4.2 中所获得的知识。

组织应将质量和环境管理体系要求融入其各项业务活动之中。

4.4.2 在必要的范围和程度上,组织应:

a)保持成文或文件化信息以支持过程运行;

b)保留成文或文件化信息以确信其过程按策划进行。

5 领导作用

5.1 领导作用和承诺

5.1.1 总　　则

最高管理者应通过以下方面,证实其对质量和环境管理体系的领导作用和承诺:

a)对质量和环境管理体系的有效性负责;

b)确保制定质量和环境管理体系的质量和环境方针,以及建立其质量和环境目标,并与组织环境相适应,与战略方向相一致;

c)确保质量和环境管理体系要求融入组织的业务过程;

d)促进使用过程方法和基于风险的思维;

e)确保质量和环境管理体系所需的资源是可获得的;

f)沟通有效的质量和环境管理,以及符合质量和环境管理体系要求的重要性;

g)确保质量和环境管理体系实现其预期结果;

h)促使人员积极参与,指导和支持他们为质量和环境管理体系的有效性做出贡献;

i)推动改进,并促使持续改进;

j)支持其他相关管理者在其职责范围内发挥和证实其领导作用。

注:本标准使用的"业务"一词可广义地理解为涉及组织存在目的的核心活动,无论是公有、私有、营利或非营利组织。

5.1.2　以顾客为关注焦点

最高管理者应通过确保以下方面,证实其以顾客为关注焦点的领导作用和承诺:

a)确定、理解并持续满足顾客要求以及适用的法律法规要求;

b)确定和应对风险和机遇,这些风险和机遇可能影响产品和服务合格以及增强顾客满意的能力;

c)始终致力于增强顾客满意。

5.2　方　　针

5.2.1　制定质量和环境方针

最高管理者应在界定的质量和环境管理体系范围内制定或建立、实施和保持质量和环境方针,质量和环境方针应:

a)适应组织的宗旨和所处的环境,包括其活动、产品和服务的性质、规模和环境影响,并支持其战略方向;

b)为制定或建立质量和环境目标提供框架;

注:框架应是一组与战略方向相关的原则的集合,并具有适宜的且清晰的边界。

c)包括满足适用要求和履行合规性义务的承诺;

d)包括保护环境的承诺,其中包含污染预防及其他与组织所处环境有关的特定承诺;

注:保护环境的其他特定承诺可包括资源的可持续利用、减缓和适应气候变化、保护生物多样性和生态系统。

e)包括持续改进质量和环境管理体系的承诺,以及提环境绩效的承诺。

5.2.2　沟通质量和环境方针

质量和环境方针应:

a)可获取并保持成文或文件化信息;

b)在组织内得到沟通、理解和应用;

c)适当时,可为相关方所获取。

5.3　组织的岗位(角色)、职责和权限

最高管理者应确保组织相关岗位或角色的职责、权限得到分配、沟通和理解。

最高管理者应分配职责和权限,以:

a）确保质量和环境管理体系符合 GB/T 19001—2016/ISO 9001：2015 和 GB/T 24001—2016/ISO 14001：2015 标准的要求；

b）确保各过程获得其预期输出；

c）报告质量和环境管理体系的绩效，包括环境绩效，以及改进机会（见 10.1），特别是向最高管理者报告；

d）确保在整个组织中推动以顾客为关注焦点；

e）确保在策划和实施质量和环境管理体系变更时保持其完整性。

6 策 划

6.1 应对风险和机遇的措施

6.1.1 总 则

组织应建立、实施并保持满足 6.1.1~6.1.4 的要求所需的过程。在策划质量和环境管理体系时，组织应考虑到：

a）4.1 所提及的因素或问题；

b）4.2 所提及的要求；

c）其质量和环境管理体系的范围。

并且，应确定与环境因素（见 6.1.2）、合规性义务（见 6.1.3）、4.1 和 4.2 中识别的其他问题和要求相关的需要应对的风险和机遇，以：

a）确保质量和环境管理体系能够实现其预期结果；

b）增强有利影响；

c）预防或减少不利或不期望的影响，包括外部环境状况对组织的潜在影响；

d）实现改进，包括持续改进。

组织应确定其环境管理体系范围内的潜在紧急情况，包括那些可能具有环境影响的潜在紧急情况。

组织应保持以下内容的成文或文件化信息：

——需要应对的风险和机遇；

——6.1.1~6.1.4 中所需的过程，其详尽程度应使人确信这些过程能按策划得到实施。

6.1.2 环境因素

组织应在所界定的环境管理体系范围内，确定其活动、产品和服务中能够控制和能够施加影响的环境因素及其相关的环境影响。此时应考虑生命周期观点。

确定环境因素时，组织必须考虑：

a）变更，包括已纳入计划的或新的开发，以及新的或修改的活动、产品和服务；

b）异常状况和可合理遇见的紧急情况。

组织应运用所建立的准则，确定那些具有或可能具有重大环境影响的环境因素，即重要环境因素。

适当时，组织应在其各层次和职能间沟通其重要环境因素。

组织应保持以下内容的成文或文件化信息：

——环境因素及相关环境影响；

——用于确定其重要环境因素的准则；

——重要环境因素。

注:重要环境因素可能导致与不利环境影响(威胁)或有益环境影响(机会)有关的风险和机遇。

6.1.3 合规义务

组织应:

a)确定并获取与其环境因素有关的合规义务;

b)确定如何将这些合规义务应用于组织;

c)在建立、实施、保持和持续改进其环境管理体系时必须考虑这些合规义务。

组织应保持其合规义务的成文或文件化信息。

注:合规义务可能给组织带来风险和机遇。

6.1.4 措施的策划

组织应策划:

a)采取措施管理其:

1)重要环境因素;

2)合规义务;

3)6.1.1 所识别的风险和机遇。

b)如何:

1)在其质量和环境管理体系过程(见 6.2、第 7 章、第 8 章和 9.1)中或其他业务过程中融入并实施这些措施(见 4.4);

2)评价这些措施的有效性(见 9.1)。

应对措施应与风险和机遇对产品和服务符合性的潜在影响相适应。

当策划这些措施时,组织应考虑其可选技术方案、财务、运行和经营要求。

注 1:应对风险可选择规避风险、为寻求机遇承担风险、消除风险源、改变风险的可能性或后果、分担风险,或通过信息充分的决策而保留风险。

注 2:机遇可能导致采用新实践、推出新产品、开辟新市场、赢得新顾客、建立合作伙伴关系、利用新技术和其他可行之处,以应对组织或其顾客的需求。

6.2 质量和环境目标及其实现的策划

6.2.1 质量和环境目标

组织应针对相关职能、层次建立质量和环境目标,并在质量管理体系所需的过程建立质量目标。此时,建立环境目标时必须考虑组织的重要环境因素及相关的合规义务,并考虑其风险和机遇。

质量和环境目标应:

a)与质量和环境方针保持一致;

b)可测量或可度量(如可行);

c)考虑适用的要求;

d)与产品和服务合格以及增强顾客满意相关;

注:环境目标不涉及 d)条款的内容。

e)予以监视;

f)予以沟通;

g)适时更新。

组织应保持有关质量和环境目标的成文或文件化信息。

6.2.2 实现质量和环境目标的措施的策划

策划如何实现质量和环境目标时,组织应确定:
a)要做什么;
b)需要什么资源;
c)由谁负责;
d)何时完成;
e)如何评价结果,包括用于监视实现其可度量的环境目标的进程所需的参数(见9.1.1)。
组织应考虑如何能将实现质量和环境目标的措施融入其业务过程。

6.3 变更的策划

当组织确定需要对质量和环境管理体系进行变更时,变更应按所策划的方式实施(见4.4)。
组织应考虑:
a)变更目的及其潜在后果;
b)质量和环境管理体系的完整性;
c)资源的可获得性;
d)职责和权限的分配或再分配。

7 支 持

7.1 资 源

7.1.1 总 则

组织应确定并提供所需的资源,以建立、实施、保持和持续改进质量和环境管理体系。
组织应考虑:
a)现有内部资源的能力和局限;
b)需要从外部供方获得的资源。

7.1.2 人 员

组织应确定并配备所需的人员,以有效实施质量和环境管理体系,并运行和控制其过程。

7.1.3 基础设施

组织应确定、提供并维护所需的基础设施,以运行过程,并获得合格产品和服务。
注:基础设施可包括:
a)建筑物、地下储罐、排水系统和相关设施;
b)设备,包括硬件和软件;
c)运输资源;
d)信息和通信技术。

7.1.4 过程运行环境

组织应确定、提供并维护所需要的环境,以运行过程,并获得合格产品和服务。

注:适宜的过程运行环境可能是人为因素与物理因素的结合,例如:

a)社会因素(如非歧视,安定,非对抗);

b)心理因素(如减压、预防过度疲劳、稳定情绪);

c)物理因素(如温度、热量、湿度、照明、空气流通、卫生、噪声)。

由于所提供的产品和服务不同,这些因素可能存在显著差异。

7.1.5 监视和测量资源

7.1.5.1 总 则

当利用监视或测量来验证产品和服务符合要求时,组织应确定并提供所需的资源,以确保结果有效和可靠。

组织应确保所提供的资源:

a)适合所开展的监视和测量活动的特定类型;

b)得到维护,以确保持续适合其用途。

组织应保留适当的成文或文件化信息,作为监视和测量资源适合其用途的证据。

7.1.5.2 测量溯源

当要求测量溯源时,或组织认为测量溯源是信任测量结果有效的基础时,测量设备应:

a)对照能溯源到国际或国家标准的测量标准,按照规定的时间间隔或在使用前进行校准和(或)检定,当不存在上述标准时,应保留作为校准或验证依据的成文或文件化信息;

b)予以识别,以确定其状态;

c)予以保护,防止由于调整、损坏或衰减所导致的校准状态和随后的测量结果的失效。

当发现测量设备不符合预期用途时,组织应确定以往测量结果的有效性是否受到不利影响,必要时应采取适当的措施。

7.1.6 组织的知识

组织应确定必要的知识,包括从4.1和4.2所获得知识,以运行过程、履行合规义务,并获得合格产品和服务,以提升顾客满意度和环境绩效。

这些知识应予以保持,并能在所需的范围内得到。

为应对不断变化的需求和发展趋势,组织应审视现有的知识,确定如何获取或接触更多必要的知识和知识更新。

注1:组织的知识是组织特有的知识,通常从其经验中获得,是为实现组织目标所使用和共享的信息。

注2:组织的知识可基于:

a)内部来源(如知识产权、从经验获得的知识、从失败和成功项目汲取的经验和教训、获取和分享未成文的知识和经验,以及过程、产品和服务的改进结果);

b)外部来源(如标准、学术交流、专业会议,从顾客或外部供方收集的知识)。

7.2 能 力

组织应:

a)确定在其控制下工作的人员所需具备的能力,这些人员从事的工作影响质量管理体系绩效和有

效性,并对其环境绩效和履行合规义务的能力具有影响;

b)基于适当的教育、培训或经验,确保这些人员是胜任的;

c)确定与其环境因素和环境管理体系相关的培训需求;

d)适用时,采取措施以获得所必需的能力,并评价所采取措施的有效性。

组织应保留适当的成文或文件化信息,作为人员能力的证据。

注:适当的措施可包括对在职人员进行培训、辅导或重新分配工作,或者招聘、外包胜任的人员。

7.3 意　识

组织应确保在其控制下工作的人员知晓或意识到:

a)质量和环境方针;

b)相关的质量目标;

c)与他们的工作相关的重要环境因素和相关的实际或潜在的环境影响;

d)他们对质量和环境管理体系有效性的贡献,包括改进绩效的益处和对提升环境绩效的贡献;

e)不符合质量和环境管理体系要求,包括未履行组织合规义务的后果。

7.4 沟通和信息交流

7.4.1 总　则

组织应确定、建立实施并保持与质量和环境管理体系相关的内部和外部沟通或信息交流所需的过程,包括:

a)沟通什么或信息交流的内容;

b)何时沟通或信息交流的时机;

c)与谁沟通或信息交流的对象;

d)如何沟通或信息交流的方式;

e)谁来沟通或实施信息交流的职责。

策划沟通或信息交流过程时,组织应:

——必须考虑其合规义务;

——确保所交流的质量和环境信息与其质量和环境管理体系形成的信息一致且真实可信。

组织应对其环境管理体系相关的信息交流做出响应。

适当时,组织应保留成文或文件化信息,作为其信息交流的证据。

7.4.2 内部信息交流

组织应:

a)在其各职能和层次间就质量和环境管理体系的相关信息进行内部信息交流,适当时,包括交流质量和环境管理体系的变更;

b)确保其沟通或信息交流过程使在其控制下工作的人员能够对持续改进做出贡献。

7.4.3 外部信息交流

组织应按其合规义务的要求及其建立的信息交流过程,就环境管理体系的相关信息进行外部信息交流。

7.5 成文或文件化信息

7.5.1 总 则

组织的质量和环境管理体系应包括：

a)GB/T 19001—2016/ISO 9001:2015 和 GB/T 24001—2016/ISO 14001:2015 标准要求的成文或文件化信息；

b)组织所确定的、为确保实现质量和环境管理体系有效性所必需的成文或文件化信息。

注：对于不同组织，质量和环境管理体系成文或文件化信息的多少与详略程度，或复杂程度可以不同，取决于：

——组织的规模，以及活动、过程、产品和服务的类型；

——证明履行其合规义务的需要；

——过程及其相互作用的复杂程度；

——在组织控制下工作的人员的能力。

7.5.2 创建和更新

在创建和更新成文或文件化信息时，组织应确保适当的：

a)标识和说明（如：标题、日期、作者、索引或参考文件编号）；

b)形式（如：语言文字、软件版本、图表）和载体（如：纸质的、电子的）；

c)评审和批准，以确保适宜性和充分性。

7.5.3 成文或文件化信息的控制

7.5.3.1 应控制质量和环境管理体系，以及 GB/T 19001—2016/ISO 9001:2015 和 GB/T 24001—2016/ISO 14001:2015 标准所要求的成文或文件化信息，以确保其：

a)在需要的场合和时机，均可获得并适用；

b)予以妥善和充分的保护（如防止泄密、不当使用或缺失或完整性受损）。

7.5.3.2 为控制成文或文件化信息，适用时，组织应进行下列活动：

a)分发、访问、检索和使用；

b)存储和保护，包括保持可读性；

c)更改的控制（如版本控制）；

d)保留和处置。

对于组织确定的策划和运行质量和环境管理体系所必需的来自外部的成文或文件化信息，组织应进行适当识别，并予以控制。

对所保留的，作为符合性证据的成文或文件化信息应予以保护，防止非预期的更改。

注：对成文或文件化信息的“访问”可能意味着仅允许查阅、或者意味着允许查阅并授权修改。

8 运 行

8.1 运行的策划和控制

为满足质量和环境管理体系要求，以及产品和服务提供的要求，并实施第 6 章所确定的措施，组织应通过以下措施对所需的过程（见 4.4）进行策划、实施和控制：

a)确定产品和服务的要求；

b)建立下列内容的准则：

1)过程；

2)产品和服务的接收；

c)确定所需的资源以使产品和服务符合要求；

d)按照准则实施过程控制；

注：对重要环境因素的控制可包括工程控制和程序。控制可按层级（例如：消除、替代、管理）实施，并可单独使用或结合使用。

e)在必要的范围和程度上，确定并保持、保留成文或文件化信息，以：

1)确信过程已经按策划进行；

2)证明产品和服务符合要求。

策划的输出应适于组织的运行。

组织应控制策划的变更，对计划内的变更进行控制，并对非预期变更的后果予以评审，必要时，应采取措施减轻或降低任何不利影响。

组织应确保外包过程受控（见8.4）或对外包过程施加影响，组织应在质量和环境管理体系内规定对这些过程实施控制或施加影响类型和程度。

从生命周期观点出发，组织应：

a)适当时，制定控制措施，确保在产品或服务的设计和开发过程中，落实其环境要求，此时应考虑生命周期的每一阶段；

b)适当时，确定产品和服务采购的环境要求；

c)与外部供方（包括合同方）沟通组织的相关环境要求；

d)考虑提供与产品或服务的运输或交付、使用、寿命结束后处理和最终处置相关的潜在重大环境影响的信息的需求。

组织应保持必要程度的成文或文件化信息，以确信过程已按策划得到实施。

8.2 产品和服务的要求

8.2.1 顾客沟通

与顾客沟通的内容应包括：

a)提供有关产品和服务的信息，包括与产品有关的环保信息；

b)处理问询、合同或订单，包括更改；

c)获取有关产品和服务的顾客反馈，包括顾客投诉；

d)处置和控制顾客财产；

e)关系重大时，制定应急措施的特定要求。

8.2.2 产品和服务要求的确定

在确定向顾客提供的产品和服务的要求时，组织应确保：

a)产品和服务的要求得到规定，包括：

1)适用的法律法规要求；

2)组织认为的必要要求；

b)提供的产品和服务能够满足所声明的要求。

8.2.3　产品和服务要求的评审

8.2.3.1　组织应确保有能力向顾客提供满足要求的产品和服务。在承诺向顾客提供产品和服务之前,组织应对如下各项要求进行评审:

a)顾客规定的要求,包括对交付及交付后活动的要求;

b)顾客虽然没有明示,但规定的用途或已知的预期用途所必需的要求;

c)组织规定的要求;

d)适用于产品和服务的法律法规要求;

e)与以前表述不一致的合同或订单要求。

组织应确保与以前规定不一致的合同或订单要求已得到解决。

若顾客没有提供成文的要求,组织在接受顾客要求前应对顾客要求进行确认。

注:在某些情况下,如网上销售,对每一个订单进行正式的评审可能是不实际的,作为替代方法,可评审有关的产品信息,如产品目录。

8.2.3.2　适用时,组织应保留与下列方面有关的成文信息:

a)评审结果;

b)产品和服务的新要求。

8.2.4　产品和服务要求的更改

若产品和服务要求发生更改,组织应确保相关的成文信息得到修改,并确保相关人员知道已更改的要求。

8.3　产品和服务的设计和开发

8.3.1　总　　则

组织应建立、实施和保持适当的设计和开发过程,以确保后续的产品和服务的提供。

8.3.2　设计和开发策划

在确定设计和开发的各个阶段和控制时,组织应考虑:

a)设计和开发活动的性质、持续时间和复杂程度;

b)所需的过程阶段,包括适用的设计和开发评审;

c)所需的设计和开发验证、确认活动;

d)设计和开发过程涉及的职责与权限;

e)产品和服务的设计和开发所需的内部、外部资源;

f)设计和开发过程参与人员之间接口的控制需求;

g)顾客及使用者参与设计和开发过程的需求;

h)对后续产品和服务提供的要求;

i)顾客和其他相关方所期望的对设计和开发过程的控制水平;

j)证实已经满足设计和开发要求所需的成文或文件化信息。

8.3.3　设计和开发输入

组织应针对设计和开发的具体类型的产品和服务,确定必需的要求。组织应考虑:

a)功能和性能要求,包括与清洁产品有关的要求;
b)来源于以前类似设计和开发活动的信息;
c)法律法规要求,包括适用于产品的环保要求及其合规义务;
d)组织承诺实施的标准或行业规范;
e)由产品和服务性质所导致的潜在的失效后果;
f)适用时,产品和服务寿命周期阶段环境因素和环境影响的分析结果。
针对设计和开发的目的,输入应是充分和适宜的,且应完整、清楚。
相互矛盾的设计和开发输入应得到解决。
组织应保留有关设计和开发输入的成文或文件化信息。

8.3.4 设计和开发控制

组织应对设计和开发过程进行控制,以确保:
a)规定拟获得的结果;
b)实施评审活动,以评价设计和开发的结果满足要求的能力;
c)实施验证活动,以确保设计和开发输出满足输入的要求;
d)实施确认活动,以确保形成的产品和服务能够满足规定的使用要求或预期用途;
e)针对评审、验证和确认过程中确定的问题采取必要措施;
f)保留这些活动的成文或文件化信息。
注:设计和开发的评审、验证和确认具有不同目的。根据组织的产品和服务的具体情况,可单独或以任意组合的方式进行。

8.3.5 设计和开发输出

组织应确保设计和开发输出:
a)满足输入的要求;
b)满足后续产品和服务提供过程的要求,适当时,包括与采购有关的环保要求;
c)包含或引用监视和测量的要求,适当时,包括接收准则;
d)规定产品和服务特性,这些特性对实现预期目的、安全环保和正常提供是必需的;
e)规定与产品和服务寿命周期各阶段有关的环保要求。
组织应保留有关设计和开发输出的成文或文件化信息。

8.3.6 设计和开发更改

组织应对产品和服务在设计和开发期间以及后续所做的更改进行适当的识别、评审和控制,以确保这些更改对满足要求不会产生不利影响。
组织应保留下列方面的成文信息:
a)设计和开发更改;
b)评审的结果;
c)更改的授权;
d)为防止不利影响而采取的措施。

8.4 外部提供的过程、产品和服务的控制

8.4.1 总　则

组织应确保外部提供的过程、产品和服务符合要求。

在下列情况下，组织应确定对外部提供的过程、产品和服务实施的控制：

a）外部供方的产品和服务将构成组织自身的产品和服务的一部分；

b）外部供方代表组织直接将产品和服务提供给顾客；

c）组织决定由外部供方提供过程或部分过程。

组织应基于外部供方按照要求提供过程、产品和服务的能力，确定并实施对外部供方的评价、选择、绩效监视以及再评价的准则。对于这些活动和由评价引发的任何必要的措施，组织应保留成文信息。

8.4.2　控制类型和程度

组织应确保外部提供的过程、产品和服务不会对组织稳定地向顾客交付合格产品和服务的能力产生不利影响，包括不利的环境影响。

组织应：

a）确保外部提供的过程保持在其质量和环境管理体系的控制之中；

b）规定对外部供方的控制及其输出结果的控制，包括实现组织环保要求的控制；

c）考虑：

　　1）外部提供的过程、产品和服务对组织稳定地满足顾客要求和适用的法律法规要求的能力的潜在影响；

　　2）由外部供方实施控制的有效性。

d）确定必要的验证或其他活动，以确保外部提供的过程、产品和服务满足要求。

8.4.3　提供给外部供方的信息

组织应确保在与外部供方沟通之前所确定的要求是充分和适宜的。

组织应与外部供方沟通以下要求：

a）需提供的过程、产品和服务；

b）对下列内容的批准：

　　1）产品和服务；

　　2）方法、过程和设备；

　　3）产品和服务的放行。

c）能力，包括所要求的人员资格；

d）组织的环保要求，以及外部供方与组织的互动；

e）组织使用的对外部供方绩效的控制和监视；

f）组织或其顾客拟在外部供方现场实施的验证或确认活动。

8.5　生产和服务提供

8.5.1　生产和服务提供的控制

组织应在受控条件下进行生产和服务提供。

适用时，受控条件应包括：

a）可获得成文信息，以规定以下内容：

　　1）拟生产的产品、提供的服务或进行的活动的特性；

　　2）拟获得的结果。

b）可获得并使用适宜的监测和测量资源；

c)在适当阶段实施监视和测量活动,以验证是否符合过程或输出的控制准则以及产品和服务的接收准则;

d)为过程的运行使用适宜的基础设施,并保持适宜的环境;

e)配备胜任的人员,包括所要求的资格;

f)若输出结果不能由后续的监测或测量加以验证,应对生产和服务提供过程实现策划结果的能力进行确认,并定期再确认;

g)采取措施防止人为错误;

h)实施放行、交付和交付后活动;

i)实施对生产和服务提供过程中的环境因素的控制,避免或减少其环境影响。

8.5.2　标识和可追溯性

需要时,组织应采用适当的方法识别输出,以确保产品和服务合格。

组织应在生产和服务提供的整个过程中按照监视和测量要求识别输出状态。

当有可追溯要求时,组织应控制输出的唯一性标识,并应保留所需的成文信息以实现可追溯。

8.5.3　顾客或外部供方的财产

组织应爱护在组织控制下或组织使用的顾客或外部供方的财产。

对组织使用的或构成产品和服务一部分的顾客和外部供方财产,组织应予以识别、验证、保护和防护。

若顾客或外部供方的财产发生丢失、损坏或发现不适用情况,组织应向顾客或外部供方报告,并保留所发生情况的成文信息。

注:顾客或外部供方的财产可能包括材料、零部件、工具和设备以及场所、知识产权和个人资料。

8.5.4　防　　护

组织应在生产和服务提供期间对输出进行必要的防护,以确保符合要求。

注:防护可包括标识、处置、污染控制、包装、储存、传输或运输以及保护。

8.5.5　交付后活动

组织应满足与产品和服务相关的交付后活动的要求。

在确定所要求的交付后活动的覆盖范围和程度时,组织应考虑:

a)法律法规要求,包括适用于产品的环保要求及其合规义务;

b)与产品和服务相关的潜在不良的后果;

c)产品和服务的特性、使用和预期寿命;

d)顾客要求;

e)顾客反馈。

注:交付后活动可包括保证条款所规定的措施、合同义务(如维护服务等)、附加服务(如回收或最终处置等)。

8.5.6　更改控制

组织应对生产或服务提供的更改进行必要的评审和控制,以确保持续地符合要求。

组织应保留成文信息,包括有关更改评审的结果、授权进行更改的人员以及根据评审所采取的必要措施。

8.6　产品和服务的放行

组织应在适当阶段实施策划的安排，以验证产品和服务的要求已得到满足。

除非得到有关授权人员的批准，适用时得到顾客的批准，否则在策划的安排已圆满完成之前，不应向顾客放行产品和交付服务。

组织应保留有关产品和服务放行的成文信息。成文信息应包括：

a）符合接收准则的证据；

b）可追溯到授权放行人员的信息。

8.7　不合格输出的控制与应急准备和响应

8.7.1　组织应确保对不符合要求的输出进行识别和控制，以防止非预期的使用或交付。

组织应根据不合格的性质及其对产品和服务符合性的影响采取适当措施。这也适用于在产品交付之后，以及在服务提供期间或之后发现的不合格产品和服务。

组织应通过下列一种或几种途径处置不合格输出：

a）纠正；

b）隔离、限制、退货或暂停对产品和服务的提供；

c）告知顾客；

d）获得让步接收的授权。

对不合格输出进行纠正之后应验证其是否符合要求。

8.7.2　组织应保留下列成文信息：

a）描述不合格；

b）描述所采取的措施；

c）描述获得的让步；

d）识别处置不合格的授权。

8.7.3　应急准备和响应

组织应建立、实施并保持对6.1.1中识别的环境管理体系的潜在紧急情况进行应急准备并作出响应所需的过程。

组织应：

a）通过策划的措施做好响应紧急情况的准备，以预防或减轻它所带来的不利环境影响；

b）对实际发生的紧急情况做出响应；

c）根据紧急情况和潜在环境影响的程度，采取相适应的措施以预防或减轻紧急情况带来的后果；

d）可行时，定期试验所策划的响应措施；

e）定期评审并修订过程和策划的响应措施，特别是发生紧急情况后或进行试验后；

f）适当时，向有关的相关方，包括在组织控制下工作的人员提供与应急准备和响应相关的信息和培训。

组织应保持必要程度的文件化信息，以确信过程能按策划得到实施。

9　绩效评价

9.1　监视、测量、分析和评价

9.1.1　总　　则

组织应监视、测量、分析和评价其环境绩效。

组织应确定:

a)需要监视和测量什么,或需要监视和测量的内容;

b)需要用什么方法进行监视、测量、分析和评价,以确保结果有效;

c)组织评价其环境绩效所依据的准则和适当的参数;

d)何时实施监视和测量;

e)何时对监视和测量的结果进行分析和评价。

适当时,组织应确保使用和维护经校准或经验证的监视和测量设备。

组织应评价其环境绩效和质量管理体系的绩效,以及质量和环境管理体系的有效性。

组织应按其合规义务的要求及其建立的信息交流过程,就有关环境绩效的信息进行内部和外部信息交流。

组织应保留适当的成文或文件化信息,作为监视、测量、分析和评价结果的证据。

9.1.2 顾客满意

组织应监视顾客对其需求和期望已得到满足的程度的感受。组织应确定获取、监视和评审该信息的方法。

注:监视顾客感受的例子可包括顾客调查、顾客对交付产品或服务的反馈、顾客座谈、市场占有率分析、顾客赞扬、担保索赔和经销商报告。

9.1.3 合规性评价

组织应建立、实施并保持评价其合规义务履行状况所需的过程。

组织应:

a)确定实施合规性评价的频次;

b)评价合规性,必要时采取措施;

c)保持其合规状况的知识和对其合规状况的理解。

组织应保留文件化信息,作为合规性评价结果的证据。

9.1.4 分析与评价

组织应分析和评价通过监视和测量获得的适当的数据和信息。

应利用分析结果评价:

a)产品和服务的符合性;

b)顾客满意程度;

c)质量和环境管理体系的绩效和有效性;

d)策划是否得到有效实施;

e)应对风险和机遇所采取措施的有效性;

f)外部供方的绩效;

g)质量和环境管理体系改进的需求。

注:数据分析方法可以包括统计技术。

9.2 内部审核

9.2.1 总　　则

组织应按照策划的时间间隔进行内部审核,以提供有关质量和环境管理体系的下列信息:

a)是否符合:

1)组织自身的质量和环境管理体系要求;

2)GB/T 19001—2016/ISO 9001:2015 和 GB/T 24001—2016/ISO 14001:2015 标准的要求。

b)是否得到有效的实施和保持。

9.2.2　内部审核方案

组织应建立、实施并保持一个或多个内部审核方案,包括实施审核的频次、方法、职责、策划要求和内部审核报告。

策划、制定、实施和保持内部审核方案时,组织必须考虑或依据有关过程的重要性,包括其环境重要性、对组织产生影响的变化和以往的审核结果。

组织应:

a)规定每次审核的审核准则和范围;

b)选择审核员并实施审核,以确保审核过程的客观公正;

d)确保将审核结果报告给相关管理者;

e)及时采取适当的纠正和纠正措施。

组织应保留成文或文件化信息,作为实施审核方案以及审核结果的证据。

注:相关指南参见 GB/T 19001/ISO 19011。

9.3　管理评审

9.3.1　总　　则

最高管理者应按照策划的时间间隔对组织的质量和环境管理体系进行评审,以确保其持续的适宜性、充分性和有效性,并与组织的战略方向保持一致。

9.3.2　管理评审输入

策划和实施管理评审时应考虑下列内容:

a)以往管理评审所采取措施的情况;

b)以下方面的变化:

1)与质量和环境管理体系相关的内、外部因素或问题;

2)相关方的需求和期望,包括合规义务;

3)其重要环境因素;

4)风险和机遇。

c)下列有关质量管理体系绩效和环境绩效,以及质量管理体系有效性的信息,包括其趋势:

1)顾客满意和有关相关方的反馈;

2)质量和环境目标的实现程度;

3)过程绩效以及产品和服务的合格情况;

4)不合格及纠正措施;

5)监视和测量结果;

6)其合规义务的履行情况;

7)审核结果;

8)外部供方的绩效。

d)资源的充分性；

e)来自环境相关方的有关信息交流，包括抱怨；

f)应对风险和机遇所采取措施的有效性(见6.1)；

g)改进和持续改进的机会。

9.3.3 管理评审输出

管理评审的输出应包括：

a)对质量和环境管理体系的持续适宜性、充分性和有效性的结论；

b)与改进和持续改进机会相关的决策；

c)与质量和环境管理体系变更的任何需求的决策，包括资源需求；

d)如需要，质量和环境目标未实现时采取的措施；

e)如需要，改进质量和环境管理体系与其他业务过程融合的机会；

f)任何与组织战略方向相关的结论。

组织应保留成文或文件化信息，作为管理评审结果的证据。

10 改 进

10.1 总 则

组织应确定和选择改进的机会(见9.1、9.2和9.3)，并采取必要措施，以满足顾客要求和增强顾客满意，并实现质量和环境管理体系的预期结果。

这应包括：

a)改进产品和服务，以满足要求并应对未来的需求和期望；

b)纠正、预防或减少不利影响；

c)改进质量和环境管理体系的绩效和有效性。

注1：改进的例子可包括纠正、纠正措施、持续改进、突破性变革、创新和重组。

10.2 不合格或不符合和纠正措施

10.2.1 当出现或发生不合格或不符合时，包括来自投诉的不合格，组织应：

a)对不合格或不符合做出响应或应对，并在适用时：

1)采取措施控制和纠正不合格；

2)处置后果，包括减轻不利的环境影响。

b)通过下列活动，评价是否需要采取措施，以消除产生不合格或不符合的原因，避免其再次发生或者在其他场合发生：

1)评审和分析不合格或不符合；

2)确定不合格或不符合的原因；

3)确定是否存在或是否可能发生类似的不合格或不符合。

c)实施所需的措施；

d)评审所采取的纠正措施的有效性；

e)需要时，更新策划期间确定的风险和机遇；

f)需要时，变更质量和环境管理体系。

纠正措施应与不合格或不符合所产生或造成的影响(包括环境影响)的重要程度相适应。

10.2.2　组织应保留成文或文件化信息,作为下列事项的证据:

a)不合格或不符合的性质以及随后所采取的措施;

b)任何纠正措施的结果。

10.3　持续改进

组织应持续改进质量和环境管理体系的适宜性、充分性和有效性,以提升质量管理体系和环境绩效。

组织应考虑分析和评价的结果以及管理评审的输出,确定是否存在需求或机遇,这些需求或机遇应作为持续改进的一部分加以应对。

附录二　过程方法在质量、环境和职业健康安全管理体系审核中的应用

第一节　过程方法

一、过程方法的概念

任何组织的管理体系都是由其相互关联的过程所组成。GB/T 19001—2016/ISO 9001:2015 标准倡导组织在建立、实施质量管理体系以及提高其有效性时采用过程方法，其实质就是希望获证组织的管理体系及其过程能够回归到其自然、客观和真实的过程状态。

过程方法是指将相互关联、功能连贯的过程作为一个体系加以理解和管理，有助于获证组织更加有效和高效地得到其一致性的预期结果。过程方法包括按照获证组织的管理方针和战略方向，对各过程及其相互作用进行系统的规定和管理，从而实现预期结果。获证组织可通过采用 PDCA 循环以及始终基于风险的思维对过程和整个管理体系进行管理，将质量、环境和职业健康安全管理体系的要求有机地融入到其获证组织的核心业务过程中进行控制，旨在有效利用机遇并防止发生不良结果。

过程是指利用输入实现预期结果的相互关联或相互作用的一组活动。活动是过程的组成部分，是过程的最基本的或最小的工作单元。过程方法使获证组织在客观和真实地理解其所需过程的基础上，能够对其管理体系的过程之间相互关联和相互依赖的关系进行有效控制，以提高组织整体绩效，包括质量、环境和职业健康安全绩效。

针对特定的组织而言，如果没有这些诸多过程的客观存在，则不可能实现组织的任何输出，包括产品和服务的符合性，以及环境影响和职业健康安全风险的改变。

所不同的是获证或拟获证组织中的某些过程可能并没有完全满足其拟选用的质量、环境和职业健康安全等标准的所有适用要求而已，故而可能会存在较大的运营风险，或可能导致所输出的产品和服务不能完全满足规定要求，造成较大的内、外部质量损失，以及不良的环境影响和职业健康安全风险，影响相关方满意，包括顾客满意和顾客忠诚。

客观上说，相当数量的环境因素和危险源均客观存在于组织实现其产品和服务的供应链过程或生产和服务提供活动中，或其与过程网络有关的系统或区域之中。如果脱离组织的供应链过程或价值创造过程或其他过程进行环境因素和危险源的控制，对获证组织而言，则没有太多的现实意义。因此，获证组织对过程实施控制的内容则需统筹考虑包括质量、效率、成本、能源、信息安全、环境影响和职业健康安全风险等，因为，他们确实客观存在于获证组织所构成的供应链的过程或其相关区域之中。

对过程实施控制时，只有考虑到对影响其实现预期输出的诸多因素，包括质量、效率、成本、能源、信息安全、环境影响和职业健康安全风险等实施系统的和均衡的控制，其过程控制效果才趋于完美。

如果审核活动不能够有效促进获证组织改善其预期输出结果和绩效，增强相关方满意，将彻底失去其认证的实际社会意义。这就需要我们一起积极探索审核方法的适宜性和有效性，积极倡导和使用过程方法进行审核。

二、审核与过程方法

审核是指为获得客观证据并对其进行客观的评价，以确定满足审核准则的程度所进行的系统的、独

立的并形成文件的过程。在以往审核过程中，一些审核员习惯按照部门或条款的要求收集客观证据，用于证实其获证组织的管理体系符合特定标准的要求。但通过这种方式所获得的客观证据往往容易掩盖一些过程的活动中并不充分的客观事实。例如，也许获证组织建立和保持了相关职能的质量目标，但有时候可能没有按要求建立过程的质量目标，或过程的质量目标建立的不够充分，在这种情况下，如果审核点的选择仅仅停留在一个职能层面上，则不容易发现点上（即过程质量目标）的不足。

如果审核员按照过程方法实施审核活动，审核的对象是过程，所选择的审核点是活动，则比较容易系统地发现过程运行中存在的不充分或不满足审核准则的客观证据。

过程是获证组织的客观的真实存在。

获证组织利用既有过程族实现其管理体系的预期的输出。

不同的获证组织实现其预期输出结果的过程所包含的活动和所利用的资源水平可能存在差异。即便如此，这些客观存在的朴实的过程及其活动在源源不断地为组织创造着价值。所不同的是获证组织对过程管理的成熟度的差异决定了过程创造价值的能力和结果。

贯穿于过程中的信息流和物流在流转过程中依次被加工和传递，再加工和再传递并影响着其后续的过程和活动，直至输出产品和服务，包括其质量和效率，如附图 2-1 所示。

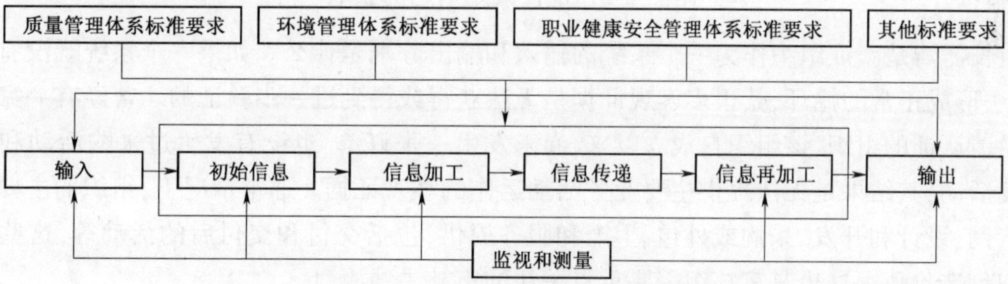

附图 2-1　信息流的加工与传递

这些信息流和物流由获证组织按照所选择的质量、环境和职业健康安全管理体系标准的适用要求依次被加工和传递，在过程中可能会产生变异或偏离，从而导致不符合的情况发生。

在审核过程中，如果将信息流和物流割裂开来进行审核，则很难或不易发现信息流和物流在被加工过程中可能存在的偏差，不利于审核员发现获证组织可能存在的系统方面实质性的问题，也不利于审核组为获证组织提供出有价值的改进信息。因此，倡导在审核活动中，采用过程方法，避免将过程以及活动中的信息流和物流割裂开进行审核。

基于过程方法的审核是指审核员按照受审核方已确定的既有过程，并考虑其过程之间的相互关系，以及信息流和物流的流向策划并实施的审核活动。

管理体系认证的总体目的是向所有相关方提供质量、环境和职业健康安全等管理体系符合规定要求的信心，这种信心和信任来源于第三方对其质量、环境和职业健康安全等管理体系所进行的客观的、公正的、有能力的和基于过程方法的审核。

基于过程方法的管理体系审核即是基于其受审核方各项管理活动的实际，并以其所建立的管理体系过程、过程间的相互关系，以及体系和过程的目标、绩效指标为主线设计审核的路经，策划审核活动。通过对获证组织管理体系的现场应用过程方法进行审核，来确认其管理体系和所需过程和是否被有效和高效的管理并持续改进，确定获证组织的管理体系持续满足标准要求的程度，并评价其管理体系的适宜性、充分性和有效性。

基于其受审核方所构成管理体系的过程及其他们的关联关系实施审核，并根据各个过程的实际运行结果及其绩效状况，来获得其管理体系实施的有效性情况，则有助于达到审核所预定的目的。

第二节　应用过程方法实施审核策划

一、收集审核信息

一次成功的审核主要取决于审核组长审核策划的合理性和充分性。实施基于过程方法的审核，审核组长应当针对不同的审核目的、组织的规模、产品和服务的范围，以及质量、环境或（和）职业健康安全等管理体系的复杂程度和管理成熟度，收集与获证组织核心业务过程有关的信息，并确定审核活动所需的资源，进而对审核活动进行策划，如附图 2-2 所示。

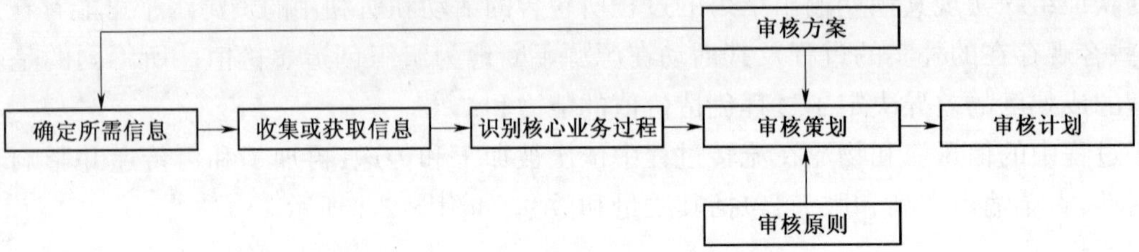

附图 2-2　审核策划信息的获取

审核组长需清楚获证组织作为一个系统的输入和输出分别是什么。如果一个系统既没有输入也没有输出，无法形成正常的循环，其很多客观证据是无法获得或得到进一步验证的。曾经有一家从事产品研发的拟申请认证的组织，该组织自成立以来，尚未发生一张订单，也没有发生过采购活动和实质性的设计和开发活动，其结果是无法提供主要业务活动运作的客观证据。通常情况下，组织的主要业务活动包括市场营销、设计和开发、采购或外包、生产和服务提供，包括交付和交付后的活动等，这些核心业务活动为组织创造价值。这也是审核组需要重点关注的审核主线。

在策划审核活动时，应当优先配置审核所需的资源，以使审核集中在质量、环境或（和）职业健康安全管理体系的重要事项和核心业务过程方面。

这些重要事项和核心业务过程可能涉及质量、环境或（和）职业健康安全管理体系的运行绩效、目标、过程、重要环境因素、主要危险源、所建立的控制水平，以及产品和服务质量的关键特性及其相关风险等。

基于采用过程方法实施审核的要求，审核组，尤其是审核组长若仅通过受审核方所提供的成文或文件化信息，其所获得的信息量是非常有限的，可能很难满足审核策划的信息需求。

质量、环境和职业健康安全管理体系标准所要求组织保持的成文或文件化信息主要包括：

1. 质量、环境和职业健康安全管理体系范围；
2. 质量、环境和职业健康安全方针；
3. 职业健康安全的岗位、职责和权限；
4. 需要应对的风险和机遇；
5. 职业健康安全风险评价准则和方法；
6. 环境因素、重要环境因素和环境影响清单；
7. 环境因素评价准则；
8. 合规义务清单；
9. 质量、环境和职业健康安全目标；
10. 应急预案等。

审核组需与受审核方建立初步联系，通过与受审核方沟通或预访问等方式获取其管理体系所涵盖的与拟申请认证范围有关的过程,包括核心业务活动的信息。

必要时,审核组成员还需主动获知与拟审核的受审核方所在行业的市场信息、技术信息、法规信息、人文信息和资源信息等。

在进行现场审核前,审核员需要收集的与受审核方有关的信息可包括:

1. 过程清单;
2. 与受审核的过程、部门和区域有关的流程、运行规则或作业指导书;
3. 外包过程及其相应的职责;
4. 组织的岗位、职责和权限;
5. 重要环境因素和主要危险源的分布信息;
6. 与职能、层级和过程有关的目标和绩效指标;
7. 重要的来自组织外部的成文信息(如有关法律、法规、标准和规范等)。

二、基于过程方法的审核方式

审核方式是指总体上如何进行审核的方式。审核方式选择的合理,可以获得比较充分和连贯的审核信息。

采用基于过程方法进行审核的审核方式时,审核员应熟悉被审核方和被审核区域的过程结构和过程之间的关系,识别构成过程的活动和过程活动的顺序或步骤,以及针对某一特定过程的诸多管理要求,然后才能有效采用过程方法实施审核。

采用基于过程的方法进行审核,不但要求审核员熟悉过程方法,而且,要求审核员熟悉被审核方与过程有关的专业知识和管理知识。

过程的预期结果,可能在一个部门内实现输出,也可能流经若干个部门后才能实现期望的输出。

通常情况下,一个过程往往会涉及多个部门或岗位,导致在审核过程中可出现审核员重复往返的情况,审核效率相对较低。

在选择采用过程方法进行审核过程中,可以采用顺向追踪或逆向追溯的审核方法,自始至终跟踪一个或几个审核线索直至过程的末端或始端,这样可以保持信息的连续性,获得较为系统的连贯的审核信息和审核发现。

三、制定审核计划

审核组接到审核任务后,应按要求进行审核策划和审核准备。

审核策划的主要活动是制定审核计划。审核计划是对审核活动和安排的描述,通常由审核组长根据审核方案和所获得的与受审核方有关的信息进行策划和编制。

审核准备的主要活动是审核组成员按照审核计划所确定的审核分工,分别收集与拟审核的活动有关的信息,准备审核检查表和审核抽样方案等。

审核计划应当满足审核策划的结果。

审核计划的编制应当反映审核的范围和组织过程的复杂程度,以及实现审核目标的不确定因素。

审核计划应考虑审核活动对受审核方的过程的影响,并为审核委托方、审核组和受审核方之间就审核的实施达成一致提供依据。

针对不同的审核目的,审核计划的内容和详略程度可有所不同。审核计划应便于有效地安排和协调审核活动,以达到目标。

审核组长在策划审核路线过程中,应基于受审核方的主要业务活动的思考,诸如考虑受审核方产品和服务的订单的获取、产品和服务的设计和开发、运行策划和控制、采购和外包、生产和服务提供,直至产品和服务的交付及交付后的活动等的信息流和物流。

在编制审核计划过程中，通常需要考虑如下方面：

(1)根据优先排序的原则，考虑过程活动在质量、环境或(和)职业健康安全管理体系中的重要程度和过程间的相互关系，以及受审核方的各部门或活动的实际地理位置、场所大小、活动内容的多少和作业、设备、设施的复杂程度、环保和安防设备的分布区域等，优化审核路线，并为审核的关键区域配备足够的审核资源(包括时间和有能力的审核员)。

(2)基于受审核方的产品和服务的类别、过程功能、过程的输出输入关系，以及场所的远近等多种因素的考虑进行审核分组，并根据审核员的实际能力和优势，合理分配审核任务，从利于审核员之间信息沟通的便利性来设计审核路径。

(3)针对多场所组织，尤需关注受审核方各分场所之间业务过程的接口及其与总部的接口管理。

(4)以受审核方的主要业务过程为实施审核的主线，同时关注与之相关的质量、环境或(和)职业健康安全管理管理体系的其他过程(如管理类过程、资源类过程)是一个较为合理的安排。

审核方案管理人员或审核组长可根据不同的需要，在策划审核路线时刻选用正向或逆向审核或它们的不同组合的方式进行审核安排。

在编制审核计划时，审核组长还需要考虑以下方面：

(1)适当的抽样技术。

(2)审核组的组成及其整体能力。

(3)审核对受审核方所形成的风险。

例如，对受审核方的风险可以来自审核组成员的到来对于健康安全、环境和质量方面的影响，以及他们的到来对受审核方的产品、服务、人员或基础设施(例如对洁净室设施的污染)产生的威胁。

对于结合审核，应特别关注不同管理体系的操作过程与相互抵触的目标以及优先事项之间的相互作用。

对于初次审核和随后的审核，审核计划的内容和详略程度可以有所不同。审核计划应具有充分的灵活性，以允许随着审核活动的进展进行必要的调整。

审核计划应包括或涉及下列内容：

(1)审核目标；

(2)审核范围，包括受审核的组织单元、职能单元以及过程；

(3)审核准则和引用文件；

(4)实施审核活动的地点、日期、预期的时间和期限，包括与受审核方管理者的会议；

(5)使用的审核方法，包括所需的审核抽样的范围，以获得足够的审核证据，适用时还包括抽样方案的设计；

(6)审核组成员、向导和观察员的作用和职责；

(7)为审核的关键区域配置适当的资源。

审核组长在与审核组商议后，应向每个审核组成员分配对特定过程、职能、场所、区域或活动实施审核的职责。

适当时，审核计划还可包括：

(1)明确受审核方本次审核的代表；

(2)当审核员和(或)受审核方的语言不同时，审核工作和审核报告所用的语言；

(3)审核报告的主题；

(4)后勤和沟通安排，包括受审核现场的特定安排；

(5)针对实现审核目标的不确定因素而采取的特定措施；

(6)保密和信息安全的相关事宜；

(7)来自以往审核的后续措施；

(8)所策划审核的后续活动；

(9)在联合审核的情况下，与其他审核活动的协调。

审核计划应考虑审核活动对受审核方的过程的影响，并为审核委托方、审核组和受审核方之间就审核的实施达成一致提供依据。审核计划应便于有效地安排和协调审核活动，以达到目标。

对审核组而言，审核计划明确了审核的具体内容和要求，规定了审核组成员的具体审核任务和工作量，为达到较好的审核效果提供了依据。对受审核方而言，审核计划可以使其了解审核活动的内容和安排，以便提前做好有关的准备。

审核计划中确定了审核路线、现场审核的人员、审核活动和审核时间安排。审核组长在编制审核计划时应确保审核计划便于审核活动的日程安排与协调，以提高审核工作效率。

审核计划的详细程度应当反映审核的范围和复杂程度。例如对于初次审核和监督审核以及内部和外部审核，内容的详细程度可以有所不同。

审核计划应当有充分的灵活性，以允许更改，例如随着现场审核活动的进展，审核范围的更改可能是必要的。

在编制审核计划应注意，如果是按其过程设计审核路线进行审核，应在审核计划中写明过程涉及的主要职能部门或场所。

对生产或服务提供的现场的审核则必须到作业现场，且不少于总的审核时间的80%。

审核计划可由审核委托方评审和接受，并应提交受审核方。受审核方对审核计划的反对意见应在审核组长、受审核方和审核委托方之间得到解决。

四、基于过程方法的审核计划示例

CNAS—EC—046—2015《关于ISO9001:2015及ISO14001:2015认证标准换版的认可的转换说明》规定审核组应采用过程方法实施审核。

作为审核员需要熟悉受审核方的特定过程，通常可从受审核方所提供的过程清单、流程图、运行准则，以及过程的绩效目标中获得相关信息。

通常受审核方某个特定的过程可能包含若干个活动，涉及若干个部门，并适用若干条标准要求。

审核组长在编制审核计划之前，应通过对事先所获得的受审核方的核心业务活动的信息分析和确认，确定拟审核的过程，识别这些过程所包含的活动，以及与这些活动性质相关联的适用的标准的要求，见示例一和示例二。

【示例一】　采购和外包过程应用过程方法的分析。

采购和外包过程流程图，如附图2-3所示。

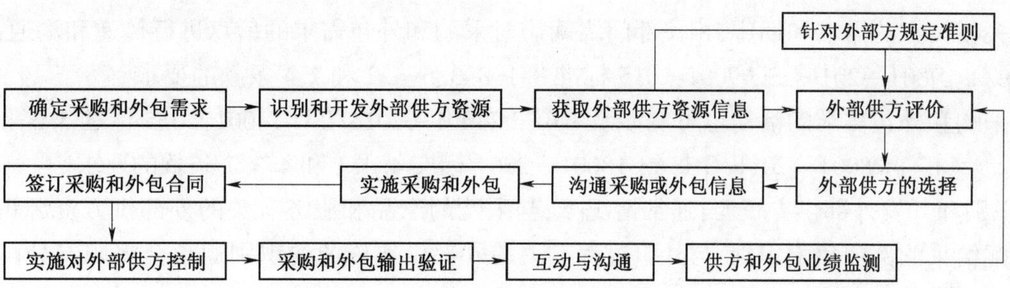

附图2-3　采购和外包过程流程图

审核组长应基于采购和外包过程流程所涉及的活动，进一步识别与采购和外包过程所涉及的活动有关的 GB/T 19001—2016/ISO 9001:2015、GB/T 24001—2016/ISO 14001:2015、GB/T 28001—2011/OHSAS 18001—2007 标准的适用要求，见附表 2-1。

附表 2-1 采购和外包活动与要求关系表

主要活动	涉及岗位	GB/T 19001—2016	GB/T 24001—2016	GB/T 28001—2011
提出采购和外包需求	设计/生产	5.3、8.1、8.3.5、4.2、7.4	5.3、8.1	4.4.1、4.3.1
识别和开发外部方资源	采购/生产	5.3、4.2、8.4.1	5.3、4.2	4.4.1、4.4.6
获取外部方信息	采购/生产	8.4.1	4.2	4.4.6
外部方选择评价绩效准则	采购/生产	8.4.1、7.5.2、8.5.2	8.1	4.4.6
选择和评价外部供方	采购/生产/品管	5.3、8.4.1	5.3、8.1	4.4.1、4.4.6
建立合格外部供方名录	采购/生产	8.4.1、7.5.2、7.5.3	7.5.2、7.5.3	4.4.5
提供给外部供方的信息	采购/生产	8.3.5、8.4.3、7.5.2、7.5.3	8.1b、c	4.4.3.1
签订采购和外包合同	采购/生产	8.4.3、8.5.2、7.5.3、7.4	7.4.3、7.5.2、7.5.3	4.4.5、4.4.6
实施外部供方控制	品管	8.4.2	8.1	4.4.6
采购和外包输出验证	品管	8.4.2、8.6、8.5.2、8.5.4	9.1	4.5.1
与外部方互动与沟通	采购/生产	8.4.3、7.4	7.4.3、8.1	4.4.6
外部方业绩监测与再评价	采购/生产/品管	8.4.1、9.1.1、9.1.3	9.1、8.1	4.5.1、4.4.6
采购或外包过程目标措施	采购/生产	6.2.1、6.2.2、9.1.1、9.1.3	6.2.1、6.2.2、9.1	4.3.3、4.5.1

采购和外包过程所涉及的活动与要求之间的关系说明：

(1)采购和外包过程的主要目的是挖掘外部供方资源，建立和保持良好的合作关系，并确保外部供方所提供的过程、产品和服务持续稳定地满足要求。

(2)识别采购和外包需求：采购和外包需求通常由组织的设计部门或生产部门或其他有关部门提出。因此，涉及 GB/T 19001—2016/ISO 9001:2015 标准 5.3 条款，组织需将提出采购和外包需求的职责予以分配。

采购和外包需求的信息源可能来自组织的运行策划的输出或产品和服务设计和开发的输出，也可能来自有关相关方的需求和期望，相关部门之间需对采购和外包需求的信息进行传递和沟通，这些内容则涉及 GB/T 19001—2016/ISO 9001:2015 标准 8.1、8.3.5、4.2 和 7.4 条款的要求。

识别采购和外包需求的活动也可能涉及 GB/T 24001—2016/ISO 14001:2015 标准 5.3 和 8.1 条款的要求，以及 GB/T 28001—2011/OHSAS 18001—2007 标准 4.4.1 和 4.3.1 条款的要求。

(3)识别和开发外部供方资源：通常情况下，与采购的产品和服务有关的外部供方资源识别一般会将职责分配给采购部门负责识别，与外包过程有关的外部供方资源的识别通常会将职责分配给生产制造部门或其他有关部门。

识别和开发外部供方资源的活动涉及 GB/T 19001—2016/ISO 9001:2015 标准 5.3、4.2 和 8.4.1 条

款的要求。

识别和开发采购和外包方资源的活动也可能涉及 GB/T 24001—2016/ISO 14001:2015 标准 5.3 和 4.2 条款的要求，以及 GB/T 28001—2011/OHSAS 18001—2007 标准 4.4.1 和 4.4.6 条款的要求。

(4)获取外部供方信息：与采购的产品和服务有关的外部供方资源信息的获取，一般会将职责分配给采购部门负责识别，与外包过程有关的外部供方资源信息的获取通常会将职责分配给生产制造部分或其他有关部门。

获取外部方资源的信息的活动涉及 GB/T 19001—2016/ISO 9001:2015 标准 8.4.1 条款的要求。

获取外部方资源的信息的活动也可能涉及 GB/T 24001—2016/ISO 14001:2015 标准 4.2 条款的要求，以及 GB/T 28001—2011/OHSAS 18001—2007 标准 4.4.6 条款的要求。

(5)制定外部供方选择、评价和绩效监视的准则：通常情况下，由采购部门制定外部供方的选择、评价、绩效监视和重新评价的准则，但涉及外包过程，可能需要外包过程的牵头部门来制定这些准则。在制定外部供方的选择、评价、绩效监视和重新评价的准则，可能需要有关部门参与制定。

制定外部供方的选择、评价、绩效监视和重新评价的准则的活动涉及 GB/T 19001—2016/ISO 9001:2015 标准 8.4.1、7.5.2 和 8.5.2 条款的要求。

制定外部供方选择、评价准则活动也可能涉及 GB/T 24001—2016/ISO 14001:2015 标准 8.1 条款的要求，以及 GB/T 28001—2011/OHSAS 18001—2007 标准 4.4.6 条款的要求。

(6)选择和评价外部供方：通常情况下，依据准则选择和评价外部供方的职责分配给采购部门或过程外包的牵头部门(如生产部)，多数情况下，品管部可能参与或主导进行外部供方的评价和选择活动。

选择和评价外部供方的活动涉及 GB/T 19001—2016/ISO 9001:2015 标准 5.3 和 8.4.1 条款的要求。

选择和评价外部供方的活动也可能涉及 GB/T 24001—2016/ISO 14001:2015 标准 5.3 和 8.1 条款的要求，以及 GB/T 28001—2011/OHSAS 18001—2007 标准 4.4.1 和 4.4.6 条款的要求。

(7)建立合格外包供方名录：如果不涉及外包活动时，合格外部供方名录通常由采购部门负责编制，也有一些组织授权品管部门负责编制。

如果涉及外包活动时，则由外包过程的牵头部门建立和保持合格外部供方名录，小型组织通常由供应部门负责建立和保持合格外部供方名录。

合格外部供方名录应作为成文信息予以保持或保留。

建立合格外包供方名录的活动涉及 GB/T 19001—2016/ISO 9001:2015 标准 8.4.1、7.5.2 和 7.5.3 条款的要求。

建立合格外包供方名录的活动也可能涉及 GB/T 24001—2016/ISO 14001:2015 标准 7.5.2 和 7.5.3 条款的要求，以及 GB/T 28001—2011/OHSAS 18001—2007 标准 4.4.5 条款的要求。

(8)提供给外部供方的信息：组织应授权对外部供方发布采购或过程外包的信息的职责，通常情况下，由采购部门或外包牵头部门将需采购的原料与器件或需外包的过程的信息直接与有关的合格外部供方进行沟通，也存在在第三方平台上或自己的门户网站上发布相关的采购招标信息，对此，需清晰界定其相关的职责。

提供给外部供方的信息属于成文信息，其传递方式应符合规定。

提供给外部供方的信息的活动涉及 GB/T 19001—2016/ISO 9001:2015 标准 8.3.5、8.4.3 和 7.5.3 条款的要求。

提供给外部供方的信息的活动也可能涉及 GB/T 24001—2016/ISO 14001:2015 标准 8.1b、c 条款的要求，以及 GB/T 28001—2011/OHSAS 18001—2007 标准 4.4.3.1 条款的要求。

(9)签订采购和外包合同：在这个过程中，提供给外部供方的信息通常需要组织与外部供方商定后形成采购或外包合同,为防止混淆,需对其进行标识。

签订采购和外包合同的活动涉及 GB/T 19001—2016/ISO 9001:2015 标准 8.4.3、8.5.2、7.4 和 7.5.3 条款的要求。

签订采购和外包合同的活动也可能涉及 GB/T 24001—2016/ISO 14001:2015 标准 7.4.3、7.5.2 和 7.5.3 条款的要求,以及 GB/T 28001—2011/OHSAS 18001—2007 标准 4.4.5 和 4.4.6 条款的要求。

(10)实施外部供方控制:需针对外部供方所提供的过程、产品和服务对组织提供给顾客的产品和服务的符合性的影响程度确定对其外部供方的控制方式和控制程度,包括向外部供方施加环境和职业健康安全要求的影响,该项活动通常分配给采购部门或外包的牵头部门负责,也有些组织会分配给质量部门负责或参与控制,规模以上的组织可能还涉及安全环保部门的参与。

实施外部供方控制的活动涉及 GB/T 19001—2016/ISO 9001:2015 标准 8.4.2 条款的要求。

实施外部供方控制的活动也涉及 GB/T 24001—2016/ISO 14001:2015 标准 8.1 条款要求,以及 GB/T 28001—2011/OHSAS 18001—2007 标准 4.4.6 条款的要求。

(11)采购和外包的输出验证:组织需对外部供方持续稳定的过程及输出的结果进行验证,以确保满足约定的要求,并对验收合格的产品进行必要的标识和防护。

采购和外包的输出验证的活动涉及 GB/T 19001—2016/ISO 9001:2015 标准 8.4.2、8.5.2、8.5.4 和 8.6 条款的要求。

采购和外包的输出验证的活动也涉及 GB/T 24001—2016/ISO 14001:2015 标准 9.1 条款要求,以及 GB/T 28001—2011/OHSAS 18001—2007 标准 4.5.1 条款的要求。

(12)与外部供方互动与沟通:应与外部供方沟通其与组织的互动,包括定期的信息或外部供方业绩信息的交流,以促进外部供方的质量改进。

与外部供方互动与沟通的活动涉及 GB/T 19001—2016/ISO 9001:2015 标准 8.4.3 和 7.4 条款的要求。

与外部供方互动与沟通的活动也涉及 GB/T 24001—2016/ISO 14001:2015 标准 7.4.3 和 8.1 条款要求,以及 GB/T 28001—2011/OHSAS 18001—2007 标准 4.4.6 条款的要求。

(13)供方和外包业绩监测和评价:组织需对外部供方提供过程、产品和服务的业绩进行监视和测量,通常该项活动会分配给采购部门或外包的牵头部门负责,也会分配给质量部门负责,其监视和测量的结果作为变更外部供方的依据。

供方和外包业绩监测和评价的活动涉及 GB/T 19001—2016/ISO 9001:2015 标准 8.4.1、9.1.1 和 9.1.3 条款的要求。

供方和外包业绩监测和再评价的活动也涉及 GB/T 24001—2016/ISO 14001:2015 标准 9.1 和 8.1 条款要求,以及 GB/T 28001—2011/OHSAS 18001—2007 标准 4.5.1 和 4.4.6 条款的要求。

(14)建立采购或外包过程目标与措施:采购部门和外包牵头部门应基于采购或外包过程建立适宜的目标和实现目标的措施。

建立采购或外包过程目标与措施的活动涉及 GB/T 19001—2016/ISO 9001:2015 标准 6.2.1、6.2.2、9.1.1 和 9.1.3 条款的要求。

建立采购或外包过程目标与措施的活动也涉及 GB/T 24001—2016/ISO 14001:2015 标准 6.2.1、6.2.2 和 9.1 条款要求,以及 GB/T 28001—2011/OHSAS 18001—2007 标准 4.3.3 和 4.5.1 条款的要求。

【示例二】 产品和服务的设计和开发过程应用过程方法的分析

设计和开发过程流程图,如附图 2-4 所示。

审核组长应基于产品和服务的设计和开发过程流程所涉及的活动,进一步识别与采购和外包过程所涉及的活动有关的 GB/T 19001—2016/ISO 9001:2015、GB/T 24001—2016/ISO 14001:2015、GB/T

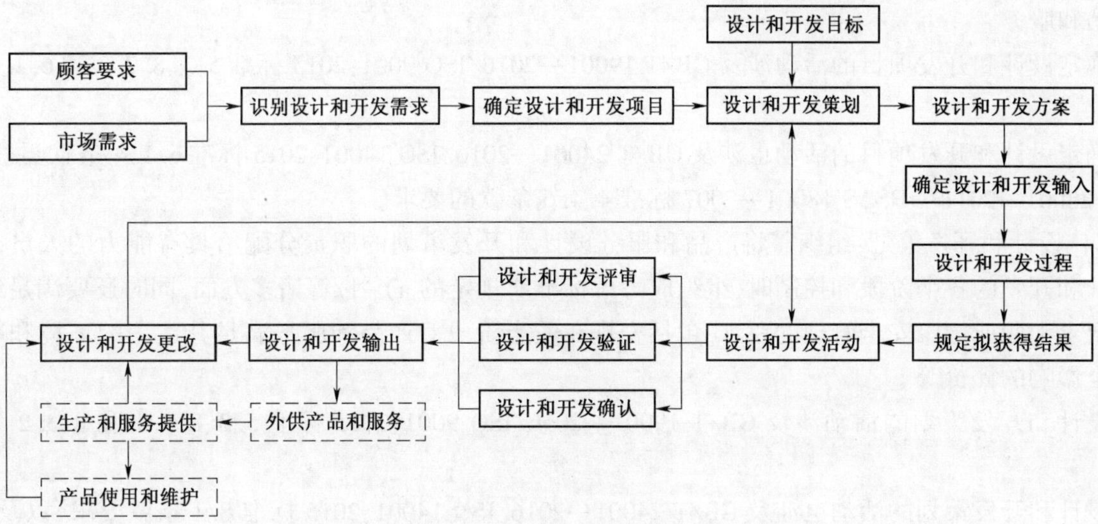

附图 2-4　设计和开发过程流程图

28001—2011/OHSAS 18001—2007 标准的适用要求，见附表 2-2。

附表 2-2　设计和开发活动与要求关系表

主要活动	涉及岗位	GB/T 19001—2016	GB/T 24001—2016	GB/T 28001—2011
识别设计和开发需求	市场	5. 3、8. 2. 1、6. 1. 2		
确定设计和开发项目	市场/研发	5. 3、8. 2. 3、6. 1. 2	6. 1. 4、8. 1	4. 3. 1
设计和开发策划	研发	5. 3、8. 3. 1、8. 3. 2	8. 1	4. 4. 6
规定设计过程目标措施	研发	6. 2. 1、6. 2. 2	6. 2. 1、6. 2. 2	4. 3. 3
确定设计和开发输入	研发	8. 3. 3、7. 4	6. 1. 3、7. 4	4. 3. 2、4. 4. 6
设计和开发过程控制	研发/生产等	5. 3、8. 3. 4	8. 1、9. 1. 2	4. 4. 6、4. 5. 2
设计和开发输出	研发	8. 3. 5、8. 5. 2、7. 5. 2	8. 1	4. 4. 6
设计和开发更改的控制	研发等	8. 3. 6、6. 1. 2、10. 1	6. 1. 4、10. 1	4. 4. 6、4. 5. 2

产品和服务设计和开发过程所涉及的活动与要求之间的关系说明：

(1)产品和服务的设计和开发过程的主要目的是确保后续的产品和服务的提供能够获得充分和有效的信息。

(2)识别设计和开发需求：组织需分配职责，由谁来负责识别和确定产品和服务的设计和开发需求。产品和服务的设计和开发需求可能来自于组织与顾客沟通的结果，也可能来自组织为应对来自组织环境影响的风险和机遇的措施的需求。

识别设计和开发需求的活动涉及 GB/T 19001—2016/ISO 9001：2015 标准 5. 3、8. 2. 1 和 6. 1. 2 条款的要求。

(3)确定设计和开发项目：组织需分配职责明确由谁通过何种途径确定产品和服务的设计和开发项目。若产品和服务的设计和开发的需求来自顾客，则需要通过对产品和服务要求的评审活动予以确定。

如果产品和服务的设计和开发项目来自于组织应对风险和机遇的措施，则应在进行风险和机遇分析的基础上策划并确定产品和服务设计和开发的需求。

为了降低或减少产品和服务对其生命周期阶段的环境影响和职业健康安全风险，可能需要创新绿色产品和服务。

确定设计和开发项目的活动涉及 GB/T 19001—2016/ISO 9001:2015 标准 5.3、8.2.3 和 6.1.2 条款的要求。

确定设计和开发项目的活动也涉及 GB/T 24001—2016/ISO 14001:2015 标准 6.1.4 条款要求，以及 GB/T 28001—2011/OHSAS 18001—2007 标准 4.4.6 条款的要求。

(4)设计和开发策划：组织需将产品和服务设计和开发策划的职责分配给具有能力的人员。在确定设计和开发的各个阶段和控制时，组织应考虑标准所规定的 a)～j)等诸多方面，同时还要满足组织的环境要求和职业健康安全管理的要求，包括安排在适当阶段对产品和服务满足其适用的环境和职业健康安全影响的评价等。

设计和开发策划的活动涉及 GB/T 19001—2016/ISO 9001:2015 标准 5.3、8.3.1 和 8.3.2 条款的要求。

设计和开发策划的活动也涉及 GB/T 24001—2016/ISO 14001:2015 标准 8.1 条款要求，以及 GB/T 28001—2011/OHSAS 18001—2007 标准 4.4.6 条款的要求。

(5)规定设计和开发过程目标措施：产品和服务的设计和开发是一个过程，需要建立其过程质量目标，从产品和服务寿命周期考虑也需要考虑建立其环境目标和职业健康安全目标，并制定实现目标的措施。

规定设计和开发过程目标措施的活动涉及 GB/T 19001—2016/ISO 9001:2015 标准 6.2.1 和 6.2.2 条款的要求。

规定设计和开发过程目标措施的活动也涉及 GB/T 24001—2016/ISO 14001:2015 标准 6.2.1 和 6.2.2 条款要求，以及 GB/T 28001—2011/OHSAS 18001—2007 标准 4.3.3 条款的要求。

(6)确定设计和开发输入：不同类型的产品和服务的质量先进程度在很大程度上取决于设计和开发输入的充分性，组织需在与内、外部相关人员进行充分沟通基础上获得设计和开发输入的信息，包括适用于特定产品和服务项目的合规义务，以便针对所设计和开发的具体类型的产品和服务，确定必须的要求。

确定设计和开发输入的活动涉及 GB/T 19001—2016/ISO 9001:2015 标准 7.4 和 8.3.3 条款的要求。

确定设计和开发输入的活动也涉及 GB/T 24001—2016/ISO 14001:2015 标准 6.1.3 和 7.4 条款要求，以及 GB/T 28001—2011/OHSAS 18001—2007 标准 4.3.2 条款的要求。

(7)设计和开发过程控制：主要的设计和开发活动是通过设计和开发过程来完成的，包括原理设计、概要设计、详细设计、工业设计、零部件设计等。为了确保产品和服务的设计和开发的各个阶段的输出能够满足设计要求，满足设计和开发输入的要求，包括合规义务的要求，以及最终的使用要求，需进行适当的评审、验证和确认活动，并保留这些活动的成文信息。

设计和开发过程控制的活动涉及 GB/T 19001—2016/ISO 9001:2015 标准 5.3 和 8.3.4 条款的要求。

设计和开发过程控制的活动也涉及 GB/T 24001—2016/ISO 14001:2015 标准 8.1 和 9.1.2 条款要求，以及 GB/T 28001—2011/OHSAS 18001—2007 标准 4.4.6 和 4.5.2 条款的要求。

(8)设计和开发输出：设计和开发输出除了需要满足输入要求，以及后续的生产和服务的提供过程的需要，还需包含或引用有关监视和测量的要求，规定产品和服务特性。

产品和服务的设计和开发输出可能包括产品图样、服务规范、采购要求、产品安全使用手册等。组织需对这些输出进行评审和批准，以确保其适用性。与此同时，还需要对这些输出进行适当的标识。

设计和开发过程输出的活动涉及 GB/T 19001—2016/ISO 9001:2015 标准 8.3.5、7.5.2 和 8.5.2 条款的要求。

设计和开发过程输出的活动也涉及 GB/T 24001—2016/ISO 14001:2015 标准 8.1 条款要求，以及 GB/T 28001—2011/OHSAS 18001—2007 标准 4.4.6 条款的要求。

(9)设计和开发更改的控制：为了不断提升产品和服务的固有质量特性，需识别其设计和开发更改的需求，简单的更改需要简单的评审，复杂的更改可能需要类似全新的设计和开发的控制。设计和开发更改的需求可能来自与对输出的评审，也可能来自生产和服务提供过程的易加工性或材料的变更，也可能来自顾客的意见或建议，还可能来自组织自身对产品和服务的创新的需求。

设计和开发更改控制的活动涉及 GB/T 19001—2016/ISO 9001:2015 标准 8.3.6 和 10.1 条款的要求。

设计和开发更改控制的活动也涉及 GB/T 24001—2016/ISO 14001:2015 标准 10.1 条款要求，以及 GB/T 28001—2011/OHSAS 18001—2007 标准 4.4.6 和 4.5.2 条款的要求。

采用过程方法进行审核，审核组长在进行审核计划的编制时，需在获取受审核方过程及过程所包含的活动的信息基础上，熟悉受审核方的过程流，熟悉过程流中所包含的活动需要符合哪些标准要求，具体参见示例三。

【示例三】 基于过程方法的 QES 审核计划

背景说明：

(1)CBB 公司申请 GB/T 19001—2016、GB/T 24001—2016 和 GB/T28001—2011 标准的质量、环境和职业健康安全管理体系认证。

(2)认证范围：船用发电机的设计、制造和服务。

(3)CBB 公司的主要职能部门包括经理办、设计部、采购部、生产部、品管部、人事部、安环部、营销部(售后服务)等。

(4)CBB 公司主要过程包括：

①价值创造过程，包括采购和外包过程、产品和服务的设计开发过程、生产技术准备过程、产品制造过程、交付过程、售后服务过程；

②管理过程，包括组织环境风险分析过程、管理体系策划过程、目标管理过程、内审过程、管理评审过程、改进过程等；

③支持过程，包括人力资源管理过程、设备管理过程(包括设备维修外包管理)、工装管理过程、监视和测量设备资源过程、产品检验和试验过程等。

(5)审核安排 3 位审核员，3 天共 9 个审核人日。

审核组长在编制审核计划前，需首先参见示例一和示例二，对受审核方的过程和过程所涉及的活动进行分析。

如采购和外包过程涉及的部门包括设计部、采购部、生产部、品管部，其中：

设计部涉及的活动的要求为：Q:5.3、4.2、7.4、8.1、8.3.5，E:5.3、8.1，S:4.3.1、4.4.1、4.4.6；

生产部涉及的活动的要求为：Q:5.3、4.2、6.2.1、6.2.2、7.4、7.5.2、7.5.3、8.1、8.3.5、8.4.1、8.4.3、8.5.2、9.1.1、9.1.3，E:5.3、4.2、6.2.1、6.2.2、7.4.3、7.5.2、7.5.3、8.1、9.1，S:4.3.1、4.3.3、4.4.1、4.4.3.1、4.4.5、4.4.6、4.5.1；

采购部涉及的活动的要求为：Q:5.3、4.2、6.2.1、6.2.2、7.4、7.5.2、7.5.3、8.3.5、8.4.1、8.4.3、8.5.2、9.1.1、9.1.3，E:5.3、4.2、6.2.1、6.2.2、7.4.3、7.5.2、7.5.3、8.1、9.1，S:4.3.3、4.4.3.1、4.4.1、4.4.5、4.4.6、4.4.3.1、4.5.1；

品管部涉及的活动的要求为：Q:5.3、6.2.1、8.4.1、8.4.2、8.5.2、8.5.4、8.6、9.1.1、9.1.3，E:5.3、

8.1、9.1，S：4.4.1、4.4.6、4.5.1。

如产品和服务的设计和开发过程涉及的部门包括市场部、设计部、生产部等，其中：

市场部涉及的活动的要求为：Q：5.3、6.1.2、8.2.1、8.2.2、8.2.3，E：5.3、6.1.4、8.1，S：4.3.1；

设计部涉及的活动的要求为：Q：5.3、6.1.2、6.2.1、6.2.2、7.4、7.5.2、8.2.3、8.3.1、8.3.2、8.3.3、8.3.4、8.3.5、8.3.6、8.5.2、10.1，E：6.1.2、6.1.3、6.1.4、6.2.1、6.2.2、7.4、8.1、9.1.2、10.1，S：4.3.1、4.3.2、4.3.3、4.4.6、4.5.2；

生产部涉及的活动的要求为：Q：5.3、8.3.4，E：8.1、9.1.2，S：4.4.6、4.5.2。

基于过程方法的 QES 审核计划示例，见附表 2-3。

附表 2-3　审核计划示例

审核时间	涉及部门	过程及涉及标准条款	审核员
8：00—8：30	首次会议		A、B、C
8：30—12：00	设计部	采购和外包过程（Q：5.3、4.2、7.4、8.1、8.3.5，E：5.3、8.1，S：4.3.1、4.4.1、4.4.6）； 设计和开发过程（Q：5.3、6.1.2、6.2.1、6.2.2、7.4、7.5.2、8.2.3、8.3.1、8.3.2、8.3.3、8.3.4、8.3.5、8.3.6、8.5.2、10.1，E：6.1.2、6.1.3、6.1.4、6.2.1、6.2.2、7.4、8.1、9.1.2、10.1，S：4.3.1、4.3.2、4.3.3、4.4.6、4.5.2）； ……	A
8：30—12：00	采购部	采购和外包过程（Q：5.3、4.2、6.2.1、6.2.2、7.4、7.5.2、7.5.3、8.3.5、8.4.1、8.4.3、8.5.2、9.1.1、9.1.3，E：5.3、4.2、6.2.1、6.2.2、7.4.3、7.5.2、7.5.3、8.1、9.1，S：4.3.3、4.4.3.1、4.4.1、4.4.5、4.4.6、4.4.3.1、4.5.1）； ……	B
8：30—12：00	生产部	采购和外包过程（Q：5.3、4.2、6.2.1、6.2.2、7.4、7.5.2、7.5.3、8.1、8.3.5、8.4.1、8.4.3、8.5.2、9.1.1、9.1.3，E：5.3、4.2、6.2.1、6.2.2、7.4.3、7.5.2、7.5.3、8.1、9.1，S：4.3.1、4.3.3、4.4.1、4.4.3.1、4.4.5、4.4.6、4.5.1）； 设计和开发过程（Q：5.3、8.3.4，E：8.1、9.1.2，S：4.4.6、4.5.2）； ……	C
13：00—17：00	品管部	采购和外包过程（Q：5.3、6.2.1、8.4.1、8.4.2、8.5.2、8.5.4、8.6、9.1.1、9.1.3，E：5.3、8.1、9.1，S：4.4.1、4.4.6、4.5.1）； ……	C
13：00—17：00	市场部	设计和开发过程（Q：5.3、6.1.2、8.2.1、8.2.2、8.2.3，E：5.3、6.1.4、8.1，S：4.3.1）	A
……	……	……	……

说明：策划审核安排，并形成审核计划时，应考虑各个部门所涉及的过程，以及标准适用于该过程的要求。

限于有限的审核时间，审核组长按照过程方法策划多体系审核计划时，针对受审核方不同的过程中所涉及的通用要求，可以根据受审核方的具体情况按照基于风险的思维进行重点的针对性安排，无需也没有必要针对每一个过程都审核到所有的通用要求，只要能确保整体审核活动不遗漏标准条款，实现审核方案的策划和达成审核目的即可。

第三节　基于过程方法的现场审核

一、选择审核切入点

审核员应按审核计划的分工实施现场审核。

基于过程方法的审核的关键在于审核切入点的选择，并将所选择的切入点作为审核主线的始端，然后顺着这条信息线（或称之为信息流）或向前顺向追踪，或向后逆向追溯。

顺向追踪是从事物发展的始端追踪到事物发展的末端顺序进行的审核方式。如从文件内容查到实施情况，按生产或服务实施过程的先后顺序进行审核，从确定与产品有关的要求查到产品交付后活动的控制等。顺向追踪可以系统地了解管理体系实施的整个过程，查证其过程间的接口及其协调性，但耗时较长。例如：对“成文信息的控制”过程进行审核时，审核员可以先到成文信息的综合管理部门查阅成文信息的总目录或清单，记录成文信息的编号、名称、最新版次、编制部门、发送到的使用部门等信息，然后到使用部门去核查在使用现场是否有有效版本，作废版本是否已从现场撤走，成文信息中的修改是否符合规定等。

逆向追溯是从事物发展的末端追溯到事物发展的始端顺序进行的审核方式。如从实施情况查到成文信息的规定，从交付后活动的控制查到确定与产品有关的要求，从过程的结果查到过程的策划等。这种方式有较强的针对性，切实具体，但在问题复杂且审核时间有限时，不易达到预期的审核目的。例如：在对“监视和测量资源”进行审核时，审核员可以先在各车间或使用监视和测量设备的其他现场调查，选择一批监视和测量设备作为样本，再到监视和测量设备的主管部门去了解这些监视和测量设备的校准/检定及管理情况。

审核员可通过合理抽样的方式选择审核切入点，其审核切入点可以是一份计划、一份文档、一个配件、一份记录等。

二、应用过程方法审核示例

1. 采购和外包过程的审核

(1)审核员 A 按照审核计划的分工安排对设计部进行审核。

设计部承担了采购和外包过程中部分活动的控制，其主要活动为：提出采购和外包的需求或要求。

①审核员首先需与部门负责人沟通与采购和外包过程所涉及活动的职责是否得到分配，并索取相关的成文信息，包括与设计和开发过程、采购和外包过程有关的成文信息。

上述活动所涉及的标准条款要求为 GB/T 19001—2016 标准 5.3 条款，GB/T 24001—2016 标准 5.3 条款，GB/T 28001—2011 标准 4.4.1 条款。

②提出采购和外包的需求或要求可能来自被审核方的实现产品和服务的运行策划的输出，也可能来自其产品和服务的设计和开发的输出，或者来自有关相关方的需求和期望，如顾客指定的材料及其外部供方等。

提出采购和外包的需求或要求可能与针对重要环境因素进行运行策划有关，也可能与针对其危险源进行风险控制措施的策划结果有关。

审核员需通过沟通和交流的方式获知受审核方针对实现特定产品和服务的需要，提出采购和外包需求的信息源，然后进一步跟踪其如何在内部实施沟通，如何将采购和外包需求的信息传递给相关的执行部门,并记录有关的信息,如需由外部提供的过程、产品和服务的名称、规格、型号或等级和总数量等,以便后续审核中进行跟踪,或将所获得的有关信息通过审核组内部联络单传递给审核组内有关审核员。

上述活动所涉及的标准条款要求为GB/T 19001—2016标准8.1、8.3.5和4.2条款,GB/T 24001—2016标准8.1条款,GB/T 28001—2011标准4.3.1条款。

审核员A在设计部审核中获取受审核方的采购和外包的需求或要求的信息后,需要选择审核样本(如选择采购和外包过程信息清单中的材料L1、L2、L3,或当外包的需求或要求由设计部提出时,则选择外包过程W1、W2和W3),作为对采购和外包过程的审核切入点,这是应用过程方法实施现场审核关键点。

(2)审核员B按照审核计划的分工安排对采购部进行审核。

采购部承担了采购过程中大部分活动的控制,其主要活动为:识别和开发原辅材料的外部供方资源、收集和获取原辅材料外部供方信息、制定原辅材料外部供方选择、评价、绩效监视和再评价的准则、选择和评价原辅材料外部供方、建立和保持原辅材料外部供方名录、向原辅材料外部供方提供信息、签订原辅材料采购合同、监视原辅材料外部供方业绩并进行重新评价,以及建立和实施采购过程的质量目标和措施等。

①审核员首选需与部门负责人沟通与外包过程所涉及活动的职责是否得到分配,并索取相关的成文信息,包括与外包过程有关的成文信息。

上述活动所涉及的标准条款要求为GB/T 19001—2016标准5.3条款,GB/T 24001—2016标准5.3条款,GB/T 28001—2011标准4.4.1条款。

②提出采购和外包的需求或要求可能来自其运行策划和控制的输出,或者来自有关相关方的需求和期望,如顾客指定的材料及其外部供方等。提出过程外包的需求或要求也可能来自其针对重要环境因素的运行策划,或来自其针对危险源进行风险控制措施的策划。

按照过程方法实施审核,针对规模较大的受审核方需要审核组内部人员保持沟通。

审核员A应通过审核组内部信息联络单,将其在设计部审核中所获得并选择的审核样本(即所需采购的L1、L2、L3材料的名称、规格型号或等级)的信息及时传递给审核员B,以便其在对采购部审核过程中,可以跟踪审核员A所选择的审核样本,这样可以确保信息流不被中断。

③采购部需按照运行策划的安排积极寻找能够提供所需L1、L2、L3材料的外部供方,并确保其所提供的过程满足规定的要求。此时,审核员B需与采购部相关岗位人员沟通和记录向受审核方提供L1、L2、L3材料的外部供方的信息。

上述活动所涉及的标准条款要求为GB/T 19001—2016标准4.2和8.4.1条款,GB/T 24001—2016标准4.2条款,GB/T 28001—2011标准4.4.6条款。

④审核员需进一步查看或沟通采购部所收集或获取的向其提供L1、L2、L3材料的外部供方能力有关的信息,诸如规模、生产能力、检验水平、管理水平等。

上述活动所涉及的标准条款要求为GB/T 19001—2016标准4.2和8.4.1条款,GB/T 24001—2016标准4.2条款,GB/T 28001—2011标准4.4.6条款。

⑤审核员需要求采购部提供并查看与所需L1、L2、L3材料有关的外部供方选择、评价、绩效监视和再评价有关的准则,查看并记录其适宜性和有效性,并记录所查阅的与提供L1、L2、L3材料的外部供方的选择、评价、绩效监视和再评价准则的评审与批准的信息,以及标识的信息。

上述活动所涉及的标准条款要求为GB/T 19001—2016标准8.4.1、7.5.2、8.5.2条款,GB/T 24001—2016标准8.1条款,GB/T 28001—2011标准4.4.6条款。

⑥审核员需调阅为受审核方提供L1、L2、L3材料的外部供方选择和评价的信息,查看所选择和评价的内容与规定的准则是否相符,记录评价和选择的结论及时间。

选择和评价外部供方时，需考虑其环境管理和职业健康安全管理体系运行业绩。

上述活动所涉及的标准条款要求为 GB/T 19001—2016 标准 8.4.1 条款，GB/T 24001—2016 标准 8.1 条款，GB/T 28001—2011 标准 4.4.6 条款。

⑦审核员需调阅受审核方制定的原辅材料合格外部供方名录，查看其所提供的合格外部供方名录中是否包含有提供 L1、L2、L3 材料的外部供方的信息，并记录合格外部供方名录获得批准的时间。

上述活动所涉及的标准条款要求为 GB/T 19001—2016 标准 8.4.1、7.5.2、7.5.3 条款，GB/T 24001—2016 标准 8.1、7.5.2、7.5.3 条款，GB/T 28001—2011 标准 4.4.5 条款。

⑧审核员需与采购部交流其通过何种方式和途径与外部供方沟通其与 L1、L2、L3 材料有关的信息，包括其材料名称、规格型号、质量等级等，了解和记录这些信息在提供给外部供方之前是由谁，通过何种方式对所提供信息的完整性和正确性进行确认的。

审核员需调阅包含外部供方提供 L1、L2、L3 材料的采购协议或采购合同，查阅并记录其主要内容，并判断是否满足要求。

审核员应通过沟通或观察，确认受审核方是否已与提供 L1、L2、L3 材料的外部供方沟通其环境要求，以及职业健康安全要求，并形成审核记录。

审核员需关注和记录采购部提供给 L1、L2、L3 材料的外部供方的信息，包括质量要求、环境要求，以及职业健康安全要求的成文或文件化信息应符合受审核方对成文或文件化信息的控制要求，且应按照规定进行标识。

上述活动所涉及的标准条款要求为 GB/T 19001—2016 标准 7.4、7.5.2、7.5.3、8.4.3、8.5.2 条款，GB/T 24001—2016 标准 8.1、7.4.3、7.5.2、7.5.3 条款，GB/T 28001—2011 标准 4.4.3.1、4.4.5、4.4.6 条款。

⑨审核员需通过与采购部的相关人员交流，了解其在日常管理中，通过何种途径和方式保持与外部供方的互动和沟通，包括定期交流对 L1、L2、L3 材料供应和质量监控的业绩的信息，以及外部供方方遵守受审核方环境要求和职业健康安全要求的信息。

上述活动所涉及的标准条款要求为 GB/T 19001—2016 标准 8.4.3、7.4 条款，GB/T 24001—2016 标准 8.1、9.1 条款，GB/T 28001—2011 标准 4.4.6 条款。

⑩审核员需与采购部相关人员沟通，调查其对提供 L1、L2、L3 材料的外部供方业绩监视和测量的情况，包括在持续提供 L1、L2、L3 材料的运行中遵守受审核方环境和职业健康安全要求的业绩变化的信息。

审核员需了解受审核方是否对提供 L1、L2、L3 材料的外部供方依据再评价准则实施再次评价的信息，并记录再评价的内容和时间。

上述活动所涉及的标准条款要求为 GB/T 19001—2016 标准 8.4.1、9.1.1、9.1.3 条款，GB/T 24001—2016 标准 8.1、9.1 条款，GB/T 28001—2011 标准 4.5.1 和 4.4.6 条款。

⑪审核员需关注采购部是否建立了采购过程的质量目标，查看分解至 L1、L2、L3 材料采购过程的质量目标、实现质量目标的措施，以及质量目标实现的结果。如果外部供方所提供的 L1、L2、L3 材料涉及重要环境因素或职业健康安全风险，则需关注其是否建立了环境目标和职业健康安全目标，以及实现目标的措施和对实施结果的测量。

上述活动所涉及的标准条款要求为 GB/T 19001—2016 标准 6.2.1、6.2.2、9.1.1、9.1.3 条款，GB/T 24001—2016 标准 6.2.1、6.2.2、9.1 条款，GB/T 28001—2011 标准 4.3.3、4.5.1 条款。

(3)审核员 C 按照审核计划的分工安排对生产部进行审核。

生产部承担了外包过程中部分活动的控制，其主要活动为：提出外包的需求、开发外包方资源、收集和获取外包方信息、制定外包方选择、评价、绩效监视和再评价的准则、选择和评价外包方、建立和保持外包方名录、向外包方提供信息、签订外包合同、监视外包方业绩并进行重新评价等。

①审核员首先需与部门负责人沟通与外包过程所涉及活动的职责是否得到分配，并索取相关的成文信息，包括与外包过程有关的成文信息。

上述活动所涉及的标准条款要求为GB/T 19001—2016标准5.3条款，GB/T 24001—2016标准5.3条款，GB/T 28001—2011标准4.4.1条款。

②提出采购和外包的需求或要求可能来自其运行策划和控制的输出，或者来自有关相关方的需求和期望，如顾客指定的材料及其外部供方等。提出过程外包的需求或要求也可能来自其针对重要环境因素的运行策划，或来自其针对危险源进行风险控制措施的策划。

审核员C需沟通并记录生产部拟外包或已经外包的过程的名称和数量，从中进行适当地抽样，选择适宜的审核样本（如选择外包过程W1、W2和W3），作为对外包过程的审核切入点，这是应用过程方法实施现场审核关键点。

上述活动所涉及的标准条款要求为GB/T 19001—2016标准8.1和4.2条款，GB/T 24001—2016标准8.1条款，GB/T 28001—2011标准4.3.1条款。

③生产部需按照运行策划的安排积极寻找能够提供所需过程的外部供方，并确保其所提供的过程满足规定的要求。此时，审核员C需与生产部相关岗位人员沟通和记录向受审核方提供W1、W2和W3等过程的外部供方的信息。

上述活动所涉及的标准条款要求为GB/T 19001—2016标准4.2和8.4.1条款，GB/T 24001—2016标准4.2条款，GB/T 28001—2011标准4.4.6条款。

④审核员需进一步查看或沟通受审核方所收集或获取的向其提供W1、W2和W3等过程的外部供方能力有关的信息，诸如规模、生产能力、检验水平、管理水平等。

上述活动所涉及的标准条款要求为GB/T 19001—2016标准4.2和8.4.1条款，GB/T 24001—2016标准4.2条款，GB/T 28001—2011标准4.4.6条款。

⑤审核员需要求受审核方提供并查看与所需W1、W2和W3过程的过程能力有关的外部供方选择、评价、绩效监视和再评价有关的准则，查看并记录其适宜性和有效性，并记录所查阅的与提供W1、W2和W3过程的外部供方的选择、评价、绩效监视和再评价准则的评审与批准的信息，以及标识的信息。

上述活动所涉及的标准条款要求为GB/T 19001—2016标准8.4.1、7.5.2、8.5.2条款，GB/T 24001—2016标准8.1条款，GB/T 28001—2011标准4.4.6条款。

⑥审核员需调阅为受审核方提供W1、W2和W3过程的外部供方选择和评价的信息，查看所选择和评价的内容与规定的准则是否相符，记录评价和选择的结论及时间。

选择和评价外部过程的供方时，需考虑其环境管理和职业健康安全管理体系运行业绩。

上述活动所涉及的标准条款要求为GB/T 19001—2016标准8.4.1条款，GB/T 24001—2016标准8.1条款，GB/T 28001—2011标准4.4.6条款。

⑦审核员需调阅受审核方的合格外包供方名录，查看其所提供的合格外包供方名录中是否包含有提供W1、W2和W3过程的外部供方，并记录合格外包供方名录获得批准的时间。

上述活动所涉及的标准条款要求为GB/T 19001—2016标准8.4.1、7.5.2、7.5.3条款，GB/T 24001—2016标准8.1、7.5.2、7.5.3条款，GB/T 28001—2011标准4.4.5条款。

⑧审核员需与受审核方交流其通过何种方式和途径与外部供方沟通其与W1、W2和W3外包过程有关的信息，包括外包过程的类型、所需的过程能力，所需实现的过程输出的质量要求等，了解和记录这些信息在提供给外部供方之前是由谁，通过何种方式对所提供信息的完整性和正确性进行确认的。

审核员需调阅包含外部供方提供W1、W2和W3过程的外包协议或外包合同，查阅并记录其主要内容，并判断是否满足要求。

审核员应通过沟通或观察，确认受审核方是否已与提供 W1、W2 和 W3 过程的外部供方沟通其环境要求，以及职业健康安全要求，并形成审核记录。

审核员需关注和记录受审核方提供给 W1、W2 和 W3 过程的外部供方的信息，包括质量要求、环境要求，以及职业健康安全要求的成文或文件化信息应符合受审核方对成文或文件化信息的控制要求，且应按照规定进行标识。

上述活动所涉及的标准条款要求为 GB/T 19001—2016 标准 7.4、7.5.2、7.5.3、8.4.3、8.5.2 条款，GB/T 24001—2016 标准 8.1、7.4.3、7.5.2、7.5.3 条款，GB/T 28001—2011 标准 4.4.3.1、4.4.5、4.4.6 条款。

⑨审核员需通过与生产部的相关人员交流，了解其在日常管理中，通过何种途径和方式保持与外部供方的互动和沟通，包括定期交流对外包过程 W1、W2 和 W3 过程控制的业绩的信息，以及外包方遵守受审核方环境要求和职业健康安全要求的信息。

上述活动所涉及的标准条款要求为 GB/T 19001—2016 标准 8.4.3、7.4 条款，GB/T 24001—2016 标准 8.1、9.1 条款，GB/T 28001—2011 标准 4.4.6 条款。

⑩审核员需与生产部相关人员沟通，调查其对提供 W1、W2 和 W3 过程的外部供方业绩监视和测量的情况，包括外包过程的过程控制水平的变化以及过程输出质量和效率的变化，包括在持续提供过程运行中遵守受审核方环境和职业健康安全要求的业绩变化的信息。

审核员需了解受审核方是否对提供 W1、W2 和 W3 过程的外部供方依据再评价准则实施再次评价的信息，并记录再评价的内容和时间。

上述活动所涉及的标准条款要求为 GB/T 19001—2016 标准 8.4.1、9.1.1、9.1.3 条款，GB/T 24001—2016 标准 8.1、9.1 条款，GB/T 28001—2011 标准 4.5.1 和 4.4.6 条款。

⑪审核员需关注生产部是否建立了外包过程的质量目标，查看分解至 W1、W2 和 W3 外包过程的质量目标、实现质量目标的措施，以及质量目标实现的结果。如果 W1、W2 和 W3 过程的输出涉及重要环境因素或职业健康安全风险，则需关注其是否建立了环境目标和职业健康安全目标，以及实现目标的措施和对实施结果的测量。

上述活动所涉及的标准条款要求为 GB/T 19001—2016 标准 6.2.1、6.2.2、9.1.1、9.1.3 条款，GB/T 24001—2016 标准 6.2.1、6.2.2、9.1 条款，GB/T 28001—2011 标准 4.3.3、4.5.1 条款。

(4)审核员 C 按照审核计划的分工安排对品管部进行审核。

品管部承担了外包过程中部分活动的控制，其主要活动为：参与选择和评价外部供方、实施对外部供方的控制，负责对采购和外包过程输出的产品和服务实施验证，并负责外部供方业绩的监视和测量。

①审核员首先需与部门负责人沟通与采购和外包过程所涉及活动的职责是否得到分配，并索取相关的成文信息。

上述活动所涉及的标准条款要求为 GB/T 19001—2016 标准 5.3 条款，GB/T 24001—2016 标准 5.3 条款，GB/T 28001—2011 标准 4.4.1 条款。

②审核员需调阅为受审核方提供 L1、L2、L3 材料和 W1、W2、W3 过程的外部供方选择和评价的信息，查看所选择和评价的内容与规定的准则是否相符，记录评价和选择的结论及时间。

选择和评价外部供方时，需考虑其环境管理和职业健康安全管理体系运行业绩。

上述活动所涉及的标准条款要求为 GB/T 19001—2016 标准 8.4.1 条款，GB/T 24001—2016 标准 8.1 条款，GB/T 28001—2011 标准 4.4.6 条款。

③审核员需与品管部负责人沟通其对外部供方实施控制的方式和程度，重点了解其对提供 L1、L2、L3 材料和 W1、W2、W3 过程的外部供方所采取的具体控制措施包括哪些，并形成审核记录。

上述活动所涉及的标准条款要求为 GB/T 19001—2016 标准 8.4.2 条款，GB/T 24001—2016 标准

8.1条款，GB/T 28001—2011标准4.4.6条款。

④审核员需通过观察和调阅与L1、L2、L3材料和W1、W2、W3过程输出质量的验证信息，查看其验证内容是否满足受审核方的技术质量标准，以及环境和职业健康安全的要求。

审核员可通过现场观察方式查看其对外部供方所提供的L1、L2、L3材料和W1、W2、W3过程输出结果的标识和防护情况。

上述活动所涉及的标准条款要求为GB/T 19001—2016标准8.4.2、8.5.2、8.5.4条款，GB/T 24001—2016标准9.1条款，GB/T 28001—2011标准4.5.1条款。

⑤审核员需与品管部相关人员沟通，调查其对提供L1、L2、L3材料和W1、W2、W3过程的外部供方业绩监视和测量的情况，包括外包过程的过程控制水平的变化以及过程输出质量和效率的变化，包括在持续提供过程运行中遵守受审核方环境和职业健康安全要求的业绩变化的信息。

审核员需了解受审核方是否对提供L1、L2、L3材料和W1、W2、W3过程的外部供方依据再评价准则实施再次评价的信息，并记录再评价的内容和时间。

上述活动所涉及的标准条款要求为GB/T 19001—2016标准8.4.1、9.1.1、9.1.3条款，GB/T 24001—2016标准8.1、9.1条款，GB/T 28001—2011标准4.4.6条款。

2. 设计和开发过程的审核

(1)审核员A按照审核计划的分工安排对设计部进行审核。

设计部承担了产品和服务的设计和开发过程中的主要活动的控制，包括确定设计和开发项目、进行设计和开发策划、建立设计和开发过程的目标并制定实施措施、确定设计和开发输入、实施产品和服务的设计与开发过程的控制、实现设计和开发输出，以及负责对设计和开发更改的控制。

①审核员首先需与设计部负责人沟通与产品和服务的设计和开发过程所涉及活动的职责是否得到分配，并索取相关的成文信息。

上述活动所涉及的标准条款要求为GB/T 19001—2016标准5.3条款，GB/T 24001—2016标准5.3条款，GB/T 28001—2011标准4.4.1条款。

②产品和服务的设计和开发的需求可能来自顾客的要求，也可能来自其基于组织环境中市场需求的预测，所确定的应对风险和机遇的措施，诸如组织的既有产品和服务在其寿命周期阶段能耗较高，缺乏竞争力，急需组织设计和开发一款低能耗的类似产品来应对组织环境的变化趋势，或组织既有产品和服务在后续的生产和服务提供过程中使用了有害原材料，或不易加工而导致职业伤害，急需组织开发一款新的产品，消除或替代其产品中所用原材料中的有害元素。

审核员需与设计部负责人沟通并记录受审核方既有的产品和服务的设计和开发项目包括哪些？这些产品和服务项目的来源是什么？并从中抽样选择S1、S2和S3项目作为审核对象。

审核员A需将所选取的审核对象S1、S2和S3项目的信息通过组内沟通的方式告知审核员C，便于其在对生产部的审核中进行跟踪。

上述活动所涉及的标准条款要求为GB/T 19001—2016标准8.2.3和6.1.2条款，GB/T 24001—2016标准6.1.4和8.1条款，GB/T 28001—2011标准4.3.1条款。

③审核员需向设计部相关人员沟通产品和服务的设计和开发过程，以及与S1、S2和S3项目有关的设计和开发策划的信息，索阅S1、S2和S3项目的设计和开发计划书或设计和开发方案，查看其在确定设计和开发的各个阶段和控制时是否已充分考虑以下有关的内容：

a. 设计和开发活动的性质、持续时间和复杂程度；

b. 所需的过程阶段，包括适用的设计和开发评审；

c. 所需的设计和开发验证、确认活动；

d. 设计和开发过程涉及的职责与权限；

e. 产品和服务的设计和开发所需的内部、外部资源；

f. 设计和开发过程参与人员之间接口的控制需求；

g. 顾客及使用者参与设计和开发过程的需求；

h. 对后续产品和服务提供的要求；

i. 顾客和其他有关相关方所期望的对设计和开发过程的控制水平；

j. 证实已经满足设计和开发要求所需的成文信息。

审核员需记录S1、S2和S3项目设计和开发的起始时间、项目负责人、参与设计和开发的人员的职责，以及设计和开发过程阶段的划分，包括评审、验证和确认的活动安排等信息，以便后续审核中进行跟踪验证。

上述活动所涉及的标准条款要求为GB/T 19001—2016标准8.3.1和8.3.2条款，GB/T 24001—2016标准8.1条款，GB/T 28001—2011标准4.4.6条款。

④审核员需索阅受审核方所建立的产品和服务的设计和开发过程的质量目标，当S1、S2和S3项目的设计和开发过程涉及受审核方所确定的重要环境因素和职业健康安全风险的控制需求时，需向设计部负责人索阅其环境目标和职业健康安全目标，以及实现质量、环境和职业健康安全目标的措施方案，并了解其实施的进展信息。

审核员需关注S1、S2和S3项目质量目标的达成结果。

上述活动所涉及的标准条款要求为GB/T 19001—2016标准6.2.1和6.2.2条款，GB/T 24001—2016标准6.2.1和6.2.2条款，GB/T 28001—2011标准4.3.3条款。

⑤审核员需通过观察和沟通分别索阅设计部所确定的与S1、S2和S3项目有关的设计和开发输入的信息是否已经充分考虑了以下内容：

a. 功能和性能要求；

b. 来源于以前类似设计和开发活动的信息；

c. 法律法规要求，包括适用于S1、S2和S3项目的环境和职业健康安全的合规义务；

d. 组织承诺实施的标准或行业规范，以及组织的环境和职业健康安全要求；

e. 由产品和服务性质所导致的潜在的失效后果，包括在后续生产和服务提供过程中可能导致的职业健康安全风险；

f. 适用时，产品和服务寿命周期阶段环境因素和环境影响的分析结果。

审核员需关注设计部在确定S1、S2和S3项目的设计和开发输入过程中，在组织内部采取何种方式和途径进行了内部沟通。

审核员需关注受审核方针对S1、S2和S3项目设计和开发的目的，其输入是否是充分和适宜的，是否完整和清楚。

审核员需了解与S1、S2和S3项目有关的相互矛盾的设计和开发输入是否已经得到解决。

审核员需查阅设计部所保留的与S1、S2和S3项目有关的设计和开发输入的成文信息，并形成审核记录。

上述活动所涉及的标准条款要求为GB/T 19001—2016标准7.4和8.3.3条款，GB/T 24001—2016标准6.1.3和7.4条款，GB/T 28001—2011标准4.3.2和4.4.6条款。

⑥审核员需重点关注S1、S2和S3项目的设计和开发过程的控制的信息，包括：

a. 是否已规定S1、S2和S3项目通过设计和开发活动拟获得的结果。

b. 查看并记录S1、S2和S3项目设计和开发过程中所实施评审活动的信息，包括实施评审的阶段、时机和参加评审人员的相关信息，包括评审的结果。评审的内容可包括设计和开发是否满足设计和开发过程要求的内容。

c. 查看并记录对S1、S2和S3项目实施验证活动活动的信息，包括验证的阶段、验证的时间和验证的方式或方法，以及参加验证人员的相关信息，包括验证结果。

d. 查看并记录对S1、S2和S3项目实施确认活动，包括确认的方式和时机，参加确认的人员，以及确认的结果，判断其产品和服务是否能够满足规定的使用要求或预期用途。

验证和确认的内容可能包括产品和服务满足现行有效的适用环境法规和安全法规的内容。

审核员需了解受审核方针对S1、S2和S3项目的评审、验证和确认过程中确定的问题采取分别采取了哪些措施，是否对这些措施实施的结果进行了适当的评审、验证或确认。

审核员需查阅并记录设计部所保留S1、S2和S3项目的评审、验证和确认活动的成文信息，并判断是否满足要求。

上述活动所涉及的标准条款要求为GB/T 19001—2016标准8.3.4条款，GB/T 24001—2016标准8.1和9.1.2条款，GB/T 28001—2011标准4.4.6和4.5.2条款。

⑦审核员需与设计部沟通S1、S2和S3项目的设计和开发输出，分别查看和确认其S1、S2和S3项目的设计和开发的输出是否：

a. 满足输入的要求；

b. 满足后续产品和服务提供过程的要求，适当时，包括与采购有关的环保要求；

c. 包含或引用监视和测量的要求，适当时，包括接收准则；

d. 规定产品和服务特性，这些特性对实现预期目的、安全和正常提供是必需的；

e. 规定与产品和服务寿命周期各阶段有关的环保要求。

审核员需关注设计部针对所输出的S1、S2和S3项目的设计和开发文件是否适宜和充分进行评审和批准，并按照规定进行标识的信息。

审核员需审核设计部所保留的与S1、S2和S3项目有关的设计和开发输出的成文或文件化信息是否适宜和充分。

上述活动所涉及的标准条款要求为GB/T 19001—2016标准8.3.5、8.5.2和7.5.2条款，GB/T 24001—2016标准8.1条款，GB/T 28001—2011标准4.4.6条款。

⑧审核员需与设计部沟通其S1、S2和S3项目的设计和开发更改的信息。S1、S2和S3项目的设计和开发更改的需求可能来自产品和服务设计和开发期间的评审、验证和确认的结果，也可能来自后续的生产和服务提供过程，或顾客在产品使用和维护过程中的反馈，也可能来自组织为应对风险和机遇所采取的措施的要求，或改进的需求，以及组织对合规义务进行评价的结果。

审核员需了解设计部针对设计和开发更改的需求所采取的识别、评审和控制，以确保这些更改对满足要求不会产生不利影响。

审核员需查阅和记录设计部所保留的与S1、S2和S3项目设计和开发更改的成文信息是否包括：

a. 设计和开发更改；

b. 评审的结果；

c. 变更的授权；

d. 为防止不利影响所采取的措施。

上述活动所涉及的标准条款要求为GB/T 19001—2016标准8.3.6、6.1.2和10.1条款，GB/T 24001—2016标准6.1.4和10.1条款，GB/T 28001—2011标准4.4.6和4.5.2条款。

(2)审核员C按照审核计划的分工安排对生产部进行审核。

生产部承担了产品和服务的设计和开发过程中的部分活动的控制，包括配合设计部参与设计和开发过程的控制，如样机制作或试生产等。

①审核员首先需与生产部负责人沟通在进行S1、S2和S3产品的设计和开发过程中，生产部参与了

哪些活动。

上述活动所涉及的标准条款要求为 GB/T 19001—2016 标准 5.3 条款，GB/T 24001—2016 标准 5.3 条款，GB/T 28001—2011 标准 4.4.1 条款。

②审核员需与生产部沟通其派员参与 S1、S2 和 S3 项目设计和开发的评审、验证或确认的情况，了解是否进行过样机的制作和测试。

上述活动所涉及的标准条款要求为 GB/T 19001—2016 标准 8.3.4 条款，GB/T 24001—2016 标准 8.1 和 9.1.2 条款，GB/T 28001—2011 标准 4.4.6 条款。

(3)审核员 A 按照审核计划的分工安排对市场部进行审核。

市场部承担了产品和服务的设计和开发过程中的部分活动的控制，包括与顾客沟通和确定产品和服务的要求，对满足产品和服务要求的能力进行评审，并确定产品和服务的设计和开发项目。

审核员需与市场部负责人沟通 S1、S2 和 S3 产品和服务的设计和开发项目，调阅相关的合同或协议，查看顾客对 S1、S2 和 S3 项目的特定要求，并确认这些要求是否均体现在设计和开发输入之中。

上述活动所涉及的标准条款要求为 GB/T 19001—2016 标准 5.3、6.1.2、8.2.1、8.2.2 和 8.2.3 条款，GB/T 24001—2016 标准 5.3、6.1.4 和 8.1 条款，GB/T 28001—2011 标准 4.3.1 条款。

三、过程方法应用于审核注意事项

在审核过程中，审核员可通过向过程的负责人了解过程的概况与主要活动，以及过程绩效指标的实际情况与趋势，特别是那些易于识别出的与该过程风险有关的业绩指标，通过对比分析绩效指标的表现，初步判断过程中可能存在的问题，以此作为追踪审核的重点。

应用过程方法进行审核，关键在于确保审核过程中所选择的信息流不被中断，审核员一旦选取了特定的审核样本信息，就要一直跟踪或追溯下去，直至过程输出的始端或末端。

当受审核方的规模较小时，在分配审核任务时，审核员可以一人负责一个或几个过程的审核。

当受审核方的规模较大时，因受审核资源的约束，若安排审核员负责一个或几个过程的审核显然是不适宜，也不现实。

审核员需将审核组看做一个整体，在进行合理审核分工的前提下，强调审核组的内部沟通和审核信息的内部传递，这样便可确保将过程方法有效地应用于审核活动之中。

审核员需将审核信息形成《审核信息传递单》，见附表 2-4，经审核组长确认后，传递给组内其他相关的审核员。

附表 2-4　审核信息传递单

信息发出者		时间	
受审核部门(区域)			
审核信息：			
审核组长确认：			
信息接收者			